KB174941

김&정의 정석
부동산 경매

김&정의 정석
부동산 경매

정규범 · 김규열 지음

이담
Books

    사람은 살아가면서 가치관과 성향에 따라 다양한 루트를 통해 인생이라는 여정을 걷는다. 유기체로서의 인간은 사유할 수 있는 능력이라는 축복을 갖고 태어나 짧지 않은 여정을 거치면서 자아를 실현하고 아름다움을 창조하여 행복한 일상을 영유하고자 한다.

    그러나 대나수의 사람들에게시의 행복을 이루는 요건의 하나는 부(富)임을 부인키 어렵다. 어떤 직업군(職業群)이든 기본적인 행복의 필요조건에서 富의 가치로부터 자유로울 수 없고 다양한 방법으로 부를 축척하고 증가시키려고 노력을 경주하게 되는 것이다.

    세상은 글로벌화되고 정치화(精緻化)되어 무한경쟁의 시대를 맞고 있다. 과거 어눌한 면이 없어지고 富의 증가와 재테크는 더욱더 테크니컬한 전문성을 요구하고 있고 대충하여 富가 창출되거나 직업(職業)과 신분(身分)으로서만 富가 보장되던 시대는 종말을 고했다. 이제는 변호사나 의사, 한의사 등 과거 촉망받던 분야의 직업군에서도 무한경쟁의 시대에 돌입해 치열한 생존경쟁을 하고 있는 것이다.

    이러한 현실을 바탕으로 전통적으로 富의 축적과 유통의 커다란 축을 차지하던 부동산시장은 경기불황과 더불어 침체를 거듭해 오고 있어 많은 사람들에게 고통을 안기고 있다. 이러한 와중에도 재산을 증식하고 경제적인 여유를 추구할 수 있는 방안으로 그나마 남아 있는 유일한 영역이 부동산경매라고 생각한다. 경기가 불황일수록 좋은 우량물건이 경매시장에 나오고, 경기가 좋으면 부동산가격의 상승으로 일반중개시장에서는 가격이 폭등하나 과거 감정가를 바탕으로 한 경매물건은 상대적으로 가격 메리트가 있는 것과 같이 꽃놀이패가 되는 영역이 부동산경매 영역이 되는 것이다. NPL은 부동산경매의 극히 일부분에 해당하는 영역으로 단순한 논리를 바탕으로 하고 있어 부동산경매를 알면 자연히 알게 되는 영역이다.

    본 책은 부동산경매가 가지는 수많은 장점을 향유하고 체득하기 위해 필요한 이론·실무적인 내용을 판례와 사례를 곁들여 설명하고자 하였다. 시중의 수많은 부동산경매에 관한 책들이 알맹이 없이 군더더기로 채워져 산만한 설명을 하여 콤팩트하고 교과서적인 부동산경매의 전범이 될 책의 필요성을 피력하는 요청이 경매강의와 컨설팅 과정에서 많이 제기되어 왔다.

본 책은 이러한 독자들과 수강생 및 부동산 전문가들의 요청을 반영하고 수십 년간 부동산경매를 해온 실무적 경험에서 체득된 노하우를 군더더기 없이 설명하였고, 필요한 부분에는 사례와 판례를 곁들여 부동산경매 전 분야를 완벽하게 커버할 수 있도록 다루었다.

이 책 하나로 초보에서 고수에 이르기까지 경매의 가이드가 되는 책이 될 것으로 자부할 수 있으며, 그간의 두 차례에 걸쳐 출간된 『현장경매』의 독자들의 성원에 보답하고자 심혈을 기울여 최신의 법령과 판례를 바탕으로 새로이 저술, 내용을 충실히 하였다.

어떤 직업을 갖고, 어떤 삶의 여정을 걷고 있을지라도 富의 문제에서 자유로워지고 여유로운 분위기에서 자아실현을 하기 위한 편의적 방법으로 본 책을 바이블로 삼는다면 부동산 경매가 독자 제현의 좋은 반려가 되고 그로 인해 행복한 여정을 걷는 계기가 될 것이라 확신한다.

끝으로 이 책이 출간되기까지 도움주신 권오권 님과 출판관계자들께 지면으로나마 감사드리며, 대한민국의 성실한 민초들과 국민들 모두가 富의 굴레에서 벗어나 행복과 여유를 가져다주기를 바라는 염원과 비법을 담은 『김&정의 정석 부동산 경매』를 독자 제현께 바친다.

2015년 1월 7일
도곡동에서 가을을 가슴에 담으며
著者 識

목 차

제7장 배당 실무 / 231

제8장 경매절차와 형사처벌 / 273

제1장

부동산경매에 대한 입문

제1절 부동산경매와 그 종류

채무자 입장에서 자금을 융통할 때 담보로 부동산을 제공하여 자금을 융통하는 방법과 신용으로 돈을 빌리는 방법이 있다. 이 경우 채무자가 채무를 변제하지 아니하면 채권자 입장에서는 마냥 기다릴 수는 없고 법에 채무변제를 호소하게 되는데, 이때 채무자 또는 물상보증인의 부동산을 법원이라는 국가기관을 통하여 공개 매각하여 대금을 회수하는 절차가 부동산경매이다.

1. 강제경매

채권자가 채무자를 상대로 소송 등을 제기하여 승소판결을 받는 등 확정판결이나 집행증서, 화해나 조정조서, 확정된 지급명령 등 집행권원에 의한 채무자의 일반 부동산을 압류, 매각하여 그 매각대금을 가지고 채권자의 금전책권의 만족을 얻음을 목적으로 하는 강제집행이다.

2. 임의경매

채무자가 금융기관 등으로부터 자금을 융통하면서 부동산에 근저당 등을 설정하여 채권자에게 제공할 경우, 채권자가 근저당권 등 담보권을 실행하여 우선변제를 받기 위하여 해당 부동산을 법원을 통하여 매각하는 절차이다.

임의경매는 근저당권 등 담보권 실행을 위한 실질적 경매와 유치권에 의한 경매(민사집행법 제274조) 및 민·상법 그 밖의 법률에 규정하는 바에 따른 경매, 즉 공유물분할의 경매, 공탁에 적당하지 않는 목적물의 경매, 구분소유자의 경매 등 환가를 위한 형식적 경매가 있다.

3. 강제경매와 임의경매의 차이점

1) 강제경매는 그 실행에 집행권원이 있어야 하나 임의경매는 그 실행에 집행권원이 필요치 않다. 즉, 임차권자가 경매신청을 하려면 임차보증금 반환청구소송을 제기하여 확정판결 후 집행문을 부여받아 경매가 신청이 가능하며(강제경매), 임차권 등기명령권자도 확정판결 후 경매신청이 가능하다.

2) 강제경매는 채무자의 일반재산에 대하여 할 수 있으나, 임의경매는 채무자 소유의 담보목적물을 경매하는 것이므로 채무자의 특정부동산에 대해서만 할 수 있다.

3) 그러나 강제경매나 임의경매나 모두 금전채권의 만족을 얻기 위하여 강제적으로 경매하는 것이라는 점에서는 같다.

제2절 부동산경매 절차 흐름도

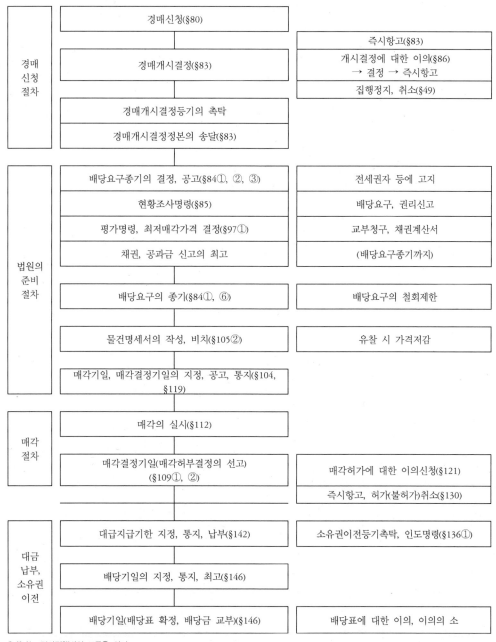

	경매신청(§80)
	경매개시결정(§83)
경매 신청 절차	경매개시결정등기의 촉탁
	경매개시결정정본의 송달(§83)

즉시항고(§83)

개시결정에 대한 이의(§86)
→ 결정 → 즉시항고

집행정지, 취소(§49)

배당요구종기의 결정, 공고(§84①, ②, ③)

현황조사명령(§85)

평가명령, 최저매각가격 결정(§97①)

채권, 공과금 신고의 최고

전세권자 등에 고지

배당요구, 권리신고

교부청구, 채권계산서

(배당요구종기까지)

법원의
준비
절차

배당요구의 종기(§84①, ⑥)

배당요구의 철회제한

물건명세서의 작성, 비치(§105②)

유찰 시 가격저감

매각기일, 매각결정기일의 지정, 공고, 통지(§104,
§119)

매각의 실시(§112)

매각
절차

매각결정기일(매각허부결정의 선고)
(§109①, ②)

매각허가에 대한 이의신청(§121)

즉시항고, 허가(불허가)취소(§130)

대급지급기한 지정, 통지, 납부(§142)

소유권이전등기촉탁, 인도명령(§136①)

대금
납부,
소유권
이전

배당기일의 지정, 통지, 최고(§146)

배당기일(배당표 확정, 배당금 교부)(§146)

배당표에 대한 이의, 이의의 소

* (§)는 민사집행법의 조문을 의미

T I P

경매가 좋은 이유

1. 일단 시세보다 저렴하게 매수할 수 있다.
   경매의 최대의 장점은 시세보다 보통 20~30% 저렴하게 매수할 수 있다는 것이다.

2. 매수결정권이 입찰자 자신에게 있다.
   일반매매는 상대방과 협의가 이루어져야 하나, 경매는 입찰자 스스로 가격을 결정하여 매수한다(헤게모니가 매수자에게 있음).

3. 토지거래허가 등 공법상 부동산규제가 완화된다.
   일반매매의 경우에는 부동산 거래 시 토지거래허가를 위한 거주 요건 등 공법상 각종 규제가 많으나 경·공매의 경우 그러한 규제가 상당부분 필요 없다.

4. 정부의 부동산규제가 심할수록 경매는 호황기를 맞는다.

5. 일반 매매에서 찾을 수 없는 부동산을 매입할 수 있는 기회가 있다.
   복잡한 권리, 시가보다 많은 저당권, 가압류 등으로 처분이 어려운 부동산이나 부동산소유자의 부재로 처분이 불가능한 부동산도 경매로 매수할 수 있는 기회가 있다.

6. 등기부등본상 복잡한 권리가 완전 정리된다.
   말소기준등기와 그 이후의 모든 권리는 전부 말소된다(말소주의).

7. 부동산 가격 및 임대료 등을 재평가하여 다시 결정할 수 있다.
   말소기준등기 이후의 모든 권리는 전부 말소되므로, 매수자가 새롭게 부동산 가격 및 임대료를 재조정할 수 있다.

8. 유동화 전문회사로부터 채권(일부)을 매입하거나 채무자가 부담하고 있는 채무에 대하여 중첩적으로 인수(채무인수)하여 경매에 참가하면 양도세를 절세할 수도 있다.

제3절 경매용어의 정리

1. 매각기일(민사집행법 제104조)

집행법원에서 목적부동산에 대하여 '입찰을 실시하는 날'을 말한다.

2. 매각결정기일(민사집행법 제109조)

집행법원이 최고가매수신고인에 대하여 매각 기일로부터 7일 되는 날이 매각허가여부를 결정하는 날이다.

3. 매각허가결정 확정일(민사집행법 제129조, 제130조)

매각허가결정일로부터 즉시항고기간(7일) 내 항고인이 없거나 항고인이 있더라도 기각 등 항고가 이유 없는 것으로 결정 나면 매각허가결정이 확정된다. 매각허가결정이 확정되면 대금지급기한(통상 1개월 정도)을 지정한다.

4. 법정매각조건

민사집행법에서 미리 규정한 일반적인 매각조건이다(최저매각가격 미만의 매각불허, 무잉여금지의 원칙에 위배되는 경우의 매각불허 등).

5. 특별매각조건

재경매의 경우 입찰보증금 20% 또는 30%, 농지경매의 경우 농지취득자격 증명제출 등, 각개의 경매절차에서 특별히 정하여 둔 매각조건을 말한다. 특별매각조건이 있는 부동산의 경우 집행관은 매가 기일에 그 내용을 고지하여야 하며, 특별매각조건으로 매각한 때에는 매각허가결정에 그 조건을 기재하여야 한다(§128①).

또 이해관계인 전원의 합의에 의하여 매각기일까지 최저매각가격 이외의 법정매각조건을 변경할 수 있다.

6. 개별매각, 일괄매각(민사집행법 제98조 등)

여러 개의 부동산을 동시에 입찰하는 경우 개별적으로 부동산을 평가하여 최저입찰가격을 정하여 입찰하는 개별 매각하는 것이 원칙이다. 그러나 여러 개의 부동산의 위치, 형태, 이용관계 등을 고려하여 이를 일괄하여 매각하는 것이 알맞다고 인정되는 경우에는 이해관계인의 신청이나 직권으로 일괄 매각할 수 있다.

1) 반드시 개별 매각하여야 하는 경우

여러 개의 부동산을 매각하는 경우에 한 개의 부동산의 매각대금으로 모든 채권자의 채권액과 집행비용을 변제하기에 충분할 때(민사집행법 제124조제1항)

2) 일괄매각을 해야 할 경우

- 공장저당법에 의한 공장저당목적물의 매각
- 토지에 저당권설정 후 그 지상에 건물이 축조된 경우

3) 일괄매각된 수개의 부동산 중 일부에 매각불허가 사유가 있으면 그 전체에 대하여 매각불허가 결정을 내린다.

> **개별매각 / 일괄매각**
>
> 〈판례요지〉
>
> 경매목적 부동산이 2개 이상 있는 경우 분할경매를 할 것인지 일괄경매를 할 것인지 여부는 집행법원의 자유재량에 의하여 결정할 성질의 것이나, 토지와 그 지상건물이 동시에 매각되는 경우, 토지와 건물이 하나의 기업시설을 구성하고 있는 경우, 2필지 이상의 토지를 매각하면서 분할경매에 의하여 일부토지만 매각되면 나머지 토지가 맹지 등이 되어 값이 현저히 하락하게 될 경우 등 분할경매를 하는 것보다 일괄경매를 하는 것이 당해 물건 전체의 효용을 높이고 그 가액도 현저히 고가로 될 것이 명백히 예측되는 경우 등에는 일괄경매를 하는 것이 부당하다고 인정할 특별한 사유가 없는 한 일괄경매의 방법에 의하는 것이 타당하고, 이러한 경우에도 이를 분할 경매하는 것은 그 부동산이 유기적 관계에서 갖는 가치를 무시하는 것으로서 집행법원의 재량권의 범위를 넘어 위법한 것이 된다(대법원 2004마94).

7. 정지(민사집행법 제49조 내지 제51조)

채권자 또는 이해관계인의 신청에 의하여 법원이 경매 진행절차를 정지시키는 것을 말한다.

8. 변경(민사집행법 제110조, 제111조)

경매절차 진행 중에 새로운 사항의 추가, 매각조건의 변경, 권리관계의 변동 등 매각기일에 경매절차를 진행시킬 수 없을 때, 법원이 직권으로 매각기일을 변경하게 된다. 변경사유로는 집행정지서류의 제출, 매각물건명세서 작성의 중대한 하자, 최저매각가격결정의 하자, 신문 공고의 중대한 오류 등이 있다.

9. 연기(법원실무)

경매신청채권자의 동의를 얻어서 채무자, 소유자 또는 이해관계인의 신청에 의하여 이미 지정된 매각기일을 연기하는 것을 말한다.

10. 취하

민사집행법 제93조(경매신청의 취하)
① 경매신청이 취하되면 압류의 효력은 소멸된다.
② 매수신고가 있은 뒤 경매신청을 취하하는 경우에는 최고가매수신고인 또는 매수인과 제114조의 차순위 매수신고인의 동의를 받아야 그 효력이 생긴다.
③ 제49조제3호 또는 제6호의 서류를 제출하는 경우에는 제1항 및 제2항의 규정을, 제49조제4호의 서류를 제출하는 경우에는 제2항의 규정을 준용한다.

경매신청채권자는 경매신청을 철회할 수 있는바, 경매신청채권자가 경매를 취하하는 경우에는 압류의 효력은 소멸하고, 경매절차는 종료된다.

1) 매수신고가 있기 전의 취하

다른 채권자의 동의 없이 임의로 취하할 수 있다.

2) 매수신고가 있은 뒤의 취하

매수신고가 있은 뒤에 취하하는 경우에는 최고가매수신고인 또는 매수인의 동의를 받아야 취하의 효력이 있다. 단, 매수인이 대금납부 기한 내 대금을 납부하지 아니하여 재경매명령을 한 경우에는 대금미납으로 재경매절차를 야기한 전매수인의 동의는 필요 없다(대법원결정 1995.5.31. 99마468).

3) 경매신청채권자가 채무변제를 거절할 경우

채무자는 담보채권전액과 이자를 변제공탁하고 변제공탁증서를 첨부하여 경매신청채권자의 근저당권 말소청구소송을 제기하여 승소판결을 받게 되면 경매개시결정등기는 말소되고 경매절차는 취소된다. 또한 청구금액, 이자, 집행비용 등을 전액 변제공탁하고 변제공탁증서를 첨부하여 청구이의의 소를 제기하여 강제경매절차를 정지신청하면 경매절차는 취소된다.

4) 경매신청채권자는 경매취하에 동의하나 최고가 매수신고인이 동의를 해주지 않는 경우

경매신청채권자의 청구금액을 변제하고 담보권설정등기를 말소한 후 말소된 등기부등본을 첨부하여 원심법원에 경매개시결정에 대한 이의 신청을 하면 집행법원은 이의 신청에 대한 심리절차를 거쳐 경매취소결정을 하고 결정문을 매수인에게 송달한다.

11. 경매절차의 취소(민사집행법 제96조, 제102조)

1) 부동산의 멸실이나 매각 등으로 말미암아 매수인에게 권리를 이전할 수 없는 사정이 명백하게 된 경우 법원은 직권으로 경매절차를 취소하여야 한다 (§96①).

2) 취소사유

(1) 부동산의 멸실 등으로 인한 담보물이 소멸된 경우
    가. 부동산 동일성을 상실할 정도의 부동산 현상의 변경
    나. 채무자의 소유권 상실
       ① 경매개시결정 후에 목적부동산이 채무자 소유가 아님이 판명된 때
       ② 가등기에 기한 본등기로 소유권이 변동된 때
       ③ 가처분권자의 본안 승소판결에 의한 소유권이전등기가 된 경우

다. 부동산에 대한 파산, 화의, 회사정리절차개시의 등기가 되어 있는 때

라. 법령에 의한 강제집행정지의 경우

(2) 잉여가망성이 없을 경우

경매를 신청한 채권자에 우선하는 부동산의 모든 부담과 절차비용을 변제하고 남을 것이 없겠다고 인정한 때, 법원은 신청채권자에게 통지하고(민사집행법 102조1항) 압류채권자가 이 통지를 받은 날로부터 1주 이내에 위비용을 변제하고 남을 만한 가격을 정하여 그 가격에 맞는 가격으로 매수신청하면서 충분한 보증을 제공하지 않으면 경매절차를 취소한다.

※ 판례

대법원(95마1143) 【판시사항】

최저경매가격이 압류 채권에 우선하는 채권과 절차비용의 합산액에 미달하는 데도 민사소송법 제616조 소정의 조치를 취하지 아니한 채 경매절차를 진행한 경우, 하자의 치유 여부

【결정요지】

최저경매가격이 압류채권자의 채권에 우선하는 채권과 절차비용에 미달하는데도 불구하고 경매법원이 이를 간과하고 민사소송법 제616조 소정의 조치를 취하지 아니한 채 경매절차를 진행한 경우에, 최고가 매수신고인의 매수가액이 우선채권 총액과 절차비용을 초과하는 한 그 절차 위반의 하자가 치유되지만, 그 매수가액이 우선채권 총액과 절차비용에 미달하는 때에는 경매법원은 경락을 불허가하는 결정을 하여야 하며, 경매법원이 절차를 그대로 진행하였다고 하여 매수가액이 우선채권 총액과 절차비용에 미달함에도 불구하고 그 법조항 위반의 하자가 치유된다고는 할 수 없다.

12. 신매각(민사집행법 제119조)

1) 신매각이라 함은 매각 기일에 입찰을 실시하였으나 매수신고인이 없어 매각

기일이 마감된 경우 최저매각가격을 일정한 비율(보통 20%)로 낮추고 새 매각 기일을 지정하여 실시하는 경매이다.

2) 신경매 사유

(1) 매각기일에 매수신고가 없는 경우
(2) 최고가매수신고인이 있는 경우에도 매각허가결정일에 낙찰허가에 대한 이의가 정당하다고 인정하여 불허가한 경우(이 경우 최저입찰가를 저감하지 않음)
(3) 최고가매수신고인이 있은 후 천재지변 기타 자기가 책임질 수 없는 사유로 인한 목적물훼손을 이유로 낙찰불허가 또는 낙찰허가취소신청이 받아들여진 경우

13. 재매각(민사집행법 제138조)

1) 매각기일에 매수신고인이 있었으나 대금지급기한까지 매수인이 낙찰대금을 납부하지 않아서 법원이 직권으로 매각기일을 정하여 실시하는 경매이다.

2) 이 경우 보증금으로 최저매각가격의 20% 내지 30%의 특별매각조건하에 경매를 실시한다.

3) 매수인은 재경매기일 3일 이전까지 대금 및 지연이자를 지급하여 재경매절차를 취소할 수 있다.

4) 전 최고가매수신고인의 지위

(1) 재경매절차에 참가할 수 없다.
(2) 매수의 보증으로 제공한 금전이나 유가증권의 반환을 청구할 수 없다.
(3) 만약 재경매가 명하여진 후 경매가 취소될 경우에는 보증금을 반환받을 수 있다.

14. 이중경매(민사집행법 제87조)

1) 경매개시결정을 한 부동산에 대하여 다른 강제경매신청을 이중경매라 한다.

2) 이중경매의 효력

(1) 이중경매신청이 있으면 다시 경매개시결정을 하고, 먼저 경매개시결정을 한 집행절차에 따라 경매한다(제87조 제1항).

(2) 이중경매는 먼저 개시결정을 한 경매신청이 취하되거나 취소된 경우에는 무잉여경매 취소의 경우를 제외하고는 나중의 경매절차로 계속 진행한다. 다만, 뒤의 경매개시 결정이 배당요구종기일 이후에 신청한 경우 새로 배당요구종기일을 정한다.

(3) 먼저 한 경매절차가 정지된 경우에는 뒤의 경매개시결정(배당요구종기일까지 행하여진 신청에 의한 것에 한함)에 기초하여 경매절차를 진행한다. 다만, 먼저 한 경매절차가 취소되는 경우 등기된 부동산에 대한 권리와 가처분등기의 기재사항이 바뀔 경우에는 경매절차를 진행할 수 없다.

3) 이중경매신청의 시기

매수인이 경락대금을 완납할 때까지이다.

TIP

이중경매의 필요성

① 먼저 한 경매신청권자보다 선순위 채권자가 이중경매를 신청함으로써 무잉여 경매로 인한 경매가 취소되는 것을 막을 수 있다.

② 배당요구종기일까지 이중경매를 신청함으로써 배당받을 자격을 취득할 수 있다.

> 제1의 경매신청이 취하되면 그 기록에 첨부된 제2의 경매신청에 대하여 새로운 경
> 매절차를 진행하여야 하는지 여부
>
> 〈판결요지〉
> 경매신청이 중복되어 기록이 첨부된 경우에 이미 개시한 경매절차가 취소되거나
> 그 경매신청이 취하되면 그 경매신청이 취하되면 그때에는 순차 그다음 경매신청
> 사건에 대하여 경매개시결정이 된 것으로 간주하므로 제1의 경매신청인을 위한 경
> 매절차는 제2의 경매신청인을 위하여 시행된 것과 동일시하여 남은 절차만 속행하
> 면 되고 새로운 경매절차를 진행할 필요는 없다(대법원 79마417).

제4절 민사집행법의 새로 도입된 주요내용

1. 매수허가결정에 대한 항고 시 공탁금(매수금액의 10%)

소유자, 채무자뿐만 아니라 임차인 등이 매각허가결정에 대하여 항고할 경우 항
고보증금(매각대금의 10%)을 공탁하게 함으로써 항고남발로 인한 경매절차의 지
연을 어느 정도 방지하고 있다. 그러나 법의 취지와는 무색하게 보증금을 공탁하
지 않고 항고할 경우 일단 항고를 받아주면서 보정을 명하는 것이 법원의 실무인
데 이는 절차지연의 문제점으로 지적되고 있다.

2. 배당 요구 종기일을 첫 매각기일 이전으로 지정

배당 요구 종기일을 첫 매각기일 이전으로 결정해 놓고 그 기간까지만 배당요
구와 배당요구철회를 할 수 있도록 하고 있다. 배당요구종기일 이후에는 배당요구
여부에 따라 인수금액이 달라지는 경우 배당요구철회를 할 수 없도록 함으로써
권리관계가 확정된 상태에서 입찰할 수 있는 토대를 마련하였다.

3. 대금납부 기한제도 도입

매각허가결정이 확정되면 법원은 대금납부 기한을 정하면 그 다음 날에도 대금을 납부할 수 있도록 함으로써 경매의 취소 등으로 인한 매수인의 시간낭비를 어느 정도 줄였다.

4. 인도명령 대상자 확대

소유자·채무자뿐만 아니라 매수인에게 대항할 수 없는 모든 임차인에게도 인도명령신청을 할 수 있도록 함으로써 명노소송으로 인한 시간 및 비용을 줄일 수 있도록 하였다.

5. 선순위 전세권의 해소

잔여기간이 6개월 이상 남아 있는 선순위 전세권도 전세권자가 경매를 신청하였거나 배당요구를 한 경우 배당받을 수 있도록 하고 있다.

6. 기간입찰제도 도입

기일입찰제뿐만 아니라 호가입찰제, 기간입찰제도를 도입하였다.

7. 공유자우선매수 청구권 행사 시 최고가응찰자의 선택권 확대

공유자우선매수 청구권 행사 시 최고가로 응찰한 사람에게 차순위신고나 차순위신고를 포기할 수 있도록 선택의 폭을 넓혔다.

※ 신·구법 사건의 주요 차이점

구 분	구법사건	신법 사건
기간 입찰	없음	신설됨
1일 2회 매각	없음	신설됨(일부법원 시행)
보증금	매수가격의 1/10	최저가격의 1/10
집행기록	열람	폐지
공탁할 항고인	채무자, 소유자, 매수인	매각허가결정에 항고하는 모든 사람
공탁금 몰수사유	항고기각	항고기각 + 항고취하
대금 지급	기일	기한
인도 명령	• 압류의 효력이 발생한 후 권원 없이 점유한 사람 • 모든 점유자 심문	• 매수인에게 대항할 수 없는 모든 점유자 • 심문생략가능신설 - 권원 없음이 명백한 점유자 - 전에 심문했던 점유자
배당요구종기	매각결정기일	첫 매각기일 이전에 공고한 기간까지
배당요구철회	철회제한 없음	배당요구종기 후에 매수인의 인수부담이 바뀌는 경우에는 배당요구 철회 안 됨
전세권 소멸	• 기간이 없는 경우 • 6개월 내에 기간이 만료되는 경우	• 대항력 있는 전세권: 배당요구로 소멸

* 신법사건: 2002.7.1. 이후 경매를 신청한 사건

제2장

경매절차

제1절 경매신청

1. 경매의 신청

채무자가 변제기가 되어도 채무를 변제하지 않을 경우 채권자는 자신의 채권을 변제받기 위하여 당해 부동산 소재지를 관할하는 법원에 경매를 신청한다(§79①).

1) 경매신청서에 적어야 할 사항(민사집행법 제80조)

(1) 채권자, 채무자와 법원의 표시
(2) 부동산의 표시(부동산등기부등본의 표제부) - 강제 경매대상이 될 부동산
  가. 미등기부동산 포함 - 적법하게 건축허가나 신고를 받고 건축을 완공한 건물이지만 사용승인을 받지 못한 경우에만 부동산 집행을 위한 보존등기를 하고 강제집행을 할 수 있다.
  나. 법률에 의해 부동산으로 간주되는 것 - 공장재단, 광업재단, 입목
  다. 부동산에 관한 규정이 준용되는 권리 - 어업권, 광업권, 유로도로 관리권, 댐 사용권
(3) 경매의 이유가 된 일정한 채권과 집행할 수 있는 일정한 집행권원

〈서식 1〉 강제경매신청서

<table>
<tr><td colspan="2" align="center">부동산강제경매신청서</td><td>수입인지
5,000원</td></tr>
</table>

채 권 자 (이름)   (주민등록번호   −   )
      (주소)
      (연락처)
채 무 자 (이름)   (주민등록번호   −   )
      (주소)

청구금액 금 _____원 및 이에 대한 20○○년부터 20○○년까지 연 ___%의 비율에 의한 지연손해금

집행권원의 표시　채권자의 채무자에 대한 지방법원 20___.___.___. 선고 20○○가단(합)대여금 청구사건의 집행력 있는 판결정본

신 청 취 지

별지 목록 기재 부동산에 대하여 경매절차를 개시하고 채권자를 위하여 이를 압류한다는 재판을 구합니다.

신 청 이 유

채무자는 채권자에게 위 집행권원에 따라 위 청구금액을 변제하여야 하는데, 이를 이행하지 아니하므로 채무자 소유의 위 부동산에 대하여 강제경매를 신청합니다.

첨 부 서 류

1. 집행력 있는 정본 1통
2. 집행권원의 송달증명원 1통
3. 부동산등기부등본 1통
4. 부동산 목록 10통

20 . . .

채권자　　　(날인 또는 서명)

○○지방법원 귀중

〈서식 2〉 임의경매신청서

부동산임의경매신청서

	수입인지 5,000원

채 권 자 (이름)   (주민등록번호   −   )
        (주소)
        (연락처)
채 무 자 (이름)   (주민등록번호   −   )
        (주소)

청구금액　금 ＿＿＿＿＿＿＿원 및 이에 대한 20○○년부터 20○○년까지 연　　％의 비율에 의한 지연손해금

신 청 취 지

별지 목록 기재 부동산에 대하여 경매절차를 개시하고 채권자를 위하여 이를 압류한다는 재판을 구합니다.

신 청 이 유

채권자는 채무자에게 20＿＿.＿＿.＿＿. 금 ＿＿＿＿원을, 이자는 연　＿％, 변제기는 20＿＿.＿＿.＿＿.로 정하여 대여하였고, 위 채무의 담보로 채무자 소유의 별지 기재 부동산에 대하여 지방법원 20＿＿.＿＿.＿＿. 접수 제＿＿＿호로 근저당권설정등기를 마쳤는데, 채무자는 변제기가 경과하여도 변제하지 아니하므로, 위 청구금액의 변제에 충당하기 위하여 위 부동산에 대하여 담보권실행을 위한 경매절차를 개시하여 주시기 바랍니다.

첨 부 서 류

1. 부동산등기부등본 1통
2. 부동산 목록 10통

20   .   .   .

채권자   (날인 또는 서명)

○○지방법원 귀중

2) 첨부서류(민사집행법 제81조)

√ 집행 권원의 집행력 있는 정본
√ 집행 권원의 송달증명서 등 강제집행 개시의 요건이 구비되었음을 증명하는 서류
√ 부동산등기부등본
√ 부동산목록 10부
√ 등록세(청구액의 2%)와 교육세(등록세의 20%)를 납부한 영수필확인서
√ 경매절차에 필요한 송달료, 감정료, 부동산현황조사비용, 신문공고료, 집행관
　　수수료 등 각종 비용을 미리 법원에 예납하여야 함

3) 경매신청의 각하(민사집행법 제83조 제5항)

경매신청요건의 흠결이 있는 경우 법원은 경매신청을 기각하거나 각하할 수 있다. 이 재판에 대하여 즉시 항고할 수 있다.

2. 경매개시결정

1) 채권자가 경매를 신청하면 집행법원은 신청서의 기재 및 첨부서류 등 강제집행요건, 집행개시요건 등을 형식적으로 심사하여 변론이나 심문 없이 신청이 적법하다고 인정되면 경매개시결정을 하게 되고, 동시에 그 부동산의 압류를 명하게 된다(민사집행법 제83조).
2) 법원이 경매개시결정을 하면 그 사유를 등기부에 '경매개시결정의 등기'를 기입하도록 등기관에게 촉탁한다(민사집행법 제94조).
3) 이때 채무자에게 경매개시결정이 송달된 때 또는 경매개시결정의 등기가 된 시기 중 먼저 된 송달이나 등기 시에 압류의 효력이 생긴다.

TIP

압류가 있더라도 부동산에 대한 관리, 이용하는 것은 전혀 지장이 없다.

3. 경매개시결정의 송달(민사집행법 제83조제4항)

1) 경매개시결정이 채무자에게 송달되는 것은 경매개시결정 기입등기 여부와 관계없이 경매개시결정의 적법유효요건이므로 채무자에게 송달 없이 한 경매절차는 당연 무효이다. 따라서 임의경매의 경우 소유자, 강제경매의 경우 채무자에게 반드시 송달해야 한다.

2) 송달받은 자가 특히 본인이 아닌 경우, 적법한 수령권한이 있는 동거자, 고용인 등인지 여부와 사무소에 송달된 경우 그 사무소가 적법한 사무소인지 여부를 확인한다.

3) 개인의 경우 주민등록상 최종주소지, 법인의 경우 본점소재지가 기본적인 적법한 송달장소이다. 채권자가 송달장소를 지정할 수도 있으나 그 사유를 소명해야 한다.

4) 移徙不明으로 송달이 되지 않는 경우에는 채권자에게 주소보정을 명하고, 보정된 주소로도 송달이 되지 않고 송달할 장소를 알 수 없는 경우 공시송달로 송달한다.

5) 부동산의 압류는 채무자에게 경매개시 결정이 송달된 때 또는 경매개시결정 등기가 된 때에 그 효력이 생긴다.

※ 판례

가. 경매법에 의한 부동산경매사건에 있어서 그 부동산 소유자에게 경매절차 개시결정을 송달하지 아니하고 한 경매절차의 효력

〈판결요지〉

본법에 의한 경매에 있어서도 강제경매에 있어서와 같이 경매절차 개시결정을 채무자(임의 경매에 있어서는 채무자가 담보물의 소유자가 아닌 때에는 그 소유자)에게 송달함으로써 압류의 효력이 발생하는 것이므로 이와 같은 송달이 없으면 압류의 효력이 없고 따라서 법원이 그와 같은 송달이 없이 경매절차를 진행하였다면 이는 위법하다(대법원 61마 256).

나. 이중경매 신청에 기한 경매개시결정을 채무자에게 송달하지 아니한 채 진행한 경매절차 및 대금납부의 효력

〈판결요지〉

경매법원이 이중경매 신청에 기한 경매개시결정을 하면서 그 결정을 채무자에게 송달함이 없이 경매절차를 진행하였다면 그 경매는 경매개시결정이 효력을 발생하지 아니한 상태에서 이루어진 것이어서 당연히 무효라고 보아야 하므로, 그 개시결정이 채무자에게 송달되기 전에 경매대금의 납부를 명하고 이에 따라 경매대금을 납부한 것은 경매절차를 속행할 수 없는 상태에서의 대금납부로서 부적법하여 대금납부의 효력을 인정할 수 없다.

TIP

발송 송달의 특례

1. 송달의 특례적용

1) '담보권 실행을 위한 경매'에 한하여 적용된다.
2) 송달
(1) 경매신청 당시 당해 부동산의 등기부등본에 기재되어 있는 주소에 발송함으로써 송달된 것으로 간주한다.
(2) 등기부등본에 기재되어 있지 아니 하거나 주소를 법원에 신고하지 아니한 경우에는 공시 송달한다.

2. 송달특례를 적용받는 금융기관

한국자산관리공사나 은행법규정에 의하여 인가를 받은 금융기관과 산업은행, 기업은행, 수출입은행, 농협중앙회 등 국책은행에 발송송달의 특례를 인정하고 있다.

3. 발송송달의 특례를 적용받기 위한 요건

위 은행들이 발송송달의 특례를 인정받기 위해서는 경매신청 전에 '경매실행예정사실'을 채무자 및 소유자에게 부동산등기부에 기재되어 있는 주소로 통지하였다는 뜻의 확인서를 임의경매신청서에 첨부하면 된다.

4. 주민등록이 말소된 경우 송달특례가 적용되지 않는다

※ 판례

4. 경매개시결정에 대한 이의(민사집행법 제86조)

1) 이해관계인은 매수대금 완납 시까지 경매개시결정에 대한 이의를 제기할 수
   있다. 이해관계인이 아닌 제3자는 제3자 이의의 소를 제기하여 승소판결을
   받아야 이의를 신청할 수 있다.

2) 강제경매의 경우

경매개시결정 전의 절차상 사유에 한하여 이의를 제기할 수 있다. 절차상 이의
사유는 경매신청방식의 적부, 신청인적격의 유무, 대리권의 유무, 경매신청 부동
산 표시의 불일치, 집행력 있는 정본의 불일치 등 경매개시결정에 있어서의 하자
가 형식적 효력 등에 관한 것인 경우이다. 경매개시결정후의 절차상 하자, 즉 경
매기일 공고, 통지의 하자 등은 이의 사유가 되지 않는다(대결 91.2.6.가 90ㄱ66).

3) 임의경매의 경우

절차상 사유 외에 담보권의 부존재, 소멸 등 실체적 사유로도 이의신청이 가능
하다. 이와 관련하여 채무자 겸 근저당설정자의 경우 채무액이 근저당권의 채권최
고액을 초과하면 채무의 일부인 채권최고액과 지연이자 및 경매비용을 변제하더
라도 채무전액을 변제할 때까지 근저당권의 효력이 잔존채무에 미치므로 근저당

권의 말소를 구할 수 없다(대판 81.11.10. 80다2712). 그러나 채무 없이 담보만 제공한 근저당권설정자의 경우 및 제3취득자의 경우 채권최고액을 변제함으로써 근저당권의 말소를 구할 수 있고(대판 74.12.10. 74다998, 대판 71.5.15. 71다251), 채권최고액의 변제만으로 이의를 신청할 수 있다.

※ 판례

경매개시결정에 대한 이의(실체적 권리관계에 관한 사유를 원인으로 한 강제경매개시결정에 대한 이의신청의 가부)

〈판결요지〉
강제경매개시결정에 대한 이의신청은 경매개시결정에 관한 형식적인 절차상의 하자에 대한 불복방법이기 때문에 실체적 권리관계에 관한 사유를 경매개시결정에 대한 이의의 원인으로 주장할 수 없다(대법원 94마 147).

〈서식 3〉 경매개시신청에 대한 이의신청서

경매개시결정에 대한 이의신청서

수입인지
1,000원

사건번호　　　타경　　　호　　　　부동산강제경매
신 청 인　(채무자) (이름)　　　　　　(주민등록번호　　　－　　　)
　　　　　　(주 소)
　　　　　　(연락처)
피 신 청 인 (채권자) (이름)　　　　　(주민등록번호　　　－　　　)
　　　　　　(주 소)

신 청 취 지

위 사건에 관하여 ○○○○년 ○월 ○일 귀원이 한 강제경매개시결정은 이를 취소한다. 피신청인의 이 사건 강제경매신청은 이를 기각한다는 재판을 구한다.

신 청 이 유

1. 채권자인 피신청인은 채무자인 신청인과의 사이의 ○○지방법원 ○호 ○○ 청구사건의 집행력 있는 판결정본에 기하여 ○○○○년 ○월 ○일 귀원에 강제경매신청을 하여, ○○○○년 ○월 ○일 위 개시결정이 되어, 이 결정이 ○○○○년 ○월 ○일 채무자인 신청인에게 송달되었습니다.

2. 그런데 위 강제집행의 전제인 위 채무명의는 신청인에게는 송달되지 않은 것으로서 그 송달 전에 위 개시결정을 한 것은 집행개시 요건의 흠결이 있음에도 불구하고 행한 위법한 것이므로 본건 이의를 신청하는 바입니다.

20　.　.　.

　　　　위 신청인(채무자)　　　　　(날인 또는 서명)

○○법원 귀중

제2절 매각 준비절차(법원)

1. 현황조사(민사집행법 제85조제1항)

법원은 경매개시결정을 한 뒤 곧바로 집행관으로 하여금 부동산의 현황을 조사하게 하여 이를 공고·비치하게 하는데, 현황조사서는 '부동산의 현황 및 점유관계 조사서'와 '임대차관계조사서'를 포함한다. 다만, 실무에서는 조사사항을 구체적으로 명확하게 하기 위해서 부동산의 현상 및 점유관계와 임대차관계를 조사한다.

① 부동산의 현상 및 점유관계는 부동산의 위치 및 현상, 내부구조 및 사용용도등과 부동산 점유자와 점유권원, 차임 또는 보증금의 액수를,

② 임대차관계는 임대차 목적물, 임차인, 임대차내용, 즉 주민등록 전입여부 및 그 일자, 확정일자를 받았는지 여부 등을 세부적으로 조사하고 있다.

2. 공과금을 주관하는 공공기관에 대한 최고(민사집행법 제84조제4항)

경매개시결정을 한 집행법원은 조세, 그 밖의 공과금을 주관하는 공공기관에 대하여 채권의 유무, 그 원인 및 원금, 이자, 비용, 그 밖의 부대채권을 배당요구종기까지 신고하도록 최고한다. 또한 첫 경매개시결정 전에 등기된 가압류채권자 및 저당권자, 전세권자, 그 밖의 우선변제청구권으로서 첫 경매개시결정 전에 등기되었고 매각으로 소멸하는 채권자에게도 채권신고를 하도록 최고한다.

3. 이해관계인에 대한 채권신고의 최고

법원은 등기부에 기입된 부동산 위의 권리자 등에 대하여 자신의 채권의 원금, 이자, 비용 기타 부대채권에 관한 계산서를 배당요구종기일까지 제출할 것을 최고한다. 가등기담보권자도 이해관계인이다.

4. 부동산감정평가 및 최저매각가격의 결정(민사집행법 제97조)

1) 법원은 등기관으로부터 경매개시기입등기의 통지를 받으면 감정평가기관(감정인)으로 하여금 부동산을 평가하게 하여 감정평가서를 비치하고 그 평가액을 참작하여 최저매각가격을 정한다. 이 최저매각가격은 이해관계인 전원의 합의에 의해서도 변경할 수 없다.

2) 또한 법원은 최저매각가격으로 압류채권자의 채권에 우선하는 부동산의 모든 부담과 경매절차비용을 변제하면 1원이라도 배당받을 수 없을 경우 압류채권자에게 잉여 있을 가격을 정하여 그 가격 이상 매수신고인이 없는 경우 채권자 자신이 그 가격으로 매수할 것인지를 통지하고, 압류채권자가 충분한 보증을 제공하지 않거나 잉여 있을 가격을 정하여 매수하겠다는 신청을 하지 않는 경우 법원은 경매절차를 반드시 취소하여야 한다(민사집행법 제102조 제2항).

3) 평가의 대상

감정평가의 대상은 매각부동산 및 그 부합물과 종물(종 된 권리포함) 등 그 부동산과 함께 취득하는 모든 물건 및 권리이다.

① 부동산 자체(매각부동산)

② 부 합 물

토지의 부 합 물 − 정원수, 정원석, 석등, 수목, 교량, 도장, 돌담, 도로의 포장, 지하구조물, 주유소 땅속의 유류저장탱크.

건물의 부 합 물 − 증·개축된 부분이 독립된 구분소유권의 객체로 될 수 없는 것인 때에는 기존건물에 부합된다.

③ 종물

보일러시설, 지하수 펌프, 주유소의 주유기, 양수시설, 화장실 ,물정화조.

−종 된 권리로는 목적 토지가 요역지인경우의 지역권, 건물소유를 목적으로 한 지상권, 대지 사용권등이 있다.

5. 매각물건명세서의 작성, 비치(민사집행법 제105조)

　법원은 부동산의 표시, 부동산의 점유자와 점유의 권원(전세권, 임차권 등), 점유할 수 있는 기간, 차임 또는 보증금에 관한 관계인의 진술, 매각으로 효력을 잃지 아니하는 등기된 부동산에 대한 권리 또는 가처분, 매각으로 비로소 설정된 것으로 보게 되는 지상권의 개요 등을 기록한 등 매각물건 명세서를 작성하여 법원에 비치하여 누구든지 볼 수 있도록 한다.

　실무 예에서는 법원의 경매신청과에 매각기일 7일 전부터 일반인이 열람할 수 있도록 비치한다. 매각물건명세서의 작성에 중대한 흠, 즉 대지사용권 존부의 불기재, 선순위 임차인의 주민등록사항의 누락(대판)이 있는 경우 매각허가에 대한 이의신청사유(민사집행법 제121조 각호)가 됨은 물론, 직권에 의한 매각 불허가 사유가 된다(민사집행법 제123조 제2항).

6. 매각기일 및 매각결정기일의 지정

　법원은 무잉여로 인한 경매가 취소되는 경우가 아니면 직권으로 매각기일과 매각결정기일을 정하고 대법원 규칙이 정하는 방법으로 공고(민사집행법 제104조 제1항)함은 물론, 이해관계인에게 통지하여야 한다(민사집행법 제104조 제2항). 매각결정기일은 매각기일로부터 1주 이내로 정하여야 한다.

7. 배당요구 종기 결정 및 공고

　경매개시결정에 따른 압류효력이 생기면, 법원은 절차에 필요한 기간을 감안하여 배당요구를 할 수 있는 종기를 첫 매각기일 이전으로 정한다(민사집행법 제84조 제1항). 보통 경매개시결정과 동시에 정하고 이를 공고한다.

　이렇게 공고함은 물론 전세권자, 집행력 있는 정본을 가진 채권자, 경매개시결정이 등기된 뒤에 가압류를 한 채권자, 임차인등 법률에 의하여 우선변제청구권이 있는 채권자에게 고지하여야 한다(민사집행법 제84조 제2항).

또 법원은 이중경매의 경우 뒤의 경매개시결정이 먼저의 경매개시결정의 배당요구종기 이후에 신청된 경우 등 특별히 필요하다고 인정하는 경우에는 배당요구종기를 연기할 수 있다(민사집행법 제84조 제6항).

TIP

배당요구 종기일(민사집행법 제84조 제1항)

구법에서는 매각결정기일까지 배당요구를 할 수 있었다. 그러나 신법에서는 배당요구종기일을 미리 정하여 놓고 그 기간까지만 배당요구를 가능하게 하고 또 배당요구 여부에 따라 인수되는 금액이 달라지는 경우 배당요구를 철회할 수 없게 하여 입찰자들이 권리가 확정된 상태로 응찰할 수 있게 하여 구법에 비해 훨씬 안정적으로 경매에 응할 수 있게 하였다. 아울러 비록 배당요구종기일 이내라 할지라도 한번 철회한 배당요구는 다시 할 수 없게도 하였다.

* 신법사건은 2002년 7월 1일 이후 경매를 신청한 사건을 말함

제3절 매각절차(입찰, 매각 및 매각허가결정)

1. 입찰을 위한 준비절차

인터넷, 경매정보지 등을 통하여 입찰물건을 선택하고, 권리분석·물건분석 등을 통하여 입찰하기로 결정하였다면, 매각 기일에 본인 또는 대리인이 출석하여 입찰한다.

권리분석·물건분석은 투자수익성 판단에 가장 중요한 부분이라 뒤에서 자세히 설명하기로 하고, 여기서는 입찰준비 단계에서 활용 가능한 법원의 정보, 즉 매각물건명세서, 현황조사서, 감정평가서 등을 보는 방법과 실제 입찰에 참여할 때 유의사항에 대하여 알아본다. 특히 경매정보지, 인터넷 경매사이트에서는 법원 공고를 보고 입력하는 것이므로 오류가 항상 있을 수 있음을 명심하고 반드시 법원의 공고를 확인한다(대법원 경매정보 http://www.courtauction.go.kr/).

* 향후 실명의 편의를 위해 필자가 입찰해준 사례를 예를 들기로 한다.

1) 현황조사서

'부동산의 현황 및 점유관계 조사서'에는 해당 부동산의 현황 및 점유관계를, '임대차관계조사서'에는 점유자, 점유부분, 점유기간, 보증금, 전입일자, 확정일자, 그 밖의 현황에 대하여 기술되어 있다.

TIP

입찰 직전 임차관계 최종 확인

임차보증금과 관련하여 대항력 있는 임차인 유무를 해당 동사무소를 방문하여 확인해야 한다. 특히 현황조사서만 믿고 배당요구 하지 않은 임차인이 있는 사실을 간과할 경우 돌이킬 수 없는 큰 과오를 초래할 수 있다.

<서울중앙지방법원 2013-20657 현황조사서>

서울중앙지방법원 2013-20657 현황조사내역

■ 임대차정보

번호	소재지	임대차관계
1	서울특별시 강남구 학동로 68길 29, 105동 2층 202호(삼성동, 삼성동 힐스테이트 1단지)	1명

■ 점유관계

소재지	1. 서울특별시 강남구 학동로 68길 29, 105동 2층 202호(삼성동, 삼성동 힐스테이트 1단지)
점유관계	임차인(별지) 점유
기타	3회 방문하였으나 폐문부재이고, 방문한 취지 및 연락처를 남겼으나 아무런 연락이 없으므로 주민등록 전입된 세대만 임차인으로 보고함

■ 임대차관계

[소재지] 1. 서울특별시 강남구 학동로 68길 29, 105동 2층 202호(삼성동, 삼성동 힐스테이트 1단지)

	점 유	강재연	당사자구분	임차인
1	점유부분	202호	용 도	주 거
	점유기간	미 상		
	보증(전세)금	미 상	차 임	
	전입일자	2011.01.14	확정일자	미 상

본 내용은 2013-10-16 오전에 취재된 내용입니다. 이후 변경사항이 있을 수 있습니다.

2) 매각물건명세서

매각물건명세서에는 부동산의 표시, 점유의 내용(전세권, 임차권 등 점유의 권원, 보증금 등), 매각으로 효력을 잃지 아니하는 부동산에 대한 권리 등이 기술되어 있다.

특히 매각물건명세서상 '미상'이라고 표시된 것을 임차인 또는 임차보증금이 없다는 것이 아니라 '확인할 수 없다'는 의미이므로 주의한다.

3) 말소기준권리

매각물건명세서 상 최선순위 설정일자는 말소기준권리를 의미한다. 따라서 최선순위 등기 설정일자보다 대항요건을 먼저 갖춘 주택, 상가건물의 임차인의 임차보증금은 매수인에게 인수되는 경우가 발생할 수 있고, 대항력과 우선변제권이 인정되는 임차인이 배당요구를 하였으나 보증금 전액에 관하여 배당받지 못하는 경우 배당받지 못한 보증금 잔액은 매수인이 인수한다.

4) 말소되지 않는 권리 및 법정지상권

매각물건명세서상 '등기된 부동산에 관한 권리 또는 가처분으로 매각허가에 의하여 그 효력이 소멸하지 아니하는 것'의 의미는 경매로 부동산을 매수하더라도 매수인에 대하여 대항할 수 있어서 말소되지 않는 등기이다. 특별한 이해관계인이 아닌 한 입찰에 참가해서는 안 될 것이다. 매각물건명세서상 '매각허가에 의하여 설정된 것으로 보는 지상권의 개요'는 법정지상권의 성립가능성을 의미한다. 주의해야 할 부분이다.

서울 강남구 삼성동 16-2 힐스테이트 1단지 105동 2층 202호

사건	2013타경20657 부동산강제경매	매각물건번호	1	담임법관 (사법보좌관)	안달용
작성일자	2013.09.09	최선순위 설정일자	2013.03.14.(압류)		
부동산 및 감정평가액 최저매각가격의 표시	부동산표시목록 참조	배당요구종기	2013.08.23		

점유자의 성명	점유부분	정보출처 구분	점유의 권원	임대차 기간 (점유기간)	보증금	차임	전입 신고일자, 사업자 등록 신청일자	확정일자	배당요구여부 (배당요구일자)	배당요구여부 (배당요구일자)
강재연	202호	현황조사	주거임차인	미상	미상		2011.01.14	미상		
	202호	권리신고	주거임차인	2011.01.14.~	560,000,000		2011.01.14	2011.01.14.	2013.8.16	2013.08.06

<비고>
강재연: 임차인 강재연 보증금 5억 6천만 원 중 6천만 원은 2012.12.28. 증액하였으며 증액된 부분에 대한 확정일자는 2012.12.28.임

* 최선순위 설정일자보다 대항요건을 먼저 갖춘 주택. 상가건물 임차인의 임차보증금은 매수인에게 인수되는 경우가 발행할 수 있고, 대항력과 우선 변제권이 있는 주택, 상가건물 임차인이 배당요구를 하였으나 보증금 전액에 관하여 배당을 받지 아니한 경우에는 배당받지 못한 잔액이 매수인에게 인수되게 됨을 주의하시기 바랍니다.

- 등기된 부동산에 관한 권리 또는 가처분으로 매각허가에 의하여 그 효력이 소멸되지 아니하는 것

해당사항 없음

- 매각허가에 의하여 설정된 것으로 보는 지상권의 개요

해당사항 없음

- 비고란

* 주 1: 경매, 매각목적물에서 제외되는 미등기건물 등이 있을 경우에는 그 취지를 명확히 기재한다.
  2: 최선순위 설정보다 먼저 설정된 가등기담보권, 가압류 또는 소멸되는 전세권이 있는 경우에는 그 담보가등기, 가압류 또는 전세권 등기일자를 기재한다.

  본 내용은 2013-09-23 오전에 취재된 내용입니다. 이후 변경사항이 있을 수 있습니다.

5) 말소되지 않는 전세권

선순위 전세권자가 전세권자의 지위와 임차권자의 지위를 갖는 경우 전세권자의 지위에서 경매신청을 한 경우나 배당요구를 한 경우에는 전세권이 말소되지만 임차권자의 지위에서 배당요구를 하였다면 전세권자의 배당요구가 아니므로 선순위의 전세권은 소멸하지 않고 매수인에게 인수되는 권리가 된다(대판 2010.6.24. 선고 2009다 40790). 다만 판례에서는 전세권자가 배당요구를 하지 않고 채권계산서를 제출한 경우에도 배당요구를 한 것으로 인정하고 있다.

6) 감정평가서

감정평가서와 관련해서 주의해서 보아야 할 부분은 '토지별도 등기'가 있을 경우 토지·건물의 평가금액 배분내역부분과 감정평가서 작성일자이다.

토지별도의 등기가 있을 경우 대항력 있는 건물임차인은 건물의 매각대금에서만 배당 받을 수 있으므로 매수인의 인수금액이 생각보다 많아진다. 따라서 손익분석 시 고려해야 한다.

또한 평가서 작성 시점으로부터 상당기간 이후 실제 매각이 이루어지므로 감정평가금액을 믿을 수 없다. 특히 매번 나오는 각종 부동산대책 발표 이후 단기적으로 부동산가격이 조정을 받는다. 따라서 감정평가서가 부동산대책을 기점으로 그 전후에 작성된 것인 지 파악하여 실제 가치에 근접하게 보정한 후 손익 분석하여야 할 것이다.

따라서 임장활동을 철저히 하여 시세파악과 가격흐름을 예측하여 입찰가격을 정하여야 한다. 감정평가서상의 가격은 일응의 참고자료로 삼고 실제가격이나 향후 투자가치 분석은 임장활동으로 결정해야 한다는 것이다

2. 입찰표의 작성

1) 입찰 준비물

(1) 본인이 직접 입찰에 참가할 경우
　　가. 입찰보증금

나. 본인의 신분증(주민등록증, 운전면허증, 여권 등)

　　다. 도장

(2) 대리인이 입찰에 참가할 경우

　　가. 입찰보증금

　　나. 본인의 인감도장을 날인한 위임장(입찰표 뒷면 또는 별도양식)

　　다. 본인 인감증명서

　　라. 본인 인감도장

　　마. 대리인의 신분증, 도장

(3) 법인이 입찰에 참가하는 경우

　　가. 입찰보증금

　　나. 법인등기부등본

　　다. 대표이사의 신분증 및 도장

(4) 법인을 대리하여 입찰할 경우

　　가. 입찰보증금

　　나. 법인등기부등본

　　다. 법인인감증명서, 대표이사의 위임장

　　라. 법인 인감도장

　　마. 대리인의 신분증, 대리인 도장

TIP

1. 법인의 기재사항

본인 성명란에 법인의 이름과 대표자의 지위 및 이름 주민등록번호란에 법인등록번호, 주소지에는 등기부상 본점소재지를 기재한다.

2. 교회, 사찰 등 종교단체가 입찰할 경우

등록번호가 기재된 등록증명서, 종교단체 소속증명서

정관 그 밖의 규약, 대표자 ·사원총회결의서, 대표자의 주민등록 등본

3. 공인중개사가 입찰을 대리할 경우

본인의 인감증명서가 첨부된 위임장(인감도장 날인), 대리인등록증사본

〈서식 7〉 기일입찰표

[전산양식] A3360] 기입입찰표 (흰색)　　　　　　　　　　　　용지규격 210mm×297mm(A4용지)

( )					

기 일 입 찰 표

지방법원　집행관　귀하　　　　　　　　　　　　　입찰기일 :　년　월　일

사 건 번 호		타 경　　　　　호		물건 번호	* 물건번호가 여러개 있는 경우에는 꼭 기재
입 찰 자	본인	성 명		전화 번호	
		주민( ) 등록번호		법인등록 번 호	
		주 소			
	대리인	성 명		본인과의 관 계	
		주민등록 번 호		전화번호	－
		주 소			

입찰 가격	천 억	백 억	십 억	억	천 만	백 만	십 만	만	천	백	십	일	원	보증 금액	백 억	십 억	억	천 만	백 만	십 만	만	천	백	십	일	원
														천억												

보증의 제공방법	□ 현금 자기앞수표 □ 보증서	보증을 반환　받았습니다. 　　　　　　　　　입찰자

주의사항

1. 입찰표는 물건마다 별도의 용지를 사용하십시오. 다만, 일괄입찰 시에는 1매의 용지를 사용하십시오.

2. 한 사건에서 입찰물건이 여러 개 있고 그 물건들이 개별적으로 입찰에 부쳐진 경우에는 사건번호 외에 물건번호를 기재하십시오.

3. 입찰자가 법인인 경우에는 본인의 성명란에 법인의 명칭과 대표자의 지위 및 성명을, 주민등록란에는 입찰자가 개인인 경우에는 주민등록번호를, 법인인 경우에는 사업자등록번호를 기재하고, 대표자의 자격을 증명하는 서면(법인의 등기부 등·초본)을 제출하여야 합니다.

4. 주소는 주민등록싱의 주소를, 법인은 등기부상의 본점소재지를 기재하시고, 신분확인상 필요하오니 주민등록증을 꼭 지참하십시오.

5. 입찰가격은 수정할 수 없으므로, 수정을 요하는 때에는 새 용지를 사용하십시오.

6. 대리인이 입찰하는 때에는 입찰자란에 본인과 대리인의 인적사항 및 본인과의 관계 등을 모두 기재하는 외에 본인의 위임장(입찰표 뒷면을 사용)과 인감증명을 제출하십시오.

7. 위임장, 인감증명 및 자격증명서는 이 입찰표에 첨부하십시오.

8. 일단 제출된 입찰표는 취소, 변경이나 교환이 불가능합니다.

9. 공동으로 입찰하는 경우에는 공동입찰신고서를 입찰표와 함께 제출하되, 입찰표의 본인란에는 '별첨 공동입찰자목록 기재와 같음'이라고 기재한 다음, 입찰표와 공동입찰신고서 사이에는 공동입찰자 전원이 간인하십시오.

10. 입찰자 본인 또는 대리인 누구나 보증을 반환받을 수 있습니다.

11. 보증의 제공방법(현금·자기앞수표 또는 보증서) 중 하나를 선택하여 ☑ 표를 기재하십시오.

지방법원 귀중

〈서식 8〉 위임장

위 임 장

성 명:
주민등록번호:
주 소:

상기인에게 귀원 타경 _____호 임의(강제) 경매사건의 경매행위 일체를 본인을
위하여 대리로 실행할 것을 위임합니다.

년   월   일

첨 부 서 류

1. 위임장 1부
2. 인감증명 1부

위 임 인:
성 명:
주민등록번호:
주 소:

(   )

위 임 장

대리인	성 명		직 업	
	주민등록번호		전화번호	
	주 소			

위 사람을 대리인으로 정하고 다음 사항을 위임함.

다 음

지방법원   타경   호 부동산

경매 사건에 관한 입찰행위 일체

본인 1	성 명	(인감인)	직 업	
	주민등록번호	－	전화번호	
	주 소			
본인 2	성 명	(인감인)	직 업	
	주민등록번호	－	전화번호	
	주 소			
본인 3	성 명	(인감인)	직 업	
	주민등록번호	－	전화번호	
	주 소			

* 본인의 인감 증명서 첨부
* 본인이 법인인 경우에는 주민등록번호란에 사업자등록번호를 기재

3. 입찰 시 유의사항

1) 입찰보증금 및 입찰가액의 기재

입찰보증금은 최저매각가격의 10%(단, 특별매각조건이 있는 경우에는 20~30%)에 해당하는 금액을 입찰보증금란에 기재하고, 입찰가액은 최저 매각가격 이상이면 유효하다. 입찰금액 및 입찰보증금액의 수정은 절대 무효이므로 수정하고자 할 경우에는 새로운 용지에 기입해야 한다. 입찰보증금은 1원이라도 부족하면 무효이다. 사건번호·물건번호가 있으면 물건번호까지 정확히 기재하여야 한다.

2) 공동 입찰

매각부동산에 대하여 2인 이상이 공동으로 입찰하는 경우, 공동입찰신고서와 공동입찰자 목록(공동입찰자의 성명, 주소, 주민번호, 각자의 지분)을 입찰표와 함께 집행관에게 제출한다. 이 경우 한 사람의 공동입찰자가 다른 공동입찰자의 대리인이 될 수 있다. 다만, 다른 공동입찰자의 인감도장이 날인된 위임장 및 인감증명서가 필요하다.

〈서식 9〉 공동입찰신고서

공동입찰신고서

법원   집행관   귀하

사건번호   20   타경   호
물건번호
공동입찰자   별지 목록과 같음

위 사건에 관하여 공동입찰을 신고합니다.

년   월   일

신청인   외   인(별지목록 기재와 같음)

* 1. 공동입찰을 하는 때에는 입찰표에 각자의 지분을 분명하게 표시하여야 합니다.
  2. 별지 공동입찰자 목록과 사이에 공동입찰자 전원이 간인하십시오.

〈공동입찰자 목록 양식〉

공동입찰자 목록

번호	성명	주소		지 분	상호관계
		주민등록번호	전화번호		
1	(인)	주소			
		주민등록번호	전화번호		
2	(인)	주소			
		주민등록번호	전화번호		
3	(인)	주소			
		주민등록번호	전화번호		
4	(인)	주소			
		주민등록번호	전화번호		
5	(인)	주소			
		주민등록번호	전화번호		
6	(인)	주소			
		주민등록번호	전화번호		

3) 법인의 부동산취득은 자유로우나 비업무용 부동산이나 법인 설립이 5년 미만인 경우 취득세가 중과되므로 주의가 요망된다. 또한 법인의 농지의 취득은 영농법인이 아니면 취득할 수 없다.

4) 공유자 우선매수청구권(민사집행법 제140조)

부동산상의 공유지분을 가지고 있는 공유자는 매각기일(입찰종결일)까지 대법원 규칙이 정하는 바에 따라 집행법원이 정하는 금액과 방법에 맞는 보증을 집행관에게 제공하고(보통 최저매각금액의 10%) 최고가매수신고가격과 동일한 가격으로 채무자의 지분을 우선 매수하겠다는 신고를 할 수 있다.

공유자 우선매수신고가 있으면, 비록 최고가매수신고가 있다고 하더라도 법원은 우선매수신고 한 공유자에게 매각을 허가하여야 한다.

여러 사람의 공유자가 우선매수신고를 하고 최고가매수신고인으로 매각허가 난 경우 특별한 합의가 없으면 공유지분의 비율에 따라 채무자의 지분을 매수하게 된다.

또한 공유자가 공유자 우선매수청구권을 신청하였으나 다른 매수 신고인이 없을 경우 최저매각가격을 최고매수신고가격으로 보아 우선매수를 인정한다.

TIP

- 공유자우선매수권을 청구하려면 매각기일에 해당 사건번호의 입찰종결 전까지 행사해야만 한다.
- 임대주택 법 제15조의 2의 규정에 따른 임차인도 당해 임대주택의 우선매수청구권이 있다.

TIP

공유자 우선 매수청구의 제한

- 여러 개의 부동산을 일괄매각하는 경우에 그중 일부만 지분인 경우 공유자 우선매수청구를 행사할 수 없다.
- 법원에 따라 그 회차(回次) 이후부터는 공유자 우선매수청구권을 제한하는 경우도 있다.

〈서식 10〉 공유자 우선매수신청서

공유자 우선매수신고서

사 건   타경   부동산강제(임의)경매
채권자
채무자(소유자)
공유자

■ 매각기일 20○○. ○. ○. ○○:○○

부동산의 표시 : 별지와 같음

공유자는 민사집행법 제140조 제1항의 규정에 의하여 매각기일까지(집행관이 민사집행법 제115조 제1항에 따라 최고가매수신고인의 성명과 가격을 부르고 매각기일을 종결한다고 고지하기 전까지) 민사집행법 제113조에 따른 매수신청보증을 제공하고 최고매수신고가격과 같은 가격으로 채무자의 지분을 우선 매수하겠다는 신고를 합니다.

첨 부 서 류

1. 공유자의 주민등록표 등본 또는 초본 1통
2. 기타(   )

200   .   .   .

우선매수신고인   (공유자)

(연락처):

○○지방법원 경매○계 귀중

5) 농지의 입찰(선, 답, 과수원 등)

입찰 목적물이 농지인 경우 입찰이 종료됨과 동시에 집행관사무실에서 최고가 매수신고인 증명을 발급받아 관할 시청, 구청(읍·면 지역의 경우 읍·면)에 제출하면서 '농지취득자격 증명'을 발급받아 법원에 제출해야 매각허가 결정됨을 유의하여야 한다(농지취득자격증명의 취득은 매각허가 요건임).

공부(등기부등본)가 농지라 하더라도 농지전용허가가 있거나, 현황이 잡종지 등으로서 농지로 이용되고 있지 아니할 경우 농지취득자격 증명 없이 경락이 가능하므로 실제 이용현황을 기준으로 판단한다.

<농림부예규 제220호 농지취득자격증명발급심사요령 참조>

(생략)

TIP

농지취득자격증명 발급절차

1. 집행관 사무실에서 최고가 입찰신고인 증명을 발부받는다.
2. 시·군·구청이나 읍·면사무소에 가서 법원에서 발급받은 최고가 매수신고인 증명서를 제출하고, 부동산표시와 영농계획서를 작성하여 농지취득자격증명을 신청한다.
3. 발급받은 농취증을 매각결정기일 전에 법원에 제출한다.

〈서식 16〉 농지취득자격증명신청서

* 농지취득자격증명신청서 첨부서류

<table>
<tr><td colspan="2" rowspan="2">농지취득자격증명신청서</td><td>처리기간</td><td>접수*</td><td colspan="3">제　호</td></tr>
<tr><td>5일</td><td>처리*</td><td colspan="3">제　호</td></tr>
<tr><td rowspan="3">농지
취득자
(　)</td><td>①성명
(　)</td><td colspan="2">②주민등록번호
(　　　)</td><td colspan="3">⑥ 취득자의 신분</td></tr>
<tr><td>③주소</td><td colspan="2">시　구　동
도　시　　리　번지</td><td>농업인</td><td>신영</td><td>법인등</td></tr>
<tr><td>④연락처</td><td>⑤화
⑪농지
구분</td><td></td><td></td><td></td><td></td></tr>
<tr><td rowspan="5">취득
농지의
표시</td><td colspan="2" rowspan="2">⑦소재지</td><td rowspan="2">⑧지번</td><td rowspan="2">⑨지목</td><td>⑩면적
(㎡)</td><td>진흥
지역</td><td>보호
지역</td><td>진흥
지역밖</td></tr>
<tr><td></td><td></td><td></td><td></td></tr>
<tr><td>시·군</td><td>구·읍·면　리·동</td><td></td><td></td><td></td><td></td><td></td><td></td></tr>
<tr><td colspan="2"></td><td></td><td></td><td></td><td></td><td></td><td></td></tr>
<tr><td colspan="2"></td><td></td><td></td><td></td><td></td><td></td><td></td></tr>
<tr><td colspan="2">⑫취득원인</td><td colspan="6"></td></tr>
<tr><td colspan="2">⑬취득목적</td><td colspan="6"></td></tr>
<tr><td rowspan="2">농지관리
위원확인</td><td colspan="4">확 인 사 항</td><td colspan="2">위원①</td><td colspan="2">위원②</td></tr>
<tr><td colspan="4">1.　6　1　　2　　2　8:의 규정에
의한 취득요건에 적합한지 여부
2.　　　8　　2 의 각 호 사항의 포함
여부
3. 농업경영계획서의 내용이 실현가능하다고 인정되는지
여부(6　2　8:의 규정에 의하여 농지를 취득하는 경우를
제외)
4. 소유농지의 전부를 타인에게 임대하거나 영농 작업의
전부를 위탁하여 경영하고 있는지 여부</td><td colspan="2"></td><td colspan="2"></td></tr>
<tr><td colspan="2"></td><td colspan="2">위원①</td><td>(　　)</td><td colspan="2">위원②</td><td>(　　)</td></tr>
<tr><td colspan="8">확인방법:</td></tr>
<tr><td colspan="8">농지법 제8　2　　　　　　10　의 규정에 의하여 위와 같이 농지취득자증명의 발급을 신청합니다.

　　　　　　　　　　년　　월　　일
　　농지취득자(　　)　　　　　서명(　　)

시장　　　　　　장귀하</td></tr>
<tr><td colspan="8">구비서류: 1.　　　　6. 서식의 농업계획서
　　　　2.　　　(　　　　　　　　　　　　, 법인의
　　　　　경우에는 법인등기부 등본을 말한다.)
　　　　3.　　　(　　　　　　　　　　.)
　　　　4.　1　　　　　　(　6　2　2　　　　　　　.)
　　　　5.　2　　　　　　　　(　7　1　2:규정에 해당하는
　　　　　경우에 한다.

수수료
300</td></tr>
</table>

※ 이 신청서는 무료로 배부되며 아래와 같이 처리합니다.

기재상 주의사항

● 란은 민원인이 기재하지 아니합니다.

① 란은 법인에 있어서는 그 명칭 및 대표자의 성명을 씁니다.
② 란은 개인의 주민등록번호, 법인은 법인등록번호를 씁니다.
⑥ 란은 다음 구분에 따라 농지취득자가 해당하는 란에 ○표를 합니다.
    가. 신청 당시 농업경영에 종사하고 있는 개인은 농업인
    나. 신청 당시 농업경영에 종사하지 아니하지만 앞으로 농업경영을 하고자 하는
       개인은 신규 영농
    다. 농업회사법인, 영농조합법인 기타법인은 법인임

[취득농지의 표시]란은 취득대상 농지의 지번에 따라 매필지별로 씁니다.

⑨ 란은 공부상의 지목에 따라 전, 답, 과수원 등의 구분에 따라 씁니다.
⑪ 란은 매필지별로 진흥구역, 보호구역, 진흥지역 밖으로 구분하여 해당란에 ○표
   를 합니다.
⑫ 란은 매매, 교환, 낙찰, 수증 등 취득 원인의 구분에 따라 씁니다.
⑬ 란은 농업경영, 전용, 시험, 실습, 종묘포 등 취득 후 이용목적의 구분에 따라
   씁니다.

신청인		처리기관(시, 구, 읍, 면)
신청서 작성	→	접수 ↓ 확인, 조사 ↓ 검토 ↓
교　부	←	증명발급 또는 신청서의 반려

<서식 17> 영농계획서

농업경영계획서

취득대상 농지에 관한 사항	① 소재지			② 지번	③ 지목	④ 면적(㎡)	⑤ 영농거리	⑥ 주재배 예정작목
	시·군	구·읍·면	리·동					
	계			/	/	/	/	/

농업경영 노동력의 확보방안	⑦ 취득자 및 세대원의 농업경영능력					
	취득자와의 관계	성별	연령	직업	영농경력(년)	향후영농여부
	⑧ 취득농지의 농업경영에 필요한 노동력 확보방안					
	자기 노동력		일부고용	일부위탁		전부위탁(임대)

농업기계 장비의 확보방안	⑨ 농업기계·장비의 보유현황				
	기계·장비명	규격	보유현황	기계·장비명	보유현황
	⑩ 농업기계·장비의 보유계획				
	기계·장비명	규격	보유현황	기계·장비명	보유현황

⑪ 소유농지의 이용현황	<뒤쪽에 기재>

농지법 제8장 제2항의 규정에 의하여 위와 같이 본인이 취득하고자 하는
농지에 대한 농업경영계획서를 작성·제출합니다.

년   원   일

제출자   서명(인)

※농지취득자격증명서에는 이 계획서를 반드시 첨부하여야 합니다.

⑪ 소유농지의 이용현황							
소 재 지				지번	지목	면적(㎡)	주재배 작물
시·도	시·도	구·읍·면	리·동				

⑫ 농지전용허가, 협의 또는 신고를 한 농지를 취득하는 경우 전용면적사업의 착수 시기 등	
전용면적 사업의 착수 시기	년 월 일
착수 전의 농업경영계획	직접경작 임대 휴경
특기사항	

※기재사항 주의사항

⑤란은 거주자로부터 농지소재지까지 일상적인 통행에 이용하는 도로에 따라 측정한 거리를 씁니다.

⑥란은 그 농지에 주로 재배, 식재하고자 하는 작목을 씁니다.

⑦란은 같은 세대원 중 영농한 경험이 있는 세대원과 앞으로 영농하고자 하는 세대원에 대하여 영농경력과 앞으로의 영농 여부를 개인별로 씁니다.

⑧란은 취득하고자 하는 농지의 농업경영에 필요한 노동력을 확보하는 방안을 다음 구분에 의하여 해당되는 란에 표시합니다.

　가. 같은 세대의 세대원의 노동력만으로 영농하고자 하는 경우에는 자가 노동력란에 ○표

　나. 자가노동력만으로 부족하여 농작업의 일부를 고용 인력에 의하고자 하는 경우에는 일부 공용란에 ○표

　다. 자가노동력만으로 부족하여 농작업의 일부를 고용 인력에 의하고자 하는 경우에는 일부 위탁란에 위탁하고자 하는 작업의 종류와 그 비율을 씁니다.

　라. 자가노동력에 의하지 아니하고 농작업의 전부를 남에게 맡기거나 임대하고자 하는 경우에는 전부위탁(임대)란에 ○표

⑨란과 ⑩란은 농업경영에 필요한 농업기계와 장비의 보유현황과 앞으로의 보유계획을 씁니다.

⑪란은 현재 소유농지에서의 영농상황을 씁니다.

※ 농지전용허가, 협의 또는 신고를 한 농지를 취득하는 경우에는 ⑤란 내지 ⑪란은 기재를 생략할 수 있습니다.

TIP

토지거래허가구역 내에서 일정면적 이상 취득 시 토지거래허가를 받아야 하지만 경매를 통해 구입하는 경우에는 면적에 제한 없이 토지거래허가가 필요 없다(허가 간주).

TIP

매수신고인의 제한(입찰에 참여할 수 없는 사람)

① 채무자(연대채무자나 연대보증인은 경매에 참가할 수 있음)
② 재경매의 경우 전 최고가매수신고인
③ 경매부동산을 평가한 감정인 또는 그 친족
④ 농지의 경우 영농법인이 아닌 법인
⑤ 집행관
⑥ 신의측 또는 사회질서에 반하는 위장 매수 신고인
　　통상 거론되는 자로 다음의 예가 있다.
　　- 이해관계 집행법원의 법관, 담당법원 직원(주사)
　　- 외국인(단, 외국인토지법시행령 제 5조에 의해 주무장관의 허가가 있을 때는 가능함)
　　- 부당하게 타인과 담합하거나 경매를 방해한자 및 교사자
　　- 타인의 경매행위(매수신청)을 방해한 자 및 교사자(§108)
⑦ 무능력자(미성년자, 한정치산자, 금치산자) 다만 법정대리인을 통하여 입찰에 참여 할 수 있다.

입찰의 무효사유
① 입찰표상의 금액의 기재를 수정한 경우
② 입찰보증금이 부족한 경우
③ 동일사건에 관하여 입찰자이면서 다른 입찰자의 대리인이 된 경우
④ 동일물건에 관하여 이해관계가 다른 2인 이상의 대리인이 된 경우
⑤ 자격증명서면을 제출하지 않은 경우(인감증명서상 인영과 위임장의 날인이 상이한 경우)
⑥ 한 장의 입찰표에 수개의 물건과 사건번호를 기재한 경우
⑦ 채무자가 응찰하거나 재입찰 사건에서 전낙찰인이 입찰한 경우

4. 매각 기일의 입찰진행 순서(입찰법정)

① 입찰 장소	대부분 법원은 입찰법정을 지정, 사용하고 있음 * 관할법원은 대법원 경매사이트 참고
② 입찰의 개시 (보통 오전 10시, 법원에 따라 오전 10시 30분, 오후 1시)	• 집행관의 주재로 집행기록을 열람하게 하며, 특별매각조건이 있으면 이를 고지함 • 고지가 끝나면 입찰표의 제출을 최고하고 입찰마감시각과 개찰시각을 고지함으로써 입찰 시작
③ 입찰의 기재 (입찰표의 작성)	• 입찰표에는 ① 사건번호, ② 입찰자의 성명과 주소, ③ 부동산의 표시, ④ 입찰가격, ⑤ 대리인에 의하여 입찰하는 경우에는 대리인의 성명과 주소, ⑥ 입찰보증금액 기재 • 입찰가격은 일정한 금액으로 기재하여야 하며, 입찰보증금은 최저매각가격의 10%(단, 특별매각조건이 붙어 있는 경우에는 20~30%)를 기재함
④ 입찰표 및 입찰보증금의 제출	㉮ 입찰표의 제출 　입찰표는 입찰봉투에 넣어 입찰함에 투입함으로써 집행관에게 제출하는 것으로 되며 한 번 제출한 입찰표는 취소, 변경 또는 교환할 수 없음 ㉯ 입찰보증금의 제출 　입찰보증금은 특별매각조건으로 달리 정함이 없는 한 최저매각가격의 1/10에 해당하는 금액 이상의 현금 또는 자기앞수표로 준비하여 입찰보증금 봉투에 넣고 다시 입찰봉투에 입찰표와 함께 넣어 투입함 ㉰ 입찰자용 수취증은 잘 보관하고 있다가 낙찰을 받지 못할 경우 입찰보증금과 교환함
⑤ 입찰의 종결	㉮ 입찰의 마감 및 개찰 　입찰을 마감하면 지체 없이 개찰을 실시함 ㉯ 최고가매수신고인의 결정 　개찰결과 최고의 가격으로 응찰하고 소정의 입찰보증금을 제출한 자를 최고가매수신고인으로 결정함 ㉰ 차순위매수신고인의 결정 　차순위매수신고인은 최고가매수인이 대금지급의무를 이행하지 아니하는 경우에는 자기의 입찰에 대하여 매각을 허가해달라는 신고(차순위입찰신고)를 할 수 있는데 차순위매수신고는 그 신고액이 최저입찰가격 이상이고 또 최고가입찰가에서 그 보증금액을 공제한 금액을 초과한 경우에만 가능 ㉱ 입찰절차 종결의 고지 　최고가입찰자 및 차순위 입찰신고인이 결정되면 집행관은 그들의 성명과 가격을 호창하고 입찰절차의 종결을 고지하게 됨 ㉲ 입찰보증금의 반환 　집행관은 입찰절차의 종결을 고지한 후에는 최고가입찰자 및 차순위 입찰신고인 이외의 입찰자에게 그들이 제출한 입찰보증금을 즉시 반환함

5. 매각허가결정

　법원은 매각기일에 최고가매수인을 결정한 다음 미리 지정된 기일에 매각결정기일을 열어 매각의 허가여부에 관하여 이해관계인의 진술을 듣고 직권으로 법이 정한 이의사유가 있는지 여부를 조사한 다음, 매각의 허가 또는 불허가결정을 선고한다. 매각결정기일은 통상 매각기일로부터 1주일 내이다.

집행법원은 매각결정 기일에 출석한 이해관계인으로 하여금 매각에 관한 의견을 진술하게 하여 이를 참고로 하는 외에 직권으로 매각불허가사유 유무를 기록에 의하여 조사한 다음 매각허부를 재판하고 선고한다.

6. 매각허가에 대한 이의신청

민사집행법 제121조(이의신청사유)

1. 강제집행을 허가할 수 없거나 집행을 계속 진행할 수 없을 때
2. 최고가매수신고인이 부동산을 매수할 능력이나 자격이 없는 때
3. 부동산을 매수할 자격이 없는 사람이 최고가매수신고 인을 내세워 매수신고를 한 때
4. 최고가매수신고인, 그 대리인 또는 최고가매수신고 인을 내세워 매수신고를 한 사람이 제108조 각호(매각장소의 질서유지방해 사유) 가운데 어느 하나에 해당되는 때
5. 최저매각가격의 결정, 일괄매각의 결정 또는 매각물건명세서의 작성에 중대한 흠이 있는 때
6. 천재지변, 그 밖에 자기가 책임을 질 수 없는 사유로 부동산이 현저하게 훼손된 사실 또는 부동산에 관한 중대한 권리관계가 변동된 사실이 경매절차의 진행 중에 밝혀진 때
7. 경매절차에 그 밖의 중대한 잘못이 있는 때

매각허가결정기일 전에 이해관계인이 민사집행법 제121조 소정의 이의신청사유에 한하여 매각을 허가하여서는 아니 된다고 관할법원에 신청하는 것을 말한다. 법원은 이의신청에 구속되지 아니하나, 이의사유가 인정되면 불허가결정을 하고, 이의가 정당하지 않은 경우 매각허가결정을 한다. 매각허가결정에 대하여는 즉시항고로 다툴 수 있다. 다만, 이의신청은 이해관계인의 권리에 관한 이유로는 이의신청할 수 없다.

〈서식 14〉 매각허가에 대한 이의신청서

매각허가에 대한 이의신청서

사건번호
채무자(이의신청인)
○시 ○구 ○동 ○번지
채권자(상대방)
○시 ○구 ○동 ○번지

위 사건에 관하여 다음과 같이 이의 신청합니다.

신 청 취 지

별지목록 기재 부동산에 대한 매각은 이를 불허한다는 재판을 구함.

신 청 이 유

년   월   일

채무자(이의신청인)   인)

연락처(☎)

○○지방법원 귀중

7. 매각 허가결정의 확정

매각허가결정 후 즉시항고가 없거나, 매각허가결정에 대해 항고가 있더라고 각하 또는 기각되는 경우 매각허가결정은 확정된다(확정과 동시에 법원은 대금납부기한을 지정, 공고한다).

8. 매각불허가

법원은 매각결정 기일에
　① 이해관계인의 이의가 정당하다고 인정한 때,
　② 직권으로 불허가할 사유가 있는 때(§121 열거된 이의 사유가 있을 때),
　③ 과잉매각이 되는 때,
　④ 부동산의 훼손으로 낙찰불허가 신청이 있는 때
매각을 불허가한다.

1) 매각불허가 사유 정리

(1) 이해관계인의 이의신청이 정당한 경우

이해관계인에게 입찰기일과 낙찰기일을 통지하지 아니하였다고 이해관계인이 이의신청한 때, 채무자에게 경매개시결정의 송달 없이 경매를 진행한 경우, 선순위 임차인의 누락, 입찰물건명세서의 하자 등 이해관계인의 신청에 의하여 매각불허가할 수 있다.

(2) 직권 매각불허가 사유(민사집행법 제121조)

위 매각허가에 대한 이의신청사유와 같다.

(3) 과잉매각에 따른 불허가(민사집행법 제124조)

여러 개의 부동산을 매각하는 경우에 한 개의 부동산의 매각대금으로 모든 채권자의 채권 액과 강제집행비용을변제하기에 충분하면 다른 부동산의 매각을 허가하지 아니한다.

(4) 부동산의 훼손 권리관계의 변동이 있는 경우(§121, §127①)

매수신고 후에 천재지변 기타 자기가 책임질 수 없는 사유로 인하여 부동산이 현저하게 훼손되거나 부동산에 관한 중대한 권리관계가 변동된 경우

① 매각허가결정 확정 전에는 최고가 매수신고인은 매각허가에 대한 이의 신청을 하거나 매각허가결정에 대한 즉시항고(§129)를 할 수 있다.

② 매각허가결정 확정 후 대금납부 전까지는 매수인은 매각허가결정의 취소를 신청할 수 있다(민사집행법 제127조①).

③ 부동산의 훼손이 대금납부 전에 발생한 것이라도 대금을 납부한 경우에는 대금감액이나 매각허가결정에 의한 매매를 해제하여 납부한 대금의 반환 청구는 별론으로 하고 매각허가결정의 취소는 할 수 없다.

<서식 12> 매각불허가신청서

```
┌─────────────────────────────────────────────────────────────┐
│                                                             │
│                   매 각 불 허 가 신 청                       │
│                                                             │
│                                                             │
│   사건번호                                                  │
│   채 권 자                                                  │
│   채 무 자                                                  │
│                                                             │
│   위 당사자 간의 귀원 ○○○○ 타경 부동산강제(임의)경매 사건에 관하여 20○○ │
│   년 ○○월 ○○일의 매각기일에서 신청인은 최고가의 매수신고를 하고, 아직 매각 │
│   결정기일 전이나 폭풍우로 별지 목록 토지가 반 이상 토사에 매몰됨으로써 현저히 │
│   훼손되었으므로 매각불허가하여 주시기 바랍니다.            │
│                                                             │
│                      첨 부 서 류                            │
│                                                             │
│   1. 훼손증명서            1통                              │
│                                                             │
│                                                             │
│                                                             │
│                                                             │
│                        년    월    일                       │
│                                                             │
│                     매 수 인          (인)                  │
│                                                             │
│   연락처(☎)                                                 │
│                                                             │
│                                      ○○지방법원 귀중       │
│                                                             │
└─────────────────────────────────────────────────────────────┘
```

〈서식 13〉 매각허가결정취소 신청서

각허가결정취소 신청서

사건번호
매수인
부동산표시

매수인이 매수한 위 부동산에는 아래와 같은 사유가 있으므로 위 사건에 관한 매각허가결정을 취소하여 주시기 바랍니다.

아 래

1.

년   월   일

매 수 인   인)

연락처(☎)

○○지방법원 귀중

매각취소 사유와 불허가 사유

취소 사유는 부동산 멸실 등 경매진행절차의 **원시적 불능 사유**이고, 불허가 사유는 후발적 사유에 기인한다.

기간 입찰제

1. 의의

법원이 일정기간(입찰기간)을 정하여 공개 매각을 공고하고 그 기간 내에 응찰자가 직접 또는 등기우편으로 입찰서류를 제출하면 입찰기간 종료 후 1주일 안으로 매각기일을 정하여 입찰함을 경매법정에 옮긴 후 입찰자들의 면전에서 최고가매수인을 결정하는 방식의 경매제도이다.

2. 기간입찰 참여방법

① 입찰표의 작성
② 매수신청보증금(다음 방법 중 하나에 의하면 된다)
가) 입금증명서
 - 법원보관금 취급은행에 매수신청보증금을 납입하고 법원보관금 영수필통지서를 입금증명서(집행과에 비치되어 있음)에 첨부한다.
나) 보험증권(보증서)
 - 보증보험회사에 보증료를 지불한 후 보험증권을 발급받는다.
③ 첨부서류(본인임을 확인할 수 있는 서류)
 개인-주민등록등본
 법인-법인등기부등본
 법정대리인-호적등본
 임의대리인-위임장, 위임인인감증명서
 공동입찰-공동입찰신고서, 공동입찰자 목록

④ 입찰방법

입찰표, 매수신청보증금, 첨부서류일체를 기간입찰봉투(집행과에 비치)에 넣고 매각기일을 적은 다음 집행관사무실에 출석하여 집행관 또는 사무원에게 직접제출하거나(입찰봉투접수증을 바로 수령함) 등기우편으로 마감일 24시까지 우편물이 법원에 도착하도록 해야 한다(일반우편 시는 무효처리 됨).

⑤ 매각기일에 참석 및 개찰

응찰자는 매각기일에 참석하여야 하며 여기서 개찰로 최고가 매수인을 정하며 차순위신고도 할 수 있다.

⑥ 매수신청보금의 반환(매각기일종료 후 일괄 반환)

가) 보증서 반환: 신분증과 인감 소지하여 반환받음

나) 보험료 환급: 집행관 또는 법원사무관에게 확인받아 보증보험회사에 제출하면 반환해 줌

다) 입금증명서에 의한 보증금 반환: 보관금납부서에 이미 기재된 환급계좌로 반환받음

제4절 매각대금 납부 및 소유권 이전(명도)

1. 매각대금 납부절차

1) 매각허가결정 후 항고기간(7일 불변기간)에 항고한 사람이 없거나 항고한 사람이 있더라도 항고가 기각되거나 항고취하의 경우 매각허가결정이 확정된다. 법원은 매각허가결정 확정 후 보통 1월 이내로 대금납부기한을 정하여 매수인에게 '대금납부기한통지서'를 보낸다.

2) 대금납부

매수인은 매수대금에서 보증금을 차감한 금액을 대금지급기한까지 납부하면 된다.

대급납부 절차

1. 경매계에서 '법원보관금 납부명령서'를 받는다.
2. 납부명령서를 보관금 접수계에 접수하고 '법원보관금 납부서'를 받는다.
3. 법원 내 지정은행에 납부서와 대금을 납부하면 '법원보관금영수필 통지서'를 교부받는다.
4. 매각대금 완납증명원(수입인지 500원 붙임) 2부와 부동산목록을 첨부하여 법원보관금 영수증(법원제출용)과 함께 경매계에 제출하여 경매계에서 매각대금 완납증명원에 확인도장을 받는다.

대금납부와 동시에 인도명령을 신청

이때 부동산목록 3부와 부동산인도명령신청서(부동산목록첨부에 인지 1,000원 붙임)와 송달료를 우체국에 납부하여 접수계에 접수하면 약 10일 후 인도명령결정문이 나온다.

3) 매각대금을 완납한 즉시 등기여부에 관계없이 소유권을 취득한다.

(1) 현금이나 자기앞수표로 납부
(2) 현금이 부족한 경우 경락잔금을 대출받아 납부할 수도 있다.
(3) 배당받을 채권자가 매수인인 경우 매수대금을 한도로 매수대금과 배당받을 금액을 대등하게 상계할 수 있고, 배당금이 부족하면 부족한 금액을 법원에 납부하면 된다. 매수인이 상계신청을 한 경우 법원은 대금지급기일과 배당기일을 같은 날짜로 지정한다. 다만, 매수인이 배당받아야 할 금액에 대하여 배당이의가 제기된 경우(법143조3항), 매수인의 채권이 가압류채권이거나 매

수인의 채권이 압류 또는 가압류된 경우에는 상계신정을 할 수 없나.

(4) 매수인은 매각대금의 한도에서 배당받을 채권자의 승낙을 얻어 대금의 지급에 갈음하여 채무를 인수할 수 있다.

(5) 위 (3), (4)의 경우 배당에 이의가 있으면 배당기일까지 대금을 납부해야 한다.

TiP

매수인이 상계신청이나 채무를 인수하는 경우 자금융통의 어려움을 덜 수 있고, 근저당권설정비용 등을 줄일 수 있다.

4) 대금지급기한에 대금을 납부하지 못한 경우

매수인이 자금융통 등의 사유로 매수대금을 납부하지 않으면 법원은 재경매기일을 지정하게 되는데, 비록 재경매 기일이 잡혀 있다고 하더라도 재경매기일 3일 전까지 소정의 법정이자(현 연 20%)를 추가로 납부하면서 대금을 납부할 수 있다. 실무에서는 당일 날 오전 10시까지도 받아주는 경우도 있다.

2. 대금납부의 효과

1) 매수인은 대금납부와 동시에 소유권을 취득한다.

2) 대금을 납부하면 이해관계인은 더 이상 경매신청 취하와 경매개시결정에 대한 이의신청을 할 수 없다.

3) 경매절차상 하자가 있더라도 담보권 자체의 부존재, 집행권원 자체의 부존재 등 원천적 무효사유가 없는 한 매수인이 대금을 납부하면 매수인의 소유권 취득은 유효하다.

4) 말소기준등기 이후의 모든 권리는 예고등기 등을 제외하고 말소된다.

5) 차순위매수신고인이 있는 경우 매수인의 대금납부로 차순위매수인은 매수책임에서 벗어나 입찰보증금을 반환받을 수 있다.

6) 채무자, 소유자, 매수인에게 대항할 수 없는 점유자에 대하여 대금납부 후 6

월 이내에 인도명령을 신청할 수 있다.

※ 판례

선행 경매절차에서 경락허가결정이 선고된 후 후행 경매절차에서도 경락허가결정이 선고되고 후행 경매절차의 경락인이 대금을 먼저 납부한 경우, 후행 경매절차의 경락인이 경매목적 부동산의 소유권을 취득하는지 여부

〈판결요지〉
경매절차의 개시를 결정한 부동산에 대하여 다른 경매의 신청이 있어 다시 경매절차의 개시결정을 한 경우 먼저 개시결정한 경매신청이 취하되거나 그 절차가 취소 또는 정지되지 아니하는 한 **뒤의 경매개시결정에 의하여 경매절차를 진행하는 것은 위법이라고 할 것이나**, 이와 같이 위법한 경매절차라 할지라도 그 절차의 진행이 저지됨이 없이 그대로 진행되어 경락허가결정이 확정되고 **그 대금까지 완납되었다면 경매목적 부동산의 소유권은 그 절차상의 위법에도** 불구하고 그 대금납부에 의하여 경락인에게 **적법하게 이전된다**고 할 것이고, 이러한 이치는 그 경락허가결정이 앞의 개시결정에 기한 경매절차에서 경락허가결정이 먼저 선고되고 난 후에 비로소 선고된 것이라고 하여 달라지는 것은 아니라고 할 것이다(대법원 2000마603).

3. 소유권 이전절차

1) 개설

매각결정이 확정되면 법원은 매각허가결정 확정일로부터 약 1개월 이내에 대금 납부기한을 정하여 매수인에게 매각대금에서 이미 납부한 입찰보증금을 뺀 잔금을 납부하라고 통지하며, 대금납부와 동시에 법률규정에 의해서 당연히 소유권을 취득한다.

매수인이 등록세, 취득세, 채권 등 등기에 필요한 비용을 납부하고 관계서류를 구비하여 법원에 등기촉탁을 신청하면, 법원은 곧바로 등기소에 소유권이전을 촉탁하여 소유권을 이전해 주고 저당권, 가압류, 후순위 용익물권 등을 말소해준다.

(1) 소유권이선 촉탁

가. 경매부동산의 최고가 매수인이 대금납부 시에 부동산의 소유권을 취득한다 (승계취득).

나. 대금납부 전에 매수인이 사망하여 상속인이 대금납부 한 경우 상속인이 상속을 증명하는 호적등본과 제적등본 등의 서류를 첨부하여 직접 상속인은 등기권리자로 소유권이전등기 촉탁하면 된다. 대금납부 후 소유권이전촉탁 전에 사망한 경우에도 마찬가지로 처리하면 된다.

다. 최고가매수신고인이 매각허가결정 전에 사망한 경우, 상속인을 매수인으로 하여 매각허가결정을 하여야 한다. 만약 이를 간과하고 최고가매수신고인 (사망자)에 대하여 매가허가결정을 하고 상속인이 대금을 납부한 경우에는 상속인을 경락인으로 매수허가결정을 경정하여 상속인이름으로 소유권이전 촉탁함이 원칙이다. 경정함이 없이 상속증명서면을 첨부하여 소유권이전을 촉탁함으로써 처리한다.

(2) 말소촉탁대상등기

가. 최선순위 근저당, 담보가등기, 가압류(예외 있음)보다 후순위 등기는 모두 말소된다.

나. 압류 효력발생 후에 등기된 용익권(지상권, 지역권, 전세권), 임차권등기도 말소된다.

다. 전세권등기는 선순위인 경우에도 배당요구를 하면 배당을 받기 때문에 말소된다.

라. 압류등기

마. 부기등기는 주 등기의 말소에 의하여 직권 말소된다.

바. 경매신청기입등기

2) 소유권이전절차

매수인이 매각대금을 완납하면 소유권을 취득한다.

※ 소유권 이전에 필요한 서류

ⓐ 부동산 목록

ⓑ 등기부등본(토지/건물)

ⓒ 토지대장, 건축물대장

ⓓ 공시지가확인원

ⓔ 주민등록등본

ⓕ 매각대금 완납증명서

ⓖ 소유권이전 및 등기말소촉탁에 따른 **등록세, 교육세 영수필확인서와 영수필통지서 및 납부계산서** 첨부, 매각대금완납증명서와 말소할 등기목록(접수일자, 접수번호, 등기목적)을 시·군·구청의 부과과에 제출하여 납부고지서를 발급받아 은행에 납부하여 영수증을 첨부하면 됨

ⓗ 주택채권매입필증

토지대장과 건축물대장을 갖고 등기소에 가서 계산을 요청하면 토지분과 건물분을 분리하여 채권을 얼마나 매입할지 계산해준다. 계산서에 적힌 금액의 제1종 국민주택매입채권을 구입하여 매입필증을 수령하여 첨부한다.

TiP

소유권이전 절차

① **부동산 이전에 필요한 서류를 준비**
② **시·구·군청에 취득세 납부** – 취득·등록세 영수필증과 교육세영수필증을 교부받는다.
③ 당해법원 등기과에서 채권을 얼마나 매입할지 확인하여 은행에서 채권을 매입하고 **주택채권 매입필증**을 교부받는다.
④ 위 서류를 경매계를 경유하여 등기소에 촉탁한다.

〈서식 18〉 매각대금 완납 증명원

<table>
<tr><td colspan="2" align="center">매각대금 완납 증명원</td><td>수입인지
500원</td></tr>
</table>

사 건   타경   호
채 권 자
채 무 자
소 유 자
매 수 인

위 사건의 별지목록기재 부동산을 금 _____원에 낙찰받아 20__.__.__.에 그 대
금전액을 납부하였음을 증명하여 주시기 바랍니다.

                        년   월   일

                    매 수 인   인)

연락처(☎)

                                        ○○지방법원 귀중

* 유의사항

1. 매각부동산 목록을 첨부합니다.

2. 2부를 작성합니다(원본에 500원 인지를 붙임).

3) 공동주택 경매에 있어서 대지권 미등기인 경우 이전절차

- 대지권 미등기 부동산(아파트)의 대지권 소유권 이전절차

(1) 대지권 미등기인 공동주택에 대하여 저당권을 설정할 경우 우선 건물 부분에 대해서만 근저당을 설정하고 대지권에 대해서는 추가담보약정으로 추가 근저당 설정계약서에 건물 소유자의 서명날인을 받아둔 상태에서 경매가 진행된 경우(주로 택지개발사업의 미종료, 환지청산처분 미결 등 사유)로 매수인이 대지권을 취득하는지가 문제이다.

(2) 감정평가상 전유부분 건물만 평가하여 경매절차를 진행한 경우-'대지권 없음', '건물만 경매됨'으로 표시되는데 이때의 대지권 이전절차는 어떠한가? 이런 물건은 낙찰만으로는 대지권을 취득하지 못한다. 가급적 입찰을 피하는 게 좋다. 다만 당해 부동산이 재개발지역에 속하면 조합원의자격이 주어지기 쉬우나 재건축지역일 때는 현금청산의 불이익을 받게 된다.
꼭 대지권을 취득하려면 매수인은 대지권에 대하여 별도의 매도청구를 하든가 최초 분양을 받은 자와 합의가 필요하다. 즉, 분양회사, 분양받은 자, 매수인(경락인) 순으로 소유권이전등기를 순차로 하되, 분양받은 사람의 인감증명서와 동의서 등을 첨부해야 한다(분양받은 자의 등기원인에 상응하는 서류를 첨부함).

(3) 감정평가상 미등기대지권을 일괄 매각한 경우
분양회사, 분양받은 자, 매수인 순으로 소유권 이전등기를 순차로 하되 분양받은 자의 등기원인에 관한 서류는 필요는 필요 없고 전유부분에 대한 촉탁등기를 먼저 한 다음 감정평가서를 첨부하여 이전등기를 하면 된다(대위등기).

※ 판례

집합건물의 건축자로부터 전유부분과 대지지분을 함께 매수하여 그 대금을 모두 지급함으로써 소유권 취득의 실질적 요건은 갖추었지만 전유부분에 대한 소유권이전등기만 경료받고 대지지분에 대하여는 소유권이전등기를 받지 못한 경우, 매수인은 매매계약의 효력으로써 건물의 대지를 점유·사용할 권리를 갖는지 여부?

매수인의 지위에서 전유부분의 소유를 위하여 가지는 위와 같은 대지의 점유·사용권이 집합건물의 소유 및 관리에 관한 법률 제2조제6호 소정의 '대지사용권'에 해당하는지 여부?

〈판결요지〉

아파트와 같은 대규모 집합건물의 경우, 대지의 분·합필 및 환지절차의 지연, 각 세대당 지분비율 결정의 지연 등으로 인하여 전유부분에 대한 소유권이전등기만 수분양자를 거쳐 양수인 앞으로 경료되고, 대지지분에 대한 소유권이전등기는 상당 기간 지체되는 경우가 종종 생기고 있는데, 이러한 경우 집합건물의 건축자로부터 전유부분과 대지지분을 함께 분양의 형식으로 매수하여 그 대금을 모두 지급함으로써 소유권 취득의 실질적 요건은 갖추었지만 전유부분에 대한 소유권이전등기만 경료받고 대지지분에 대하여는 위와 같은 사정으로 아직 소유권이전능기를 경료받지 못한 자는 매매계약의 효력으로써 전유부분의 소유를 위하여 건물을 점유·사용할 권리가 있는바, 매수인의 지위에서 가지는 이러한 점유·사용권은 단순한 점유권과는 차원을 달리하는 본권으로서 집합건물의 소유 및 관리에 관한 법률 제2조제6호 소정의 구분소유자가 전유부분을 소유하기 위하여 건물의 대지에 대하여 가지는 권리인 대지사용권에 해당한다고 할 것이고, 수분양자로부터 전유부분과 대지지분을 다시 매수하거나 증여 등의 방법으로 양수받거나 전전 양수받은 자 역시 당초 수분양자가 가졌던 이러한 대지사용권을 취득한다(대법원전원합의체판결 98다 45652).

4. 부동산인도(명도)

1) 부동산의 인도

(1) 인도명령신청

매수인은 매각대금 전부를 납부한 후 인도명령신청서와 부동산 목록 2부를 작성하여 소정의 인지와 송달료를 납부하고 인도명령신청서를 제출한다.

〈서식 21〉 인도명령신청서

부동산인도명령 신청

사건번호
신청인(매수인)
　○시　○구　○동　○번지
피신청인(임차인)
　○시　○구　○동　○번지

위 사건에 관하여 매수인은 ＿＿＿. ＿＿. ＿＿.에 낙찰대금을 완납한 후 채무자(소유
자, 부동산점유자)에게 별지 매수부동산의 인도를 청구하였으나 채무자가 불응하고
있으므로, 귀원 소속 집행관으로 하여금 채무자의 위 부동산에 대한 점유를 풀고
이를 매수인에게 인도하도록 하는 명령을 발령하여 주시기 바랍니다.

년　　월　　일

매 수 인　　　　　(인)

연락처(☎)

○○지방법원 귀중

---

* 유의사항

1. 낙찰인은 대금완납 후 6개월 내에 채무자, 소유자 또는 부동산 점유자에 대
　 하여 부동산을 매수인에게 인도할 것을 법원에 신청할 수 있습니다.
2. 신청서에는 1,000원의 인지를 붙이고 1통을 집행법원에 제출하며 인도명령정
　 본 송달료(4회분)를 납부하셔야 합니다.

(2) 세출시기

대금납부 후 6월 이내이다. 인도명령대상자라도 위 기간이 지나면 명도소송을 제기해야 하므로 기간이 지나지 않도록 주의한다.

(3) 인도명령 대상자

가. 채무자 및 소유자(부부, 직계존비속 등 가족, 피사용인, 점유보조자 등 신의 칙상 소유자와 동일하게 취급할 필요가 있는 자도 포함)

나. 부동산의 점유자: 다만 점유자가 매수인에게 대항할 수 있는 권원에 의하여 점유하는 경우에는 인도명령대상자가 아니다.

(4) 심문

채무자나 소유자 이외의 점유자에 대하여 인도명령을 하려면 법정심문 하여야 하나 이미 점유자를 심문하였거나 매수인에게 대항할 권원 없이 점유하는 것이 명백한 때에는 심문하지 않을 수 있다.

(5) 인도명령 결정문

인도명령신청 후 약 10일 후 인도명령결정문을 받을 수 있다.

(6) 인도명령(집행관에의) 위임

가. 점유자에게 부동산 점유를 이전해 줄 것(인도)을 요구한다.

나. 점유자가 부동산 인도를 거부한 경우: 인도명령결정문과 경매계로부터 인도명령송달증명원을 발부받아 집행비용을 예납하고 집행관에게 집행을 신청한다.

(7) 강제집행

가. 우선 집행관과 집행날짜와 집행규모 및 현장 등을 협의한다.

나. 집행대상 부동산에 물건도 사람도 없는 경우(이미 이한 경우) 관리인이나 성인 2인 이상의 입회하에 입주하면 된다.

다. 집행대상 부동산에 물건만 있는 경우(점유자 없음)

라. 성인 2인의 입회하에 물건목록을 작성하고 물건을 반출하여 유료 창고에 맡기고 점유자가 계속 창고비용을 납부하지 않을 경우에는 창고비용을 채권으로 하여 집행권원을 얻어 유체동산강제집행을 하면 된다.

마. 집행대상 부동산에 물건이 있는 경우(점유자 있음) 성인 2인의 입회하에 물건을 외부에 반출하며 된다.

2) 명도소송

매수자는 인도명령대상자가 아닌 기타의 점유자에 대하여 명도소송을 제기할 수 있다. 이후 확정판결문(송달증명, 확정증명원, 집행문)에 따른 집행절차는 상기 인도명령 시 강제집행 절차와 유사하다.

TiP

점유이전금지 가처분 신청

명도소송 시 소송기간 중 점유자가 바뀌게 됨으로써 다시 소송하는 번잡함을 막기 위해 점유이전금지 가처분 신청을 먼저 한다.

TiP

점유자와 부동산 인도협상

1. 인도협상

매수자는 소위 말하는 이사비를 지급할 법적 근거나 이유는 없다. 그러나 배당받는 임차인 등을 제외하고는 이사비를 요구하여 문제다. 현실적으로 점유자를 강제적으로 내보내기 위해서는 강제집행비용이 들기 때문에 이 집행비용정도를 점유자에게 주고 인도 협상을 한다.

부동산 인도 및 명도대상은 부동산을 점유하고 있는 '임차인', '전세권자', 소유자 및 채무자가 대부분이다. 점유자가 배당요구를 하여 배당금이 있는 경우에는 그들이 배당을 받으려면 매수인으로부터 '명도확인서', '인감증명서'를 법원에 제출해야 하기 때문에 인도나 명도가 수월하다. 만약 배당받지 못하는 점유자일 경우에는 그들을 인도 집행하기 위해서는 집행비용 등 제반 비용이 들기 때문에 그 집행비용 수준 정도를 이사비조로 협상하여 하루 빨리 인도를 받는 것이 서로의 시간과 노력을 줄일 수 있다.

2. 체납관리비(전기, 수도, 도시가스 등)

위 이사비 협상 시 체납관리비도 함께 고려하여 협상하는 것이 나중의 분쟁을 막을 수 있을 것이다(입찰 전 체납관리비 확인). 만약 체납관리비를 미리 확인하지 않고 입찰에 참가하였으나 나중에 확인해 보니 큰 금액인 경우 누가 부담할 것인가 문제이다.

대법원 판례의 입장은 사용자 부담설과 이분설(전유부분은 사용자 부담 공용부분을 입주자 부담) 입장에 있다(후자가 대세적 입장). 어느 경우나 전 소유자가 전용적으로 사용한 부분은 전 소유자가 부담하여야 한다는 입장이고, 따라서 그 부분은 관리사무실에서 전기(한전) 수도(수도사업소) 도시가스 등을 전 소유자에게 청구하게 된다.

3. 상가나 관청의 영업허가 요하는 경우

식당을 영업을 목적으로 상가 등을 매수한 경우 새로 영업허가를 받기 위해서는 정화조요건이 강화되었고, 매수부동산이 관리관청의 영업허가대상인 경우 영업허가권 승계등과 연계하여 협상하는 것이 필요하다.

※ 판례

소유자의 동의 없이 유치권자로부터 유치권의 목적물을 임차한 자의 점유가 구 민사소송법 제647조 제1항 단서 소정의 '경락인에게 대항할 수 있는 권원'에 기한 것인지 여부

〈판결요지〉

유치권의 성립요건인 유치권자의 점유는 직접점유이든 간접점유이든 관계없지만, **유치권자는 채무자의 승낙이 없는 이상 그 목적물을 타에 임대할 수 있는 처분권한이 없으므로**(민법 제324조제2항 참조), 유치권자의 그러한 임대행위는 소유자의 처분권한을 침해하는 것으로서 소유자에게 그 임대의 효력을 주장할 수 없고, 따라서 소유자의 동의 없이 **유치권자로부터 유치권의 목적물을 임차한 자의 점유는** 구 민사소송법(2002. 1. 26. 법률 제6626호로 전문 개정되기 전의 것) 제647조 제1항 단서에서 규정하는 **'경락인에게 대항할 수 있는 권원'에 기한 것이라고 볼 수 없다** (대법원 2002마3516).

〈서식 19〉 명도확인서

명도확인서

사건번호:
이 름:
주 소:

위 사건에서 위 임차인은 임차보증금에 따른 배당금을 받기 위해 매수인에게 목적
부동산을 명도하였음을 확인합니다.

첨부서류: 매수인 명도확인용 인감증명서 1통

년   월   일

매 수 인   (인)

연락처(☎)

○○지방법원 귀중

---

* **유의사항**

1. 주소는 경매기록에 기재된 주소와 같아야 하며, 이는 주민등록상 주소이어야 한다.
2. 임차인이 배당금을 찾기 전에 이사를 하기 어려운 실정이므로, 매수인과 임차인 간에 이사날짜를 미리 정하고 이를 신뢰할 수 있다면 임차인이 이사하기 전에 매수인은 명도확인서를 해줄 수도 있다.
3. 명도확인서를 교부해줄 때 부동산 인도 이행각서와 인감증명서를 상호 교환하면 실무적으로 명도하는 데 유용하다.

〈서식 20〉 명도이행각서

명도이행각서

경매사건 번호:
건물 점유자 관계: 성 명: (인)   (주민등록번호   –   )
전화번호:
주   소:

본인은 당해 건물을 다음과 같이 낙찰자에게 인도(명도)하고 이사할 것을 확약합니다.

다   음

1) 이사 날짜는   년   월   일로 한다.
2) 이사일 전까지 발생한 모든 공과금(전기요금, 수도요금, 관리비 등)을 납부하며 당해 건물을 깨끗한 상태로 낙찰자에게 인도(명도)한다.
3) 이사 당일 건물 시건장치(키)와 이사비용 (   )만 원을 동시 이행한다.

상기 사항을 이행하지 못해 낙찰자에게 손실을 끼쳤을 경우 책임지고 변제할 것을 확약하며 이에 각서를 제출합니다. 끝

년   월   일

경 매 사 건 번 호(   ) 낙 찰 자   귀하

제5절 배당절차

1) 매수인이 매수대금을 납부하면 법원은 배당기일을 정하고 민법, 상법 그 밖의 법률에 의한 우선순위에 따라 배당을 한다.

2) 배당할 금액(민사집행법 제147조 각호)

배당할 금액은 매각대금과 대금지급기한이 지난 뒤에 납부한 경우의 지연이자와 항고인이 반환을 요구하지 못하는 금액 등이다.

3) 배당받을 채권자(민사집행법 제148조)

(1) 배당요구의 종기까지 경매신청을 한 압류채권자
(2) 배당요구의 종기까지 배당요구를 한 채권자
(3) 첫 경매개시결정 등기 전에 등기된 가압류채권자
(4) 저당권·전세권, 그 밖의 우선변제청구권으로서 첫 경매개시결정등기 전에 등기되었고 매각으로 소멸하는 것을 가진 채권자

한마디로 쉽게 말한다면 법원기록에 채권자로 확인된 자 및 등기된 채권자를 말한다.

4) 배당표 확정

법원은 배당기일 3일 전에 배당표 원안을 작성, 비치하고 배당기일에 출석한 이해관계인과 배당 요구한 채권자를 심문하여 배당표를 확정한다. 배당표에는 매각대금, 채권자의 채권의 원금, 이자, 비용, 배당의 순위와 배당의 비율을 적시한다(민사집행법 제150조 제1항). 채권자나 채무자가 불참하는 경우에 배당표에 동의한 것으로 간주되므로 주의한다.

5) 배당을 요구할 수 있는 자

(1) 집행력 있는 정본을 가진 채권자

(2) 경매개시결정이 등기된 뒤에 가압류를 한 채권자

(3) 민법, 상법, 그 밖의 법률에 의하여 우선변제청구권이 있는 채권자

TiP

배당요구의 종기까지 배당요구 해야 배당받을 수 있는 채권자

1. 집행력 있는 정본을 가진 채권자

2. 민법, 상법 기타 법률에 의하여 우선변제청구권 있는 채권자
   - 주택임대차보호법에 의한 소액임차인, 확정일자부임차인
   - 근로기준법에 의한 임금채권자, 상가건물임대차보호법에 의한 소액임차인
   - 확정일부 임차인, 상법에 의한 고용관계로 인한 채권이 있는 자 등

3. 경매개시결정기입등기 후에 가압류한 채권자

4. 국세 등의 교부 청구권자
   국세 등 조세채권 이외에 의료보험법, 국민의료보험법, 산업재해보상보험법, 국민연금법에 의한 보험료 기타 징수금

TiP

배당 요구를 하지 않아도 당연히 배당받는 채권자

1. 경매신청기입등기 전에 등기되어 있는 저당권자, 후순위전세권자, 가압류채권자
2. 경매신청채권자 및 이중 압류채권자
3. 주택, 상가건물 임차권 등기권자

---

* 선순위전세권자는 계약기간의 종료여부를 불문하고 배당신청을 해야 배당된다. 배당신청을 하지 않은 경우는 매수인이 인수한다.

구법에서 6개월 이상 잔존기간이 되지 않는 경우 당연히 소멸되는 것으로 보아 배당되던 것과 다른 점이다. 배당을 요구해야만 배당설차에 참가할 수 있는 채권자가 배당요구를 하지 아니한 경우에는 부당이득반환청구권도 할 수 없다.

※ 판례

가. 구 민사소송법상 배당요구가 필요한 배당요구채권자가 적법한 배당요구를 하지 아니한 경우, 배당에서 제외되는지 여부(적극) 및 채권의 일부금액만을 배당요구한 경우, 경락기일 이후에 배당요구하지 아니한 채권을 추가하거나 확장할 수 있는지 여부

〈판결요지〉

구 민사소송법(2002. 1. 26. 법률 제6626호로 전문 개정되기 전의 것)에 의하면, 민법·상법 기타 법률에 의하여 우선변제청구권이 있는 채권자, 집행력 있는 정본을 가진 채권자 및 경매신청의 등기 후에 가압류를 한 채권자는 경락기일까지 배당요구를 할 수 있고(제605조제1항), 위 조항에서 규정하는 배당요구가 필요한 배당요구채권자는 경락기일까지 배당요구를 한 경우에 한하여 비로소 배당을 받을 수 있고, 적법한 배당요구를 하지 아니한 경우에는 실체법상 우선변제청구권이 있는 채권자라 하더라도 그 경락대금으로부터 배당을 받을 수는 없으며, 또한 경락기일까지 배당요구한 채권자라 할지라도 채권의 일부 금액만을 배당요구한 경우에 **경락기일 이후에는 배당요구하지 아니한 채권을 추가하거나 확장할 수 없다.**

나. 구 민사소송법상 배당요구가 필요한 배당요구채권자가 경락기일 이후에 배당요구하지 아니한 채권을 추가 또는 확장하여 배당요구를 하였으나 그 부분이 배당에서 제외된 경우, 배당받은 후순위채권자를 상대로 부당이득의 반환을 청구할 수 있는지 여부

〈판결요지〉

구 민사소송법(2002. 1. 26. 법률 제6626호로 전문 개정되기 전의 것)상 배당요구를 하여야만 배당절차에 참여할 수 있는 채권자가 경락기일까지 배당요구를 하지 아니한 채권액에 대하여 경락기일 이후에 추가 또는 확장하여 배당요구를 하였으나 그 부분을 배당에서 배제하는 것으로 배당표가 작성·확정되고 그 확정된 배당표에 따라 배당이 실시되었다면, 그가 적법한 배당요구를 한 경우에 배당받을 수 있었던 금액 상당의 금원이 후순위 채권자에게 배당되었다고 하여 이를 법률상 원인이 없는 것이라고 할 수 없다(대법원 2005다14595).

〈서식 4〉 권리신고 겸 배당요구신청서(임차인용)

권리신고 겸 배당요구신청서

사건번호 　　　　타경 부동산강제(임의)경매
채 권 자
채 무 자
소 유 자

본인은 이 사건 경매절차에서 임대보증금을 우선 변제받기 위하여 아래와 같이 권리신고 겸 배당요구를 하오니 매각대금에서 우선배당을 하여 주시기 바랍니다.

아　래

1. 계 약 일:　　　　.　　.　　.
2. 계약당사자: 임대인(소유자) ○　○　○
　　　　　　　　　임차인　　　　 ○　○　○

3. 임대차기간:　　.　　.　　.부터　　　.　　.　　.까지(___년간)
4. 임대보증금: 전세 _____원
　　　　　　　　보증금 _____원에 월세 _____원
5. 임차 부분: 전부(방 ____칸), 일부(　　　층, 방 ____칸)
　　　　※ 뒷면에 임차부분을 특정한 내부구조도를 그려 주시기 바랍니다.

6. 주택인도일(입주한 날):　　　　.　　.　　.
7. 주민등록전입신고일:　　　　.　　.　　.
8. 확정일자 유무: □ 유(　　.　　.　　.), □ 무
9. 전세권(주택임차권)등기 유무: □ 유(　　.　　.　　.), □ 무

[첨부서류]
1. 임대차계약서 사본 1통
2. 주민등록등본 1통

　　　　　　　　　　　년　　월　　일

　　　　　권리신고 겸 배당요구자　　　　　(인)
　　　　　　　　연락처(☎)

　　　　　　　　　　　　　　　○○지방법원 귀중

〈서식 5〉 배당요구신청서

배당요구신청

사건번호
채 권 자
채 무 자

배당요구채권자 ○ ○ ○
　　　　　　　　○시 ○구 ○동 ○번지

배당요구채권

1. 금　　　　　　　원정

○○법원 가단(합) ○○호 ○○청구사건의 집행력 있는 판결정본에 기한 채권 금　　원의 변제금

1. 위 원금에 대한　년　월　일 이후 완제일까지 연　　%의 지연손해금

신 청 원 인

위 채권자 채무자 간의 귀원 타경 ○○호 부동산강제경매사건에 관하여 채권자는 채무자에 대하여 전기 집행력 있는 정본에 기한 채권을 가지고 있으므로 위 매각대금에 관하여 배당요구를 합니다.

년　　월　　일

위 배당요구채권자　　　　(인)
연락처(☎)

○ ○ 지방법원 귀중

6) 배당의 실시

① 배당기일에 이의신청이 없거나 배당기일에 참석하지 아니하여 배당표에 동의한 것으로 간주된 경우(153조 제1항)
② 이의신청이 있는 경우에도 이의 없는 부분이나 이의가 완결된 경우
③ 이의신청이 있었으나 이의가 철회된 경우, 이의 신청인이 배당이의의 소제기증명을 제출하지 아니한 경우
④ 배당이의의 소송이 취하, 취하간주, 소 각하, 청구기각의 판결이 확정된 경우
⑤ 공탁사유가 소멸된 경우

7) 배당금이 공탁되는 경우(160조)

① 채권에 정지조건 또는 불확정기한이 붙어 있을 때(조건의 성취나 확정기간 도래 시 배당)
② 가압류채권자의 채권
③ 강제집행의 일시정지를 명한 취지를 적은 재판의 정본 및 담보권 실행을 일시정지 하도록 명한 재판의 정본이 제출되어 있는 경우
④ 저당권설정의 가등기가 있는 경우(가등기에 의한 본등기가 있는 경우 배당금 지급)
⑤ 배당이의의 소가 제기된 경우
⑥ 배당금액의 공탁청구가 있는 경우
⑦ 채권자가 배당기일에 출석하지 아니할 경우

TIP

배당요구에 있어서 주의사항

1. 배당요구에 따라 매수인의 인수금액이 달라지는 경우 배당요구채권자는 배당요구종기일 이후에는 배당요구를 철회할 수 없다(민사집행법 제88조제2항).
2. 확정일부임차인, 대항요건을 갖춘 소액임차인이라도 배당요구를 해야만 배당받을 수 있다.

3. 임차권등기권자는 배당요구를 하지 않더라도 배당한다
4. 권리신고 또는 채권계산서만 제출한 경우에도 채권의 원인과 수액을 표시하여 배당요구의 취지가 표시된 경우에는 배당요구 한 것으로 본다.
5. 담보가등기권자는 배당요구종기일까지 채권신고를 한 경우에 배당한다.
6. 배당요구종기일 이후에 교부 청구된 세액은 배당받을 수 없다(대판).
7. 배당요구종기일 이후에 이중경매를 신청한 채권자는 배당받을 수 없다.
8. 채권의 청구금액에 원금만 기재된 경우 배당요구종기 일까지 청구금액을 확장하여 배당요구를 하지 않는 한 그 이자는 배당받을 수 없다(대판).
9. 청구금액에 원리금을 기재한 경우에는 원리금배당이 가능하다.
10. 경매신청채권자에 우선하는 근저당권자는 채권계산서에 기재한 피담보 채권액을 배당요구종기일 이후에 확장 보정할 수 있다.
11. 경매신청채권자가 경매신청서에 채권의 일부만을 청구한 경우 그 경매절차에서는 청구금액의 확장이 허용되지 않으므로 배당요구종기일까지 이중경매를 신청하여 확장할 수 있다.
12. 강제경매의 경우에는 신청채권자가 배당요구종기일까지 배당요구를 통하여 청구금액을 확장할 수 있다.

8) 채권신고

(1) 법원이 경매개시결정을 한때에 경매개시결정등기 전에 등기된 저당권자, 전세권자, 가압류권자, 우선변제청구권자, 그 밖에 조세, 공과금을 주관하는 공공기관에 대하여 배당요구종기일까지 채권의 유무, 그 원인 및 액수(원금, 이자, 비용, 그 밖의 부대채권)를 신고하도록 최고한다.

(2) 만약 경매개시결정등기 전에 등기된 채권자가 채권신고를 하지 않은 경우 법원은 경매신청서, 등기부등본, 집행기록에 첨부되어 있는 서류와 증빙에 의하여 채권액을 계산한다. 이 경우 채권자는 채권액을 추가하지 못한다.

(3) 채권액의 확정문제

① 청구금액에 원금만 기재된 경우: 배당요구종기일까지 청구금액을 확장하여 배당요구를 하지 않는 한 그 이자는 배당받을 수 없다.

② 채권계산서상 청구금액에 원금 및 이자를 기재한 경우: 배당기일까지의 원금 및 이자의 배당이 가능하다.

③ 경매신청채권자에 우선하는 근저당권자는 채권계산서에 기재한 피담보 채권액을 배당요구종기일 이후에 확장 보정할 수 있다.

④ 경매신청채권자가 경매신청서에 채권의 일부만을 청구한 경우 그 경매절차에서는 청구금액의 확장이 허용되지 않으므로 배당요구종기 일까지 이중경매를 신청하여 확장할 수 있다.

⑤ 강제경매의 경우에는 신청채권자가 배당요구종기일까지 배당요구를 통하여 청구금액을 확장할 수 있다.

〈서식 6〉 채권계산서

채권계산서

사 건 번 호
채 권 자 (이름)   (주민등록번호   –   )
       (주소)

채 무 자
소 유 자
배 당 기 일   20○○년 ○○월 ○○일

위 당사자 간 부동산임의(강제)경매 사건에 관하여 채권자는 채무자로부터 변제받아야 할 채권이 다음과 같으므로 채권계산서를 제출합니다.

"다 음"

원금 금   원(₩   )
이자 금   원(₩   )
합계 금   원(₩   )

※ 계산내역:

[첨부서류]
1.
2.
3.

년   월   일

채권자   (날인 또는 서명)

○○법원 귀중

경매에 있어서 각종기일

① 매각기일: 매각하는 날
② 매각허가결정일: 매각기일 후 7일
③ 매각허가결정 확정일: 매각허가 결정일 후 7일(항고가 없는 경우)
④ **대항력**은 주택의 인도일과 주민등록(전입)을 한 **다음 날** 0시 중 늦은 날 기준 (상가의 경우 사업자 등록일)
⑤ 임차인의 **우선변제권**은 대항요건과 확정일자 중 늦은 **날** 기준
⑥ 배당요구종기일: 제1회 매각기일 이전의 날로 법원이 정한 날
⑦ 1984년 1월 1일 이전의 담보가등기는 순위보전의 효력만 있음
⑧ 1999년 3월 1일 이후의 임차권 등기자의 우선변제권 있음
⑨ **소액최우선변제액의 기준일 (서울 및 과밀 억제권역)-주택의 경우**

<담보물권설정일> <보증금범위/최우선변제액
84.06.14~87.11.30 : 300만 원/300만 원까지
87.12.01~90.02.18 : 500만 원/500만 원까지
90.02.19~95.10.18 : 2000만 원/700만 원까지
95.10.19~2001.09.14 : 3000만 원/1200만 원까지
2001.09.15~2008.08.20 : 4000만 원/1600만 원까지
2008.08.21~2010.07.25 : 6000만 원/2000만 원까지
2010.07.26.~2013.12.31.: <서울> 7500만 원/2500만 원까지
                      <과밀억제권역> 6500만 원/2200만 원까지

2014.01.01.~ 현재 : <서울> 9500만 원/3200만 원 까지
                 <수도권과밀 억제권역> 8000만 원/2700만 원 까지
                 <광역시> 6000만 원/2000만 원 까지
                 <그 밖의 지역> 4500만 원/1500만 원 까지

* 최우선변제금을 배당받으려면 '경매신청기입 등기일' 전에 대항요건(주택인도+ 전입 또는 사업자 등록)을 갖추어야 한다.
* 상가건물의 경우 최우선변제를 받으려면 경매신청전일까지 사업자등록을 하고 배당요구 종기일까지 사업자등록을 유지해야 한다.

(10) 2002.7.1 신청된 것부터 민사집행법 적용(신법사건)

(11) 2002.11.1 상가임대차보호법 시행: 확정일부 임차인이 우선변제를 받으려면 '매각결정기일'까지 계약서상 확정일자를 받아야 한다.

(12) 매각대금 완납일이 기준이 되는 경우
　　- 소유권 취득
　　- 경매개시결정에 대한 이의신청
　　- 감정에 관한 이의신청
　　- 경매절차의 취소나 정지
　　- 이중경매신청

제3장

공매 일반론과 경매와의 비교

제1절 공매의 정의

공매란 부동산 등을 처분할 때 모든 매각조건을 공개하고 공개적인 경쟁 입찰을 통하여 최고가 입찰자를 결정하는 제도를 말한다. 공매는 한국자산관리공사(KAMCO) 이외 다른 기관(금융기관 등)도 시행하고 있으며 가장 많이 활성화되어 있는 것은 한국자산관리공사에서 주관하는 공매다. 공매대상 자산에 따라 약간의 차이가 있으며 경매에 비하여 비교적 권리분석이 용이하나 경매에 비해선 대중화되고 있지 않은 실정이다. 다음에서는 공매의 주류를 차지하는 한국자산관리공사(KAMCO) 공매를 위주로 설명하기로 한다.

제2절 공매물건의 종류

1. 압류재산

세금을 내지 못하여 국가기관 등이 체납자의 재산을 압류한 후 체납 세금을 받기 위해 KAMCO에 매각을 의뢰한 부동산이다.

압류재산의 매각대상은 압류한 동산, 유가증권, 부동산, 무체재산권과 국세징수법 세41조 제2항의 규성에 의하여 체납자에게 대위하여 받은 물건(통화 제외)이다.

2. 유입자산

금융기관의 구조개선을 위해 KAMCO가 법원경매를 통하여 취득한 재산 및 부실징후기업체를 지원하기 위해 기업체로부터 취득한 재산을 일반인에게 다시 매각하는 부동산이다.

3. 수탁재산

금융기관 및 기업체가 소유하고 있는 비업무용 보유재산을 KAMCO가 매각을 위임받아 일반인에게 매각하는 부동산이다.

4. 국유재산

KAMCO가 국가소유의 잡종재산의 관리와 처분을 위임받아 입찰 또는 수의계약의 방법으로 일반인에게 임대(또는 매각)하는 부동산이다.

국유재산은 원칙적으로 매각을 금지하나 예외적인 경우에 한하여 재정경제부의 승인을 득한 후 매각 진행한다. 또한 각 관할행정관서별로 공매를 진행하기도 하는데, 예컨대 산림공매는 산림으로 조성하기에 부적합한 자투리 임야 등을 공매하는 산림청 공매 등 다양하다.

제3절 공매 절차

온비드(www.onbid.co.kr) 회원가입→공인인증서 등록→입찰대상물건 확인→인터

넷입찰서 작성→입찰참가준수규칙 확인→입찰서 제출완료→보증금 납부→낙찰자 선정 및 결과 확인

제4절 부동산공매 검색 방법

1) KAMCO의 공매물건: OnBid(On-Line Bidding: 전자자산처분시스템)
2) 유입재산 및 수탁재산: 중앙일간지
3) 압류재산: 본사는 주요경제지, 지사는 해당지역 지방신문에서 확인 검색

TiP

온비드 검색

KAMCO의 공매물건에 관한 정보는 재정경제부장관이 지정정보처리장치로 고시한 OnBid에서 확인할 수 있다.

1. 물건검색 방법
   - 입찰공고로 찾는 방법으로는 <입찰공고>, <공고상세검색>에서 기관명, 공고명, 온비드공고번호, 검색어 중에서 알고 있는 내용만으로 검색이 가능하다.
   - 물건정보로 찾는 방법으로는 <물건정보>, <물건상세검색>에서 용도, 소재지, 입찰일자 등으로 찾을 수 있다.
   - 물건관리번호로 찾는 방법으로는 <물건정보>, <물건상세검색>에서 물건관리번호로 찾을 수 있다.
   - 공매일정별로 KAMCO 물건 찾는 방법으로는 <KAMCO공매일정>을 누르면 담당부점별, 공매일자별로 물건의 목록을 확인할 수 있다.

2. 홈페이지 주소: 온비드(www.onbid.co.kr)
인터넷 온비드를 이용하면 물건의 용도, 소재지, 면적 및 금액단위별 등으로 공매물건을 편리하고 쉽게 찾을 수 있으며, 물건과 관련된 사진정보, 위치도, 감정평가서까지도 실시간으로 확인할 수 있다.

3. 전화 상담
   - 온비드 콜센터: ☎ 1588-5321
   - 상담시간: 평일 09:30~17:30(토요일 및 공휴일은 휴무)

제5절 부동산공매재산의 종류와 자산별 차이점

구 분	유입 자산	수탁 재산	압류 재산	국유 재산
소유자	한국자산관리공사	금융기관, 기업체	체납자	국 가
매각금액 결정기준	한국자산관리공사유입가격+부대비용 등	감정금액	감정금액	재산가액×재산용도별 대부요율
명도책임	매도자	매도자	매수자	한국자산관리공사(대부자)
대금 납부방법 및 기간	일시불 또는 낙찰금액에 따라 최장 5년 기간 내에서 분할 납부가능	위임기관 제시조건(계약보증금 10%)×잔금 6개월마다 분할납부	낙찰금액 ① 1,000만 원 미만: ▶ 7일 이내 ② 1,000만 원 이상: ▶ 60일 이내	선납/일괄납부원칙(연간 대부료 50만 원 이상일 경우 연 4회 분할 납부가능)
유찰 (수의계약)	공매 후 유찰 시 다음 공매공고 전일까지 가능		불 가	2회에 걸쳐 유찰된 경우 다음 대부입찰 공고전일까지 가능
계약 체결	낙찰 후 5일 이내 계약체결		별도 계약 없음(매각결정에 의함)	낙찰 후 5일 이내 계약체결
명의 변경	가 능		불 가	
대금선납 시 이자 감면	기금채권발행금리에 해당하는 이자액감면	금융기관정기예금이자액 감면	불 가	
권리분석	불필요(부대조건 유의)		매수자(대항력 있는 임차인유무에 유의)	불필요(부대조건 유의)
대금완납 전점유사용	매매대금의 1/3 이상 선납하거나 기계기구의 수리비가 매매대금의 1/3 이상 소요되는 경우로서 매수자가 직접 수리하여 사용하는 경우	매매대금의 1/3 이상 선납 시 가능(단, 기계기구의 대금은 전액 납부하여야 함)	불 가	불가(단, 분할납부의 경우 1회차 대부료 납부 시 점유가능)
계약조건	매수자가 원할 경우에 계약기간을 최장 5년까지 연장 가능	불 가	불 가	불 가

제6절 인터넷 입찰참가

1. 온비드 회원가입

온비드(www.onbid.co.kr) 내 <회원가입> 코너를 통해 개인 및 법인회원으로 가입

2. 공인인증서 등록

온비드에 로그인 후 공인인증기관을 통해 발급한 공인인증서를 <나의 온비드>에서 등록

3. 입찰대상물건 확인

물건정보, 입찰공고 등을 통해 인터넷 공매가 진행 중인 물건을 검색하여 감정평가서, 사진정보, 지도정보 등을 확인

4. 입찰서 작성 및 제출

물건을 선택한 후 <물건상세정보> 입찰정보의 '입찰참가' 버튼을 선택하여 입찰서를 작성하고 입찰참가 준수규칙을 확인 후 입찰서를 제출

5. 입찰보증금 납부

입찰서를 제출하고 부여받은 보증금 납부계좌에 인터넷입찰 마감시간까지 보증금을 납부(자동이체 안 됨)하고 [나의 입찰물건]에서 확인

※ 공매입찰보증금
 - 입찰보증금은 입찰금액의 10% 이상의 금액을 계좌이체 등의 방법으로 인터넷공매입찰 마감시간까지 공사가 지정하는 가상예금계좌에 납부하여야 하며, 입찰보증금 납부에 따른 수수료는 입찰자가 부담한다.
 - 입찰보증금을 입찰마감시간까지 납부하지 아니한 때에는 입찰을 무효로 한다.

6. 낙찰결과 확인

<나의 온비드>, <입찰내역>에서 입찰결과를 확인

제7절 낙찰자 결정 및 매수대금 납부

1. 매각 결정

1) 낙찰자가 결정된 때에는 매각결정서를 작성하여야 한다.
2) 낙찰자 중에서 낙찰자 결정에 해당하지 아니하는 자가 발견되거나 또는 기타매각을 허용할 수 없는 사유가 있는 때에는 매각불허결정서를 작성하고 그 사실을 매각불허결정서에 의거 당해 낙찰자 및 관서의 장에게 각각 교부 또는 통지하여야 한다.
3) 매각결정이라 함은 공매에 있어서의 낙찰자 또는 수의계약서에 의한 매각에 있어서의 매수인이 될 자에 대하여 그 매수의 청약을 한 재산을 그들에게 매각하기로 결정하는 처분을 말한다.
4) 매각결정은 매각하는 재산에 대하여 체납자(국세기본법 제42조의 양도담보권자, 물상보증인 등을 포함)와 최고가 청약자 등과의 사이에 매매계약이 성립하는 효과가 발생한다.

2. 매각결정통지서의 교부와 매수대금의 납부기한

1) 매각결정을 한 때에는 매수인에게 매수대금의 납부기한을 정하여 매각결정통지서를 교부하여야 한다. 다만, 권리이전에 관하여 등기 또는 등록을 요하지 아니하는 재산의 매수대금을 즉시 납부시킬 때에는 구술로 통지할 수 있다.
2) 매수대금 납부기한은 낙찰금액이 1천만 원 미만인 때에는 매각 결정을 한

날로부터 7일 이내로 한다. 다만, 낙찰금액이 1천만 원 이상 또는 천재지변 등의 사유로 매수자가 매수대금을 7일 이내에 납부할 수 없다고 인정되거나 기타 납부기한을 연장하는 것이 매각에 유리하다고 인정하는 때에는 납부기한 60일을 한하여 연장할 수도 있다.

3) 매수인에게 매각결정통지를 한 때에는 그 사실을 매각을 의뢰한 관서의 장에게 통지하여야 한다.

4) 매각결정서 교부 시기: 매각결정서의 교부는 개찰일 다음 익영업일 오후 2시에 본사 또는 지사에게 직접 교부하는 것을 원칙으로 하고, 우편송달을 요청하는 경우에는 우편송달할 수 있다. 다만, 우편송달 시는 매각결정서 수령시기에 따른 법률효과를 설명하고 우편송달 기간의 도과에 따른 위험은 매수자가 부담하도록 한다.

3. 매수대금의 납부의 효력

1) 매수인은 매수대금(잔대금)을 납부한 때에 매각재산을 취득한다(법 제77조 제1항).
   - KAMCO에서는 담당직원은 직접 수납하지 않음
   - 금융기관에서 입금 후 입금증을 담당직원에게 제시

2) 매수대금을 수령한 때에는 그 한도 안에서 체납자로부터 체납액을 징수한 것으로 본다.

4. 매수대금의 납부최고

1) 매수인이 매수대금을 지정된 기한까지 납부하지 아니한 때에는 매수대금 납부최고서에 의하여 납부기한을 최고일로부터 10일 내로 지정하여 최고하여야 한다.

2) 최고일은 최고납부기한의 익일을 기준으로 하며 납부최고일이 법정공휴일인 경우에는 공휴일이 아닌 익일까지 한다.

5. 매각결정의 취소

1) 매각결정 통지 전 체납자 또는 제3자가 압류와 관계된 체납액, 가산금과 체납처분비를 납부하고 공매의 중지를 요구하는 경우

2) 매각결정 통지 후 매수인이 매수대금을 납부하기 전에 체납자가 매수인의 동의를 얻어 압류와 관련된 체납액, 가산금과 체납처분비를 납부하고 매각결정의 취소를 신청하는 경우

3) 법원에서 민사집행 중인 재산을 우리 공사 공매에서 낙찰받은 경우에 매수자가 매수대금을 납부하지 않은 상태에서 법원경매 매수자가 매각대금을 먼저 집행법원에 납부히는 경우

4) 매수대금 등 납부최고하여도 매수인이 매수대금을 지정된 기한까지 납부하지 아니하는 경우
   - 상기 (1) 내지 (3)의 경우 입찰보증금은 매수인에게 반환하며, (4)의 경우 입찰보증금은 국고 또는 지방자치단체 등에 귀속한다.

5) 매각결정 후 매수자 귀책이 아닌 여타의 사유가 있는 때에는 관서의 장과 협의, 매각결정을 취소할 수 있다.

6) 매각결정을 취소한 때에는 그 사실을 규칙 별지 제57호 서식의 매각결정취소통지서에 의하여 매수자, 체납자 및 관서의 장에게 통지하여야 한다.

7) 매각결정취소된 물건은 낙찰당시의 매각예정가격으로 재공매한다.

제8절 KAMCO 공매와 법원경매의 비교

TIP

내 용		공 매		경 매
		유입·수탁재산	압류재산	
의 의		부동산 등을 처분할 때 모든 조건을 공개하고 일반경쟁 입찰을 통하여 최고가 입찰자를 결정하는 제도		법원에서 입찰 경쟁을 통하여 최고가 입찰자를 결정하는 제도
공통점	낙찰자 결정	최고가 입찰자		최고가 입찰자
	입찰방법	공개경쟁 입찰		공개경쟁 입찰
	농지취득자격 증명	필요(소유권 이전 시)		필요(매각허가결정 전)
차이점	입찰보증금	매수희망가: 10%		최저매매가: 10%
	매각예정가격 체감	2회 차부터 최초매각예정가격의 10%씩 체감하여 50%까지 진행		전 최저매각금액의 20~30%씩 체감(가격체감원칙 없음)
	대금납부방법	일시불 or 분할납부	① 일시불 ② 1,000만 원 미만 ▶ 7일 이내 ③ 1,000만 원 이상 ▶ 60일 이내	일시불
	명도책임	매도자	매수자	매수자
	부동산 인도명령	불 가		가 능
	배당요구의 종기	배분계산서 작성 시까지 가능		첫 매각기일 이전
	우선매수청구권	불 가		가 능
	임대차 내용	별도의 자료 없음		집행관의 임대차현황조사보고서
	대금선납 시 이자 감면	있음	불가	불가
	계약내용 변경	가능	불가	불가
	권리분석	불필요	필요	필요
	개시기입등기	압류 후 공매(별도의 개시기입등기 없음)		경매개시결정 후 경매개시기입등기
	잔대금 불납 시 입찰보증금 처리	국고, 지방자치단체 등에 귀속됨		배당금 금액에 포함됨(단, 재경매기일 3일 전까지 대금납부 시 유효)
	수의계약	가능		불가
	명의변경	가능		불가

제4장
현장경매

제1절 권리분석과 컨설팅의 필요성

경매법정에 꽉 찬 사람들을 보면 부동산경매에 대한 일반인들의 관심에 새삼 놀라게 된다. 이미 투자의 수단으로서는 물론이고 실수요자들도 경매시장이 관심 대상이란 점에서 놀랄 것도 없지만 법정에서 흔하게 일어나는 초보자(?)의 사건, 사고(2006년 2월 울산에서 있었던 32평 아파트를 약 5천억 원에 입찰가액을 써낸 경우)를 보면 걱정이 앞서게 된다.

부동산경매 또한 자기책임으로 하는 경제활동이란 측면에서 책임이 따르면 그만이지만 조금만 더 물건분석과 권리분석에 충실히 했더라면 위험을 회피할 수 있을 텐데, 그 컨설팅 비용이 아까워서 스스로를 전문가라 칭하며 의욕적(?)으로 응찰하는 용감한 사람들이 주변에 적지 않게 있는 듯하다.

나도 물건을 고를 수 있고, 공부할 만큼 했고, 입찰 절차도 충분히 익혔는데 경매컨설팅업체에 아까운 수수료를 지불하면서까지 컨설팅을 의뢰할 필요가 있느냐 하는 것이다. 그러나 사고는 완전초보보다는 약간의 입찰 경험과 갓 경매교육과정을 이수한 사람들에게서 자주 발생한다.

경매는 그 특성상 입찰에서 명도까지 단계마다 숱한 함정들이 도사리고 있다. 충분히 공부하고 실전을 다진 경험이 있는 사람이야 자기책임이라 하겠지만, 단지 비용이 아까워서 전문가의 도움을 받지 않는 사람들은 한 번의 실수로 돌이킬 수 없는 경우에 이를 수 있다.

어기에 정확한 권리분석의 필요성이 있다. 더욱이 전문가의 도움으로 충분히 위험을 고지받고 경매에 임한다면 부동산경매는 재테크의 훌륭한 수단으로 활용할 수 있다.

TIP

경매신청채권자 정보의 활용

1. 경매대상부동산의 확인

입찰자는 경매대상부동산의 소유권관계, 전세권 또는 지상권관계 등을 확인해야 한다.

2. 무잉여로 인한 경매취소의 회피

경매신청이 후순위 권리자에 의한 경우 무잉여로 경매절차가 최소되는 경우가 있다. 따라서 신청채권자에게 1원이라도 배당될 수 있는 물건에 입찰하여야 시간과 노력을 줄일 수 있다.

3. 임차인이 경매신청채권자인 경우

신청채권자가 아닌 임차인은 배당 요구를 해야만 배당에서 제외되지 않지만 신청채권자인 임차인은 배당요구를 하지 않았다고 하더라도 경매신청 자체가 배당요구를 한 효력이 인정되므로 배당에서 제외할 수 없다.

4. 전소유자의 가압류권자가 경매신청채권자인 경우

전소유자의 가압류는 말소되지 않는 것이 원칙이다. 전소유자의 가압류권자가 경매신청한 경우에는 배당으로 말소된다.

TIP

소유자 정보의 활용

1. 경매로 진행되는 부동산의 소유자가 채무자인지, 물상보증인인지 확인할 필요가 있다. 채무자인 소유자는 경매에 참가할 수 없으나, 채무자 아닌 소유자는 경매에 참여할 수 있다.

2. 이해관계인의 범위(소유자의 경우)

이해관계인으로서의 소유자는 경매개시결정 당시의 소유자를 의미한다. 따라서 경매개시결정 등기 후의 소유자는 이해관계인이 아니다. 소유자로서 이해관계인은 경매개시결정에 대한 이의신청, 매각허가결정에 대한 이의신청, 즉시항고, 집행에 대한 이의, 경매절차의 정지, 취소, 청구이의의 소 등을 제기할 수 있다.

3. 법정지상권의 성립여부

저당권설정 당시에 '토지 및 건물의 동일 소유자일 것'의 요건으로서 소유자는 등기된 소유자일 것이 요구된다.

4. 학교법인의 기본재산이나 사회복지법인의 기본재산의 경우에는 주무관청의 허가가 있어야 매각허가결정이 나므로 입찰 시 주무관청의 허가서가 제출되었는지 확인해야 한다. 다만, 임의경매에 있어서는 저당권설정 당시에 이미 주무관청의 허가를 받았다면 매각허가결정을 받기 위해서 주무관청의 허가를 받을 필요가 없다(대법원 판례).

5. 경매개시결정의 채무자(임의경매의 경우 소유자)에게의 송달은 경매진행절차의 적법유효요건이다.

6. 전소유자의 가압류등기는 말소되는 등기가 아닌 것이 원칙이다. 따라서 **가압류등기 후 소유권이 이전되었는지 확인**해 보아야 한다.

7. 임차인의 계약서가 소유자와 계약을 체결한 것이 아닌 경우 임차권의 양도나 전대가 문제된다. **임차권의 양도나 전대가 소유자의 동의하에 적법하게 이루어진 경우** 양수인이나 전차인이 임차인의 주민등록퇴거일로부터 주민등록법상의 전입신고기간 내에 주민등록을 마치고 주택을 인도받아 계속하여 점유하고 있으면, **임차인이 갖는 대항력은 소멸하지 않고 동일성을 가지고 존속한다.** 따라서 **입찰자는 원래의 임차인의 주민등록상 전입일을 확인해야 한다.**

8. 전소유자와 계약 체결한 임차인

① 전, 현 소유자 사이에 일반매매에 의하여 소유권이 이전된 후 경매가 진행된 경우 임차인의 배당요구로 임차권은 배당으로 소멸한다. 선순위 임차인이라도 배당금으로 부족한 부분만 매수인이 인수 부담하면 된다.

② 전소유자와 맺은 임차인이 있으나 현소유자가 경매로 소유권을 취득한 부동산이 다시 경매로 나온 경우, **전소유자의 임차인은 새로운 경매절차에서 배당에 참가할 수 없다.** 따라서 매수인은 전 경매절차에서 배당받지 못한 임차인의 보증금에 대하여 인수 부담해야 한다.

제2절 현장경매 1강 - 말소기준권리

1. 의의

권리의 소멸, 인수되는 권리의 기준이 되는 등기이다.

말소기준등기로는 저당권·근저당·담보가등기·압류등기·가압류등기·경매신청기입등기이다.

2. 말소되는 권리

말소기준등기 이후에 등기된 지상권, 지역권, 전세권, 등기된 임차권은 모두 말소된다(말소기준등기보다 선순위 지상권·지역권·전세권·보전가등기·가처분·환매등기 등은 매수인에게 인수되는 권리이다).

즉 말소기준등기뿐만 아니라 말소기준등기에 대항할 수 없는 권리는 모두 말소된다.

3. 예외

1) 전세권등기의 경우에는 기준권리보다 앞서서 등기된 경우라도 전세권자가 경매신청채권자인 경우이거나 전세권자가 배당 요구를 하면 매각으로 소멸한다. 물론 기준권리보다 후순위 전세권은 말소된다.
2) 기준권리와 상관없이 매수인은 유치권으로 담보하는 채권을 변제할 책임이 있다(민사집행법 제91조 제5항).
3) 기준권리와 상관없이 예고등기는 매수인이 인수한다.
4) 기준권리와 상관없이 매각에 의하여 건물의 경우 법정지상권이 성립하기도 하고, 토지의 경우 법정지상권의 대항을 받기도 한다.
5) 담보가등기일지라도 경매기입등기일 이전에 청산기간(2월)을 지나, 청산금을 지급한 경우에는 담보가등기권자는 소유권이전청구권을 갖게 되므로 보전가

등기로 보고 권리분석을 하면 된다. 1984.1.1. 이전의 가등기는 담보가등기일지라도 순위보전효력이 있기 때문에 비록 선순위일지라도 말소기준권리가 될 수 없다.

6) 전소유자에 대한 가압류

(1) 전소유자의 가압류권자가 경매신청을 한 경우에는 전소유자의 가압류등기나 현소유자의 가압류등기는 배당으로 소멸한다.

(2) 현소유자의 가압류권자가 경매신청을 한 경우에는 전소유자의 가압류권자는 배당에 참가할 수 없어 배당을 받을 수 없고 매수인이 인수해야 한다. 단, 전소유자의 가압류등기 전에 저당권 등 담보물권이 설정된 경우라면 전소유자의 가압류권자가 경매를 신청하든, 현소유자의 채권자가 경매를 신청하든 말소된다.

(3) 전소유자의 가압류등기 이후에 담보물권이 설정된 후 소유권이 이전된 경우에는 현소유자의 채권자가 경매를 신청한 경우에는 전소유자의 가압류등기는 말소되지 않는다. 물론 이 경우에도 전소유자의 가압류권자가 경매를 신청한 경우라면 말소된다.

4. 소멸기준권리일, 권리소멸·인수의 예

1) 가처분등기 – 근저당 – 가등기 순서로 등기되었다면 말소기준권리는 근저당권이고 따라서 말소기준권리보다 선순위 가처분등기는 인수되고 후순위 가등기는 소유권이전청구가등기일지라도 말소된다.

2) 가등기 – 확정일부임차권 – 근저당권 순으로 등기된 경우, 가등기가 담보가등기인 경우에는 기준권리가 가등기권이고 가등기보다 후순위인 임차권, 근저당권 모두 말소된다. 그러나 가등기가 소유권이전청구가등기인 경우에는 기준권리는 근저당권이고 가등기권과 확정일부임차권은 인수하게 된다.

3) 확정일부임차권 – 경매신청기입등기 – 가등기 순으로 등기된 경우, 기준권리는 경매신청기입등기일이고 매수인은 임차권은 인수하고 가등기는 소유권이전형가등기 여부에 관계없이 말소된다.

4) 가압류 - 전세권 - 임차권 - 근저당권 순으로 등기된 경우, 기준권리는 가압류 권이고 가압류 이후의 권리, 즉 전세권·임차권·근저당권 등 모든 권리는 말소된다.

5) 가압류(갑) - 근저당 - 소유권이전 - 근저당 - 가압류권(을) 순으로 등기되어 있는 경우에는 전소유자인 채권자인 갑이 경매를 신청한 경우에는 갑의 가압류등기가 기준권리가 되고 갑의 가압류등기 후의 모든 등기는 말소된다.
만약 현소유자의 채권자인 을이 경매를 신청한 경우에는 갑은 배당에 참가할 수 없어 갑의 가압류권은 매수자가 인수해야 한다(기준권리는 근저당권).

6) 근저당 - 가압류(갑) - 소유권이전 - 가압류(을) 순으로 등기되어 있는 경우에는 전소유자인 가압류권자 갑이 경매를 신청하든 현소유지의 채권자인 을이 경매신청하든 기준권리는 전소유자의 근저당권이 되고 모든 권리는 말소된다.

7) 전세권 - 임차권 - 가압류 - 근저당권 순으로 등기되어 있는 경우, 기준권리는 가압류등기이고 가압류등기보다 선순위인 전세권·임차권은 인수해야 한다. 다만 전세권자가 비록 선순위일지라도 배당요구를 하였다면 전액 배당하게 되면 말소된다.

8) 소유권이전 - 소유권이전 된 날 근저당권 설정/전소유자가 소유권이전 된 날 임대차계약 후 임차인으로 계속 점유 - 가압류 순으로 된 경우, 기준권리는 근저당 설정등기이고 전소유자의 임차권의 대항력은 소유권 이전된 날 다음 날 0시부터 대항력이 발생하고 따라서 임차권은 말소된다(판례).

9) 2009년 3월 3일 부동산인도를 받고 전입하였으며(임차권), 2009년 3월 4일 확정일자를 받고 같은 날 근저당이 설정된 경우에는 이 경우 임차인이 배당을 요구하지 않은 경우 기준권리는 근저당권이고 임차권자의 대항력은 2009년 3월 3일 다음 날(부동산인도+전입을 갖춘 익일)인 동년 3월 4일 0시부터 발생하므로 매수인은 임차인의 보증금을 인수해야 한다(대항력 문제).
다만, 임차권자가 확정일부임차권자로서 배당요구를 한 경우에는 임차권자와 근저당권자가 동순위로서 채권액에 비례하여 안분배당하게 되고 배당받지 못한 부분에 대해서는 대항력을 행사할 수 있다(순위에 의한 배당문제).

10) 2009년 3월 3일 임차권자로서 전입하고 같은 날 확정일자를 받고 동년 3월 4일 근저당이 설정된 경우에 기준권리는 근저당권이고 임차권은 인수해야

한다. 만약 임채권자가 배당요구를 하였다면 임차권자는 선순위자로서 우선 배당받게 된다(확정일자에 의한 배당순위 보전은 당일로 발생하므로).

11) 2009년 3월 3일 전입하고 동년 3월 4일 근저당 설정되고 난 후 동년 3월 5일 확정일자를 받은 경우 말소기준권리는 근저당권이고 임차권은 매수인이 인수해야 한다(대항력). 만약 임차권자가 배당요구를 한 경우에도 근저당권자가 우선하여 배당된다.

12) 2009년 3월 3일 근저당설정, 전입일이고 임차권자가 동년 3월 2일 확정일자를 받은 경우, 기준권리는 근저당권이고 임차권의 대항력은 3월 4일 0시부터 발생하므로 임차권은 소멸한다.

13) 근저당권등기 – 지상권 – 가압류 등기 순으로 된 경우, 기준권리는 근저당권이고 기준권리 이후의 지상권·가압류등기는 소멸한다.

14) 지상권등기 – 저당권 – 전세권 등기 순으로 설정된 경우, 기준권리는 저당권이고 전세권은 말소된다. 다만, 지상권등기는 인수되나 만약 지상권자가 저당권자인 경우(담보지상권)에는 말소되는 경우도 있다. 은행 등이 통상 대출할 때 담보력을 보전하는 차원에서 지상권을 종종 설정한다.

15) 임차권 – 저당권 – 예고등기 – 가압류 등기 순으로 설정된 경우, 말소기준권리는 저당권이고 저당권 이후의 가압류등기는 말소된다. 다만 예고등기는 비록 말소기준권리보다 후순위일지라도 매수인이 인수해야 한다.

제3절 현장경매 2강 - 권리분석의 기초

경매, 가장 큰 장점은 시세보다 저렴하게 매입할 수 있다는 점이다. 이 장점을 살리기 위해서는 입찰에 참가하기 전에 권리분석의 기초가 되는 법원 기록, 등기부등본, 각종 대장, 토지이용계획 확인원, 주민등록열람, 제시 외 물건, 취소사유, 공유지분의 경매인지 여부를 살펴보아야 한다. 그래야만 시간·비용 등을 절약할 수 있을 뿐만 아니라 하자 있는 물건을 걸러냄으로써 추가되는 비용을 줄일 수 있게 되기 때문이다.

1. 법원 기록

1) 채권액

신청채권자의 채권액을 살펴보면 채권액이 적으면 취하될 가능성이 많기 때문에 경매에 참가하더라도 '취하'를 염두에 두고 참가해야 불필요한 시간낭비를 줄일 수 있다.

2) 배당요구 여부

주택이나 상가임대차에 있어서 임차인이 배당요구종기일 선에 배당요구를 하였는지를 확인하여야 한다. 특히 선순위임차인인 경우 중요한데, 선순위 임차인인 경우 배당요구 여부에 따라 매수인이 인수하는 금액이 달라지기 때문이다(배당요구종기일 이후에 배당요구철회로 매수인이 인수하는 금액이 달라지는 경우에는 철회 불가).

3) 대위변제

대위변제란 이해관계가 있는 제3자가 채무자를 대신하여 채무를 변제하고 그 액수만큼 그 채무자에 대하여 채권자를 대신해서 채권을 행사하는 경우를 일컫는다.

경매에 있어서 대위변제는 매수인이 매수잔금을 지급하기 전까지(선순위 근저당의) 말소된 등기부를 법원에 제시함과 동시에 후순위 권리자가 선순위 권리자가 될 목적으로 이용하는 것이다. 주로 선순위 채권액이 적은 경우에 후순위 임차인이 선순위 채권액을 변제하고 선순위 임차인이 됨으로써 손실을 적게 할 목적으로 이용한다.

또한 말소기준등기 후의 소유권이전형가등기나 처분금지가처분등기가 있는 경우도 이용된다.

민법상의 대위변제와 경매에 있어서의 대위변제

민법상의 대위변제는 변제할 정당한 이익이 있는 자가 변제로써 당연히 채권자를 대위하는 법정대위, 정당한 이익이 없는 자가 변제를 하고 채권자의 승낙을 얻어 채권자를 대위하는 임의대위로 나뉜다.

경매에 있어서의 대위변제란 정확히 정의하면 민법상의 **대위변제+등기말소와 순위상승**이라 할 것이다.

민법상의 대위변제는 변제자가 채권자를 대신하여 채무자에게 채권을 행사하는 것이지만 경매에 있어서의 대위변제는 낙찰자가 잔금을 납부하기 전까지 대위변제한 피담보채무를 소멸시키고 그 소멸을 원인으로 하여 선순위 근저당권등기를 말소한 후 그 말소사실을 경매법원에 신고하고 그로써 그 후순위채권자가 순위상승의 효력(대항력 취득)을 얻게 되는 것을 말한다.

따라서 경매에 있어서 채무자를 대신하여 채무를 변제한 자가 경매법원에 대하여 대위변제에 관한 아무런 조치를 취하지 않고 있다면, 그것은 경매에 있어서의 대위변제가 아닌 민법상의 대위변제일 뿐이다.

이 경우는 변제받은 채권자를 대신하여 배당절차에서 배당받을 수 있을 뿐이며 후순위 임차인이 선순위 임차인으로 순위 상승하는 것은 아니다.

※ 대위변제 사례

예컨대 저당권(2008년 12월 24일, 1,000만 원), 임차권자(갑 2009년 보증금 8,000만 원, 확정일자는 4월 1일 / 전입일은 1월 5일), 저당권(2009년 2월 5일 7,000만 원) 순으로 설정되어 있다면

매각가가 1억 원이라면 임차인 갑은 2,000만 원 배당받을 수 있다(계산상의 편의를 위해 경매비용이나 그 밖의 제세는 없다고 가정하자). 즉, 6,000만 원의 손실을 입을 처지에 놓여 있다.

만약 임차인 갑이 채무자를 대신하여 1순위 저당권자에게 1,000만 원을 변제하고 저당권을 말소하여 대위변제 행사하면 임차인 갑은 선순위임차인으로서 매수인에게 대항력을 행사할 수 있다. 따라서 임차인 갑의 입장에서는 6,000만 원의 손실보다는 대위변제를 하여 1,000만 원의 손실을 보는 편이 경제적으로 이익이다.

반대로 입찰에 참가하는 사람의 입장에서는 대위변제사실을 모르고 입찰에 참가했다가 뜻하지 않은 손실이 발생할 수 있기 때문에 대위변제 여부를 면밀히 검토해 볼 필요가 있다.

4) 세대합가

갑이라는 자녀가 선순위로 전입을 하여 살다가 갑의 가족의 전부나 일부(부모, 을)가 그 집에 입주하면서 갑과 을이 세대를 합가한 경우에 먼저 입주한 갑의 전입일자는 삭제되고 합가한 일자를 기준으로 전입일자가 다시 잡히게 된다. 이 경우 대항력은 갑이 처음 전입한 날 익일 0시부터 생긴다. 입찰에 참가하는 자는 '세대합가'라는 내용이 있으면 세대원 중 가장 먼저 전입한 사람을 기준으로 그 다음 날 0시에 대항력이 발생한다.

5) 특수주소 변경

주소, 동, 호수를 정확히 하여 전입신고를 해야 대항력이 발생하는 아파트, 연립, 다세대 등의 집합건물에서 발생하는 문제이다. 임차인이 전입신고를 잘못하여 나중에 주소를 변경한 경우에는 나중에 주소를 변경한 날을 기준으로 하고, 임차인은 전입신고를 정확히 하였으나 담당공무원의 착오로 잘못 기재된 경우에는 처음 전입신고 된 날을 기준으로 대항력 유무를 판단한다.

6) 선순위 전세권자

선순위 전세권자라도 그 자신이 경매신청채권자이거나 배당요구를 한 경우에는 배당으로 소멸한다.

7) 특별매각조건

각개의 경매절차에 있어서 이해관계인 전원의 합의나 법원의 직권으로 변경한 매각조건인바, 가령 재매각의 경우 보증금 20%인 경우 10%의 보증금을 놓고 입찰에 참가하면 무효가 된다. 따라서 특별매각조건이 있는지 살펴서 입찰에 응해야 한다.

8) 법정지상권 성립여부

토지나 건물 중 어느 한쪽만 경매가 진행되는 경우 법정지상권 성립여부를 살펴보아야 한다.

※ 판례

> **가. 토지에 관한 저당권설정 당시 토지 소유자에 의하여 그 지상에 건물이 건축 중이었던 경우 법정지상권이 인정되기 위한 건물의 요건**
>
> 〈판결요지〉
> 민법 제366조의 법정지상권은 저당권설정 당시 동일인의 소유에 속하던 토지와 건물이 경매로 인하여 양자의 소유자가 다르게 된 때에 건물의 소유자를 위하여 발생하는 것으로서, 토지에 관하여 **저당권이 설정될 당시** 토지 소유자에 의하여 그 지상에 건물을 **건축 중이었던 경우** 그것이 사회관념상 독립된 건물로 볼 수 있는 정도에 이르지 않았다 하더라도 **건물의 규모, 종류가 외형상 예상할 수 있는 정도까지 건축이 진전되어 있었고**, 그 후 경매절차에서 매수인이 매각대금을 다 낸 때까지 **최소한의 기둥과 지붕 그리고 주벽이 이루어지는 등 독립된 부동산으로서 건물의 요건을 갖추어야** 법정지상권의 성립이 인정된다.
>
> **나. 건물의 등기부상 소유명의를 타인에게 신탁한 토지소유자가 민법 제366조 소정의 법정지상권을 취득할 수 있는지 여부**
>
> 〈판결요지〉
> 건물의 등기부상 소유명의를 타인에게 신탁한 경우에 **신탁자는** 제3자에게 그 **건물이 자기의 소유임을 주장할 수 없고, 따라서** 그 건물과 부지인 토지가 동일인의 소유임을 전제로 한 **법정지상권을 취득할 수 없다**(대법원 2003다 29043).

9) 유치권 성립여부

매각 부동산에 대하여 유치권신고가 있는 경우 유치권의 성립여부, 유치권 신고가 없는 경우에는 유치권은 행사할 가능성이 있는지 세심한 관측을 요한다. 특히 신축건물이거나 증·개축 건물의 경우가 그러하다.

10) 토지별도등기

등기부상 '토지별도등기'가 있다면 토지등기부등본상 가압류권자, 담보물건이 있는지 여부, 있다면 매각으로 인수되는지 여부를 면밀히 검토하여야 할 것이다.

11) 대지권 미등기

대지권등기가 없는 집합건물에 경매신청이 있는 경우, 원칙직으로 대지사용권은 전유부분의 종 된 권리로 '대지사용권이 분리처분이 가능하도록 규약으로 정해져 있는 경우가 아닌 한' 당연히 경매목적물에 포함되고 매수인은 대지사용권을 취득하게 된다.

12) 공유자 지분 경매

공유지분의 경매의 경우 공유자에게 우선매수청구권이 있기 때문에 공유지분경매인지 여부를 확인하고 입찰에 참가하여야 할 것이다.

2. 등기부 등본

1) 구성

부동산등기부 등본은 표제부, 갑 구, 을 구로 구성되어 있다.

2) 표제부

표제부에는 부동산의 표시가 기록되어 있으므로 ① 토지에는 지번·지목·면적이, ② 건물에는 지번·층수·구조·용도가 기재되어 있다. 또 집합건물인 경우에는 '1동에 속하는 전부'에 해당하는 표제부, 구분건물의 전유부분의 표제부를 둔다.

3) 갑 구

갑 구에는 소유권과 소유권을 제한하는 사항, 즉 소유권의 보존과 이전, 가압류, 가등기, 가처분, 예고등기, 환매등기, 경매신청기입등기, 파산에 관한 사항이 있다. 갑 구에서는 등기부상 소유자와 경매부동산의 소유자가 동일인인지, 경매신청 접수일과 사건번호 경매신청채권자 등을 확인한다. 특히 선순위의 가등기, 가처분과 예고등기를 잘 파악할 필요가 있다.

4) 을 구

을 구에는 소유권 이외의 권리와 그 변동사항, 지역권·지상권·전세권·저당권·임차권의 등기와 이들 권리에 대한 가압류·가처분 등이 있다. 을 구에서는 최초근저당 설정등기일을 확인해야한다. 을 구의 최초근저당 설정등기일과 임차인의 전입일을 비교해서 대항력 여부를 판단하기 때문이다.

5) 권리의 순위

(1) 甲 구간, 乙 구간, 즉 同 구간 권리의 순위는 순위번호에 의하고, 甲乙 간, 즉 별 구 사이의 권리의 순위는 접수번호의 선후에 의한다.
(2) 가등기에 의한 본등기를 한 경우 본등기의 순위는 가등기의 순위에 의한다.
(3) 부기등기의 순위는 주등기의 순위에 의한다. 예를 들면, A라는 건물에 甲의 전세권이 설정되고 난 후, 乙의 저당권이 설정되고 그 후에 丙이 甲의 전세권 이전의 부기등기를 한 경우 丙의 전세권이 乙의 저당권보다 우선한다.

3. 대 장

1) 토지대장

토지대장에는 토지의 소재지, 지번, 지목, 면적, 소유자의 주소 및 주민등록번호가 등록되어 있다.

2) 건축물관리대장

일반건축물대장인지 집합건물 대장인지 확인한다.

3) 토지이용계획확인원

당해 토지에 대한 공법상의 제한사항을 확인한다.

4. 등기부등본과 대장과의 관계

1) 등기부등본과 대장에는 각각 일정한 사항에 관한 내용이 일치되도록 절차적으로 의존관계에 있다. 그러나 일치하지 않은 경우에 어느 쪽을 판단기준으로 삼아야 되는가가 문제이다.
2) 부동산상의 물체적 상황 내지 동일성에 관한 사항에 관하여는 대장의 기재를 기준으로 등기부가 기재되도록 하고 있으므로 대장을 기준을 판단하면 된다.
3) 권리의 변동에 관한 사항은 등기부등본을 기준으로 대장에 기재되도록 하고 있기 때문에 등기부등본을 기준으로 삼으면 된다.
4) 재건축·재개발지역의 건축물이 집합건물인지 여부 및 다가구주택을 다세대주택으로 구분등기 한 경우 대장을 기초로 판단한다.

5. 주민등록등본

주민등록등본에는 세대주 및 그 구성원, 전입일 및 변동일, 변동사유, 전입세대 구성이 기재되어 있는바, 주민등록은 '전입신고'된 때 된 것으로 본다. 특히, 주민등록등본상 '세대합가'라는 기록이 있으면 주민등록등본을 확인하여 세대원 중 가장 먼저 전입한 사람을 기준으로 대항력 유무를 판단해야 한다.

6. 제시 외 건물

경매부동산에 '제시 외 건물 있음'이라는 문구가 있으면 민법상 종물이냐 부합물이냐에 따라서 그 제시 외 건물에 대하여 매수인이 소유권을 취득할 수 있는지 여부가 가려진다. 즉, 저당권의 효력이 '제시 외 건물'에 미치면 매수인이 그 제시 외 건물의 소유권을 취득할 수 있다.

1) 종물

(1) 의의

각각 독립된 두 개의 물건 사이에 한편이 다른 한편을 돕는 관계가 있는데 그 경우 전자를 종물 후자를 주물이라 한다. 종물은 독립된 물건으로서 주물 그 자체의 경제적 효용을 계속하여 돕는 직접적인 관계에 있어야 한다.

종물의 예로는 보일러시설, 주유소의 주유기, 농지에 부속한 양수시설, 별동으로 되어 있는 화장실, 목욕탕, 창고 등을 들 수 있다.

(2) 종물의 요건

가. 종물은 주물의 상용에 이바지하는 것이어야 한다.

나. 종물은 주물에 부속된 것이어야 한다(부속된 것으로 보기 위해서는 장소적 밀접성이 요구됨).

다. 종물은 주물로부터 독립된 별개의 물건이어야 한다. 독립한 물건이면 동산·부동산을 가리지 않는다.

라. 주물과 종물은 모두 동일한 소유자에게 속하여야 한다.

(3) 종물의 효과

가. 종물은 주물의 처분에 따른다(민법 제100조제2항). 양자는 그 법률적 운명을 같이한다. 특히 민법은 저당권의 효력은 종물에도 미치는 것으로 규정하고 있다(민법 제358조). 저당권 설정등기후의 종물도 저당권의 효력이 미침은 물론이다.

나. 민법 제100조제2항은 강행규정은 아님(특약으로 따로 처분할 수 있도록 할

수 있음).

(4) 권리에 대한 주·종물이론 준용

민법 제100조는 권리 상호 간에도 유추 적용된다. 종된 권리의 예로는 경매목적토지가 요역지인 경우에 승역지에 대한 지역권, 건물에 대한 저당권의 효력은 그 건물의 소유를 목적으로 한 지상권, 임차권, 특별한 규정이 없는 경우의 대지권 등기가 없는 집합건물의 경우 대지사용권 등이 있다.

2) 부합물

주 건물에 부착되어 분리해서는 독립된 건물로서의 가치가 없고 주 건물의 사용의 편의에 제공될 물건은 타인의 권원(지상권, 전세권, 임차권 등)에 의하여 부속된(독립성 있는) 물건이 아닌 한 부속물이다. 부합물의 경우도 주물과 그 법률적 운명을 같이한다.

부합물의 예로는 수목, 정원수, 독립된 구분소유권의 객체로 거래될 수 없는 증·개축물, 건물의 신축공사가 중단된 채 방치하여 독립된 건물로서 구조와 형태를 갖추지 못한 지하구조물 등이 있다.

(1) 부합물인지 여부의 판단기준

증·개축 부분이 기존건물에 부합하는지 여부는 물리적 구조, 용도, 기능면에서 기존건물과 별개의 소유권의 객체가 될 수 있는 지 여부 및 증축한 건물에 대한 소유자의 의사 등을 종합하여 판단한다(대법원 판례 1996.6.14. 선고 94다53006).

(2) 수목

타인의 토지상에 권원 없이 식재한 수목은 매수인의 소유로 된다. 즉, '입목법에 의한 등기된 입목'이나 '명인방법에 의한 수목'이 아닌 한 토지의 구성부분으로 부합물이다.

(3) 유류저장탱크

유류저장탱크는 독립성이 없어 종물은 아니나 부합물로서 주물은 주유소 건물과 그 법률적 운명을 같이한다.

7. 취소 사유

입찰에 참여하고자 하는 자는 채무자의 소유권 상실, 무잉여 경매, 부동산의 멸실, 채무자(소유자)에게의 송달 없이 진행된 경매 등 취소사유가 있는지 미리 검토하는 것이 비용, 시간 부담에서 해방될 수 있다.

8. 농지

지목이 '전·답·과수원'인 토지가 경매에 나온 경우, 최고가 매수신고 인은 7일 이내에 '농지취득자격증명서'를 법원에 제출해야 매각허가를 받을 수 있다.

특히 토지 위에 불법적으로 건축된 건물이나 공작물이 있는 경우 법정지상권 성립여부를 별개로 하더라도 농지취득자격증명을 받을 수 있을지를 검토해 보아야 한다.

※ 농지취득자격증명 관련 판례

가. 농지법 소정의 '농지'에 해당하는지 여부의 판단 기준

〈판결요지〉

어떤 토지가 농지법 소정의 농지인지의 여부는 공부상의 지목 여하에 불구하고 **당해 토지의 사실상의 현상에 따라 가려져야 할 것**이고, 공부상 지목이 답인 토지의 경우 그 농지로서의 현상이 변경되었다고 하더라도 그 변경 상태가 일시적인 것에 불과하고 농지로서의 원상회복이 용이하게 이루어질 수 있다면 그 토지는 여전히 농지법에서 말하는 농지에 해당한다.

나. 지목이 답인 토지에 대하여 제3자 명의로 주택 부지로의 농지전용허가가 되었으나 그 농지의 현상 변경이 일시적인 것에 불과한 경우, 그 토지는 농지법상의 농지로서 그 취득을 위해서는 농지취득자격 증명이 필요하다고 본 사례

〈판결요지〉

지목이 답으로 되어 있는 토지에 대하여 제3자 명의로 주택 부지로의 농지전용허가가

되었다는 점만으로는 이미 농지로서의 성질을 상실하고 사실상 대지화되었다고 보기 어렵고, 여름철에 야영장 등으로 이용되면서 사실상 잡종지로 활용될 뿐 농작물의 경작에 이용되지 않고 있다고 하여도, 그 토지에 별다른 견고한 구조물이 축조되어 있지 아니하고 터파기작업 등이 이루어져 현상이 크게 변동된 것도 아니어서 그 원상회복이 비교적 용이해 보이는 점 등에 비추어 그 현상 변경이 일시적인 것에 불과하다면 그 토지는 농지법상의 농지로서 그 취득에 소재지 관서의 농지취득자격증명이 필요하다고 본 사례(대법원 98마 2604).

다. 토지의 지목이 답이라도 상당 기간 타 용도로 전용되어 사용되었고 농지가 아니라는 이유로 농지취득자격증명 발급신청이 반려되었으며 낙찰 후 현황대로 농지전용허가가 이루어진 경우, 그 토지는 농지에 해당되지 않으므로 낙찰 시 농지취득자격증명이 필요 없다고 한 사례

〈판결요지〉
지적공부상 토지의 지목이 답으로 되어 있기는 하나 그 토지에 대한 낙찰허가결정 훨씬 전에 인근 토지보다 약 1~2m나 성토되어 그 지상에 콘테이너박스와 창고가 설치되는 등 이미 타 용도로 전용되어 상당기간 건축자재 하치장으로 사용되어 왔기 때문에 **농지로서의 기능을 완전히 상실**하였고, 또한 낙찰인이 낙찰허가결정 이전에 **농지취득자격증명**의 발급을 신청하였음에도 해당 관서에서 농지로 볼 수 없다는 **이유로 신청 자체가 반려된** 점이나 낙찰인이 낙찰을 받은 직후에 적법한 절차를 거쳐 현황대로 농지전용허가가 이루어짐으로써 향후 원상회복명령이 발하여질 가능성이 소멸된 점을 고려하여 볼 때, 낙찰허가결정 당시 그 토지는 이미 농지법 제2조 소정의 농지에 해당한다고 볼 수 없으므로, 낙찰인이 임의경매절차에서 최고가입찰자로서 그 토지를 낙찰받음에 있어서 농지법 제8조 소정의 농지취득자격증명을 발급받을 필요는 없다(대법원 97다 42991).

9. 공장

공장경매의 경우 교통, 도로조건, 물류비용, 용수, 동력, 공장입지가 중요한바, 특히 특정폐기물을 배출하는 공장이 필요한 경우에는 그 처리시설이 갖추어져 있는지, 없다면 처리시설을 갖출 수 있는 지역인지 미리 관할관청에 확인해 보아야 한다.

'토지'라는 것?

1. 어~ 얼씨구 들어간다

우리 앞에 화선지가 놓여 있다면 무얼 생각하게 되는지요? 그림이 이미 그려져 있는 화선지라면 그림을 그릴 생각은 않겠지요? 그러나 빈 화선지라면 무얼(사실화/추상화 등) 그릴까 고민하겠지요? 상가·빌딩·주택·공장 등이 전자의 경우라면, 토지는 후자이겠지요? 토지는 '땅'이라는 점에서는 같을 수 있지만 보는 이의 '눈'에 따라 빌딩의 부지가 되기도 하고 주택의 부지가 되기도 합니다. 크면 나누고 작으면 합치기도 합니다. 천의 얼굴을 가졌다고나 할까?

2. 토지이용계획 확인원

우리가 토지를 평가할 때 효용성(규제내용)과 얼마나 반반한지(지적도)를 보고 가치평가(활용가치)를 하게 된다. 즉, 토지이용계획 확인원의 이해정도에 따라 그 가치가 천차만별이다. 토지도 결국 활용가치(건축/영농/임업 경영 등)를 위해 존재하니까 그런 것이다. 특히 해당토지에 '건축할 수 있는 건축물이 무엇이냐'에 따라서 토지가치는 엄청나게 차이가 난다.

그것은 결국 '용도지역'에 따라 결정(21개 용도지역)되기 때문에 **토지이용계획 확인원상의 '용도지역 분석'**이 무엇보다 중요하다.

3. 토지이용계획 확인원에 나와 있지 않는 '연접개발 제한에 관한 규정' 적용대상 토지(녹지·관리·농림·자연환경 보전 지역)

'하나의 개발행위': 검토대상 토지가 연접개발제한에 걸렸는지 확인하기 위한 면적

① 생산녹지지역, 자연녹지, 보전관리-10,000㎡
② 생산관리, 농림지역-20,000㎡
③ 계획 관리지역-30,000㎡

* 지구단위 계획을 수립해서 개발하면 면적규제를 받지 않고 개발 가능함
  1. 주택이나 근생시설은 적용배제 되고, 주거, 상업, 공업지역에도 적용배제
  2. 이미 전용된 대지, 공장, 창고, 종교용지에는 적용배제
  3. 연접개발제한에 걸린 토지라도 지구단위 계획을 수립하면 개발 가능

4. 21개 용도지역

(1) 도시지역: 주거(6), 상업(4), 공업(3), 녹지(3)

(2) 비도시지역: 관리(3), 농림, 자연환경보전지역

* 위 용도지역 중 우리가 생각하는 토지투자는 농지나 임야라고 하지만 용도지역으로 따지자면 녹, 관, 농, 자(앞자만)의 투자임

5. 녹지 · 관리 · 농림 · 자연환경 보전 지역에서의 건폐율과 용적률, 그리고 가능 건축물

(1) 건 폐 율: 20%(계획 관리지역: 40%)

(2) 용 적 율: 80~100%

(3) 건축가능 건축물(28개): 국토계획법 시행령/도시계획 조례

 * 1. 소매점과 단독주택은 모든 용도지역 가능

 2. 계획관리 지역에서는 모든 건축 가능

 3. 보전(녹지, 관리, 자연환경)지역: 창고, 공장, 일반음식점, 주유소, 숙박시설 불가능

 4. 생산, 자연녹지지역: 숙박, 공장(첨단공장제외), 일반음식점 제외하고 모두 가능

 5. 농림지역, 농업진흥구역: 농 · 수 · 축산가공, 처리시설, 유치원, 단독

6. 농지(농지법 적용): 전 · 답 · 과수원/농축산물 생산시설의 부지

(1) 농림지역, 농업진흥구역: 해제되면 관리지역으로 편입됨

 * 녹지지역, 자연환경보전지역, 농업진흥구역: 변화 없음

(2) 농 취 증(공장설립 등을 위한 농지전용/농업경영 목적)

(3) 농림지역/농업진흥구역: 농림지역의 규제를 받지 않고 농지법 적용

 * 1. 농업진흥구역에서는 경로당, 보육시설, 유치원 등 노유자시설 건축가능

 2. 농업진흥구역 내의 농지라도 생산관리지역이라면 생산관리규정 적용

 3. 전용된 토지(대, 장, 창, 종)를 제외하고는 연접지개발제한을 받음

(4) 영농여건 불리 농지: 농업경영 계획서 작성 필요 없이 농취증/임대/사용가능

 * 주말체험 영농농지도 농업경영 계획서 불필요

(5) 농축산물 생산시설의 부지도 '농지'

 * 축사의 설치는 농지전용의 대상이 아님: 농지전용부담금 없음(농지법개정 2007.7.4)

7. 산 지

(1) 보전산지(공익용/임업용 산지): 산지 관리법 적용

 * 1. 산지전용 제한지역: 신재생 에너지의 이용, 보급을 위한 시설

2. 공익용 산지라도 자연공원법상 공원구역, 개발제한구역, 보전녹지지역, 백두
대간보호지역은 산지관리법이 적용되지 않음
(2) 준보전산지: 용도지역별로 판단하면 됨
 * '보전'자 들어가는 용도지역에서는 일반창고, 일반음식점, 주유소, 숙박시설, 공
장건물 불가

8. 용도지역 미분류 토지
(1) 농림지역, 농업진흥구역에서 해제: 관리지역으로 편입
(2) 농림지역 보전산지에서 해제
 * 보전관리지역 안에 있는 공장: 공장 입지할 수 없는 용도지역 → 계획관리지역
으로 조정/공해도가 낮은 업종변경 허용

9. 복수의 용도지역(국토계획법 § 84)
(1) 가장 넓은 용도구역 적용(330/띠모양 상업지 660 스퀘어미터 이하만)
 * 미관지구, 고도지구에 걸쳐 있는 경우: 전부 미관, 고도지구 적용
(2) 하나의 대지가 녹지지역과 그 밖의 용도지역 – 각각의 용도지역

10. 도로(사도?)
 * 1. 도로구역: 건축행위불가. 단 용도폐지 후 사용가
   2. 접도구역: 고속도로(20m), 일반국도/지방도/군도(5m)
                  시도・구도는 적용되지 않음, 진입로로 사용가
   3. 완충녹지지역: 진입도로로 사용불가
   4. 보행자 전용도로는 건축허가상 인・허가 대상 도로가 아님

11. 군사시설 보호구역(파주・연천・김포・강화・포천・강원도 일부……)
(1) 협의지역: 해당 지자체에 군부대위치 문의, 약속・협의・검토
 * 軍동의 조건부 매매(군동의 우선 검토)
(2) 위임지역: 해당 지자체와 협의

12. 토지거래 허가구역(녹지・관리・농림・자연환경 보전지역)
(1) 도시지역: 용도지역기준으로 허가를 받아야 하는 면적이 규정되어 있음
(2) 도시 외 지역: 용도지역과 관계없이 지목을 기준으로(관・농・자)
(3) 요건: 전 세대원이 6개월 이상 거주

(4) 이용의무기간: 농업용(2년), 주거용(3년), 개발사업용(4년)

 * 1. 주말농장, 체험영농 목적 농지취득 적용배제

   2. 허가대상면적 이하인 경우에도 적용배제

   3. 법률상 취득

   4. 용도지역을 기준으로 도시지역의 주거, 상업, 공업지역은 지목 여부를 불문하고 토지거래 허가 대상이 아님

   5. 토지거래 허가면적으로 분할 매매: 허가를 요함. 단 이후거래는 불필요

13. 개발제한구역

(1) 개발제한구역 내 토지

(2) 집단취락지구/개발제한구역(전, 답 등: 이축권 필요, 단 재지는 불요)

(3) 그린벨트에서 해제된 토지: 해제된 토지는 이미 그린벨트 토지가 아님. 따라서 제1종 지구단위 계획 수립(더 이상 개발제한구역 표시 없음)

 * 그린벨트에서 건축할 수 있는 경우

   - 그린벨트 지정 당시부터 주택이 있거나 지목이 대지인 경우

   - 이축권: 타인의 땅에 그린벨트 지정 전부터 주택·토지소유자가 단 한번이라도 주택을 소유한 적이 없으며 토지소유자의 부동의 합의서 → 집단취락지역 내에 이축할 권리가 있다.

   - 공공 이축권: 그린벨트 내 도로가 확보된 토지라면 어디라도 이축 가능

   - 대지로 형질 변경 가능 면적: 330㎡(건폐율 60% 이하/용적률 300%-최대 90평까지 건축 가능)

   - 그 밖에 최근에 해위제한이 완화되어 체육시설(야구장·승마장 등), 의료복지 시설 등도 할 수 있게 되었다(2012년).

14. 자연취락지구

녹지, 관리, 농업, 자연 환경 보전지역안의 취락지구임

 * 1. 건폐율 60% 미만/연접지개발제한적용 배제

   2. 자연녹지지역에서 자연취락지구로 지정 – 자연취락지구 적용

   3. 취락지구에서는 연접지개발제한 적용 배제

15. 공장 총량제(산업집적활성화 및 공장설립에 관한 법률)

(1) 적용대상: 바닥면적 500만㎡ 이상. 부지조성과는 무관

(2) 2014년까지 450만㎡

16. 주거개발진흥지구
(1) 개발계획이 수립되어 고시되지 않는 개발진흥지구 시가화 조정구역에서의 행
    위제한 적용 – 축사/창고
(2) 개발계획이 수립, 고시된 주거개발진흥지구: (공동)주택
(3) 개발진흥지구에서는 배출시설 설치제한 지역규제 배제
 * 취락지구, 개발진흥지구, 공장입지유도지구, 전용, 지구단위계획구역에서는 연
   접지개발제한 규정 적용배제

17. 국유재산
국유재산 중 잡종재산은 대부분 각 지자체에 관리를 위임
처분할 필요한 토지는 자산관리공사(이해당사자의 포기 등의 사유로 우선 매수가)

18. 시장용지, 주차장용지, 유치원부지의 타 용도로 사용여부?

19. 수자원 보호구역
대박이냐 쪽박이냐 당신의 부동산 능력에 달려 있다. 부동산도 사람과 정책이 아
우러진 과학입니다.

제4절 현장경매 3강 – 주택 임대차

주택, 상가 임대차보호법에서 '대항력' 발생시기가 언제인가는 경매에 참가하려
는 자에게는 무엇보다 중요하다. 왜냐하면 경매사고의 대부분은 이 부분을 간과하
고 경매에 참가했기 때문에 발생한다. 따라서 주택임대차적용범위(상가 건물과 관
련하여) 및 대항력 발생시기, 대항력 존속여부, 우선변제권, 최우선변제권, 배당요
구 등을 살펴볼 필요가 있다.

1. 주택임대차보호법 적용범위(주택임대차 보호법 § 2)

1) 주거에 사용되는 건물의 전부 또는 일부에 적용된다(주택 §2). 주거용 건물인지의 여부는 공부상의 기재에 의한 형식적 기준으로 판단할 것이 아니라 그 실지 용도에 따라 합목적적으로 판단한다. 그리고 무허가건물, 미등기건물, 부속건물, 다가구주택의 옥탑, 전유부분에 딸린 공유부분, 지하실방, 오피스텔(주거용으로 임차한 경우) 등에도 임대차보호법이 적용된다.

2) 주택의 일부가 주거 외의 목적으로 사용되는 겸용 주택의 경우, 건물의 사용목적, 임차인의 건물의 이용관계, 주거용 건물이 차지하는 면적, 임차인의 일상생활을 영위하는 유일한 주거공간인지 여부를 고려하여 주택임대차보호법 적용여부를 판단한다.

3) 개인이나 국민주택기금을 재원으로 임대주택을 지원하는 법인뿐만 아니라 직원용 주택을 임차하는 중소기업법인까지 주택 임대차보호법적용범위를 확대하였다(2014년 1월 1일 시행). 또한 이법시행당시 존속중인 임대차에도 적용된다.

※ 주택임대차보호법 적용건물인지 여부에 관한 판례

가. 방 2개와 주방이 딸린 다방에 관한 판례

방 2개와 주방이 딸린 다방이 영업용으로서 비주거용건물이라고 보이고, 설사 그 중 방 및 다방의 주방을 주거목적으로 사용한다고 하더라도 이는 어디까지나 다방의 영업에 부수적인 것으로서 그러한 주거목적 사용은 비주거용 건물의 일부가 주거목적으로 사용되는 것일 뿐, 주택임대차보호법 제2조 후문에서 말하는 "주거용 건물의 일부가 주거외의 목적으로 사용되는 경우"에 해당한다고 볼 수 없다(대판 95다 51953).

나. 인쇄소 또는 슈퍼마켓 안에 방이 딸린 경우

건물이 공부상으로는 단층 작업소 및 근린생활시설로 표시되어 있으나 실제로는 "갑"은 주거 및 인쇄소 경영을 목적으로, "을"은 주거 및 슈퍼마켓 경영을 목적으로 임차하여 **가족들과 함께 입주**하여 그곳에서 **일상생활을 영위**하는 한편 인쇄소 또는 슈퍼마켓을 경영하고 있으며, "갑"의 경우는 주거용으로 사용하는 부분이 비주거용으로 사용되는 부분보다 넓고, "을"의 경우는 비주거용으로 사용되는 부분이 더 넓기는 하지만 **주거용으로 사용되는 부분도 상당한 면적이고, 위 각 부분이 "갑"·"을"의 유일한 주거인 경우** 주택임대차보호법 제2조 후문에서 말하는 **주거용 건물에 해당된다**(대판 94다 52522).

4) 주택임대차보호법 적용여부는 임대차 계약체결 당시를 기준으로 한다. 따라서 비주거용으로 계약한 자가 임의로 주거용으로 개조하여 사용한 경우에는 임대인이 주거용 건물로 사용해도 좋다는 승낙이 없는 한 주택임대차보호법이 적용되지 않는다(대판).

5) 일시사용을 위한 임대차임이 명백한 경우에는 본 법의 적용이 배제된다(주택임대차보호법 §11).

2. 대항력(주택임대차보호법 § 3)

1) 임대차 보호법상의 대항력이란 임대차부동산이 매매나 경매 등으로 소유자가 변경되는 경우에도 새로운 소유자에 대하여 계속하여 임차권을 주장할 수 있는 권리를 말한다. 따라서 임차인은 보증금 중 일부라도 반환받지 못한 경우 임차한 건물에서 보증금을 전부 반환받을 때까지 물러나지 않겠다고 주장할 수 있다.

2) 대항력 발생시점

(1) 주택의 인도와 주민등록(전입신고일)을 마친 때의 그 다음 날 0시부터이다. 주택의 인도에는 현실의 인도뿐만 아니라 간이인도, 주택반환청구권의 양도에 의한 인도, 점유개정(소유자가 집을 매도하고 임차인으로 계속 점유)으로 인한 인도도 포함된다.

(2) 법인 명의로 계약하고 법인직원이 전입신고를 한 경우 법인은 대항력이 없다. 주택임대차보호법은 개인의 주거생활의 안정을 보호하려는 취지에서 제정된 것이지 법인을 보호대상으로 삼고 있지 않기 때문이다.

(3) 외국인의 경우에는 선입신고 대신 출입국관리법에 의한 '외국인등록'을 하고 체류지 변경신고를 하면 주민등록을 한 것으로 본다. 외국인등록은 외국인등록표의 기재·작성을 말한다.

(4) 단독주택(다가구주택)은 지번만 정확히 전입신고하여도 대항력이 있으나, 다세대, 연립, 아파트 등 집합건물의 경우에는 지번뿐만 아니라 동, 호수까지 정확히 기재해야 대항력이 있다.

TIP

주거용임차부동산경매 입찰 시 임장활동 요령

1. 주민등록표 열람 및 교부

주민등록 열람은 경매정보지의 기록이나 법원공고내용을 복사하여 열람자의 신분증과 일정한 열람료를 내면 열람할 수 있으며 세대관계내역을 출력해주기도 한다. 근거 법령은 주민등록법 제29조제2항제2호이다.

2. 전입신고의 대항요건으로서의 유효성판단

① 원룸 등 다가구용 단독주택이나 거주자의 **편의상 호수를 구분하여둔 다가구용 단독주택**은 건축법이나 주택건설촉진법상 이를 공동주택으로 볼 근거가 없어 단독주택으로 보아야 하는 이상 **전입신고는 지번만 기재하는 것으로 충분하다.** 동 건물 중 종전에 임차하고 있던 부분에서 다른 부분으로 옮기면서 옮긴 부분으로 다시 전입신고 하더라도 마찬가지이며 지층 1호를 소유자나 거주자들이 부르는 대로 1층 1호로 연립-101호라고 전입신고 했더라도 임대차의 공시방법으로 유효하다(대판 97다 47828, 대판 97다 29530).

② **신축 중인 연립 주택** 중 1세대를 임차한자가 전입 신고함에 있어서 호수를 기재하지 않은 채 **지번만으로 전입신고한 후** 연립주택에 관하여 준공검사가 이루어지면서 건축물관리대장이 만들어지고 이때 **다시 호수를 기재 정정신고를 한 경우** 최초의 전입신고는 임대차의 공시방법으로 유효한 것이라 볼 수 없다(대판 99다 66212). 이때는 후 **정정하여 신고한 때부터 유효한 공시방법으로 보아야 할 것**이다.

③ **집합건축물 관리대장이 없는 다세대주택에 지번만 전입신고 한 경우**, 원래 단독주택으로 건축허가를 받아 건축되고 건축물대장에도 구분소유가 불가능한

건물로 등재된 경우 나중에 집합건물의 소유 및 관리에 관한 법률에 의하여 구분등기가 경료되었음에도 불구하고 소관청이 종전의 일반 건축물관리대장을 그대로 두고 집합건물관리 대장을 작성하지 않은 경우 위 건물의 전부 또는 일부를 임차하여 전입 신고하는 경우에는 **지번만 기재하는 것으로 충분하며 이로써 임대차의 공시방법으로 유효하다**(대판 99다 8322).

3. 간접점유자를 통한 임차인의 대항력발생요건

실제로 거주하지 아니하는 간접점유자는 당해주택에 주소 또는 거소를 가진 자가 아니어서 그자의 주민등록은 주민등록법 소정의 적법한 주민등록이라 할 수 없고 따라서 간접 점유자에 불과한 임차인 **자신의 주민등록으로는 대항요건을 적법하게 갖추었다 할 수 없다.**

따라서 그 임차인은 그와 **점유매개관계에 의한 직접점유자가 주민등록을 마친 경**우에 한하여 비로소 간접점유자인 임차인의 임대차가 제3자에 대하여 적법하게 대항력을 취득한다(대판 2000 다55645).

4. 대항력발생시기 판단

① 전소유자가 임차인이 된 경우(점유개정의 경우)

새로이 소유자가 된 자로의 소유권이전등기가 경료되기 전에는 주택임대차의 대항요건이 인정되는 적법한 공시방법으로서의 효력이 없다. 새로운 소유자로의 **소유권이 이전되는 날 비로소** 전소유자의 임대차를 공시하는 **유효한 공시방법이 되며,** 따라서 **전소유자였던 임차인은** 유효한 공시방법을 갖춘 다음날인 **신소유자로의 소유권이전등기일의 익일부터** 임차인으로서의 대항력을 갖는다.

② 임차인이 전대차후 소유권을 취득한 경우 전차인의 대항력발생시기

전차인이 주민등록상 전입신고를 한 날로부터 소유자 아닌 전차인이 거주하는 것으로 나타나 있어서 전입신고 한날로부터 임대차를 공시하는 기능을 수행하고 있다 할 것이고 따라서 **임차인이 후에 소유권이전등기를 경료 하는 즉시 전차인의 임차권은 대항력을 취득**한다(대판 2000다 58033).

③ 경매된 부동산에 거주하던 임차인이 낙찰자와 임대차계약을 체결한 경우 대항력발생시기

경매절차에서 낙찰인이 대항력은 없으나 주민등록이 되어있는 종전임차인과 새로이 임대차계약을 체결하고 낙찰대금을 납부한 경우, 종전임차인의 주민등록은 낙찰인의 소유권 취득이전부터 낙찰인과 종전임차인사이의 임대차관계를 공시하는 기능을 수행하고 있으므로 **낙찰인이 낙찰대금을 납부하여 소유권을 취득하는 즉시 임차권의 대항력을 취득**한다(대판 2002다 38361).

5. 가장 임차인의 판단과 대응

임대차와는 무관하지만 임차인으로 오인될 소지가 있는 임차인(주민등록 등재자)가 있는 경우, 소유자 또는 채무자가 친, 인척 등을 전입시켜 허위의 임대차를 주장하는 등의 사유 생길 때 그 가장 임차권을 배제시키는 게 문제이다.

① 가장 임차인의 의심이가는 경우 관리사무실이나 이웃 등에 탐문하여 임차인 또는 소유자의 **친인척인지여부**를 조사(소유자와 임차인의 호적등본을 통하여)하거나 채권은행담당자에게 문의하여 **대출 시 조사한 선순위임대차 유무확인서 통해** 가려내는 것이 좋다.

② 법원실무에서는 **부부 사이 및 부모와 미성년자녀 사이의 임대차관계는 인정하지 않지만 기타 형제간이나 부자 간 친인척 간에는 실체적 진실에 따라 판단한다.**

실체적 진실관계를 다투는 방법으로는 채권은행의 임대차관계 확인서나 보증금의 영수관계에 대한 자료제출요구, 임대차 계약서 작성자의 작성 경위 및 대금지급여부 등을 추궁하는 방법 등이 있을 것이다.

③ 가장 임차인에 대한 소명자료를 해당 경매계에 제출하면서 **배당제척을 신청**한다.
④ 집행법원 판사(경매계)가 배당제척을 받아들이지 않을 경우, 배당기일에 참석하여 **배당표에 대한 이의를 신청**한 후 7일 이내에 **배당이의의** 소를 제기하여 배당에서 제외시킨다.

3) 대항력의 유지

(1) 주민등록이라는 대항요건은 임차인 자신뿐만 아니라 그 배우자나 자녀 등 가족의 주민등록도 포함된다. 따라서 가족 중 일부의 주민등록을 남겨두고 임차인만 주민등록을 다른 곳으로 옮긴 경우에도 대항력은 유지된다.
(2) 대항력 있는 임차인이 임차권을 임대인의 동의하에 양도 또는 전대한 경우 임차인이 갖는 대항력은 유지된다.

(3) 계약기간이 만료되었으나 임대인이 보증금을 반환해주지 않는 경우 임차인이 임차권등기 후(임차권등기 신청후가 아님) 다른 곳으로 이사했더라도 전에 취득했던 대항력 및 우선변제권이 유지된다.

(4) 주민등록이 임차인의 의사에 의하지 않고 제3자에 의하여 임의로 이전되었고 그와 같은 사유에 대하여 임차인에게 책임을 물을 만한 사유도 없는 경우 임차인이 이미 취득한 대항력은 주민등록이전에도 불구하고 그대로 유지된다(대판 2000다 37012, 대판 2000.4.21. 선고2000 다1549).

3. 임차인의 우선변제권

1) 임차인의 우선변제권의 의의

(1) 대항력 요건(주택의 인도+주민등록전입신고)과 임대차 계약서상 확정일자(등기소 또는 동사무소)를 받은 임차인은 임차주택이 경매나 공매로 매각되는 경우 임대차관계의 종료로 발생하는 보증금반환채권을 매각대금으로부터 후순위권리자 기타 채권자보다 우선하여 배당받을 수 있는 권리이다.

(2) 또한 보증금반환채권을 양수받은 금융기관에도 우선변제권이 인정되어 보증금반환채권의 담보력이 강화되어 목돈 안 드는 전세제도의 실현이 가능해지고 영세자영업자의 자금융통부담도 경감되었다. 그리고 임대인이 계약종료시에 보증금을 반환해 주지 않은 경우 금융기관에 보증금 반환채권을 담보제공하고 전세자금을 대출받아 보증금을 지급할 수 있도록 하여 제때 이주를 가능토록 하였다.

2) 우선변제권의 행사요건

(주택의 인도와 주민등록전입)대항요건과 민법부칙 제3조 소정의 확정일자를 받아야 한다. 우선변제권을 행사하기 위해서는 매각결정기일까지 대항요건을 유지(주민등록상 전입유지 및 실제 점유유지)해야 한다. 그러나 매각결정확정 후에도 경매절차가 취소되거나 취하될 수 있고 매수인이 매수대금을 납부하지 않을 수

있기 때문에 매각대금완납 시까지 대항요건을 유지하는 것이 바람직하다.

3) 배당 요구

우선변제권을 행사하기 위해서는 배당요구종기일까지 배당요구를 해야 한다. 임차인이 경매신청채권자라면 경매신청이 배당요구로 간주되므로 배당요구를 할 필요 없이 배당된다.

배당요구종기일 이후에는 배당요구 여부에 따라 매수인이 인수 부담하는 것이 다르게 될 경우에는 이미 행한 배당요구를 철회할 수 없다. 만약 임차인이 배당요구를 하지 않음으로써 배당에서 제외된 경우 배당받은 후순위채권자를 상대로 부당이득반환청구권행사도 할 수 없다.

따라서 선순위임차권자라면 매수자에게 대항력을 행사할 수 있겠지만 매각으로 소멸하는 후순위임차권인 경우 대항력도 행사할 수 없으므로 배당요구를 해야 배당순서로 배당받을 수 있으므로 반드시 배당요구를 해야 한다.

4) 우선변제권의 발생 시기

대항요건의 기준시점(주택인도+전입일 중 늦은 날의 익일)과 확정일자 중 나중의 날을 기준으로 우선변제권이 발생된다. 우선변제권은 그 요건을 갖춘 날로부터 발생한다.

가. 주택의 인도와 주민등록일 이후 확정일자를 받은 경우에는 확정일자를 기준으로 우선변제권이 발생한다.

나. 확정일자를 받은 이후에 주택의 인도와 주민등록을 마친 경우에는 주민등록을 마친 그 다음 날 0시에 우선변제권이 발생된다. 따라서 주택의 인도와 주민등록을 한 날에 확정일자도 받은 경우 같은 날 저당권이 설정된 경우에는 저당권이 선순위이고 다음 날 저당권이 설정된 경우에는 확정일부 임차인이 선순위로 배당된다. 또한 주택의 인도와 주민등록일 다음 날에 확정일자를 받고 확정일자를 받은 날에 저당권이 설정된 경우에는 채권액에 비례하여 안분배당된다(저당권과 우선변제권 발생일이 동순위일 경우임).

다. 등기부상 소유자가 부동산 매매계약을 체결한 다음, 매수인과 임대차계약을 체결하고 그 후 소유권이전등기를 경료한 경우(점유개정의 경우) 임차인으로서의 대항력은 소유권이 이전된 다음 날 0시부터 대항력이 발생한다. 소유권이전등기가 된 날이 유효한 공시방법이기 때문이다.

라. 미등기상태의 주택의 임차인에게도 우선변제권을 인정함으로써 우선변제권 인정 범위를 확대하였다(대법원 전원 합의체 판결).

5) 임대차기간에 보증금을 증액한 경우

임대차기간에 보증금을 증액한 계약서를 작성한 경우 증액한 계약서상에 확정일자를 받으면 그날로부터 증액한 부분의 우선변제권이 발생한다. 다만 증액한 계약서를 새로 작성하였더라도 최초의 계약서를 폐기하거나 분실하지 않도록 잘 보관하여야 한다.

6) 우선변제를 받는 대상

대지를 포함한 건물의 매각대금으로부터 우선변제를 받는다. 건물에 대한 경매가 취하되어 대지만 매각되더라도 대지의 매각대금으로부터 우선변제를 받는다.

7) 우선변제 되는 보증금

계약서상 보증금 전액이다.

8) 선순위임차인의 배당요구 여부와 경매참가자의 선택

가. 현행 주택임대차보호법 제3조의 5에 의하면 임차주택에 대하여 민사집행법에 의한 경매로 매각될 경우 매각에 의하여 임차권이 소멸하는 것을 원칙으로 하고 있다. 다만, 대항력 있는 임차권자는 보증금의 전액 변제받지 못한 경우 대항력을 행사할 수 있을 뿐이다.

나. 임차인은 배당요구종기일 전에 배당요구나 배당요구철회를 할 수 있다. 종기일 이후에는 철회할 수 없다.

다. 선순위 임차인이 배당요구를 하지 않은 경우, 매수자는 선순위 임차인의 보증금 전액을 인수해야 하므로 그 보증금만큼 감액하여 입찰에 참가해야 손실이 없다.

라. 선순위임차인이 배당요구를 하였으나 일부 배당받지 못한 경우 매수자는 임차인의 보증금 중 배당받지 못한 금액을 인수해야 한다.

마. 저당권 설정등기 후 목적부동산의 제3취득자(지상권자, 전세권자, 대항력 있는 임차권자)는 필요비·유익비를 배당요구종기일까지 배당요구하여 우선변제를 받을 수 있다. 만약, 제3취득자가 배당요구를 하였으나 배당받지 못한 경우 배당받은 후순위 채권자에게 부당이득 반환청구권을 행사할 수 있다.

4. 소액임차인의 최우선변제권

1) 임차주택을 소액의 보증금으로 계약한 임차인은 경매나 공매로 매각 시 소액보증금 중 일정액에 대하여는 다른 담보권자보다도 우선하여 배당된다.

2) 최우선변제권의 범위

대지가격을 포함한 주택가격의 2분의 1 범위 내에서 배당된다.

3) 최우선변제를 받기 위한 요건

(1) 배당요구종기일까지 반드시 배당을 요구하였을 것
(2) 경매신청기입등기일 전에 대항요건(주택의 인도+주민등록)을 갖추어야 한다. 따라서 경매신청기입등기일 이후에 주민등록을 한 임차인은 최우선변제를 받을 수 없다.
(3) 보증금액이 일정금액 이내이어야 한다.
    가. 예컨대 최초담보물권 설정일이 2008년 8월 21일 이후라면, 서울과 과밀억제권역: 6,000만 원 이하, 인천광역시를 제외한 광역시: 5,000만 원 이하, 기타지역: 4,000만 원 이하의 임대차인 경우만 소액최우선변제권 대상인 임대차가 된다.
    나. 예를 들어 최초담보물권 설정일이 2010년 7월 26일 이후라면 서울특별시의 경우는 보증금 7,500만 원 이하 2,500만 원까지 소액최우선 변제되고, 과밀억제권에는 보증금 6,500만 원 이하 2,200만 원까지 보장된다.
(4) 정당한 임차인이어야 한다.
(5) 우선변제권과는 달리 확정일자는 필요 없다.
(6) 배당요구종기일까지 대항요건(주택의인도+주민등록 전입신고)을 유지할 것

※ 소액최우선변제 보증금 범위 및 최우선변제액(단위: 만 원) - 주택

담보물권 설정일	지 역	보증금 범위	최우선변제액
84.06.14 ～ 87.11.30	특별시, 광역시	300만 원 이하	300만 원까지
	기타지역	200만 원 이하	200만 원까지
87.12.01 ～ 90.02.18	특별시, 광역시	500만 원 이하	500만 원까지
	기타지역	400만 원 이하	400만 원까지
90.02.19 ～ 95.10.18	특별시, 광역시	2,000만 원 이하	700만 원까지
	기타지역	1,500만 원 이하	500만 원까지
95.10.19 ～ 01.09.14	특별시, 광역시(군지역 제외)	3,000만 원 이하	1,200만 원까지
	기타지역	2,000만 원 이하	800만 원 까지
01.09.15 ～ 08.08.20	수도권 과밀억제권(서울, 인천, 의정부, 구리, 남양주, 하남, 고양(일산), 수원, 성남(분당), 안양, 부천, 과천)	4,000만 원 이하	1,600만 원까지
	광역시(부산, 대구, 대전, 광주, 울산 - 군지역 및 인천광역시 제외)	3,500만 원 이하	1,400만 원까지
	기타지역	3,000만 원 이하	1,200만 원까지
08.08.21 ～ 10.07.25	수도권 과밀억제권역(서울, 인천, 의정부, 구리, 남양주, 하남, 고양(일산), 수원, 성남(분당), 안양, 부천, 과천)	6,000만 원 이하	2,000만 원까지
	광역시(부산, 대구, 대전, 광주, 울산 - 군지역 및 인천광역시 제외)	5,000만 원 이하	1,700만 원까지
	기타지역	4,000만 원 이하	1,400만 원까지
10.7.26. ～ 13.12.31	서울특별시	7,500만 원	2,500만 원
	수도권 과밀 억제권	6,500만 원	2,200만 원
	광역시 등(인천, 안산, 용인, 김포,광주)	5,500만 원	1,900만 원
	그 밖의 지역(군지역)	4,000만 원	1,400만 원
14.1.1. ～ 이후	서울특별시	9,500만 원	3,200만 원
	수도권 과밀 억제권	8,000만 원	2,700만 원
	광역시 등(인천, 안산, 용인, 김포, 광주)	6,000만 원	2,000만 원
	그 밖의 지역(군지역)	4,500만 원	1,500만 원

◆ 수도권 과밀억제권

- 서울특별시
- 인천광역시 강화군, 옹진군, 중구, 운남동, 운북동, 운서동, 중산동, 남북동, 덕교동, 을왕동, 무의동, 서구대곡동·불노동·마전동·금곡동·오류동·왕길동·당하동·원당동, 연수구 송도매립지남동유치지역 제외
- 고양시, 과천시, 광명시, 구리시, 군포시

- 남양주시(호평동, 평내동, 금곡동, 일패동, 이패동, 삼패동, 가운동, 수석동, 지금동, 도농동에 한함)
- 부천시, 성남시, 수원시, 시흥시(반월특수지역 제외)
- 안양시, 의왕시, 의정부시, 하남시

◆ 주택임대차보호법 시행시기

- 대항력   : 1981. 03. 05 ~
- 최우선변제권   : 1984. 06. 14 ~
- 우선변제권   : 1990. 02. 19
- 임차권 등기명령제도: 1999. 03. 01 ~

※ 광역시 승격일

지 역	승 격 일
부산광역시	1963.1.1
대구광역시	1981.7.1
인천광역시	1981.7.1
광주광역시	1986.11.1
대전광역시	1989.1.1
울산광역시	1997.7.15

4) 적용 기준

(1) 임차주택에 대하여 담보물권을 취득한 자에 대하여는 종전의 규정에 따르도록 되어 있으므로(주택임대차보호법 시행령 부칙 2조) 최초의 담보물권이 설정된 날을 기준으로 '소액보증금'에 해당되는지 여부를 경매신청등기일의 보증금액을 가지고 판단한다.

(2) 담보물권을 취득한 자의 범위는 가등기담보권자, 확정일부 임차인도 포함한다.

소액보증금의 기준일 계산법

① **경매부동산의 최초 담보물권 발생일**이 기준일이 된다.

* 임차인 자신들의 전입신고일 또는 계약일을 기준으로 소액임차인이 되는지 판단하는 오류를 범해선 안 될 것이다.

② 소액보증금의 기준이 되는 담보물권인지 여부의 판단

가. 판단기준: 우선변제권이 인정되는 권리인지 여부를 기준으로 판단

나. 구체적 고찰
- **저당권, 근저당, 담보가등기**: 당연히 기준이 되는 담보물권이 됨
- **확정일자를 갖춘 임차권**: 담보물권에 유사한 지위로 인정(대판)
- **전세권**: 매각으로 소멸하는 전세권은 담보물권성을 띠므로 기준권리로 보아야 할 것이고 매각으로 소멸하지 않는 전세권은 용익물권성이 강하므로 기준권리로 보기에 어려울 것임
- **압류, 가압류**: 우선변제권이 없으므로 기준일의 기준권리로 볼 수 없음

5) 내 용

(1) 임차인은 보증금 중 일정액을 타 담보물권이나 당해세보다 우선적으로 배당받는다.

(2) 우선배당 받을 금액은 대지금액을 포함한 주택가액의 1/2 범위 내이다.

(3) 보증금을 경매신청기입등기일 이전까지 정당하게 감액한 경우에는 소액 최우선변제대상이 될 수 있다.

(4) 임차인이 소액보증금에 해당하고 전차인도 소액보증금에 해당한 경우에만 전차인에게 소액최우선변제가 가능하다. 만약 소액임차인이 아닌 임차인으로부터 적법하게 전차한 전차인의 전차보증금이 소액임차보증금에 해당되더라도 최우선변제 대상이 될 수 없다.

(5) 임차권등기가 경료된 주택을 그 이후에 임차한 임차인은 소액최우선변제권이 없다.

(6) 하나의 주택에 그 주택에서 가정공동생활을 하는 임차인이 2인 이상인 경우에는 그들을 1인의 임차인으로 보아 각 보증금을 합산한 금액을 기준으로 소액보증에 해당하는지 여부를 판단한다.

6) 배 당

(1) 하나의 주택에 임차인이 2인 이상이고 각 임차인이 최우선변제금액의 합산액이 매각가격의 1/2을 초과한 경우에는 소액보증금을 기준으로 안분배당하는 것이 아니라 보증금 중 일정액을 기준으로 안분배당한다. 예컨대 서울의 다가구 주택이 1억 원에 매각(경매비용 없다고 가정)되었는데, 소액임차인이 (갑 6,000만, 을 4,000만, 병 2,000만, 정 1,000만) 있는 경우 6,000만, 4,000만, 2,000만, 1,000만을 기준으로 안분배당하는 것이 아니고 2,000만, 2,000만, 2,000만, 1,000만 원을 기준으로 안분배당한다(근저당이 2008년 8월 21일 이후로 설정된 경우).

(2) 담보물권 설정 당시의 주택임대차보호법상 소액보증금 범위내의 임차인만이 최우선변제대상이 된다. 예컨대 서울의 주택에 대하여 1번 근저당 2001.9.15. 설정되고, 2번 근저당이 2008.8.21 설정, 그 후 임차인 갑은 4,000만 원, 임차인 을은 6,000만 원 임차인이 있는 경우, 1번 근저당권자에 대한 최우선변제권은 갑만이 갖고 있고, 2번 근저당권자에 대한 최우선변제권은 갑과 을에게 있다. 따라서 배당순서는 1순위 갑이 1,600만 원, 2순위 1번 근저당권자, 3순위는 갑 400만 원과 을 2,000만 원, 4순위는 2번 근저당권 순이다.

(3) 배당 순위

소액최우선변제권은 순위에 상관없이 담보물권자, 조세채권자, 당해세보다도 우선적으로 배당된다. 다만, 최종 3개월분의 임금채권 및 최종 3년간의 퇴직금하고는 동 순위로 채권 액에 비례하여 안분배당한다.

(4) 대지에 대해서 근저당권을 설정한 후 신축한 건물에 임차한 소액임차인은 대지에 대한 매각대금에서 최우선변제를 받지 못한다.

(5) 채무자 겸 임차인이 배당요구 한 경우, 주택임대차보호법상 임차인의 범위에서 채무자를 제외한다는 법 규정도 없고, 임차인의 지위와 채무자의 지위

는 별개이므로 임차인으로서의 배당요구는 가능하다. 다만 이 경우 가장 임차인인 경우가 많으므로 담보권을 설정한 금융권이나 인근부동산 및 주위사람들을 탐문조사를 하게 되면 그 진위를 파악할 수 있을 것이다.

5. 임차권 등기명령(주택임대차 보호법 § 3의3)

1) 임차인은 임대차가 종료된 후 보증금을 반환받지 못한 경우 관할 법원에 임대차등기명령을 신청할 수 있다(주택임대차보호법 §3의3 ①항).

2) 임차권등기 후의 효력

① 주택임대차 보호법(이하 주임법이라 함) §3의3 ①항에 의한 대항력과
② 주임법 제3조의2 2항의 규정에 의한 우선변제권이 취득, 유지된다. 즉 이미 취득한 대항력 또는 우선변제권은 임차권등기 후(임차권 등기 신청 후가 아님) 이사 가더라도 상실되지 않는다(주택임대차 보호법 제3조3의3 ⑤).
③ 임차권 등기 후 그 임차권의 목적부동산에 새로 임차한 임차인은 우선변제를 받을 권리가 없다.
④ 민법 제621조에 의한 부동산임대차를 등기한 때에도 대항력 및 우선변제권이 있다.
⑤ 경매개시 결정 등기 전에 등기된 임차권 중 매각으로 소멸하는 임차권자는 배당요구를 하지 않아도 배당하나, 최선순위 임차권자가 배당을 받으려면 배당요구종기일까지 배당요구를 하여야 한다.

6. 임차권의 양도와 전대차

1) 임차권의 양도

임차권의 양도란 임차권이 그 동일성을 유지하면서 양수인에게 이전하는 계약이며 임차권의 양도인 대신 양수인이 양도인이 가지고 있던 권리와 의무를 그대로 갖는다.

2) 임차권의 전대차

임차권의 전대란 임차인이 전대인으로서 그 임차목적물을 전차인으로 하여금 사용, 수익하게 하는 계약으로 소유자와 맺었던 임대차 관계가 그대로 유지되고 전대인과 전차인은 전대차관계가 있다.

다만, 임대인과 전차인 관계는 비록 계약 당사자가 아니지만 전차인은 임대인에 대하여 차임지급의무가 있다.

3) 대항력

임차권이 양도와 전대가 있으면 무단 양도, 무단전대가 아닌 한 임차인의 대항력은 유지된다는 점에서 입찰 참여자 입장에서는 고려해야 할 문제가 생기게 된다.

입찰자의 입장에서는 현재의 소유자와 계약관계가 없는 임차권의 양수인과 전차인이 있는 경우 반드시 임차권의 양수인이나 전차인의 주민등록만을 확인해야 함은 물론 임차권의 양도인과 전대인의 주민등록까지 확인해야 권리분석에 실패가 없을 것이다.

7. 임차주택의 양수인

1) 임차주택의 양수인은 임대인의 지위를 법률상 당연히 승계하고 양수인은 임차인에 대하여 보증금을 반환할 의무가 있다.

   따라서 보증금 반환채무는 양수인(신소유자)에게 이전되고 양도인(전소유자)의 보증금 반환채무는 임대인의 지위와 함께 소멸한다(1996.2.27. 95다 35616).

2) 임차주택의 양수인(주임법 제3조제2항)이라 함은 매매 등 법률행위로 소유권을 취득한 자와 상속증여 공용징수 경매기타 법률의 규정에 의하여 소유권을 취득한 자도 포함한다.

   그러나 임차권자보다 선순위 담보권자, 가압류권자, 압류권자 등이 그 권리에 기하여 강제집행 실행된 결과 소유권을 취득한 매수자는 임차주택의 양수인임에는 틀림없으나 임차인은 대항력이 없으므로 임대차보호법 제3조 제

2항의 "임차주택의 양수인"은 아니다(대판 2000.2.11. 99다 59326).

8. 차임 등 정보제공 요청권(2014.1.1. 시행)

임대차계약을 체결하려는 자는 동사무소 등 확정일자부여기관에 대하여 임차주택에 대한 차임 및 보증금, 선순위 확정일자 등에 관한 정보제공을 요청할 수 있다.

9. 임차권자와 전세권자의 경매청구권

1) 임차권자

① 계약기간 종료
② 임차보증금 반환청구소송-집행문을 부여받아서 경매신청
③ 경매신청 시 건물을 비워줄 필요 없다.

주임법 제3조의 2 ① "임차인이 임차주택에 대하여 보증금 반환청구소송의 확정판결 기타 이에 준하는 집행권한에 기한 경매를 신청하는 경우에는 민사집행법 제41조의 규정에도 불구하고 반대의무의 이행 또는 이행의 제공을 집행개시요건으로 하지 아니한다."
따라서 임차목적물의 인도 없이 경매를 신청할 수 있다.
 * 이행의 제공: "인도의무+전세권말소등기서류를 준비하여 전세금반환"해 달라
   내용증명
 * 임차권 등기명령권자도 확정판결 후 경매 신청 가능

2) 전세권자

① 계약기간 종료
② 소송필요 없이 경매신청 가능. 그러나 건물일부만의 전세권자는 임차권과
   같이 확정 판결 후 경매를 신청해야 함

③ 민사집행법 제41조 적용 - 인도＋전세권말소등기에 필요한 서류 준비 통보

※ 주택임대차보호법 관련 판례

가. 주택임대차보호법상의 대항력과 우선변제권을 가지고 있는 임차인이 임차주택에 대한 경매절차에서 보증금 전액을 배당받을 수 있는 경우

임차권의 소멸시기(＝임차인에 대한 배당표의 확정시) 및 임차인에 대한 배당표가 확정될 때까지 임차인에 의한 임차주택의 사용·수익이 낙찰대금을 납부한 경락인과의 관계에서 부당이득으로 되는지 여부

〈판결요지〉

주택임대차보호법 제3조의5의 입법 취지와 규정 내용에 비추어보면, 주택임대차보호법상의 대항력과 우선변제권의 두 권리를 겸유하고 있는 임차인이 우선변제권을 선택하여 임차주택에 대하여 진행되고 있는 경매절차에서 보증금에 대한 배당요구를 하여 보증금 전액을 배당받을 수 있는 경우에는,
특별한 사정이 없는 한 임차인이 그 배당금을 지급받을 수 있는 때, 즉 **임차인에 대한 배당표가 확정될 때까지는 임차권이 소멸하지 않는다**고 해석함이 상당하다 할 것이므로, 경락인이 낙찰대금을 납부하여 임차주택에 대한 소유권을 취득한 이후에 임차인이 임차주택을 계속 점유하여 사용·수익하였다고 하더라도 임차인에 대한 **배당표가 확정될 때까지의 사용·수익은 소멸하지 아니한 임차권에 기한 것이어서 경락인에 대한 관계에서 부당이득이 성립되지 아니한다**(대법원 2003다23885).

나. 주택에 관하여 임대차계약을 체결한 임차인이 자신의 지위를 강화하기 위한 방편으로 따로 전세권설정계약서를 작성하고 전세권설정등기를 한 경우, 전세권설정계약서를 임대차계약서로 볼 수 있는지 여부(적극) 및 전세권설정계약서가 첨부된 등기필증에 찍힌 접수인이 주택임대차보호법 소정의 확정일자에 해당하는지 여부

〈판결요지〉

주택에 관하여 임대차계약을 체결한 임차인이 자신의 지위를 강화하기 위한 방편으로 따로 전세권설정계약서를 작성하고 전세권설정등기를 한 경우에, **따로 작성된 전세권설정계약서가 원래의 임대차계약서와 계약일자가 다르다고 하여도** 계약당사자, 계약목적물 및 보증금액(전세금액) 등에 비추어 동일성을 인정할 수 있다면

그 전세권설정계약서 또한 원래의 임대차계약에 관한 증서로 볼 수 있고, 등기필증에 찍힌 등기관의 접수인은 첨부된 등기원인계약서에 대하여 민법 부칙 제3조 제4항 후단에 의한 **확정일자에 해당**한다고 할 것이므로, 위와 같은 전세권 설정계약서가 첨부된 등기필증에 등기관의 접수인이 찍혀 있다면 그 **원래의 임대차에 관한 계약증서에 확정일자가 있는 것으로 보아야 할 것**이고, 이 경우 원래의 임대차는 대지 및 건물 전부에 관한 것이나 사정에 의하여 **전세권설정계약서는 건물에 관하여만 작성되고 전세권등기도 건물에 관하여만 마쳐졌다고 하더라도 전세금액이 임대차보증금액과 동일한 금액으로 기재된 이상 대지 및 건물 전부에 관한 임대차의 계약증서에 확정일자가 있는 것으로 봄이 상당하다**(대법원 2001다 51725).

다. 주택임대차보호법 제3조제1항 소정의 대항요건으로서의 주민등록의 임대차공시방법으로서의 유효 여부에 관한 판단 기준

〈판결요지〉
주택임대차보호법 제3조 제1항에서 주택의 인도와 더불어 대항력의 요건으로 규정하고 있는 주민등록은 거래의 안전을 위하여 임차권의 존재를 제3자가 명백히 인식할 수 있게 하는 공시방법으로서 마련된 것이라고 볼 것이므로, **주민등록이 어떤 임대차를 공시하는 효력이 있는지 여부는 일반사회 통념상 그 주민등록으로 당해 임대차건물에 임차인이 주소 또는 거소를 가진 자로 등록되어 있다고 인식할 수 있는지 여부에 따라 결정되어야 한다.**

라. 부동산등기부상 '에이(A)동'이라고 표시된 연립주택의 임차인이 '가동'이라고 전입신고를 한 경우, 임차인의 주민등록이 임대차의 공시방법으로 유효하다고 판단한 사례

부동산등기부상 건물의 표제부에 '에이(A)동'이라고 기재되어 있는 연립주택의 임차인이 전입신고를 함에 있어 주소지를 '가동'으로 신고하였으나 주소지대지 위에는 2개 동의 연립주택 외에는 다른 건물이 전혀 없고, 그 2개 동도 층당 세대수가 한 동은 4세대씩, 다른 동은 6세대씩으로 크기가 달라서 외관상 혼동의 여지가 없으며, 실제 건물 외벽에는 '가동', '나동'으로 표기되어 사회생활상 그렇게 호칭되어 온 경우, 사회통념상 '가동', '나동', '에이동', '비동'은 표시 순서에 따라 각각 같은 건물을 의미하는 것이라고 인식될 여지가 있고, 더욱이 경매기록에서 경매목적물의 표시가 '에이동'과 '가동'으로 병기되어 있었던 이상, 경매가 진행되면서 낙찰인을 포함하여 입찰에 참가하고자 한 사람들로서도 위 임대차를 대항력 있는 임대차로 인식하는 데 아무런 어려움이 없었다는 이유로 임차인의 주민등록이 임대차의 공시방법으로 유효하다고 판단한 사례(대법원 2002다 59351).

마. 임차권등기명령에 의하여 임차권등기를 한 임차인이 민사집행법 제148조 제4호에 정한 채권자에 준하여 배당요구를 하지 않아도 배당을 받을 수 있는 채권자에 속하는지 여부

〈판결요지〉

임차권등기명령에 의하여 임차권등기를 한 임차인은 우선변제권을 가지며, 위 임차권등기는 임차인으로 하여금 기왕의 대항력이나 우선변제권을 유지하도록 해 주는 담보적 기능을 주목적으로 하고 있으므로,
위 임차권등기가 **첫 경매개시결정등기 전에 등기된 경우**, 배당받을 채권자의 범위에 관하여 규정하고 있는 **민사집행법 제148조 제4호**의 "저당권·전세권, 그 밖의 우선변제청구권으로서 첫 경매개시결정 등기 전에 등기되었고 매각으로 소멸하는 것을 가진 **채권자**"에 준하여, 그 임차인은 **별도로 배당요구를 하지 않아도 당연히 배당받을 채권자에 속하는 것으로 보아야 한다**(대법원 2005다33039).

바. 주택임대차보호법 제3조제1항 소정의 주민등록이 대항력의 요건을 충족시키는 공시방법이 되기 위한 요건

〈판결요지〉

주택임대차보호법 제3조 제1항에서 주택의 인도와 더불어 대항력의 요건으로 규정하고 있는 주민등록은 거래의 안전을 위하여 임차권의 존재를 제3자가 명백히 인식할 수 있게 하는 공시방법으로 마련된 것으로서, 주민등록이 어떤 임대차를 공시하는 효력이 있는가의 여부는 그 주민등록으로 제3자가 임차권의 존재를 인식할 수 있는가에 따라 결정된다고 할 것이므로,
주민등록이 대항력의 요건을 충족시킬 수 있는 공시방법이 되려면 단순히 형식적으로 주민등록이 되어 있다는 것만으로는 부족하고, **주민등록에 의하여 표상되는 점유관계가 임차권을 매개로 하는 점유임을 제3자가 인식할 수 있는 정도는 되어야 한다.**

사. 등기부상 소유자로 되어 있는 상태에서는 주민등록이 주택임대차보호법 제3조 제1항 소정의 대항력 인정의 요건이 되는 적법한 공시방법으로서의 효력이 없다고 본 사례

〈판결요지〉

갑이 1988. 8. 30. 당해 주택에 관하여 자기 명의로 소유권이전등기를 경료하고 같은 해 10. 1. 그 주민등록 전입신고까지 마친 후 이에 거주하다가 1993. 10. 23. 을과의 사이에 그 주택을 을에게 매도함과 동시에 그로부터 이를 다시 임차하되 매매잔금 지급기일인 1993. 12. 23.부터는 주택의 거주관계를 바꾸어 갑이 임차인의 자격으로 이에 거주하는 것으로 하기로 약정하고 계속하여 거주해 왔으나,

위 매매에 따른 을 명의의소유권이전등기는 1994. 3. 9.에야 비로소 경료된 경우, 제3자로서는 그 주택에 관하여 갑으로부터 을 앞으로 **소유권이전등기가 경료 되기 전에는 갑의 주민등록이 소유권 아닌 임차권을 매개로 하는 점유라는 것을 인식하기 어려웠다 할 것이므로,**

갑의 주민등록은 그 주택에 관하여 을 명의의 **소유권이전등기가 경료된** 1994. 3. 9. 이전에는 주택임대차의 대항력 인정의 요건이 되는 적법한 공시방법으로서의 효력이 없고, 그 **이후에야** 비로소 갑과 을 사이의 **임대차를 공시하는 유효한공시방법이 된다고** 본 사례(대법원 98다 32939).

아. 주택임차인이 주택의 인도와 주민등록을 마친 당일 또는 그 이전에 임대차계약증서상에 확정일자를 갖춘 경우, 우선변제권 발생 시기

〈판결요지〉

주택임대차보호법 제3조제1항은, 임대차는 그 등기가 없는 경우에도 임차인이 주택의 인도와 주민등록을 마친 때에는 그 익일부터 제3자에 대하여 효력이 생긴다고 규정하고 있고, 같은 법 제3조의2제1항은, 같은 법 제3조 제1항의 대항요건과 임대차계약증서상의 확정일자를 갖춘 임차인은 경매 등에 의한 환가대금에서 후순위권리자 기타 채권자보다 우선하여 보증금을 변제받을 권리가 있다고 규정하고 있는바,

주택의 임차인이 주택의 인도와 주민등록을 마친 당일 또는 그 이전에 임대차계약증서상에 확정일자를 갖춘 경우 같은 법 제3조의 2 제1항에 의한 우선변제권은 같은 법 제3조 제1항에 의한 대항력과 마찬가지로 주택의인도와 주민등록을 마친 다음 날을 기준으로 발생한다(대법원 98다 26002).

자. 미등기주택의 소액임차인이 그 대지의 경락대금에 대해 우선변제권을 행사할 수 있기 위한 요건

제5절 현장경매 4강 ‑ 상가건물 임대차

1. 상가건물임대차보호법

상가건물임대차보호법(이하 '상임법'이라 함)은 2001년 12월 29일 법률 6542호로 제정되고 2002년 11월 1일부터 시행되어 오다가 2002년 8월 26일 부분 개정되었다. 상가건물임대차보호법도 주택임대차보호법처럼 대항력, 우선변제권, 최우선변제권이 규정이 있다.

2. 적용 범위

1) 상가건물임대차보호법의 적용대상은 사업자등록의 대상이 되는 상가 건물의 임대차이면서 환산보증금(보증금＋월세×100)이 지역별 보호대상금액 이하의 경우에만 적용된다는 점에서 보증금의 제한규정이 없는 주택임대차보호법과 다르다.
2) 상가건물임대차보호법은 법인이 임차한 경우에도 적용된다는 점에서 주임법과 차이가 있다.

※ 상가건물 임대차 보호법 대상인 환산보증금액

상가건물임대차보호법 적용대상 환산보증금 개정내용

적용 시기	지역 구분	법 적용대상 환산보증금(이하)
제정 적용 시기 2001.11.01-2008.08.20.	서울특별시	240,000,000
	수도권 과밀억제권	190,000,000
	광역시(군 제외)	150,000,000
	기타 지역(광역시 군 포함)	140,000,000
1차 개정 적용시기 2008.08.21.-2010.07.25.	서울특별시	260,000,000
	수도권 과밀억제권	210,000,000
	광역시(군 제외)	160,000,000
	기타 지역(광역시 군 포함)	150,000,000
2차 개정 적용 시기 2010.07.26.-2013.12.31.	서울특별시	300,000,000
	수도권 과밀억제권	250,000,000
	광역시(군 제외), 안산시, 용인시, 김포시, 광주시	180,000,000
	기타 지역(광역시 군 포함)	150,000,000
3차 개정 적용 시기 2014.01.01.-현재	서울특별시	400,000,000
	수도권 과밀억제권	300,000,000
	광역시(군 제외), 안산시, 용인시, 김포시, 광주시	240,000,000
	기타 지역(광역시 군 포함)	180,000,000

* 위 표에서 적용시기는 담보물권 설정일을 말한다.

3. 대항 요건

임차인의 대항력은 건물의 인도와 부가가치세법 등의 규정에 의한 '사업자등록을 신청한 날' 다음 날 0시부터 발생한다(주택임대차보호법과 동일).

4. 우선변제권(요건 갖춘 날 당일로 효력 발생)

대항요건(건물의 인도와 사업자등록)과 임대차계약서상 확정일자를 받은 임차인은 민사집행법에 의한 경매 또는 국세징수법에 의한 공매 시 대지가격을 포함한 임차건물의 매각대금에서 후순위권리자 기타 채권자보다 우선변제권이 있다. 다만 이 법 시행일(2002.11.01) 전에 권리를 취득한 제3자에 대해서는 그 효력이 없다.

5. 최우선변제권

1) 경매신청기입등기 전에 대항요건을 갖춘 소액임차인은 보증금 중 일정액을 확정일자에 관계없이 다른 담보물권자보다 우선하여 변제받을 권리가 있다. 다만 주택임대차보호법의 경우에는 매각가격의 2분의 1 범위 내이지만 상가임대차보호법의 경우에는 대지가격을 포함한 임차건물의 매각가격의 3분의 1 범위 내이다. 그러나 2013년 10월 14일 입법예고된 상임법 시행령 개정에 의해 2014년 1월 1일부터는 상거건물 임대차도 주임법과 같이 대지가격을 포함한 임차건물의 매각가격의 2분의 1 범위 내에서 배당하게 되었다.

2) 최우선변제 받는 자의 범위

적용 시기	지역 구분	소액보증금 한도(이하)	최우선변제금 한도(이하)
제정 적용 시기 2001.11.01-2008.08.20.	서울특별시	45,000,000	13,500,000
	수도권 과밀억제권	39,000,000	11,700,000
	광역시(군 제외)	30,000,000	9,000,000
	기타 지역(광역시 군 포함)	25,000,000	7,500,000
1차 개정 적용 시기 2008.08.21.-2010.07.25.	서울특별시	45,000,000	13,500,000
	수도권 과밀억제권	39,000,000	11,700,000
	광역시(군 제외)	30,000,000	9,000,000
	기타 지역(광역시 군 포함)	25,000,000	7,500,000
2차 개정 적용 시기 2010.07.26.-2013.12.31.	서울특별시	50,000,000	15,000,000
	수도권 과밀억제권	45,000,000	13,500,000
	광역시(군 제외), 안산시, 용인시, 김포시, 광주시	30,000,000	9,000,000
	기타 지역(광역시 군 포함)	25,000,000	7,500,000
3차 개정 적용 시기 2014.01.01.-현재	서울특별시	65,000,000	22,000,000
	수도권 과밀억제권	55,000,000	19,000,000
	광역시(군 제외), 안산시, 용인시, 김포시, 광주시	38,000,000	13,000,000
	기타 지역(광역시 군 포함)	30,000,000	10,000,000

TIP

환산보증금

상가건물임대차보호법의 적용을 받는 상가건물의 경우 보증금 이외에 차임이 있다면 환산보증금(보증금＋월세×100)을 기준으로 소액최우선변제 대상 인지를 판단한다(부가세는 차임에 포함되지 않음).

6. 임대기간

기간의 정함이 없거나 기간을 1년 미만으로 정한 임대차는 그 기간을 1년으로 간주하고 최초 임대차기간을 포함하여 최초 임대차기간 5년의 범위에서 계약갱신을 요구할 수 있다.

환산보증금이 지역별 보호대상금액을 초과하는 모든 상가임대차에 상가임대차

갱신요구권이 인정된다(2013.8.13. 시행). 다만 이법 시행 후 체결 또는 갱신되는 임대차부터 적용된다.

※ 판례(묵시적 갱신이 이루어진 상가건물임대차의 임대차기간 등)

[판시사항](대구지방 법원 2007.7.23. 선고 2006가단 126195)

상가건물 임대차 보호법이 시행되기 전에 묵시적 갱신이 이루어진 상가건물 임대차의 임대차기간 및 상가건물임대차보호법의 적용 여부

[판결요지]

(1) 사안의 개요
이 사건의 건물소유자인 甲으로부터 이사건 건물을 양수한 原告가 甲으로부터 이 사건 건물의 점포부분과 주택부분을 각 임차하여 사용하고 있는 被告를 상대로 점유부분의 명도와 임료 상당의 부당이득의 반환을 구하는 청구임

(2) 쟁 점
상가건물 임대차 보호법이 시행되기 전에 묵시적 갱신이 이루어진 상가건물 임대차의 임대차기간 및 상가건물임대차보호법의 적용여부

(3) 법원의 판단
① 상가건물임대차보호법은 법 시행 후 체결되거나 갱신된 임대차부터 적용되고 다만 위법 제3조(대항력 등), 제5조(보조금의 회수) 및 제14조(보증금 중 일정액 보호)의 규정만이 위법 시행당시 존속 중인 임대차에 대하여도 적용된다.
② 상가건물임대차보호법 시행 전에 임대차기간을 1년을 정하여 체결된 상가건물에 관한 임대차 계약은 그 기간만료일에 묵시의 갱신이 이루어졌다 할 것이고, 이 경우 갱신된 임대차는 민법에 따라 기간의 약정이 없는 임대차가 되며, 위임대차는 상가건물 임대차 보호법 시행 후에도 기간의 약정이 없는 임대차로 존속한다.

(4) 판결의 의미
상가건물임대차보호법이 시행되기 전에 묵시의 갱신이 이루어진 상가건물 임대차는 기간의 약정이 없는 임대차로 존속하므로, 상가건물임대차보호법 제9조(임대차기간 등), 제10조(계약갱신 요구 등) 등이 적용되지 않는다고 본 사례

7. 임대차기간 갱신 요구권

임대인은 임차인이 임대차 기간이 만료되기 6개월 전부터 1개월 전까지 사이에 계약갱신을 요구할 경우 정당한 사유(상임법 §10①) 없이 거절할 수 없다.

다만, 임대인이 건물철거를 목적으로 계약을 거절할 경우에

① 철거·재건축에 대한 사전고지, ② 안전사고 우려, ③ 다른 법령에 따른 철거 또는 재건축의 사유가 있어야만 철거 재건축을 이유로 갱신 거절할 수 있도록 입법하여 임대인이 마음대로 철거·재건축을 이유로 갱신 거절할 수 없도록 하였다.

또한 상가임대인이 계약해지의사를 밝히지 않으면 상가계약 5년이 지났어도 임대기간이 1년 자동연장된 것으로 봐야 한다는 대법원 판결이 있다.

TIP

갱신요구권의 적용범위

임차인의 계약갱신 요구권은 2002년 11월 1일 당시 존속 중이던 임대차에는 적용이 없고 이법 시행 후 체결하거나 갱신된 임대차부터 적용한다. 즉, 체결·갱신한 계약을 이 법 시행 이후에 다시 갱신한 경우부터 적용한다. 기간은 최초 임대차계약기간을 포함하여 5년을 초과하지 않는 범위서 행사할 수 있다.

---

8. 차임의 증액청구

차임 또는 보증금은 경제사정변경이나 경제적 부담증가의 경우 당사자는 장래의 차임 또는 보증금에 대하여 증감을 청구할 수 있다. 단, 증액의 경우 증액이 있은 후 1년 내는 할 수 없다. 그 범위는 보증금 또는 차임의 9% 내에서 증액청구가 가능하다(주임법의 경우 5%).

9. 보증금의 월세 전환율

보증금의 전부 또는 일부를 월 단위의 차임으로 전환 시 연 12% 내(2014.1.1.부터 적용, 그 전까지는 연 15%)와 한국은행 기준금리에 4배를 곱한 금액 중 낮은 비율을 전환비율로 하였다(2013년 10월 14일 개정).

※ 판례

가. 상가건물의 임차인이 임대차보증금 반환채권에 대하여 상가건물임대차보호법상 대항력 또는 우선변제권을 가지기 위한 요건

〈판결요지〉
상가건물의 임차인이 임대차보증금 반환채권에 대하여 상가건물 임대차보호법 제3조제1항 소정의 대항력 또는 같은 법 제5조제2항 소정의 우선변제권을 가지려면 임대차의 목적인 **상가건물의 인도** 및 부가가치세법 등에 의한 **사업자등록**을 구비하고, 관할세무서장으로부터 **확정일자**를 받아야 하며, 그중 사업자등록은 대항력 또는 우선변제권의 취득요건일 뿐만 아니라 존속요건이기도 하므로, 배당요구의 종기까지 존속하고 있어야 한다.

나. 상가건물을 임차하고 사업자등록을 마친 사업자가 임차건물의 전대차 등으로 당해 사업을 개시하지 않거나 사실상 폐업한 경우, 임차인이 상가건물임대차보호법상의 대항력 및 우선변제권을 유지하기 위한 방법

〈판결요지〉
부가가치세법 제5조 제4항, 제5항의 규정 취지에 비추어 보면, 상가건물을 임차하고 사업자등록을 마친 사업자가 임차 건물의 전대차 등으로 당해 사업을 개시하지 않거나 사실상 폐업한 경우에는 그 사업자등록은 부가가치세법 및 상가건물 임대차보호법이 상가임대차의 공시방법으로 요구하는 적법한 사업자등록이라고 볼 수 없고, 이 경우 임차인이 상가건물 임대차보호법상의 대항력 및 우선변제권을 유지하기 위해서는 **건물을 직접 점유하면서 사업을 운영하는 전차인이 그 명의로 사업자등록을 하여야 한다**(대법원 2005다64002).

주택임대차보호법과 상가건물임대차보호법의 비교

(2013년 10월 14일 입법예고된 2014년 1월 1일 시행안 반영)

구 분	주택임대차보호법	상가건물임대차보호법
법 제정	1981. 03. 05.	2001. 12. 29.
적용 범위	주거용건물의 전부·일부의 임대차	상가건물의 임대차
적용 건물	무허가 미등기 불법 가건물도 적용	사업자 등록 대상이 되는 건물만 보호법 대상이 됨
보호대상	법인도 인정(2013년 법개정)	법인 포함
보증금액 제한	없다	대통령령이 정한 금액 이내로 제한
월차임 반영 여부	반영하지 않음	보증금환산방식 적용(환산보증금)
대항력 (익일 발생)	인도+주민등록(전입신고)	인도+사업자등록
소액보증금 최우선변제권	대항요건+소액보증금	
	(대지가격 포함)당해 주택가 1/2 범위 안	(대지가격 포함)당해 상가건물가액의 1/2 범위 안(2013년 법 개정)
우선변제권 (당일)	대항요건+확정일자(전액, 후순위 물권자에 대항 가능)	
	확정일자(동사무소 등)	확정일자(관할 세무서장)
최단 존속기간	2년(주거생활의 안정)	1년(경제활동의 안정)
증액청구율	1/20(5%)	9/100(9%)
월차임 전환율	연 10%와 기준금리의 4배 중 낮은 액수 (2013년 법 개정)	연 12%와 기준금리의 4.5배 중 낮은 액수 (2013년 법 개정)
임차권의 승계	(○) 인정됨	(×) 인정되지 않음
계약갱신청구권 (임차인)	(×) 없음	(○) 있음: 만료 6월 1월 전까지, 전 기간 포함 5년 내
임차권등기명령	기간 종료+보증금 반환×(2주 정도 소요, 대항력 등 유지)	
특징	편면적 강행규정, 소액사건 심판법 적용 ○, 일시사용을 위한 임대차 ×, 사용대차는 적용 ×	

제6절 현장경매 5강 – 심층 권리분석

1. 법정 지상권

1) 의 의

토지와 건물이 동일한 소유자에게 속하는 경우, 토지나 건물 중 어느 일방에게 제한물권이 설정되어 토지와 건물 중 어느 한쪽에만 경매로 매각되어 토지와 건물의 소유자가 다르게 된 때 건물소유자를 위하여 법률상 당연히 지상권이 설정되는 것으로 보는 제도이다.

이를 인정하는 이유는 토지와 건물을 별개의 부동산으로 보는 법제도를 채택한 이유와 건물을 철거하지 않고 존속시키려는 사회경제적 이유가 있어서다.

2) 물건 명세서에 "법정지상권 성립여지 있음"이라는 용어가 나오면 경매에 참가하려는 자는 건물만 또는 토지만 경매가 나온 것인지 살펴보고

(1) 건물만 경매로 나온 경우

건물을 위한 법정지상권이 성립하지 않는다면 건물을 설사 경락받아 소유권을 취득하더라도 철거될 운명에 있기 때문에 입찰에 참가하지 않는 것이 바람직하다.

TIP

그러나 개발제한구역 내에서 건물만 경매에 나온 경우에는 개발제한구역 내에 이축할 수 있는 권리가 성립되는지 고려해야 한다. 이축권이 인정되는 건물이라면 대박칠 수 있기 때문이다(고양시 공공이축권 약 35,000만 원).

이축권(용마루권)이란?

1. 개발제한구역지정 전부터 남의 땅에 주택이 있어 왔고
2. 토지소유자와 건물소유자가 한번이라도 동일인 인적이 없으며
3. 토지소유자의 부동의 합의서 작성
4. 건물을 철저하면 건물소유자에게 집단 취락지역 내에 이축할 수 있는 권리가 주어지는데 이를 이축권이라 한다.

(2) 토지만 경매로 나온 경우

건물의 경우와는 반대로 건물을 위한 법정지상권이 성립하지 않는 경우에만 입찰에 참가하는 것이 바람직하다. 다만, 경매물건이 여러 번 유찰되어 매수가격이 현저히 저렴하고 장기적 안목으로 투자하는 사람이라면 건물 소유자로부터 지료청구권을 행사할 수 있어 입찰을 고려할만하다.

법정지상권 성립 시 대책

① 건물소유자에게 지료를 청구할 수 있다.
② 향후 지료를 2년 이상 지급하지 않으면 그 지료채권을 가지고 건물에 대한 경매를 신청할 수도 있을 것이다.

3) 각종 법정지상권 유형과 그 성립요건

(1) 토지와 그 지상건물이 동일한 소유자에게 속한 경우에 건물에 전세권을 설정한 때에는 그 대지소유권의 특별승계인은 전세권설정자에 대하여 지상권을 설정한 것으로 간주한다(민법 §305①). 즉, 건물의 전세권설정자가 토지양수인에 대해 취득하는 법정지상권인바, 법정지상권이 설정되면 대지의 소유자는 다른 사람에게 그 대지를 임대하거나 이를 목적으로 한 지상권 또는 전세권을 설정하지 못한다(민법 §305②).

(2) 토지 및 그 지상건물이 동일한 소유자에게 속하는 경우에 그 토지 또는 건물에만 청산기간 경과 후 청산금의 지급으로 소유권을 취득하거나 담보가등기에 기한 본등기가 행하여짐으로써 토지나 건물의 소유자가 다르게 된 때 건물을 위한 법정지상권이 성립한다(가등기담보법 §10).

(3) 토지와 입목이 동일한 소유자에게 속하는 경우에 경매 기타의 사유로 토지와 입목의 소유자가 다르게 된 때(입목법 §6).

(4) 입목법에 의한 입목으로 등기가 된 것만이 법정지상권이 성립하고 입목법상 등기되어 있지 않는 경우에는 법정지상권이 성립하지 않는다.

따라서 명인방법에 의한 수목의 경우에는 법정지상권이 성립하지 않는다. 입목이 아닌 경작의 대상이 되는 식물, 즉 벼, 보리, 야채, 과수, 뽕나무 등인 경우에는 법정지상권이 성립하지 않는다.

(5) 관습법상 법정지상권

가. 토지와 건물이 동일인의 소유자에게 속하는 경우에 그 건물 또는 토지만 매각되거나 증여, 강제경매, 공유물 분할, 공매 등으로 그 건물 또는 토지의 소유자가 다르게 된 때 관습법상 법정지상권이 성립한다. 이 경우 건물은 무허가 건물이나 미등기건물이라도 상관없다.

TIP

"토지와 그 지상건물이 동인인 소유에 속하였는지"를 판단하는 기준시기는 "저당권 설정당시"가 된다(대판 전원합의체 2009다 62059).

나. 습법상 법정지상권이 성립하는 시기는 소유권 이전등기 시 성립한다. 다만 강제경매의 경우에는 매각허가확정 시 성립한다는 것이 대법원 판례의 입장이다.

다. 또한 다른 법정지상권의 성립요건과는 다르게 '건물에 대한 철거약정이 없을 것'이 요구된다.

(6) 저당권 실행으로 인한 법정지상권(민법 §366)

가. 토지와 그 지상건물이 동일한 소유자에게 속하는 동안에 저당권이 설정된

경우에 저당물의 경매로 인하여 토지와 그 지상물의 소유자가 다르게 된 경우 법정지상권이 성립한다(민법 §366).

나. 요건

① 저당권 설정 당시에 토지 위에 건물이 존재하고 토지와 건물의 소유자가 동일인일 것

② 매각으로 토지와 그 지상건물의 소유자가 다르게 될 것

③ 법정지상권은 '건물'에만 인정된다. 무허가건물이라도 무방하다.

다. 성립시기: 법정지상권의 성립시기는 매수자가 매각대금을 완납한 때 성립된다.

라. 존속기간: 견고한 건물은 30년, 일반건물은 15년, 건물 이외의 공작물은 5년이다.

마. 토지사용범위: 법정지상권이 성립하는 경우 토지사용권의 범위는 건물의 대지 부분만 한정되어 있지 않고 지상건물의 유지와 사용에 필요한 범위 내이다.

TIP

대지와 미등기건물이 함께 처분되는 경우와 대지내지 건물만이 처분되는 경우 법정지상권의 성립여부

1. 대지만이 처분된 경우

동일인의 소유에 속하는 대지와 그 지상의 미등기건물 중 대지만이 처분되어 다른 사람의 소유에 속하게 된 경우, 미등기건물의 소유자는 민법 제366조 소정의 **법정지상권을 취득한다**(이 경우는 건물이 등기된 경우와 다를 바가 없다).

2. 대지와 미등기 건물이 함께 처분된 경우

미등기건물의 양도인이 그 양도에도 불구하고 형식상 건물소유자로 남게 되지만, 미등기건물을 그 대지와 함께 양도했다면 양도양수인의 의사는 그 사용·수익 및 사실상의 처분권 일체를 양도·양수하는 것이지 양도인이 미등기건물의 소유를 위하여 대지의 사용권을 유보하려는 것이었다거나 양수인이 이를 용인하려는 것이었다고 할 수 없기 때문에 **법정지상권은 인정할 수 없다.**

3. 미등기건물만 처분된 경우

동인인의 소유에 속하던 토지와 지상건물 중 건물만을 양수한 자가 미등기건물인 관계로 소유권이전등기를 경료하지 못하였다면 그 소유권은 여전히 양도인에게 남아 있다고 할 것이고 그러는 사이에 토지위에 설정된 저당권이 실행된 결과 토지와 건물의 소유자가 달라진 경우에는 양도인이 건물의 소유를 위한 법정지상권을 취득한다(대법원 1991.5.28. 선고 91다 6658판결).

(7) 분묘기지권(묘지권)

가. 분묘기지권이라 함은 분묘를 수호하고 봉제사하는 목적으로 타인의 토지를 사용할 수 있는 권리이다.

나. 분묘로 성립하기 위해서는 봉분 등 외부에서 분묘의 존재를 인식할 수 있는 형태를 갖추고 있어야 하고 평장이나 암장되어 있어 객관적으로 인식할 수 있는 외형을 갖추고 있지 아니한 경우에는 분묘기지권이 인정되지 않는다. 또한 그 내부에 시신이 안장되어 있지 않은 예장은 분묘가 아니다(대판).

다. 분묘기지권이 성립하는 경우

① 자신의 토지에 분묘를 설치하고 그 토지를 타인에게 양도한 경우

② 타인의 소유지 내에 그 소유자의 승낙을 얻어 분묘를 설치한 경우

③ 타인 지상에 그 자의 승낙 없이 분묘를 설치한 자가 평온(강폭행위를 쓰지 않은 점유)

• 공연하게 20년간 분묘기지를 점유한 때에는 분묘기지권을 시효 취득한다.

TIP

분묘기지권 존속기간

분묘기지권의 존속기간은 최장 60년을 넘을 수 없다(장사 등에 관한 법률 제17조).

※ 법정지상권 관련 판례

가. 구분소유적 공유관계에 있는 토지의 공유자들이 그 토지 위에 각자 독자적으로 별개의 건물을 소유하면서 그 토지 전체에 대하여 저당권을 설정하였다가 그 저당권의 실행으로 토지와 건물의 소유권자가 달라지게 되면 건물의 소유자는 법정지상권을 취득한다(2004.6.11. 선고 2004다13533).

나. 토지에 대한 저당권 설정당시에 토지소유자가 그 지상에 건물을 건축 중이었던 경우, 그것이 사회 관념상 독립된 건물로 볼 수 있는 정도에 이르지 않았다 하더라도 **건물의 규모, 종류가 외형상 예상할 수 있는 정도까지 건축**되었고, 그 후 경매절차에서 매수인이 **매각대금을 완납 시**까지 최소한의 기둥과 지붕 그리고 주벽이 갖추어져 있는 등 **독립한 부동산으로서 건물의 요건이 갖추**면 법정지상권이 성립한다(대판). 그 건물이 미등기건물이라 하더라도 법정지상권 성립에는 지장이 없다.

다. 건물이나 토지의 등기부상 소유명의를 타인에게 **명의신탁한 경우**에는 그 건물과 토지가 동일인의 소유자임을 전제로 한 **법정지상권은 성립될 여지가 없다**(대판).

라. 동일인 소유의 토지와 그 지상 건물에 대하여 공동저당권이 설정된 후 그 **지상건물이 철거되고 다른 건물이 신축된 경우**, 그 신축건물이 토지소유자와 동일하고 토지의 저당권자에게 **신축건물에 대하여 토지저당권과 동일한 순위의 공동저당권을 설정해 주는 등 특별한 사정이 없는 한** 저당물의 경매로 토지와 그 신축 건물이 다른 소유자에게 속하게 되더라도 그 **신축건물은 위한 법정지상권이 성립하지 않는다**(2003.12.18. 선고 98다43601).

마. **미등기건물**을 그 대지와 함께 매수한 사람이 그 대지에 관하여만 소유권이전등기를 넘겨받고 건물에 대하여는 그 등기를 이전 받지 못하고 있다가 **대지에 대하여 저당권을 설정하고 그 저당권의 실행으로 대지가 경매되어 다른 사람의 소유로 된 경우**에는 법정지상권이 **성립될 여지가 없다**(2002.6.20. 선고 2002다9660). 미등기건물의 양수인은 미등기건물의 처분권은 있을지언정 소유권은 가지고 있지 않으므로 대지와 건물이 동일인 소유에 속한 것이라 볼 수 없기 때문이다.

바. 환지로 인하여 새로운 분할지적선이 그어진 결과 환지 전에는 동일인에 속하였던 토지와 그 지상건물의 소유자가 달라진 경우에는 **환지의 성질상 관습법상 법정지상권이 성립될 여지가 없다**(대판 2001다4101).

사. 저당권 설정 당시 저당권의 목적이 되는 토지 위의 건물을 그 후 증·개축한 경우는 물론 그 건물이 멸실되거나 철거된 후 재건축·신축한 경우에도 법정지 상권이 성립한다.

즉, 신·구 건물 간에 동일성이 있거나 소유자가 동일한 것을 요하는 것은 아니다. 다만, 존속기간, 범위 등은 구 건물을 기준으로 한다(대판 2000다48517).

아. 토지와 건물의 소유자가 **토지만을 타인에게 증여한 후** 구 건물을 철거하되 그 지상에 자신의 이름으로 **건물을 다시 신축하기로 합의한 경우**, 그 건물 **철거의 합의**는 건물소유자가 토지의 계속 사용을 그만두고자 하는 내용의 합의로 볼 수 없어 **관습법상 법정지상권을 배제하는 효력이 인정되지 않는다**(대판 98다58467).

자. 토지에 저당권 설정 당시에 그 지상에 건물이 존재하였고 그 양자가 동일인의 소유였다가 그 후 저당권의 실행으로 토지가 매각되기 전에 건물이 제3자에게 양도된 경우, 건물을 양수한 제3자가 법정지상권을 취득한다.

차. 원래 **동일인에게의 소유권 귀속이 원인무효로** 이루어졌다가 그 뒤 원인무효임이 밝혀져 그 등기가 말소됨으로써 그 건물과 토지소유자가 **달라지게 된 경우**에는 **관습법상 법정지상권을 허용할 수 없다**(대판 98다 64189).

2. 유치권

1) 의 의

유치권은 당사자의 의사와 상관없이 일정한 요건(타인의 물건을 점유한 자가 그 물건에 관하여 채권을 취득하고, 그 채권의 이행기가 변제기에 있을 것)이 충족되면 당연히 성립하는 법정 담보물권으로 매수인은 유치권으로 담보하는 채권을 변제할 책임이 있다(민사집행법 제91조제5항). 유치권은 주로 건축공사가 진행 중인 건물이나 신축한 건물에 소유자와 공사업자 간의 공사대금 채권채무관계로 발생한다.

2) 유치권의 성립요건

(1) 채권이 목적물에 관하여 생길 것(견련성)

건물을 건축하는 공사대금이 건물에 관한 채권이고, 땅을 파서 공장을 부지를 만드는 공사대금채권이 토지에 대한 채권이다.

가. 건물을 건축하는 공사대금을 위하여 건물부지에 대하여 유치권? 일반적으로 유치권이 부정된다. 왜냐면 토지에 대한 채권이 아니기 때문이다.

TIP

판례 [유치권부인 사례]

① 건물신축공사를 도급받은 수급인이 사회통념상 건물이 되지 못한 경우 정착물을 토지에 설치한 상태에서 공사가 중단된 경우, 위 정착물 또는 토지에 대하여 유치권을 주장하지 못한다. 정착물은 부합물에 불과하며 토지에 대한 채권이 아니기 때문이다(대판 2007마 98).

② 미완성 건물과 토지에 대하여 경매시는 미완성건물은 소유권을 취득할 수 없고 유치권을 토지취득자에게 주장할 수 없다.

③ 건물을 짓기 위한 건물 철거 및 사전 정지작업비용으로써 유치권을 토지매수자에게 주장할 수 없다.

나. 임차인의 인테리어 비용과 원상회복 규정: 임차인의 인테리어 비용은 임차인의 필요에 의한 비용으로 유치권으로 주장할 수 있는 채권이 될 수 없으며 임대차 계약상의 원상회복 규정에 비추어 유치권 권원으로서의 채권이 될 수 없다.

(2) 목적물(부동산 또는 유가증권)이 타인 소유일 것

(3) 채권의 변제기가 도래할 것(준공검사)

(4) 타인의 부동산을 점유할 것

가. 직, 간접점유를 불문한다. 직접점유자가 채무자인경우에는 점유라고 볼 수 없다(대판 2007다 27236).

나. 불법행위로 점유를 취득한 것이 아니어야 한다. 또한 그 점유 중에 채권이

발생할 것을 요하지 않는다.

(5) 유치권배제의 특약이 없어야 한다. 임대차계약상의 원상회복 규정은 유치권
    배제의 특약이 된다.

TIP

1. 유치권자의 경매신청 – 매각으로 유치권은 완전 소멸된다. 유치권자는 일반채권
자와 동순위로 배당되며(대판), 매각 이후 유치권자가 계속 점유할 경우 불법점유
가 된다(대판 2010마 1059).

2. 부동산에 경매개시 결정의 기입등기 후 공사대금채권에 기한 유치권주장·체납
처분에 의한 압류·가압류 등은 기입등기의 압류효력에 의해 유치권이 제한된다
(대판 2006다 22050).

3. 공사대금채권에 의한 유치권행사는 피담보채권의 시효중단에 효력이 없다(서울
고법 2005나 13129).

3) 유치권이 성립하는 경우

(1) 필요비, 유익비 – 유치권 성립

유치권자가 당해물건에 대하여 가치의 보존·증가시킨 경우 그 비용에 대해 유
치권을 행사하는 경우이다.

  가. 다만 임차인이 점포를 운영하기 위한 시설비나 인테리공사대금 채권채무
      관계, 즉 소유자와 무관한 공사대금채권은 유치권이 성립되지 않는다.
  나. 소유자와 건축업자 간 공사대금채권의 경우에도 경매개시결정등기 후에
      발생한 것이라면 유치권이 성립하지 않는다.
  다. 임차인이 임대인으로부터 매수하였거나 임대인의 동의를 얻어 부속한 부
      속물에 대하여 임차인에게 부속물 매수청구권이 있는바, 부속물매수대금채
      권에 대하여는 유치권이 성립하지 않는다.

(2) 건축공사대금

원칙적으로 성립하나 다음의 경우는 제외된다.

가. 임차인과 공사업자 간의 채권채무관계, 즉 소유자와 무관하게 임차인이 점포를 운영하기 위해서 내부수리를 한 경우에는 유치권이 성립하지 않는다.

나. 경매개시결정 등기 후에 발생한 공사대금채권의 경우에는 유치권이 성립하지 않는다.

4) 배당관계

유치권이 성립하는 경우 유치권은 우선변제권이 없어 배당에서 배제되고 결국 매수인이 인수, 부담해야 할 권리이다. 따라서 유치권은 등기부상 권리가 아니기 때문에 입찰에 참가한 자는 유치권의 신고가 되어 있는지, 유치권 신고가 되어 있다면 과연 유치권이 성립할 것인지, 계약서 및 세금계산서, 건물소재지를 탐문 조사하여, 허위신고 인지 여부 등 제반 사항을 조사해야 할 것이다. 또 매각 전에 유치권자임을 자청한 자가 점유하고 있지 않았다면 유치권은 성립하지 않는다(허위 유치권자는 신고하면 사해행위에 의한 공무집행방해죄의 성립, 입찰방해죄도 성립된다).

만약 유치권이 성립한다면 유치권자의 채권액이 얼마인지 확인하고 채권액을 변제하고 남을 이익이 일을 때에만 입찰에 응해야 할 것이다.

5) 유치권이 성립하지 않는 경우

(1) 유치권자가 점유 상실하면 유치권은 소멸한다.

(2) 당사자 간에 유치권의 발생을 배제하는 특약이 있는 경우, 예를 들어 임대차계약 종료 시에 건물을 원상복귀하기로 한 경우에는 임차인은 유익비나 필요비 상환 청구권을 미리 포기하기로 한 특약이라 볼 수 있다.

(3) 소유자와 무관하게 생긴 공사대금채권

(4) 경매개시결정등기후의 공사대금채권

(5) 권리금반환 약정은 건물에 관하여 생긴 채권이 아니다(견련성 부정).

(6) 사회통념상 건물이 되지 못한 정착물을 토지에 설치한 경우(대판 2007마98)

6) 유치권자의 경매청구권(민사집행법 § 274)

유치권에 의한 경매도 강제경매나 담보권실행을 위한 경매와 마찬가지로 목적 부동산 위의 부담을 소멸시키는 것을 법정매각조건으로 하여 실시되고 우선채권자뿐만 아니라 일반채권자의 배당요구도 허용되며 유치권자는 일반채권자와 동일한 순위로 배당받을 수 있다(대판 2010마 1059).

유치권에 의하여 매각되어 배당한 결과 유치권자의 채권이 전부 배당받지 못하더라도 해당 유치물에 대하여 행사하던 유치권은 매각으로 완전 소멸된다. 따라서 매각 이후 유치물에 대하여 유치권자가 계속 점유하면 불법점유가 된다.

7) 매수인의 권리구제책

(1) 매수인이 유치권자에게 채무를 변제하고 소유자에게 구상권을 행사할 수 있다. 다만 소유자에게 변제자력이 있을 때에만 가능할 것이다.
(2) 유치권자가 무리한 금액을 요구한 경우
    건축공사대금의 객관적 입증자료를 요구하여 상호 협의하여 해결하고 해결 실마리가 없을 경우 법원에 명도소송을 제기하여 해결하도록 한다.
(3) 허위의 유치권자에 대하여 위계 의한 공무집행방해죄 성립이 가능하다.

8) 채권자나 소유자의 유치권자에 대한 권리행사

손해배상청구, 유치권부존재확인소송, 경매방해죄, 업무방해죄 등의 구제책이 있다.

9) 상사유치권(상법 § 58)

상인 간의 상행위로 인한 채권이 변제기에 있는 때에 채권자는 변제를 받을 때까지 상행위로 인하여 자기가 점유하고 있는 채무자 소유의 물건 또는 유가증권을 유치할 권리가 있다.

상사유치권은 민사유치권을 변경·완화하여 채권자를 보호를 강화함으로써 계속적 거래를 원활·안전하게 하기 위하여 당사자 사이의 합리적인 담보권 설정의

사를 배경으로 한 추정 담보물권이다.

따라서 민사유치권과는 달리 목적물과 피담보채권 사이의 개별적인 견련관계를 요건으로 하지 않는 대신 유치권의 대상이 되는 물건을 "채무자소유의 물건"으로 한정하고 있고, 민사유치권과 같이 그 목적물을 동산에 한정하지 않고 "물건"에는 부동산도 포함된다고 보고 있다(2013.2.28. 선고 2010다 57350). 채권자와 채무자와의 상행위가 아닌 다른 원인으로 목적물의 점유를 취득한 경우에는 상사유치권이 성립할 수 없다.

※ 유치권 관련 판례

가. 채무자 소유의 부동산에 **강제경매개시결정의 기입등기**가 되어 압류의 효력이 발생한 **이후**에 채무자가 부동산에 관한 **공사대금채권자에게 그 점유를 이전함**으로써 유치권을 취득하게 한 경우에는 그와 같은 점유의 이전은 목적물의 교환가치를 감소시킬 우려가 있는 처분행위에 해당하고 **압류의 처분금지효에 저촉되므로** 점유자는 유치권을 내세워 **경매절차의 매수인에게 대항할 수 없다** (2005.8.19. 선고 2005다22688).

나. **건물의 신축공사를 한 수급인**이 그 건물을 점유하고 있고 또한 그 건물에 관하여 생긴 공사대금채권이 있다면 수급인은 그 채권을 변제받을 때까지 **건물을 유치할 권리가 있다**(대판95다16202).

다. 임대인과 임차인 사이에 건물명도 시 권리금을 반환하기로 하는 약정이 있었다 하더라도 그와 같은 **권리금반환청구권**은 건물에 관하여 생긴 채권이라 할 수 없기 때문에 그와 같은 채권을 가지고는 **유치권을 행사할 수 없다**(대판 93다62119).

라. 임대차계약에서 "임차인은 임대인의 승인하에 개축 또는 변조할 수 있으나 부동산의 반환기일 전에 임차인의 부담으로 원상 복구키로 한다"라고 약정한 경우, 이는 임차인이 임차 목적물에 지출한 각종 유익비의 상환청구권을 미리 포기하기로 한 취지의 특약이라고 봄이 상당하다(대판 95다12927 점유물반환 등).

마. 건물의 신축공사를 한 수급인이 그 건물을 점유하고 있고 또 그 건물에 관하여 생긴 공사금채권이 있다면, 수급인은 그 채권을 변제받을 때까지 건물을 유치

할 권리가 있는 것이지만(대법원 1995.9.15. 선고95다 16202 판결 참조), 건물의 신축공사를 도급받은 수급인이 사회통념상 독립한 건물이라고 볼 수 없는 정착물을 토지에 설치한 상태에서 공사가 중단된 경우에 위 정착물은 토지의 부합물에 불과하여 이러한 정착물에 대하여 유치권을 행사할 수 없는 것이고, 또한 공사중단 시까지 발생한 공사금채권은 토지에 관하여 생긴 것이 아니므로 위공사금 채권에 기하여 토지에 대하여 유치권을 행사할 수도 없는 것이다(대법원 2008.5.30.자 2007마98 결정[경락부동산 인도명령]).

바. 대법원 1988.2.23. 선고 87다카 600 판결[부동산소유권 이전등기]

① 건물이 증축된 경우에 증축부분의 기존건물에 부합여부는 증축부분이 기존건물에 부착된 물리적 구조뿐만 아니라 그 용도와 기능면에서 기존건물과 독립한 경제적 효용을 가지고 거래상 별개의 소유권의 객체가 될 수 있는지의 여부 및 증축하여 이를 소유하는 자의 의사 등을 종합하여 판단하여야 한다.

② 어느 건물이 주된 건물의 종물이기 위해서는 주된 건물의 경제적 효용을 보조하기 위하여 계속적으로 이바지되어야 하는 관계가 있어야 한다.

③ 경매법원이 기존건물의 종물이라거나 부합된 부속건물이라고 볼 수 없는 건물에 대하여 경매신청된 기존건물의 부합물이나 종물로 보고서 경매를 같이 진행하여 경락허가를 하였다 하더라도 그 독립된 건물에 대한 경락은 당연 무효이고 따라서 그 경락인은 위 독립된 건물에 대한 소유권을 취득할 수 없다.

〈유치권권리신고서 서식〉

유치권권리신고서

사건번호:　　　　타경　　　호　부동산 임의경매
채 권 자:　　　은행
채 무 자:
채 권 자:
권리신고인:

본인　　　는 이 사건 경매 절차에서 아래와 같은 내용으로 유치권(　,　층 증축공
사 및　 층 시설공사)을 신고하오니 변제받을 수 있도록 선처하여 주시기 바랍니다.

－ 아　래－
1. 건물증축공사기간－200　.　.　.부터 200　.　.　.까지　 개월간
2. 건물증축 및 시설공사 소요 금액－　　만 원 정(　　　　　　　)
3. 유치권 신청금액－　　　만 원 정(　　　　　　　)
4. 건물공사자　　　주식회사
5. 건물공사내역

위 당사자 간 귀원　　　타경　　　호 부동산임의(강제)경매사건에 관하여 권리신
고인은 위 사건의 목적부동산을 본 계약서를 작성하여 공사건물 1, 2층 시설공사의 재
료비 및 인건비 등 일체의 공사에 대한 자재비 등 총 금　　　　　　원정을 건물
소유자로부터 지급받지 못하여 현재 위 공사 건물 공사비로서 유치하여 건물의 일부를
점유 사용하고 있어 그 권리를 신고합니다.

200　년　　월　　일

첨 부 서 류

　　1. 민간건설공사 표준도급계약서 1부
　　1. 동 4, 5층 증축, 1, 2층 시설공사비 내역서 사본 1부
　　1. 부동산표시 1부
　　1. 사업자등록증사본 1부

　　　　　　　　　　　　　유치권 신고자　　　　　　주식회사
　　　　　　　　　　　　　대　　표　　　　　　　　(인)
　　　　지방법원 민사집행과　　경매　　　계　　　귀중

3. 예고등기

1) 의의와 주의사항

예고등기(등기원인의 무효 또는 취소로 인한 등기의 말소 또는 회복의 소가 제기된 경우 수소법원의 촉탁에 의하여 그러한 소송이 제기되었다는 취지를 기입하는 등기)가 있는 경매물건은 설사 어렵게 경락받더라도 차후에 소유권을 박탈당할 수가 있기 때문에 그 법적 분쟁의 내용(사건의 판결내용 확인)을 알고 입찰에 참여하여야 불측의 손해를 방지할 수 있다.

2) 그 무효, 취소를 가지고 선의의 제3자에게 대항할 수 있는 경우에만 등기할 수 있다. 따라서 그 무효 또는 취소로서 선의의 제3자에게 대항할 수 없는 경우(채권자 취소권, 착오·사기·강박에 의한 의사표시의 취소 등)에는 예고등기는 할 수 없다(부동산등기법 4조 단서).

3) 등기부상 소유자의 소유권에 대하여 무효와 취소의 원인에 관한 소송이 제기된 경우

(1) 원고의 불이익으로 종결된 경우(원고패소, 소 각하, 소 취하, 현존등기가 유효한 것으로 확정되는 화해)에는 예고등기는 말소된다. 이러한 경우에는 입찰자는 매수인으로서 소유권이 보존되므로 입찰에 참가해도 무방하다. 현존등기는 유효하고 그에 터 잡은 담보물권의 효력도 유효하다.

(2) 원고의 이익으로 종결된 경우(등기원인의 무효를 확인하는 화해의 성립, 원고 승소재판의 확정, 피고의 원고청구의 인락)

현 소유자의 소유권 자체가 무효이며 따라서 매수인이 소유권을 취득하였다 하더라도 소유권을 박탈당할 수 있다. 따라서 입찰에 참가해서는 안 될 것이다. 소유권을 전제로 설정된 담보물권의 효력도 무효이다. 따라서 현소유자의 소유권등기는 말소되고 기왕에 말소되었던 등기의 회복등기가 이루어진다.

근저당권 말소 예고등기

① 최초의 근저당권이 설정된 이후 경료 된 후순위 근저당권에 대한 말소 예고 등기는 매각으로 말소되고,

② 선순위 근저당권에 대한 말소 예고등기는 **경매개시결정 이전에 예고등기가 되어 있다면** 재판의 결과에 따라 담보권자체의 소멸로 인하여 매각물건의 소 유권을 취득할 수 없는 경우가 발생하고 **경매개시결정등기 이후에 예고등기 의 경우에는 매각대금완납에 의하여 소유권을 취득한다.**

4. 가등기

가등기의 종류

1. 소유권이전청구권 보전 가등기
부동산 매매계약을 체결하고 계약금을 지급한 상태에서 이중매매나 강제집행으 로부터 자기의 등기 순위를 확보하기 위하여 예비적 수단으로 인정하는 등기

2. 담보가등기(채권계산서 제출/경매신청)
채권담보를 목적으로 채권자에게 부동산소유권의 가등기를 한 후 그 채무를 변 제하면 그 가등기를 말소하고, 그 채무를 변제하지 않으면 청산절차(채권액과 부 동산의 가액 정산+청산기간 2월)를 거쳐 가등기에 기한 본등기를 하거나 경매로 처분하여 우선변제

* 자금을 매매의 형식으로 얻는 것: 매도담보
* 자금을 소비대차의 형식으로 얻는 것 → 그 담보물의 소유권이 언제 채권자에 게 이전되느냐에 따라

① **양도 담보**: 채무자가 목적물을 이용하면서 채권자에게 채권담보의 목적으로 소유권을 이전하는 형식
② **가등기담보**: 장래 채무 불이행이 있을 때 목적물의 소유권을 이전하는 형식
　채권의 변제기후 청산금의 평가액을 채무자에게 통지 →
　그 통지가 채무자에게 도달한 날로부터 2개월경과 →
　채무자에게 청산금 지급 후 소유권 취득(귀속청산)

1) 등기부상 '가등기'가 되어 있는 물건의 경우 "담보가등기"인지 "소유권이전청구권보전가등기"인지 알 수 없다. 이 경우 법원은 가등기가 되어 있는 부동산에 대한 경매개시결정이 있는 경우 가등기권리자에 대하여 담보가등기인지 소유권이전청구권가등기인지 그 내용을 법원에 신고할 것을 최고한다(가등기담보등에 관한 법률 제16조).

2) **구별의 실익**

(1) 순위보전 가등기인 경우
　말소기준권리보다 먼저 등기된 가등기는 매수인이 인수해야 한다.
(2) 담보가등기인 경우
　담보가등기가 경료 된 부동산에 대하여 경매가 개시된 경우 담보가등기는 저당권으로 본다(가등기담보등에 관한 법률 제13조). 따라서 담보가등기는 저당권과 같이 말소기준등기가 되고 소멸되는 등기이다(가등기담보등에 관한 법률 제15조).
(3) 순위보전가등기는 소유권이전에 대한 청구권이지 채권이 아니기 때문에 배당에 참가할 수 없으나 담보가등기인 경우에는 채권신고를 한 경우에 한하여 배당을 받을 수 있다(가등기담보등에 관한 법률 제16조 제2항).

3) **구별방법**

(1) 법원에서는 등기부상 가등기권 자에게 어떤 종류의 가등기인지 그 내용을 법원에 신고하도록 하고 있고, 만일 신고하지 않으면 법원은 소유권이전형

가등기로 보고 경매를 진행한다.

(2) 물건명세서에 채권계산서가 제출된 경우 담보가등기로 보면 된다.

TIP

선순위의 소유권 이전형 가등기

선순위 가등기된 부동산을 매입하면 소유권을 상실할 수 있으나 가등기권자가 본등기를 하려면 잔금을 치러야 하기 때문에 잔금보다 매수 금액이 현저히 적다면 매수하는 것도 투자 수익을 극대화할 수 있다.

왜냐하면 소유권이전청구권보전을 위한 가등기는 일반적으로 부동산 매매계약을 체결하고 계약금을 지급한 상태에서 이중매매나 강제집행으로부터 자기의 등기 순위를 확보하기 위하여 예비적 수단으로 하는 등기이기 때문이다.

TIP

1984.1.1. 이전의 가등기

1984.1.1. 이전의 가등기는 순위보전의 효력만 있을 뿐 우선변제권이 없기 때문에 소유권이전형가등기로 취급하면 된다(가등기담보등에 관한 법률이 적용되지 않음).

TIP

청산절차를 끝낸 담보가등기

경매신청기입등기 전 채권의 변제기 후 청산기간(2개월) 경과 후 청산 금(목적부동산의 가액 – 채권액)을 지급하여 소유권을 취득하였거나 그 가등기에 기한 본등기 청구가 있는 경우에는 비록 담보가등기일지라도 **순위보전가등기로 취급하여 권리분석**을 해야 한다.

4) 저당권설정청구권 보전가등기

저당권설정청구권 보전가등기는 비록 말소기준등기보다 선순위일지라도 매수인이 인수할 것은 아니고 배당으로 말소된다.

5) 소유권이전청구권가등기 후 가등기권 자가 가등기와는 상관없이 매매 등을 원인으로 소유권을 이전받은 경우 가등기는 혼동으로 소멸하는가가 문제이다. 즉, 가등기권자가 현소유자인 경우 가등기는 혼동으로 소멸하지 않는다.

(1) 소유권이 사실상 위 가등기에 기한 본등기로 이루어진 경우가 대부분일 것이고 그러한 경우에는 가등기 자체가 효력이 없어 말소대상이 될 것이다.

(2) 가등기 후 10년이 경과된 경우 소멸시효완성을 이유로 소멸되었다면 그 가등기 이후에 그 부동산을 취득한 제3자는 그 가등기권자에게 본등기청구권의 소멸시효를 주장하여 그 등기의 말소를 청구할 수 있다.

※ 판례

> 가등기에 기한 소유권 이전청구권이 시효완성으로 소멸되었다면 그 가등기 이후에 그 부동산을 취득한 제3자는 그 소유권에 기한 방해배제청구로서 그 가등기된 자에게 본등기 청구권의 소멸시효를 주장하여 그 등기의 말소를 청구할 수 있다(대판 90다카 27570).

6) 기준 권리

가등기, 확정일부 임차인, 저당권, 가압류권이 순서로 된 경우 가등기가 담보가등기라면 말소기준권리는 가등기이고 가등기뿐만 아니라 그 후의 임차권도 소멸된다.

그러나 가등기가 소유권이전청구권 가등기라면 말소기준권리는 저당권이고 매수인은 가등기와 확정일부임차권을 인수·부담해야 한다.

※ 판례

부동산강제경매절차에서 선순위의 담보권이나 가압류가 없는 소유권이전등기청구권의 순위보전을 위한 가등기가 담보가등기인지 순위보전의 가등기인지 밝혀질 때까지 경매절차를 중지하여야 하는 것인지 여부

〈판결요지〉
부동산의 강제경매절차에서 경매목적부동산이 매각된 때에도 소유권이전등기청구권의 순위보전을 위한 가등기는 그보다 선순위의 담보권이나 가압류가 없는 이상 담보목적의 가등기와는 달리 말소되지 아니한 채 매각인에게 인수되는 것인바, 권리신고가 되지 않아 담보가등기인지 순위보전의 가등기인지 알 수 없는 경우에도 **그 가등기가 등기부상 최선순위이면 집행법원으로서는 일단 이를 순위보전을 위한 가등기로 보아** 매각인에게 그 부담이 인수될 수 있다는 취지를 입찰물건명세서에 기재한 후 그에 기하여 경매절차를 진행하면 족한 것이지, 반드시 그 **가등기가 담보가등기인지 순위보전의 가등기인지 밝혀질 때까지 경매절차를 중지하여야 하는 것은 아니다**(대법원 2003마 1438).

5. 가압류

1) 원 칙

가압류 등기는 담보물권과 같이 말소기준등기로서 원칙적으로 말소될 뿐만 아니라 그 후 설정된 등기도 말소되는 것이 원칙이다.

TiP

가압류의 의의

금전채권에 대한 청구권을 가진 채권자가 자기 채권을 만족하기 위하여 소송을 제기하고 강제집행을 하고자 하는 경우 채무자가 재산을 처분·은닉하지 못하도록 하는 보전절차이다.

2) 예 외

그러나 전소유자에게 가압류등기가 있는 경우에는 기준권리도 아니고 말소대상 권리도 아니다.

3) 입찰 참가자의 유의사항

입찰에 참가하고자 하는 사람은 담보물권과는 달리 가압류등기가 있는 경우 현 소유자에 대한 가압류등기가 있는지 전소유자에 대한 가압류 등기인지 면밀히 검 토해보아야 할 것이다.

4) 전소유자에 대한 가압류등기라도 말소되는 경우

(1) 전소유자의 가압류권자가 경매를 신청한 경우에는 배당으로 말소된다.
(2) 비록 전소유자의 가압류권자가 경매신청을 하지 않았다 할지라도 가압류등 기 이전에 담보물권도 설정된 경우에는 현소유자의 가압류권자가 경매를 신 청한 경우에도 전소유자의 가압류등기는 말소된다.
(3) 전소유자에 대한 가압류 등기 이후에 담보물권이 설정된 후 소유권이 이전 된 경우 현소유자의 채권자가 경매 신청하는 경우에도 소멸 기준 권리가 되 고 말소된다(1998.11.10. 선고 98다 43441).

5) 사 례

(1) 가압류등기(갑), 소유권이전등기, 가압류등기(을) 순으로 등기되어 있다면 가 압류권자 갑이 경매를 신청한 경우에는 갑의 가압류등기는 말소되나 가압류 권자 을이 경매를 신청한 경우에는 갑이 배당에 참가할 수 없어 말소되지 않는다.
(2) 가압류등기(갑), 저당권, 소유권이전등기, 가압류(을) 순으로 등기되어 있는 경우에도 위 사례와 동일하다.
   가압류권자 甲, 가압류권자 乙 누가 경매를 신청하든 갑의 가압류는 말소되 고, 배당은 甲·저당권자 둘이 우선배당 되고 남은 금액은 현소유자의 채권자가 배당받는다.

(3) 저당권, 압류등기(갑), 소유권이전등기, 가압류(을) 순으로 등기되어 있는 경우에는 갑이 경매를 신청하든 을이 경매를 신청하든 갑과 을의 가압류등기는 배당으로 말소된다.

6) 배 당

(1) 가압류, 담보물권 순으로 등기되어 있는 경우
가압류의 처분금지적 효력으로 가압류권자와 담보물권자가 채권액에 비례하여 안분배당 한다.

(2) 담보물권, 가압류 순으로 등기되어 있는 경우
물권을 우선하여 배당한다.

※ 판례

가. 부동산에 대한 가압류가 집행된 상태에서 부동산의 소유권이 제3자에게 이전된 후 가압류채권자가 가압류채무자를 집행채무자로 하여 강제집행을 실행한 경우,
제3취득자에 대한 채권자가 그 집행절차에서 가압류의 처분금지적 효력이 미치는 범위 외의 나머지의 부분에 대하여 배당에 참가할 수 있는 지 여부

<판결요지>

부동산에 대한 가압류집행 후 가압류목적물의 소유권이 제3자에게 이전된 경우 가압류채권자는 집행권원을 얻어 제3취득자가 아닌 **가압류채무자를 집행채무자로 하여 그 가압류를 본 압류로 이전하는 강제집행을 실행할 수 있으나,** 이 경우 그 강제집행은 가압류의 처분금지적 효력이 미치는 객관적 범위인 **가압류결정 당시의 청구금액의 한도 안에서만** 집행채무자인 가압류채무자의 **책임재산에 대한 강제집행절차라 할 것이고, 나머지 부분은** 제3취득자의 재산에 대한 매각절차라 할 것이므로, 제3취득자에 대한 채권자는 그 매각절차에서 **제3취득자의 재산 매각대금 부분으로부터 배당을 받을 수 있다.**

나. 부동산에 대한 가압류가 집행된 상태에서 부동산의 소유권이 제3자에게 이전

된 후 가압류채권자가 가압류채무자를 집행채무자로 하여 실행한 강제집행절차에서 제3취득자에 대한 채권자 甲, 乙이 배당을 받은 경우,
제3취득자의 잔여매각대금채권을 압류·전부 받은 甲은 乙에 대하여 배당이의의 의소를 제기할 적격이 있다고 본 사례

〈판결요지〉

부동산에 대한 가압류가 집행된 상태에서 부동산의 소유권이 제3자에게 이전된 후 가압류채권자가 가압류채무자를 집행채무자로 하여 실행한 강제집행절차에서 제3취득자에 대한 채권자 甲, 乙이 배당을 받은 경우, 제3취득자의 잔여매각대금채권을 압류·전부 받은 甲은 乙에 대하여 배당이의의 소를 제기할 적격이 있다고 본 사례. (대법원 2003다 40637)

6. 가처분

1) 가처분이란 금전채권 이외의 권리 또는 법률관계에 관한 확정판결의 강제집행을 보전하기 위한 제도로서 경매에 있어서는 부동산에 관한 가처분이 문제된다.
   등기부상 '가처분등기'가 되어 있는 경우 가처분권자는 등기부상 소유자를 상대로 소유권말소청구소송을 제기하고 있다고 보면 된다.

2) 선순위 가처분등기가 있는 경우

(1) 가처분권자가 승소하게 되면
   비록 매수자가 경락받아 소유권을 취득하였다 하더라도 등기부상 소유자의 소유권등기는 무효이며 이를 기초로 한 담보권이나 경락으로 인한 매수자의 소유권등기는 무효이다.
(2) 가처분권자가 패소한 경우에는
   등기부상 소유자의 소유권등기는 유효하며 매수인의 소유권등기도 보전된다. 이 경우에는 입찰에 참가해도 무방하다.

3) 가처분등기 전에 담보물권 등 말소기준등기가 있는 경우 가처분 등기도 말소기준등기와 함께 말소된다.

7. 환매 등기

1) 환매등기는 말소기준 등기인 근저당, 담보가등기, 가압류등기 보다 먼저 설정되었다면 매각으로 소멸하지 않고 매수인이 인수해야 한다. 이 경우 부동산을 경락받아 소유권을 취득한 매수인은 환매의무자가 된다.
2) 환매권자는 환매의무자에게 환매대금(매매대금＋매매비용)을 환매기간(5년) 내에 지급하고 환매권을 행사하여 소유권을 다시 이전받을 수 있다. 따라서 매수인은 소유권을 상실한다. 환매기간(5년)이 지나면 환매할 권리를 행사할 수 없다.
3) 따라서 선순위환매등기가 있더라도 무조건 기피할 것이 아니라 환매기간과 환매대금이 얼마나 되는지 살펴볼 필요가 있다.
 (1) 환매대금이 매수금액보다 많고 환매기간이 얼마 남지 않은 경우에는 매수해도 이익이 될 것이고,
 (2) 환매대금이 매수금액 보다 많으나 환매기간이 많이 남아 있다면 장기간 불안하기 때문에(장기적으로 투자해도 그 만큼 더 수익을 가져다 줄 물건인지 고려해야 함) 응찰을 피하는 것이 좋다.
 (3) 환매대금이 매수금액보다 작은 경우에는 무조건 입찰을 포기하고 등산이나가 체력이나 키우는 것이 좋지 않을까?
 (4) 환매기간이 지난 환매등기는 소멸된 등기로 보고 입찰해도 된다.

8. 전세권

1) 전세권은 등기부상 전세권설정등기가 설정된 것(물권)을 말하고, 우리가 흔히 말하는 전세는 채권적 전세로서 주택임대차보호법이 적용된다.

2) 전세권등기는 어느 경우에 말소되는가?

 (1) 말소기준등기보다 후에 설정된 전세권설정등기는 존속기간에 관계없이 말소되고 매수인이 인수할 의무가 없다.

 (2) 말소기준등기보다 선순위 전세권 등기는

　　가. 전세권자가 전세금 반환청구권을 가지고 경매를 신청한 경우

　　나. 전세권자의 전세기간 종료 전이라 하더라도 배당요구종기일까지 배당요구를 한 전세권의 등기는 말소된다.

3) 전세권자가 주거하는 주택에 대항요건(주택의 인도＋주민등록)까지 갖춘 경우 전세권자로서의 지위와 임차인으로서의 지위를 모두 인정하고 있다. 이 경우 임차인의 지위에서 배당요구를 하였는지, 전세권자의 지위에서 배당요구를 하였는지 눈을 크게 뜨고 검토해야 할 것이다.

4) 존속기간이 만료된 최선순위 전세권

　　경매개시결정등기 전에 이미 존속기간이 만료되었거나 매각절차 진행 중에 존속기간이 만료된 전세권자는 전세권자가 경매신청채권자이거나 배당요구에 의하여만 소멸되고, 전세권자가 배당 요구를 하지 않았다면 매수인이 인수해야 한다. 또한 배당요구를 한 최선순위 전세권자는 존속기간에 관계없이 배당요구로 배당되면 전세권은 소멸한다.

5) 전세권의 목적물이 주택이나 상가건물인 경우 전세권자가 주택임대차보호법상 우선변제요건이나 상가건물임대차보호법상 우선변제요건을 갖춘 경우에는 전세권자는 전세권자로서 우선변제를 받을 수 있는 권리와 임차인으로서 우선변제를 받을 수 있는 권리는 근거규정 및 성립요건을 달리하는 별개의 것이므로 전세권자로서의 지위와 임차인으로서의 양자의 지위를 모두 갖는다. 따라서 후순위 전세권자가 최선순위 임차인인 경우 임차권자로서 대항력을 행사할 수 있다(대판 93다 10552).

※ 전세권 관련 판례

가. 주택에 관하여 임대차계약을 체결한 임차인이 자신의 지위를 강화하기 위하여 전세권설정계약서를 작성하고 전세권설정등기를 한 경우
전세권설정계약서를 임대차계약서로 볼 수 있고, 전세권설정계약서가 첨부된 등기필증에 찍힌 등기관의 접수인은 주택임대차보호법 소정의 확정일자로 볼 수 있다(대판 2001다51725).

나. **건물의 일부를 목적으로 하는 전세권은 그 목적물인 건물부분에 한하여 그 효력이 미치므로 건물 중 일부를 목적으로 한 전세권이 경락으로 인하여 소멸하더라도** 그 전세권보다 나중에 설정된 전세권이 건물의 다른 부분을 목적물로 하고 있었던 경우에는 다른 전세권까지 경락으로 인하여 함께 소멸하지 않는다(대판 98다50869).

다. 건물의 일부를 목적으로 하는 전세권이 경락으로 소멸하는 경우
그 전세권의 목적물과 다른 부분을 목적으로 한 임차권에 영향을 미치지 못한다(대판 96다53628).

6) 전세권은 말소기준권리가 될 수 없다

전세권은 담보물권적 성질을 가지고 있으므로 전세권이 건물 전부를 목적으로 설정된 경우에는 말소기준등기가 된다. 그러나 건물의 일부를 목적으로 하는 전세권의 경우에는 말소 기준 권리가 될 수 없다. 따라서 전세권, 임차권, 저당권등기 순으로 권리순서가 된 경우 경락으로 전세권의 효력은 전세권자가 점유한 부분에 대해서만 미친다.

9. 공유지분 경매

1) 의 의

어느 부동산을 여러 사람이 지분으로 공유하고 있는 경우 그 중 일부가 경매로 나온 경우가 공유지분 경매이다.

2) 공유지분을 경매하는 경우에는 채무자의 지분에 대한 경매개시결정이 있음을 등기부에 기입하고 다른 공유자에게 그 경매개시결정이 있다는 것을 통지한다(민사집행법 139조 본문).

3) 다른 공유자의 우선매수청구권

공유자는 매각 기일에 보증금을 제공하고 최고가매수신고가격과 같은 가격으로 채무자의 지분을 우선매수신고를 할 수 있고(민사집행법 140조1항), 이 경우 법원은 최고가매수신고가 있더라도 그 공유자에게 매각을 허가하여야 한다(민사집행법 제140조2항). 이때 최고가매수신고인이 차순위매수신고를 하면 차순위매수신고인이 된다(민사집행법 140조4항).

TiP

공유 지분 경매의 이점

① 여러 번 유찰되는 경우가 많아 일반물건보다 저렴하게 구입할 수 있다.
② 공유자가 우선매수청구권을 반드시 행사한다는 보장이 없다.
③ 지분의 과반이 넘는 물건의 경우 관리가 비교적 수월하다.
④ 공유자는 공유물분할의 소를 제기함으로써 분할하여 단독소유로 할 수도 있다.
⑤ 공유물분할이 안 될 경우 가액분할(매각, 경매신청)할 수도 있다.
⑥ 특정지분일 경우도 있다.

---

4) 공유자 우선매수청구권 제한

(1) 2회차 이후부터는 공유자 우선매수청구권을 행사할 수 없다는 것이 법원의 실무다.
(2) 여러 필지의 부동산중 일부의 필지만 지분인 토지가 일괄 매각될 경우에는 공유자우선매수청구권을 행사할 수 없다(대판).

※ 공유지분 관련 판례

가. 공유지분 경매 시 공유자에게의 통지

경매법원은 공유물의 지분을 경매함에 있어 다른 공유자에게 경매기일과 경락기일을 통지하여야 하므로 경매부동산의 다른 공유자들이 그 경매기일을 통지받지 못한 경우에는 이해관계인으로서 그 절차상의 하자를 들어 항고를 할 수 있다(대법원 97마962).

나. 공유자우선매수청구권 행사시기

[1] 구 민사소송법(2002. 1. 26. 법률 제6626호로 전문 개정되기 전의 것) 제650조 제1항은 공유자는 경매기일까지 보증을 제공하고 최고매수신고가격과 동일한 가격으로 채무자의 지분을 우선 매수할 것을 신고할 수 있다고 규정하고, 같은 조 제2항은 제1항의 경우에 법원은 최고가매수신고에 불구하고 그 공유자에게 경락을 허가하여야 한다고 규정하고 있는바, 이와 같은 공유자의 우선매수권은 일단 최고가매수신고인이 결정된 후에 공유자에게 그 가격으로 경락 내지 낙찰을 받을 수 있는 기회를 부여하는 제도이므로, 입찰의 경우에도 공유자의 우선매수신고 및 보증의 제공은 집행관이 **입찰의 종결을 선언하기 전까지이면 되고** 입찰마감시각까지로 제한할 것은 아니다.

[2] 구 민사소송법(2002. 1. 26. 법률 제6626호로 전문 개정되기 전의 것) 제663조 제2항에 의하여 입찰에 준용되는 같은 법 제650조 제1항, 제2항은 공유자가 우선매수권을 행사한 경우 법원은 그 공유자에게 경락을 허가하여야 한다고 규정하고 있고, 최고가입찰자로 하여금 당해 입찰기일에서 더 높은 입찰가격을 제시하도록 하는 것은 입찰의 본질에 반하는 것이며, 공유자와 최고가입찰자만이 참여하여 더 높은 입찰가격 내지 호가를 제시할 수 있는 새로운 입찰기일 등에 관한 절차규정도 없으므로, 공유자가 우선매수권을 행사한 경우에 최고가입찰자는 더 높은 입찰가격을 제시할 수 없다(대법원 2004마581 부동산낙찰허가결정).

공유자 우선매수신고서

사건　　　타경　　　　　부동산강제(임의)경매
채권자
채무자(소유자)
공유자

■ **매각기일** 20○○. ○. ○. ○○:○○

부동산의 표시: 별지와 같음

공유자는 민사집행법 제140조 제1항의 규정에 의하여 매각기일까지(집행관이 민사
집행법 제115조 제1항에 따라 최고가매수신고인의 성명과 가격을 부르고 매각기일
을 종결한다고 고지하기 전까지) 민사집행법 제113조에 따른 매수신청보증을 제공
하고 최고매수신고가격과 같은 가격으로 채무자의 지분을 우선매수하겠다는 신고
를 합니다.

첨 부 서 류

1. 공유자의 주민등록표 등본 또는 초본 1통
2. 기타( )

200　　.　　.　　.

우선매수신고인(공유자)

(연락처)

○○지방법원 경매○계 귀중

10. 토지별도등기 있음

1) 집합건물의 등기부등본상 "토지별도등기 있음"의 경우 토지가 대지권으로 정리되기 전에 토지에 대해 저당권, 가압류등기 등이 있는 경우 대지권 등기를 하게 되면서 그 내용을 "토지별도등기" 있음으로 처리한다.

2) 입찰자의 확인사항

"토지별도등기" 있는 물건에 대하여 입찰에 참가하고자 하는 자는 토지등기부등본을 확인하여 집합건물의 채권자와 토지등기부등본상의 채권자가 동일한 채권자인지, 토지의 채권자가 배당요구로 말소될 것인지 확인할 필요가 있다.

3) 법원의 처리지침

토지에 대한 저당권 등을 매수인이 인수한다는 인수조건을 붙이거나, 인수조건을 붙이지 않고 토지의 저당권자 등도 채권신고를 하게 하여 경매대상이 된 구분건물의 대지권 비율만큼 토지저당권도 일부 말소하기도 한다. 다만, 토지근저당권자는 토지상에 설정된 저당권의 효력이 건물부분에 미치지 않으므로 토지저당권자는 전물부분의 매각대금으로부터는 우선변제권이 없다.

4) 등기의 예규(제972호)

> <토지등기부에 별도의 등기가 있다는 취지의 기재 등에 관한 예규>
>
> 1. 대지권등기 시 그 토지에 소유권보존등기 또는 소유권이전등기 이외의 소유권에 관한 등기 또는 소유권 이외의 권리에 관한 등기가 있는 경우, 토지등기부에 별도의 등기가 있다는 취지의 기재(부동산등기법 시행규칙 제75조의4)는 전유부분의 표제부 중 대지권의 표시란에 한다. 이때 그 취지의 기입 및 말소등기는 별지 1 기재례와 같이 그 내용을 특정하여 기재(갑구 또는 을구 ○번 ○○등기)하여야 한다.

2. 저당권설정등기 등이 경료된 토지에 대하여 대지권의 등기가 이루어지고 그 저당권설정등기 등의 효력이 구분소유자 전부에 대하여 미치는 것으로서 전유부분 표제부 중 대지권의 표시란에 별도의 등기가 있다는 취지가 기재된 후, 일부 구분소유자의 대지권인 공유지분에 대하여 저당권 등이 소멸됨에 따라 저당권 등의 변경등기를 할 때에는 별지 2 기재례와 같이 누구(특정 구분건물의 소유자) 지분에 대하여 저당권 등이 소멸되었는지 여부를 명확히 기재하여 등기하고, 그 전유부분의 표제부중 대지권의 표시란에 기재된 별도의 등기가 있다는 취지의 기재를 말소하여야 한다.

11. 대지권 미등기

1) 대지사용권의 취득여부

대지사용권의 분리처분이 가능하도록 규약으로 달리 정한 경우가 아닌 한 대지사용권도 경매목적물에 포함되고 매수인은 대지사용권을 당연히 취득한다.

2) 법원의 실무지침

(1) 저당권 설정당시에 저당권설정자(전유부분의 소유자)가 대지사용권을 취득하고 있었던 경우에는 비록 전유부분에 대해서만 저당권설정등기만 하고 대지권등기를 하지 않았다 하더라도 분리처분이 가능하다는 특별한 규약이 없는 한 대지사용권에 저당권의 효력이 미친다. 저당권자가 집합건물의 수분양자인 경우 그 분양자에게 대지사용권이 있고 수분양자가 대지사용권까지 분양받은 경우도 마찬가지이다.

(2) 대지사용권을 취득하였으나 단순한 절차상 이유로 대지지분이 미등기로 된 경우 경매당시 소유자 명의로 대위등기를 한 후 매수인 앞으로 이전등기하면 된다.

3) 대지지분이 평가되지 않은 경우

전유부분의 매수인은 대지권을 다시 매수하거나 대지사용료를 내야 하기 때문에 그것을 감안하여 입찰해야 한다.

4) 대지권 미등기의 례

(1) 국유지나 시유지에 집합건물이 지어진 경우
이 경우에는 실제로 대지권이 없다(예: 마포용강 아파트, 홍제동 유진아파트, 이촌동 증산 아파트 등).
(2) 대지권은 있으나 지적정리 등이 되지 않아 대지권등기를 하지 못한 경우
이 경우는 대위등기로 이전하면 된다.

※ 대지권 관련 판례

가. 구분건물의 전유 부분만에 관하여 설정된 저당권의 효력은 대지사용권의 분리처분이 가능하도록 규약으로 정하는 등의 특별한 사정이 없는 한 그 전유부분의 소유자가 사후에 대지사용권을 취득함으로써 전유부분과 대지권이 동일 소유자의 소유에 속하게 되면 그 대지사용권에 미치고 여기에 대지사용권에는 지상권 등 용익권 이외에 대지소유권도 포함된다(대판 2004그31).

나. 분양자가 지적정리 등의 지연으로 대지권에 대한 지분이전등기는 지적정리 후 해주기로 하는 약정하에 우선 전유부분만에 관하여 소유권보존등기를 한 후 수분양자에게 소유권이전등기를 경료하였는데, 그 후 대지에 대한 소유권이전등기가 되지 아니한 상태에서 전유부분에 관한 경매절차가 진행되어 제3자가 **전유부분을 경락받은 경우**, 그 경락인은 본권으로서 집합건물의 소유 및 관리에 관한 법률 제2조 제6호 소정의 **대지사용권을 취득**한다(대판 2002다40210).

다. 분양자가 **전유부분의 소유자인 경락인을 위하여 하는** 부동산등기법시행규칙 제60조의 2에 의한 **대지권변경등기는** 그 형식은 건물의 표시변경등기이나 실질은 당해 전유부분의 최종 소유자가 그 등기에 의하여 분양자로부터 바로 대지권을 취득하게 되는 것이어서 분양자로부터 전유부분의 현재의 최종 소유명의인에게 하는 토지에 관한 **공유지분이전등기에 해당**되고, 그 의사표시의 진술

만 있으면 분양자와 중간소유자의 적극적인 협력이나 계속적인 행위가 없더라도 그 목적을 달성할 수 있으므로, **전유부분의 소유권자는 분양자로부터 직접 대지권을 이전받기 위하여 분양자를 상대로 대지권변경등기절차의 이행을 소구할 수 있다**(대판2002다 40210).

제7절 현장경매 6강 – 심층 물건분석(부동산 종류별 고찰)

1. 토 지

1) 개 요

토지는 건물이 없는 나대지, 잡종지, 농지(전, 답, 과수원), 임야, 구거, 도로, 기타 하천, 제방 등 그 지목에 따라 용도가 다양하고 개발여부에 따라 그 가치가 천차만별이다. 따라서 토지이용계획확인원을 발급받아 면밀한 물건분석이 필요하다.

2) 토지의 검토사항

(1) 용도지역이 주거, 상업, 공업, 녹지, 관리, 농림지역인지 살펴보고 투자용도에 맞는 물건을 선택해야 한다.

　가. 관리지역도 세분화: 보전, 생산, 계획관리지역으로 세분화되고 있다. 시, 군, 구청에 가서 어느 지역으로 편입되었는지 확인해야 할 것이다.

　나. 주거지역: 주거지역도 1종(용적률 150% 이하 4층 이하), 2종(200% 이하, 7～12층 이하), 3종(250% 이하, 층수제한 없음)으로 세분화되었다.

　다. 자연녹지지역: 자연녹지지역에는 공동주택 중 아파트, 위락시설, 업무시설, (공해)공장은 건축할 수 없다. 용적률도 20% 이하(계획관리지역은 40%)로 제한된다.

(2) 군사시설보호구역

　최근 군사시설 보호구역을 대폭 해제하거나 완화하고 있다.

가. 통제보호구역(주로 민통선 이북지역): 통제구역에서는 수택, 구조물의 신축, 증축이 금지된다. 그러나 기존주택의 증·개축은 사전 동의를 요한다.

나. 제한보호구역: 금지되는 것은 없으나 주택, 구조물의 신·증축 시 군부대의 사전 동의를 받아야 한다.

(3) 개발제한구역(그린벨트)

개발제한구역은 취락지역의 경우 자연녹지지역 또는 주거지역을 부여하여 해제하고 있다. 다만 개발제한구역의 해제지역이 아닌 곳은 행위제한이 있으므로 주의를 요한다.

3) 농지의 경매

(1) 농지의 의의

농지라 함은 지목이 전, 답, 과수원인바, 농지법 소정의 농지라 함은 공상 지목 여하에 불구하고 당해 토지의 사실상 현상에 따라 판단한다(대판 98마 2604).

(2) 농지도 농림지역과 관리지역으로 구분되고 있는바, 정부는 토지적성평가를 통하여 관리지역을 생산, 보전, 계획관리지역으로 세분화를 추진 중에 있다.

(3) 지목이 전, 답, 기타 과수원인 경우에는 원칙적으로 농지취득자격증명을 제출해야 매수허가결정을 받을 수 있다.

(4) 그러나 농지라도

가. 농지전용허가가 이미 이루어진 경우

나. 현황이 건물이 건축되어 있어 농지가 아닌 경우

다. 도시계획구역 내의 주거지역·상업지역·공업지역인 경우에는 농지취득자격증명이 필요하지 않다. 다만, 다의 경우 토지이용계획 확인원을 제출해야 한다.

라. 국토이용관리법 제15조의 도시지역과 준도시지역안의 농지로서 토지거래 허가를 받은 경우에는 농지취득자격증명을 제출할 필요가 없다.

(5) 농지취득자격증명서 발급절차

1. 입찰기일 최고가매수신고 인은 당일 입찰절차 종료 후 집행관사무실에서 "최고가입찰신고인 증명"을 발부받는다. 요즘은 입찰 법정에서 "최고가 입찰신고인증명"을 교부해주는 경우도 있다.

2. 시, 군, 구청이나 면, 읍사무소에 가서 법원에서 발급받은 "최고가입찰신고인 증명"을 제출하고 "부동산의 표시"와 "영농계획서"를 작성하여 농지취득자격증명을 발부해 줄 것을 신청하면 된다(발부기간은 통상 신청일로부터 4일 내이니 법원제출기간을 고려한다면 입찰일에 바로 신청하는 것이 좋다).

3. 농지취득자격증명서를 매수허가결정일(매각일로부터 7일) 이내에 법원에 제출한다.

4. 농지취득자격증명을 제출하지 않으면 매각불허가 사유가 됨은 물론 보증금이 몰수될 수도 있다.

5. 시, 군, 구청의 농지취득자격증명서의 발급은 법률의 규정(경매, 상속, 증여, 수용 등)에 의한 취득이므로 당연히 발급해 주어야 하는 사항이다.

6. 토지거래허가구역 내의 농지라도 허가절차 필요 없이 농지취득자격증명만 제출하면 된다.

(6) 매수하고자 하는 농지가 농지전용허가 또는 토지형질변경허가를 득하여 사업시행을 하다가 미준공 상태에서 경매가 진행된 경우 관할관철에 허가권의 승계여부를 확인해 보아야 할 것이다.

(7) 지목이 하천(개인소유의 하천이나 실제 전, 답 등으로 사용하고 있는 경우)인 경우
지목변경이 가능한 지역인지 확인할 필요가 있다.

(8) 지상에 수목이 있는 경우
입목법에 의한 입목등기(법정지상권 성립가능성 있음) 내지 명인방법에 의한 수목의 집단은 독립된 부동산으로 간주되므로 그 소유관계를 확인할 필요가 있다.

(9) 지상에 분묘가 있는 경우

분묘기지권의 성립이 문제된다.

(10) 공유지분 토지

지분비율이 얼마나 되는지, 협의분할의 난이, 재판상 분할관계(가액분할), 기간 등 면밀히 체크해야 할 것이다.

4) 임야

1,000㎡ 이상의 일반매매에 있어서는 임야매매증명이 필요하다. 임야 경매의 경우에는 그 증명이 필요 없다. 중요한 것은 용도지역을 확인해봄은 물론 관할관청에 용도에 맞는 개발이 가능한지 검토해보는 것이 좋지 않을까 한다. 왜냐하면 토지이용계획 확인원에 나와 있지도 않은 "연접개발제한에 관한 규정"이 적용되는 토지가 있기 때문이다.

2. 상 가

1) 경매로 상가를 매수하고자 하는 사람은 유동인구 및 구매력, 배후지역의 잠재력, 공실여부, 주변 업종분포, 주변상가 수익률, 도로조건 등을 밤낮으로 임장활동을 통해 검토해야 위험성이 적어진다.

2) 법률상 제한

식품제조 및 가공업, 식품접객업 등은 식품위생법, 숙박업, 목욕장업, 이용, 미용업, 유기장업 등은 공중위생법에 의한 영업허가나 신고, 음식점의 경우 정화로 요건, 소방법에 의한 소방시설 그리고 거리제한 등이 있으니 그 제한사항을 살펴보아야 할 것이다.

3) 업종별 세대수

(1) 금융기관, 귀금속점, 가전제품, 음식점, 학원 등은 최소한 2,000세대 이상의

세대가 거주해야 유지할 수 있다.

(2) 부동산, 약국, 미용실은 1,500세대 정도면 입지가 괜찮다.

3. 공장

1) 공장경매의 경우 교통, 도로조건, 용수, 동력, 물류비용 등을 고려한 공장으로서 입지가 중요하다.

2) 특정폐기물을 배출하는 공장의 입지라면 그 처리시설이 갖추어져 있는지, 없다면 처리시설을 갖출 수 있는 지역인지 관련기관(시·군·구청, 환경부 등)에 확인해 보아야 한다.

3) 특정기계를 보고 입찰하고자 한 경우
필요한 기계가 목록상 기재된 대로 있는지? 완전한지? 명도시점까지 보관상태를 온전하게 보존가능성이 있는지를 파악해야 한다.

4. 주택(단독, 아파트, 연립, 다세대)

1) 주택은 보통 주거생활을 목적으로 매수하거나, 다가구나 원룸 등을 지어 임대사업목적으로 구매하기도 하고, 주택재개발이나 재건축, NEW타운개발, 균형발전촉진지역 등에 투자하여 아파트 입주목적으로 매수하기도 한다. 그만큼 투자목적이 다양하기 때문에 입찰에 참여하고자 하는 자는 자기의 투자용도에 맞고, 자금여력에 맞게 투자해야 할 것이다.

2) 임대사업 목적으로 주택을 매수하는 경우

원룸이나 독서실 등을 지어 임대사업을 목적으로 토지나 주택을 매수하는 사람은 전철역세권이나 대학교 밀집지역, 업무시설이 많은 지역주변을 택하는 것이 유리할 것이다.

3) 아파트 등 공동주택

단지규모가 크고, 좋은 학군, 백화점, 할인매장, 공원 등의 녹지 공간, 관공서 등 주민편의시설이 갖추어지고, 주차요건, 난방방식 등을 고려해야 할 것이다.

4) 재개발, 재건축, 뉴타운 개발, 균형발전촉진지역

각종 개발 추진단계 및 주민의 호응도, 이주될 때의 가격 형성 및 주변 교통여건 및 녹지공간 등 장기적인 안목이 필요하다. 또한 자금여건 등도 중요하다. 특히 2006년 1월 이후에 관리처분이 되는 아파트 입주권은 주택 수에 포함되므로 양도소득세가 부과되므로 투자 시 유익해야 한다.

TiP

인구변화와 부동산 활동

인구감소와 1인 가구, 2인 가구(약 60%에 육박)의 증가, 외국인근로자의 유입으로 다문화가정의 증가, 베이비부머 세대의 퇴직 등 부동산 시장의 질적 양적으로 급변하고 있다. 이때 우리의 부동산활동도 달라져야 하지 않을까 커피를 여유 삼아 생각해 봄이 어떨지.

5. 제시 외 건물

1) 법원 기록상 "제시 외 건물" 있음이 있는 경우 등기부등본이나 무허가 건물대장 등을 확인하여 소유자가 누구인지, 경매목적물에 포함되었는지 확인한다. 확인한 결과 경매목적물에 포함된 경우에는 매수자가 소유권을 취득함은 물론법정지상권도 성립할 여지가 없다.
   만약 감정평가가 되지 않은 경우에는 매수자는 그 제시 외 건물의 소유권을 취득하지 못한다. 이 경우 그 건물이 등기, 미등기를 불문하고 경매목적물이 토지라면 법정지상권의 성립여부를 검토해야 한다.

2) 위 경우 경매목적물이 건물인 경우에는 그 제시 외 건물이 경매목적물인 건물에 부합하는지 또는 건물의 종물인지를 검토한다. 만약 경매목적물에 부합하거나 종물인 경우 매수자는 당연히 제시 외 건물의 소유권을 취득한다.

3) 관련 규정

(1) 부동산 소유자는 그 부동산에 부합한 물건의 소유권을 취득한다(민법 256조).
(2) 종물은 주물의 처분에 따르고(민법 제100조), 저당권의 효력은 저당부동산에 부합한 건물과 종물에 미친다(민법 제358조).

4) 법정지상권 성립여부

토지에 저당권설정 당시 건물이 존재하고 토지와 건물의 소유자가 동일인 경우, 매각으로 토지와 건물의 소유자가 다르게 된 경우 건물이 등기, 미등기, 무허가 건물여부를 떠나 법정지상권이 성립될 수 있다.

제8절 현장경매 7강 - 정부정책

개인의 힘은 정부정책에는 한계가 있다. 부동산 거래 시 실거래가기준의 양도소득세 부과, 주택 수에 따른 양도소득세 중과(50%, 60%) 재건축단지의 개발이익 환수제 추진, 토지거래허가제도, 재개발 입주권의 주택 수 포함, 대토시 양도세 비과세 및 면제 축소 등의 정부정책의 변화에 적응이 필요하다. 특히 하루가 멀다 않고 쏟아내는 이랬다저랬다 하는 부동산대책을 놓고 선별적으로 취사, 선택하는 안목을 키우는 게 중요하다. 다만 정책에 일관성이 있으면 하는 바람을 가져본다.

1. 대세적인 흐름에 맞물린 투자

   환황해경제권 시대에 따른 발전 축 예측과 그에 따른 대응(인천, 화성 평택, 당진, 군산 축)

2. 문화 환경의 변화와 삶의 메커니즘 변화와 부동산 동향예측(섬 투자, 레저 생태 등 테마개발에 따른 동향)

3. 도심축의 변화와 기간시설 확충에 따른 예측(대심도, 신설고속도로축, 산업단지 조성)

4. 실현가능성 있는 정책과 부동산동향 예측(보금자리주택, 뉴타운, 재개발, 행복도시)

5. 변수가 적은 투자 정보 활용(기업도시정책이라도 실효성에 따른 변별, 탕정 엘시디 및 당진철강도시처럼 인구유입과 생산유발효과가 전제된 기업도시의 실효성에 비중을 둘 것)

6. 글로벌화된 시대에 맞는 안목 갖기(국제도시 송도, 청라, 영종도 그리고 인구 많고 자원 많은 저개발국)

제5장

매수인의 권리행사

제1절 매각허가결정에 관한 이의 신청

1) 매각허가에 관한 이의는 매각허가결정 시까지 민사집행법 제121조에 열거한 사유에 기하여 매수허가를 하여서는 아니 된다고 주장하는 소송법상 진술을 말한다.

2) 이의 사유(민사집행법 제121조에 열거된 사유만 한정)

⑦ **강제집행을 허가할 수 없거나 강제집행을 속행할 수 없을 때**
경매신청의 요건이 흠결된 경우, 강제집행의 정지 또는 취소사유가 있는 경우. 경매신청의 취하, 경매개시결정을 채무자에게 송달하지 않고 진행된 경우, 이해관계인이 매각기일과 매각결정기일을 통지받지 못한 때

⑭ **최고가매수신고인이 부동산을 매수할 능력이나 자격이 없을 때**
ⅰ) 미성년자, 한정치산자, 금치산자 등 행위무능력자가 법정대리인 동의 없이 최고가매수신고 인이 된 때
ⅱ) 매수할 자격이 없을 때
전매각인(재경매시), 채무자, 집행관과 감정인 및 그 친족, 집행법원을 구성하는 법관, 담당법원사무관

⑮ **부동산을 매수할 자격이 없는 사람이 최고가매수신고 인을 내세워 매수신고를 한 때**

㉣ 최고가매수신고 인이나 그 대리인이 최고가매수인을 내세워 매수신고를 한 **사람**이 다른 사람의 매수신청을 방해하거나 부당하게 다른 사람과 담합하는 등 매각장소의 질서를 문란하게 한 경우

㉤ **최저매각가격의 결정, 일괄매각가격의 결정 또는 매각물건명세서의 작성에 중대한 흠이 있을 때,**
예를 들면 선순위 임차인의 주민등록에 대한 기개가 누락된 임대차보고서 및 매각물건명세서의 하자(대법원결정), 매각기일 이후에 선순위 근저당권이 대위변제로 임차권의 대항력이 존속되는 것으로 변경된 때(대판)를 말한다.

㉥ **천재지변 그 밖에 자기가 책임질 수 없는 사유로 부동산이 현저하게 훼손된 사실 또는 부동산에 관한 중대한 권리관계가 변동된 사실**이 경매절차의 진행 중에 밝혀진 때

㉦ **경매절차에 그 밖의 중대한 잘못이 있는 때**
예) 최저매각가격 등 공고사항기재의 누락이나 잘못 기재된 때, 법률에 규정된 방법에 의하지 않는 공고, 경매종결시간과 경매종결의 고지규정을 위반한 때, 경매신청 보증금 규정에 위반하여 최고가 매수신고인으로 지정된 때

3) 이의의 제한(민사집행법 제122조)

이의는 다른 이해관계인의 권리에 관한 이유로 신청하지 못한다.

4) 이의가 정당하면 매각불허가 결정을 내리고, 이의가 정당하지 않으면 매각허가결정을 내린다. 이의 신청을 한 사람은 위 매각허가결정에 대하여 즉시항고를 할 수 있다.

5) 매각허가결정에 대한 이의신청 시 매각허가결정에 대한 즉시항고와는 달리 공탁금은 필요 없다.

매각허가에 대한 이의신청서

사건번호
채무자(이의신청인)
○시 ○구 ○동 ○번지
채권자(상대방)
○시 ○구 ○동 ○번지

위 사건에 관하여 다음과 같이 이의 신청합니다.

신 청 취 지

"별지목록 기재 부동산에 대한 매각은 이를 불허한다"라는 재판을 구함.

신 청 이 유

년   월   일

채무자(이의신청인)   인)

연락처(☎)

○○지방법원 귀중

제2절 매각허가결정에 대한 즉시항고

1) 매각허가결정에 대하여 채무자, 소유자, 매수인, 임차인은 집행법원에 즉시항고 할 수 있다. 즉시항고를 하고자 하는 자는 구법과는 달리 매각대금의 10분의 1에 해당하는 보증금을 공탁하여야 하고, 공탁금 없이 한 항고에 대하여 법원은 1주일 이내에 각하결정을 내린다. 즉시항고는 집행정지의 효력은 없다.

2) 항고기간

항고기간은 매각허가결정 선고일로부터 1주일까지다.

3) 항고권자

항고권자는 매각허가여부의 결정에 따라 손해를 볼 이해관계인이 할 수 있다.

TIP

매각절차의 이해관계인(민사집행법 제90조)

(1) 이해관계인

① 압류채권자(경매신청채권자)와 집행력 있는 정본에 의한 배당요구 채권자
② 채무자와 소유자
③ 등기부에 기입된 부동산상의 권리자
④ 부동산 위의 권리자로서 그 권리를 증명한 사람
   즉 경매개시결정등기 이전에 매각부동산에 대하여 등기 없이도 제3자에게 대항할 수 있는 물권이나 채권을 가진 자(예컨대 유치권자·건물등기 있는 토지 임차인, 인도 및 주민등록전입을 마친 임차인, 부가가치세법이나 소득세법·법인세법규정에 의한 사업자등록신청을 마친 상가 임차인, 법정지상권자 등)

다만 위와 같은 권리를 가지고 있다는 사정만으로 당연히 이해관계인이 되는 것은 아니고 매각허가 결정이 있을 때까지 집행법원에 그 권리를 증명한 자만이 이해관계인이 된다(대결 94마 1455).

⑤ 가압류권자 가처분권자 예고등기권리자
재매각의 경우 전의 매수인은 이해관계인이 아니다.

(2) 이해관계인의 권리
집행에 관한 이의 신청권(§16)
경매개시결정에 대한 이의 신청권(§86)
배당요구 신청권(§89)
매각기일과 매각결정기일을 통지받을 수 있는 권리(§104③)
매각조건의 변경에 관하여 합의할 수 있는 권리(§110)
매각결정기일에 매각허가에 관한 의견을 진술할 수 있는 권리(§120)
매각허가 여부의 결정에 대하여 즉시항고 할 수 있는 권리(§129)
배당기일의 통지를 받을 권리(§146)
배당표에 관한 의견을 진술할 수 있는 권리(§149)

※ 항고권 결격사유(이해관계인이 아닌 경우)
① 가압류권자나 가처분권자(대판 67마 1089)
② 항고권자의 채권자
③ 경매목적부동산이 채무자의 소유가 아니라고 주장하는 자
④ 매수신고를 하지 않은 자 또는 매수신고는 했으나 보증금을 찾아간 자

4) 항고 사유

매각허가에 대한 이의사유가 있거나, 그 매각허가결정절차에 중대한 잘못이 있는 경우에만 가능하다. 또 다른 이해관계인의 권리에 관한 것을 이유로 항고할 수 없다.

5) 즉시항고 제출방법

(1) 매각대금의 10%에 해당하는 금전이나 법원이 정하는 유가증권을 공탁계에 공탁하고 법원 경매계를 경유하여 신청계에 접수한다.
(2) 항고장을 제출하면서 항고보증제공증명의 서류를 첨부하지 않는 경우 항고장을 접수한 날로부터 1주 이내에 각하 결정을 한다.

6) 즉시항고에 대한 재판

이해관계인이 즉시항고를 했을 때 집행법원은 심리결과 항고가 이유 있으면 스스로 재판을 更正하고 이유 없으면 의견서를 첨부하여 항고법원에 송부한다.

항고법원의 재판에 대하여는 대법원에 재항고 할 수 있다. 항고법원은 항고기각의 경우에는 항고인에게만 원 결정을 취소하고 새로운 결정을 하는 경우에는 항고인 외에 그 결정에 불복할 수 있는 이해관계인 전원에게 고지한다.

7) 즉시항고에 대한 법원의 처리

원심법원은 항고제기의 방식 및 기재사항을 위배하였거나 인지를 붙이지 않는 경우 상당한 기간을 정하여 보정을 명하고 그 흠결을 보정하지 않거나 항고기간을 도과한 것이 명백한 경우에는 항고에 대해 각하명령을 내리고, 同 명령에 대하여는 즉시항고 할 수 있다(판례).

8) 항고기각의 경우 공탁금의 처리

(1) 채무자나 소유자의 항고를 기각의 경우
채무자나 소유자의 항고가 기각된 경우에는 공탁금의 반환을 청구할 수 없다(민사집행법 제130조 제6항). 이 경우 공탁금은 배당할 금액에 포함된다(동법 제147조 제1항).
(2) 채무자나 소유자 이외의 자의 항고기각의 경우
이 경우에는 공탁금에서 항고를 한 날부터 항고기각결정이 확정된 날까지의 매각대금에 대한 대법원규칙이 정한 이율(연 20%)에 의한 금액에 대하여는 반환청구할 수 없다(동법 제130조 제7항).

(3) 항고인이 항고를 취하한 경우에도 위 기각되는 경우 같다(민사집행법 제130조 제8항).

(4) 항고가 기각되거나 각하되더라도 경매신청이 취하되거나 매각절차가 취소된 경우에는 항고인이 공탁금을 반환받을 수 있다.

(5) 채권자에게 배당하고 남은 금액이 있는 경우에도 항고인이 공탁한 항고 보증금은 반환받을 수 있다.

9) 매각을 허가하지 아니하는 결정의 효력

매각불허가결정이 확정된 때에는 매수인과 매각허가를 주장하는 매수신고인은 매수에 관한 책임이 면제되고(민사집행법 제133조), 종전 최저매각가격으로 경매절차를 진행한다. 이 경우 입찰보증금은 재경매와는 달리 최저매각가격의 10%이다.

항 고 장

사건   타경   호   부동산임의(강제)경매

항 고 인(채무자) (이름)   (주민등록번호   –   )
              (주소)
              (연락처)

위 사건에 관하여 귀원이 년 월 일에 한 결정은 년 월 일에 그 송달을 받았
으나, 전부 불복이므로 항고를 제기합니다.

원결정의 표시

항 고 취 지

원결정을 취소하고 다시 상당한 재판을 구함.

항 고 이 유

1.

첨부서류
                          년   월   일

위 항고인
연락처(☎)

                                        ○○지방법원 귀중

제3절 경매신청 취하에 대한 동의권(민사집행법 제93조)

　매수신고가 있은 뒤 소유자(채무자)가 경매신청을 취하하는 경우에는 최고가매수신고인 또는 채무인의 동의를 받아야 효력이 생긴다.

경 매 취 하 동 의 서

사건번호
채 권 자
채 무 자
소 유 자

위 사건에 관하여 매수인은 채권자가 위 경매신청을 취하하는 데 대하여 동의합니다.

첨 부 서 류

1. 매수인 인감증명 1부

년　　월　　일

매 수 인　　　　（인）

연락처(☎)

○○지방법원 경매○계 귀중

제4절 인도명령 신청

매수인은 매수잔금을 납부한 후 6월 이내에 소유자나 채무자, 대항력 없는 임차인 등에 대하여 인도명령을 신청할 수 있다.

※ 판례

경락인이 대금 납부 후 채무자나 소유자에게 경매 목적 부동산을 양도한 경우, 경락인이 채무자나 소유자에게 인도명령신청을 할 수 있는지 여부

〈판결요지〉
부동산인도명령이 경락인에게 실체상의 권리 이상의 권리를 부여하는 것일 수는 없다는 점에서 채무자나 소유자라도 실체상의 점유권원을 가지는 경우에는 민사소송법 제647조 제1항 단서를 유추 적용하여 경락인의 인도명령신청을 거절할 수 있다고 할 것인바, **매도인은 그 매매의 효과로서 매수인에 대하여 그 매도 부분에 관한 점유이전의무를 지므로 경락인이** 대금납부 후 소유자, 채무자 기타 인도명령의 상대방이 될 수 있는 점유자에게 매매 등 **소유권을 양도하는 행위를 한 경우에는 인도명령을 신청할 수 없다**고 해석하여야 하고, 그럼에도 불구하고 부동산인도명령을 발하기 위해서는 그 매매계약이 해제되었다는 등 그 점유권원이 소멸된 사실이 인정되어야 할 것이며, 그 점유권원이 소멸되었다는 사실은 인도명령의 신청인이 입증하여야 한다(대법원 98마 3897).

부동산인도명령 신청

사건번호
신청인(매수인)
○시 ○구 ○동 ○번지
피신청인(임차인)
○시 ○구 ○동 ○번지

위 사건에 관하여 매수인은 _____에 낙찰대금을 완납한 후 채무자(소유자, 부동산점유자)에게 별지 매수부동산의 인도를 청구하였으나 채무자가 불응하고 있으므로, 귀원 소속 집행관으로 하여금 채무자의 위 부동산에 대한 점유를 풀고 이를 매수인에게 인도하도록 하는 명령을 발령하여 주시기 바랍니다.

년   월   일

매 수 인   (인)

연락처(☎)

○○지방법원 귀중

* 유의사항

1. 낙찰인은 대금완납 후 6개월 내에 채무자, 소유자 또는 부동산 점유자에 대하여 부동산을 매수인에게 인도할 것을 법원에 신청할 수 있습니다.
2. 신청서에는 1,000원의 인지를 붙이고 1통을 집행법원에 제출하며 인도명령정본 송달료(2회분)를 납부하셔야 합니다.

제5절 명도소송

인도명령 대상이 아닌 점유자에게는 명도소송을 제기할 수 있다.

제6절 체납관리비의 처리

전기, 수도, 도시가스 등 체납관리비를 누가 부담하는가는 중요한 문제이다. 입찰 전 체납관리비가 얼마인시 확인하고 병도처리 시 체납관리비와 연계시켜 일괄 타결하는 것이 현명하다. 다만 대법원 판례는 사용자(소유자) 부담설과 2분설(전유부분에 대한 것은 사용자 부담이고, 공용부분은 매수자 부담)이 있다.

※ 판례

매수인의 체납관리비의 승계 여부

〈판결요지〉
아파트의 관리규약에서 체납관리비 채권 전체에 대하여 입주자의 지위를 승계한 자에 대하여도 행사할 수 있도록 규정하고 있다 하더라도, "관리규약이 구분소유자 이외의 자의 권리를 해하지 못한다"고 규정하고 있는 집합건물의 소유 및 관리에 관한 법률(이하 '집합건물법'이라 한다) 제28조 제3항에 비추어 볼 때, 관리규약으로 전 입주자의 체납관리비를 양수인에게 승계시키도록 하는 것은 입주자 이외의 자들과 사이의 권리·의무에 관련된 사항으로서 입주자들의 자치규범인 관리규약 제정의 한계를 벗어나는 것이고, 개인의 기본권을 침해하는 사항은 법률로 특별히 정하지 않는 한 사적 자치의 원칙에 반한다는 점 등을 고려하면, 특별승계인이 그 관리규약을 명시적·묵시적으로 승인하지 않는 이상 그 효력이 없다고 할 것이며, 집합건물법 제42조 제1항 및 공동주택 관리령 제9조 제4항의 각 규정은 공동주택의 입주자들이 공동주택의 관리·사용 등의 사항에 관하여 관리규약으로 정한 내용은 그것이 승계 이전에 제정된 것이라고 하더라도 승계인에 대하여 효력이 있다는 뜻으로서, 관리비와 관련하여서는 승계인도 입주자로서 관리규약에 따른 관리비를 납부하여야 한다는 의미일 뿐, 그 규정으로 인하여 승계인이 전 입주자의 체납관리비

까지 승계하게 되는 것으로 해석할 수는 없다.

다만 집합건물의 공용부분은 전체 공유자의 이익에 공여하는 것이어서 공동으로 유지·관리해야 하고 그에 대한 적정한 유지·관리를 도모하기 위해서는 소요되는 경비에 대한 공유자 간의 채권은 이를 특히 보장할 필요가 있어 **공유자의 특별승계인에게 그 승계의사의 유무에 관계 없이 청구할 수 있도록 집합건물법 제18조에서 특별규정을 두고 있는바, 위 관리규약 중 공용부분 관리비에 관한 부분은 위 규정에 터 잡은 것으로서 유효하다**고 할 것이므로, 아파트의 특별승계인은 전 입주자의 체납관리비 중 공용부분에 관하여는 이를 승계하여야 한다고 봄이 타당하다(대법원 2001다8677 채무부존재 확인).

제7절 담보책임

1. 의 의

매수인이 경매한 물건이나 권리의 전부 또는 일부가 타인에게 속하거나 수량부족이나 일부멸실, 제한물권이 있는 경우 및 저당권 등이 행사됨으로써 완전한 권리를 취득할 수 없는 경우에 채무자(1차적)나 채무자가 자력이 없는 경우에는 배당받은 채권자에게 계약의 해제나 대금감액을 청구할 수 있다. 그러나 물건의 외형상의 하자나 물건내부의 기능상의 하자에 대하여는 담보책임을 물을 수 없고 매수인이 감수해야 한다.

2. 사 유

(1) 임대차현황이 잘못되어 인수할 금액이 있게 된 경우
(2) 대위변제로 후순위 채무를 인수하게 된 경우
(3) 임대차보증금이 달라 인수할 금액이 증가된 경우 등

3. 절차단계별 구제

(1) 매수인허가결정 전에는 매각불허가 신청이나 대금감액 신청가능
(2) 매수인허가결정 후 매수인확정 전에는 매각취소결정이나 대금감액 신청가능
(3) 매수인확정 후 대금납부 후 배당기일 전이라면 매매계약해제하고 매각대금 반환청구를 할 수 있다.

4. 근거 법률 규정

가. 경락인은 민법 제570조 내지 제577조 규정에 의한 채무자 담보책임, 즉 계약의 해제 또는 대금감액의 청구할 수 있다(민법 제578조1항).

나. 채무자가 자력이 없는 때에는 대금의 배당을 받은 채권자에 그 대금전부나 일부의 반환청구를 할 수 있다(민법 제578조2항).

다. (나)의 경우에 물건이나 권리의 흠결을 알고 고지하지 아니하거나 채권자가 이를 알고 경매를 청구한 경우 경락인은 손해배상을 청구할 수 있다(민법 제578조3항).

※ 담보책임 관련 판례

가. 가등기에 기한 본등기로 경락인이 소유권을 상실하는 경우

소유권에 관한 가등기의 목적이 된 부동산을 매각받아 매각대금까지 납부하여 소유권을 취득한 매수인이 그 뒤 가등기에 기한 본등기가 경료됨으로써 일단 취득한 소유권을 상실하게 된 때에는 매각으로 인하여 소유권의 이전이 불가능하였던 것이 아니므로, 민사소송법 제613조에 따라 집행법원으로부터 그 경매절차의 취소결정을 받아 납부한 매각대금을 반환받을 수는 없다고 할 것이나, **이는 매매의 목적 부동산에 설정된 저당권 또는 전세권의 행사로 인하여 매수인이 취득한 소유권을 상실한 경우와 유사하므로,** 민법 제578조, 제576조를 유추 적용하여 담보책임을 추궁할 수는 있다고 할 것인바, 이러한 담보책임은 매각인이 경매절차 밖에

서 별소에 의하여 채무자 또는 채권자를 상대로 추급하는 것이 원칙이라고 할 것이나 **아직 배당이 실시되기 전이라면,** 이러한 때에도 매수인으로 하여금 배당이 실시되는 것을 기다렸다가 경매절차 밖에서 별소에 의하여 담보책임을 추급하게 하는 것은 가혹하므로, 이 경우 매수인은 민사소송법 제613조를 유추 적용하여 **집행법원에 대하여 경매에 의한 매매계약을 해제하고 납부한 매각대금의 반환을 청구하는 방법으로 담보책임을 추급할 수 있다**(대법원96 그 64 부동산강제경매).

나. 후순위 임차인이 대위변제로 선순위 임차인이 된 경우

선순위 근저당권의 존재로 후순위 임차권이 소멸하는 것으로 알고 부동산을 낙찰받았으나, 그 후 **채무자가** 후순위 임차권의 대항력을 존속시킬 목적으로 **선순위 근저당권의 피담보채무를 모두 변제하고 그 근저당권을 소멸시키고도 이 점에 대하여 낙찰자에게 아무런 고지도 하지 않아** 낙찰자가 대항력 있는 임차권이 존속하게 된다는 사정을 알지 못한 채 대금지급기일에 낙찰대금을 지급하였다면, 채무자는 민법 제578조 제3항의 규정에 의하여 낙찰자가 입게 된 손해를 배상할 책임이 있다(대법원 2002다70075 손해배상).

다. 매각목적물의 일부가 멸실된 경우

임의경매절차가 진행되어 그 매각허가결정이 확정되었는데 그 매각대금 지급기일이 지정되기 전에 그 매각목적물에 대한 소유자 내지 채무자 또는 그 매수인의 책임으로 돌릴 수 없는 사유로 말미암아 그 매각목적물의 일부가 멸실되었고, 그 **매수인이 나머지 부분이라도 매수할 의사가 있어서 경매법원에 대하여 그 매각대금의 감액신청을 하여 왔을 때에는** 경매법원으로서는 민법상의 쌍무계약에 있어서의 위험부담 내지 하자담보책임의 이론을 적용하여 그 **감액결정을 허용**하는 것이 상당하다(대법원 2003마1665 부동산낙찰허가결정).

라. 원인무효의 소유권등기에 기한 강제경매

경락인이 강제경매절차를 통하여 부동산을 경락받아 대금을 완납하고 그 앞으로 소유권이전등기까지 마쳤으나, 그 후 **강제경매절차의 기초가 된 채무자 명의의 소유권이전등기가 원인무효의 등기여서** 경매 부동산에 대한 소유권을 취득하지 못하게 된 경우, 이와 같은 강제경매는 무효라고 할 것이므로 **경락인은 경매 채권자에게 경매대금 중 그가 배당받은 금액에 대하여 일반 부당이득의 법리에 따라 반환을 청구할 수 있고,** 민법 제578조 제1항, 제2항에 따른 경매의 채무자나 채권자의 담보책임은 인정될 여지가 없다(대법원 2003다59259).

제6장
집행법상 각종 권리구제절차

제1절 경매개시결정에 대한 이의신청(민사집행법 제86조)

1. 의 의

경매절차의 이해관계인은 집행법원에 경매개시결정에 대한 이의신청을 할 수 있다(동법 제86조 제1항). 이의신청에는 집행정지의 효력은 없다.

2. 신청 시기

매각대금을 지급할 때(완납 시)까지

3. 이의 사유

1) 강제 경매

강제경매의 경우에는 경매신청방식의 適否, 신청인의 적격여부, 대리권의 존재여부, 목적부동산 표시의 불일치, 집행력 있는 정본의 불일치 등 경매개시결정전의 절차상의 사유에 한한다.

2) 임의 경매

임의경매의 경우에는 절차상의 하자뿐만 아니라 담보권의 부존재, 소멸 피담보채권의 무효, 소멸 등 경매개시결정 전후의 실체적인 사유도 이의사유가 된다(동법 제265조).

4. 재 판

1) 이의신청이 부적법하거나 이유 없는 경우에는 이의신청을 각하하거나 기각한다.
2) 이의신청이 이유 있는 경우에는 경매개시결정을 취소하고 경매신청을 기각한다.

5. 이의신청에 대한 즉시항고

이의신청에 대한 재판에 대하여 이해관계인은 즉시항고할 수 있다.

※ 판례: 경매개시 결정에 대한 이의

〈판결요지〉
강제경매개시결정에 대한 이의신청은 경매개시결정에 관한 형식적인 절차상의 하자에 대한 불복방법이기 때문에 실체적 권리관계에 관한 사유를 경매개시결정에 대한 이의의 원인으로 주장할 수 없다(대법원 94마147).

경매개시결정에 대한 이의신청서

수입인지
1,000원

사건번호　　　　타경　　　　　　　　호 부동산강제경매
신 청 인(채무자) (이 름)　　　　　(주민등록번호　　　－　　　)
　　　　　　　　(주 소)
　　　　　　　　(연락처)
피신청인(채권자) (이 름)　　　　　(주민등록번호　　　－　　　)
　　　　　　　　(주 소)

신청취지

위 사건에 관하여　년　월　일 귀원이 한 강제경매개시결정은 이를 취소한다.
피신청인의 이 사건 강제경매신청은 이를 기각한다는 재판을 구함.

신청이유

1. 채권자인 피신청인은 채무자인 신청인과의 사이의 ○○지방법원 ○호 ○○청구 사건의 집행력 있는 판결정본에 기하여 ○○○○년 ○월 ○일 귀원에 강제경매신청을 하여, ○○○○년 ○월 ○일 위 개시결정이 되어, 이 결정이 ○○○○년 ○월 ○일 채무자인 신청인에게 송달되었습니다.
2. 그런데 위 강제집행의 전제인 위 채무명의는 신청인에게는 송달되지 않은 것으로서 그 송달 전에 위 개시결정을 한 것은 집행개시 요건의 흠결이 있음에도 불구하고 행한 위법한 것이므로 본건 이의를 신청하는 바입니다.

20 . . .

　　　위 신청인(채무자)　　　　(날인 또는 서명)

○○법원 귀중

제2절 매각허가에 대한 이의신청(동법 제120조)

1) 이해관계인은 매각허가에 대한 이의신청을 할 수 있다.
2) 신청기간

    매각허가결정 선고 시까지
3) 이의 사유

    한정적 열거(121조) - 앞에서 서술
4) 이의의 제한

    이의신청자 자신의 권리에 관한 사항과 공익적 사유만이 이의사유가 되며 다른 이해관계인의 권리에 관한 이의사유로는 이의할 수 없다.
5) 재판
 (1) 이의가 정당한 경우: 매각불허가 결정
 (2) 이의가 부당한 경우: 매각허가결정을 함

※ 판례

> **하자 있는 감정평가와 매각허가결정취소**
>
> 〈판결요지〉
> 부동산의 경매절차에서 근린생활시설인 매각목적물을 업무시설로 잘못 적용하여 가격평가를 하였다는 사유가 민사집행법 제127조 제1항에 의한 매각허가결정의 취소사유가 되지 않는다(대법원 2005마643).

제3절 매각허가에 대한 즉시항고(전술)

※ 판례

〈판결요지〉

가. 민사집행법 제129조제1항, 제2항에 의한 부동산매각허가결정에 대한 즉시항고
   를 제기할 수 있는 이해관계인의 범위

민사집행법 제129조 제1항, 제2항에 의한 부동산매각허가결정에 대한 즉시항고는
이해관계인, 매수인 및 매수신고인만이 제기할 수 있고, 여기서 이해관계인이란 같
은 법 제90조 각 호에서 규정하는 **압류채권자와 집행력 있는 정본에 의하여 배당
을 요구한 채권자, 채무자 및 소유자, 등기부에 기입된 부동산 위의 권리자, 부동
산 위의 권리자로서 그 권리를 증명한 자**를 말하고, 경매절차에 관하여 사실상의
이해관계를 가진 자라 하더라도 위에서 열거한 자에 해당하지 아니한 경우에는 경
매절차에 있어서의 이해관계인이라고 할 수 없다(대법원 2005마59).

나. 경락허가결정에 대한 즉시항고에 대하여 항고법원이 항고를 기각한 경우와 항
   고를 인용하여 경락허가결정이 취소된 경우의 재항고권자

경락허가결정에 대한 즉시항고에 대하여 항고법원이 **항고를 기각한 경우** 항고인만
이 재항고를 할 수 있고 다른 사람은 그 결정에 이해관계가 있다 할지라도 재항고
를 할 수 없는 것이지만 항고법원이 **항고를 인용**하여 원결정을 취소하고 다시 상당
한 결정을 하거나 원심법원으로 환송하는 결정을 하였을 때에는 그 **새로운 결정에
따라 손해를 볼 이해관계인은 재항고를 할 수 있다.**

다. 이해관계인에 대한 입찰기일 통지가 누락된 채 낙찰이 이루어진 경우이해관계
   인이 즉시항고를 제기할 수 있는지 여부

경매법원이 이해관계인에게 입찰기일 및 낙찰기일을 통지하지 아니한 채 입찰기일
의 경매절차를 속행하여 낙찰이 이루어지게 하였다면, 이해관계인이 이러한 기일통
지를 받지 못하였더라도 입찰기일을 스스로 알고 그 기일에 출석하여 입찰에 참가
함으로써 자신의 권리보호에 필요한 조치를 취할 수 있었다는 등의 사정이 없는 한
그 이해관계인은 이로 인하여 법이 보장하고 있는 절차상의 권리를 침해당한 손해
를 받았다고 할 것이어서 **낙찰허가결정에 대하여 즉시항고를 할 수 있다**고 할 것이
며, 입찰기일 또는 낙찰기일을 통지받지 못함으로 인하여 그 이해관계인에게 구체적

또는 추상적으로 재산상의 손해가 발생한 경우에 한하여 그 이해관계인이 즉시항고를 할 수 있는 것은 아니다.

라. 경매법원이 경매기일을 통지하지 아니하여 이해관계인이 경락허가결정에 대한 항고기간을 준수하지 못한 경우, 추완 항고가 허용되는지 여부

경매법원이 이해관계인 등에게 경매기일 등의 통지를 하지 아니하여 그가 경락허가결정에 대한 항고기간을 준수하지 못하였다면 특단의 사정이 없는 한 그 이해관계인은 자기책임에 돌릴 수 없는 사유로 항고기간을 준수하지 못한 것으로 보아야 하며, 그러한 경우에는 형평의 원칙으로부터 인정된 구제방법으로서의 **추완이 허용되어야 할 것이다.**

마. 경락대금 완납 후 경락허가결정에 대한 이해관계인의 추완항고 신청이 허용된 경우, 경락허가결정이 확정되어 적법한 경락대금 납부가 있는 것으로 볼 수 있는지 여부

경락허가결정에 대하여 이해관계인이 추완에 의한 항고를 제기한 경우 **항고법원에서 추완 신청이 허용되었다면** 비록 다른 이유로 항고가 이유 없는 경우에도 경락허가결정은 확정되지 아니하고 따라서 그 이전에 이미 경락허가결정이 확정된 것으로 알고 경매법원이 경락대금 납부기일을 정하여 경락인으로 하여금 경락대금을 납부하게 하였다고 하더라도 이는 **적법한 경락대금의 납부라고 할 수 없는 것이어서, 배당절차가 종료됨으로써 경매가 완결되었다고 하여 그 추완신청을 받아들일 수 없는 것은 아니다**(대법원 2001마1047).

제4절 집행에 관한 이의 신청(동법 제16조)

1) 의의

강제집행의 절차에 관한 집행법원의 재판과 집행관의 집행행위의 처분 기타 집행관이 준수해야 할 집행절차에 관한 위법, 부당을 이유로 법원에 대하여 그 시정을 구하는 이의신청이다.

2) 행사시기

　　매각대금 완납 시까지이다.

3) 이의의 대상

　(1) 강제집행의 절차에 관한 집행법원의 재판으로서 즉시항고 할 수 없는 것

　(2) 집행관의 집행처분, 그 밖의 집행관이 지켜야 할 집행절차

　(3) 집행관이 집행위임을 거부하거나 집행행위를 거부하는 경우

　(4) 집행관이 계산한 수수료에 대하여 다툼이 있는 경우

4) 이의사유(강제경매)

　(1) 집행기관이 집행을 실시함에 있어서 자기책임하에 조사, 판단해야 할 집행
　　　절차상 형식적 하자가 이의사유가 되고 집행권원의 내용인 청구권의 부존
　　　재·소멸, 집행권원의 집행력의 흠결 등 집행기관에게 조사권한이 없는 사
　　　유는 집행에 관한 이의사유가 될 수 없다.

　(2) 예를 들면 집행권원의 집행정본의 흠결, 강제집행개시요건의 흠결이나 집
　　　행위임의 흠결, 기록열람의 거절, 집행위임의 거부, 집행행위의 지체, 집행
　　　관의 무권한 등이다.

5) 잠정 처분

　　법원은 이의신청에 대한 재판에 앞서 채무자에게 담보를 제공하거나 제공하
　　게 하지 아니하고 집행을 일시 정지하도록 명하거나, 채권자에게 담보를 제
　　공하게 하고 그 집행을 계속하도록 명하는 잠정처분을 할 수 있다.

6) 심리 및 재판

　　이의에 대하여는 변론을 거친 여부에 관계없이 결정으로 재판한다.

※ **판례**

가. 경매절차취소 사유가 있음에도 집행법원이 취소결정을 하지 않을 경우

〈판결요지〉

민사소송법 제613조에 의하면, 강제경매절차 중에 부동산의 멸실 기타 매각으로 인
하여 권리의 이전을 불가능하게 하는 사정이 명백하게 된 때에는 집행법원이 강제경
매의 절차를 필요적으로 취소하도록 규정하고 있으므로, 이해관계인이 집행법원에

대하여 민사소송법 제613조에 의한 경매절차의 취소신청을 하더라도 이와 같은 **취소신청은 집행법원의 경매절차취소를 촉구하는 의미를 가질 뿐이나, 집행법원이 절차를 취소하여야 할 사정이 명백함에도 불구하고 취소결정을 하지 아니할 때에는** 민사소송법 제504조에 정한 **집행에 관한 이의에 의하여 불복을 신청할 수 있다**(대법원 96그64).

나. 강제집행정지결정이 제출되었음에도 경매절차가 진행된 경우

〈판결요지〉
경락허가결정이 된 후 경락대금이 납부되기 이전에 민사소송법 제510조제2호 서면인 강제집행정지결정이 제출되어 강제경매절차를 필요적으로 정지하여야 함에도, 경매법원이 대금납부기일을 지정하고 이에 따라 경락인들이 경락대금을 완납하였다면 이러한 대금납부 기일지정 조치 등은 위법하다 할 것이나, 민사소송법 제646조의 2, 민사소송규칙 제146조의 3 제1항, 제3항의 각 규정취지에 비추어 **경락대금이 완납된 이후에는** 이해관계인이 이러한 위법한 처분들에 관하여 민사소송법 제504조 소정의 **집행에 관한 이의, 나아가 즉시항고에 의하여 그 시정을 구할 수 없으며,** 또한 민사소송법 제511조에 의한 **집행처분의 취소신청도 할 수 없다**(대법원 94마1871).

제5절 청구에 관한 이의의 소(동법 제44조)

1. 의의

채무자가 執行權原의 내용인 청구권이 현재의 실체상태와 일치하지 않은 것을 주장하여 그 집행권원이 가지는 집행력의 배제를 구하는 소이다.

2. 행사시기

집행권원 성립시기부터 강제집행 종료 시까지 행사할 수 있다.

3. 이의사유(강제경매에 한정)

집행권원에 표시된 청구권과 현재의 실체관계가 일치하지 않는다고 주장하는 것이면 그 내용은 제한이 없다. 즉 변제, 상계 등 청구권 소멸, 청구권 양도 등 청구권의 귀속 변경사유, 기한의 유예 등 청구권의 효력정지사유 등이 있다.

4. 이의의 제한

1) 집행권원이 재판인 경우에는 사실심변론종결 이후에 발생한 사유에 한정된다.
2) 집행권원이 항고로만 불복 신청할 수 있는 재판이나 기타 화해조서로서 인락조서인 경우에는 재판이나 조서의 성립 후에 발생한 이의사유에 한정된다.
3) 집행권원이 확정된 지급명령이나 집행증서 및 배상명령인 경우 이 집행권원에는 기판력이 없기 때문에 이 이의사유는 제한이 없다.

5. 재판

청구이의의 소송을 인용하는 경우에는 집행권원에 기한 집행을 일시적, 영구적으로 불허하는 재판을 한다. 판결이 확정되면 집행력이 소멸한다.

제6절 제3자 이의의 소(민사집행법 48조)

1. 의의

강제집행의 목적물에 대하여 소유권이 있다고 주장하거나 목적물의 양도나 인도를 막을 수 있는 권리가 있다고 주장하는 제3자는 채권자를 상대로 강제집행에 대한 이의의 소를 제기할 수 있다.

2. 소제기 시기

강제집행 개시된 후 그 종료 전에 제기할 수 있다.

3. 이의의 원인

제3자가 강제집행의 목적물에 대하여 소유권을 주장하거나 목적물의 양도나 인도를 거부하는 권리를 가지는 것이 그 원인이 된다.

1) 등기부등본상 소유자가 아닌 자는 소유권을 주장하여 이 訴를 제기할 수 없다.
2) 공유자 중 1인에 대한 집행권원으로서 공유물전부에 강제집행이 있는 경우 다른 공유자는 이의신청할 수 있다.
3) 가등기담보권이 설정된 부동산에 대하여 설정자의 일반채권자가 강제경매를 신청한 경우 경매기입등기 전 가등기담보권자가 청산기간 경과 후 청산금을 지급한 경우에는 가등기담보권자가 가등기에 기한 본등기를 하기전이라도 訴를 제기할 수 있다.

4. 잠정처분

이 소가 제기되었어도 이미 개시된 강제집행은 당연히 정지되지 않는다.

※ 판례

소유권이전등기청구권에 대한 가압류결정정본이 제3채무자에게 송달된 후 위 가압류결정에 대하여 제기된 제3자이의 소의 적법 여부

〈판결요지〉
제3자 이의의 소는 집행목적물에 대한 구체적인 집행행위의 배제를 구하는 소로서

집행이 종료된 이후에는 그 소를 제기할 이익이 없다 할 것인바, 소유권이전등기청 구권에 대한 가압류는 그 결정정본이 제3채무자에게 송달함으로써 그 집행이 종료 된다 할 것이므로 그 이후 위 가압류결정에 대하여 제기된 제3자이의의 소는 소의 이익이 없어 부적법하다(서울지방법원 2000가단22905).

제7절 배당표에 대한 이의

1. 의의

배당 기일에 출석한 채무자 및 채권자가 배당표의 작성, 확정 및 실시와 다른 채권자의 채권과 순위에 관하여 이의를 진술할 수 있는 권리이다.

배당기일에 출석하지 않는 채권자는 배당표와 같이 배당을 실시하는 데 동의한 것으로 간주한다(§153①).

2. 이의시기

배당 기일에 하면 된다.

3. 이의 사유

1) 절차상의 이의사유

배당표의 작성방법이나 배당실시 절차에 위법이 있는 경우
2) 실체상의 이의사유

각 채권자 또는 채무자는 각 채권자의 채권의 존부, 범위, 순위에 관하여 실체상의 사유가 있는 경우에 이의신청할 수 있다. 다만, 채권자의 이의는 이의의 결과 자기의 배당액이 증가되는 경우에 한한다.

4. 이의의 효과

1) 채무자가 이의신청한 경우

(1) 집행력 있는 정본을 가진 채권자를 상대로 이의한 경우에는 그 채권자가 이의를 인정하지 않는 한 청구이의의 소(민사집행법 제154조2항)를 제기하여 배당일로부터 7일 내에 이를 증명해야 한다.

(2) 집행력 있는 정본을 가지지 않은 채권자나 담보권자에 대항 이의를 신청한 경우 배당이 완결되지 않은 부분에 대하여 배당실시가 유보된다.
배당기일로부터 7일 이내에 채무자가 배당이의의 소(민사집행법 154조1항)를 제기하여 증명해야 한다.

2) 채권자가 이의신청한 경우

위 (2)와 같이 처리함

제8절 배당이의의 소

1. 당사자 적격

배당 기일에 출석하여 이의를 제기했던 채권자나 채무자

2. 제기기간

배당기일로부터 7일 내

3. 관할법원

배당법원(민사집행법 제156조 제1항)

4. 재판

승소결과 승소판결은 상대적 효력이 있다.

※ 판례

〈판시 사항〉
배당기일에 이의한 사람이 배당이의의 소의 첫 변론기일에 출석하지 아니한 때에는 소를 취하한 것으로 보도록 한 민사집행법 제158조(이하 '이 사건 조항'이라 한다)가 이의한 사람의 재판청구권을 침해하는지 여부

〈판결요지〉
이 사건 조항은 배당이의의 소에 있어서 원고로 인한 불필요한 지연을 방지하고 최초 변론기일부터 원고의 적극적 소송참여를 유도함으로써 강제집행절차를 신속하고 효율적으로 진행시키기 위한 것인데, 권리 또는 법률관계의 존부의 확정을 목적으로 하는 판결절차에 비하여 권리의 강제적 실현을 목적으로 하는 강제집행절차에서는 신속성의 요청이 더 강하게 요구되므로 그 입법목적의 정당성이 인정된다. 최초변론기일 불출석 시 소취하의제라는 수단은 원고의 적극적 소송수행을 유도하므로 입법목적의 달성에 효과적이고 적절한 것이고, 원고가 최초의 변론기일에만 출석한다면 그 이후의 불출석으로 인하여 다른 사건에 비하여 특별히 불리한 처우를 받게 되지 않으므로 재판청구권에 대한 과도한 제한이라고 할 수 없다(헌법재판소 2003헌바92).

〈판시사항〉
[1] 대항력과 우선변제권을 겸유하고 있는 임차인이 임대인을 상대로 보증금반환청구소송을 제기하여 승소판결을 받고 그 확정판결에 기하여 강제경매를 신청하였으나 그 경매절차에서 보증금 전액을 배당받지 못한 경우, 후행 경매절차에서 우선변제권에 의한 배당을 받을 수 있는지 여부(소극)

[2] 주택임대차보호법 제3조의 5 단서에서 말하는 경락에 의하여 소멸하지 아니하는 임차권의 내용에 대항력뿐만 아니라, 우선변제권도 포함되는지 여부(소극)

〈판결요지〉

[1] 주택임대차보호법상의 대항력과 우선변제권의 두 가지 권리를 함께 가지고 있는 임차인이 우선변제권을 선택하여 제1경매절차에서 보증금 전액에 대하여 배당요구를 하였으나 보증금 전액을 배당받을 수 없었던 때에는 경락인에게 대항하여 이를 반환받을 때까지 임대차관계의 존속을 주장할 수 있을 뿐이고, 임차인의 우선변제권은 경락으로 인하여 소멸하는 것이므로 제2경매절차에서 우선변제권에 의한 배당을 받을 수 없는바, 이는 근저당권자가 신청한 1차 임의경매절차에서 확정일자 있는 임대차계약서를 첨부하거나 임차권등기명령을 빌어 임차권등기를 하였음을 근거로 하여 배당요구를 하는 방법으로 우선변제권을 행사한 것이 아니라, 임대인을 상대로 보증금반환청구 소송을 제기하여 승소판결을 받은 뒤 그 확정판결에 기하여 1차로 강제경매를 신청한 경우에도 마찬가지이다.

[2] 보증금이 전액 변제되지 아니한 대항력 있는 임차권은 소멸하지 아니한다는 내용의 주택임대차보호법 제3조의 5 단서를 신설한 입법 취지가 같은 법 제4조 제2항의 해석에 관한 종전의 대법원판례(대법원 1997.8.22. 선고 96다53628 판결 등)를 명문화하는 데 있는 점 등으로 보아, "임대차가 종료된 경우에도 임차인이 보증금을 반환받을 때까지 임대차관계는 존속하는 것으로 본다"라고 규정한 같은 법 제4조 제2항과 동일한 취지를 경락에 의한 임차권 소멸의 경우와 관련하여 주의적·보완적으로 다시 규정한 것으로 보아야 하므로, 소멸하지 아니하는 임차권의 내용에 대항력뿐만 아니라, 우선변제권도 당연히 포함되는 것으로 볼 수는 없다.

제9절 강제집행의 필수적 정지, 제한(민사집행법 제49조)

1. 강제경매에서의 정지, 제한

〈관련 법조문〉

제49조(집행의 필수적 제한) 강제집행은 다음 각 호 가운데 어느 하나에 해당하는 서류를 제출한 경우에 정지하거나 제한해야 한다.

1. 집행할 판결 또는 그 가집행을 취소하는 취지나, 강제집행을 허가하지 아니하거나 그 정지를 명하는 취지 또는 집행처분의 취소를 명한 취지를 적은 집행력 있는 재판의 정본

2. 강제 집행의 일시 정지를 명한 취지를 적은 재판의 정본

3. 집행을 면하기 위하여 담보를 제공한 증명서류

4. 집행할 판결이 있은 뒤에 채권자가 변제를 받았거나, 의무이행을 미루도록 승낙한 취지를 적은 증명서

5. 집행할 판결, 그 밖의 재판이 소의 취하 등의 사유로 효력을 잃었다는 것을 증명하는 조서 등본 또는 법원사무관등이 작성한 증서

6. 강제집행을 하지 아니한다거나 강제집행의 신청이나 위임을 취하한다는 취지를 적은 화해조서의 정본 또는 공정증서의 정본

1) 강제 집행의 정지

강제 집행은 동법 제 민사집행법 49조 각 호의 서류가 제출될 경우 정지해야 한다. 매각허가 결정전이면 매각불허가 결정을 하며, 매각허가 결정 후이면 매각 허가결정이 확정되지 않는다. 매각허가결정 후라면 그 후의 절차의 진행이 정지된다.

동조 제4호의 경우 변제증서 제출에 의한 강제집행이 정지되는 경우 그 정지기간은 2개월로 하고(동법 제51조 ①항) 의무의 이행을 미루도록 하는 취지를 적은 증서의 제출로 강제집행을 정지하는 경우 그 정지는 2회에 한하며 통산하여 6월

을 초과할 수 없다(동법 제51조 ②항).

2) 강제집행의 취소(민사집행법 제50조)

앞의 서류 중 동법 제49조 1, 3, 5, 6호의 경우에는 이미 실시한 집행처분을 취소해야 하고, 매각허가 결정 후이면 매각 허가 결정을 취소하고 매각결정 확정 후 대금지급전이면 대금지급 기일을 취소한다.

3) 서류의 제출시기

동법 제49조 제4호의 경우에는 매각 기일에 매수 신고가 있기 전까지 제출해야 하고, 그 나머지의 경우에는 매각대금 완납 시까지 제출해야 한다. 다만 위 3호와 6호의 취소나 4의 정지의 경우에는 최고가매수신고인 등이 있는 경우 매수신고인의 동의를 받아야 효력이 있다(동법 제93조 제2항).

만일 매수신고인의 동의가 없는 경우 소유자나 채무자는 신청 채권자에게 피담보 채권을 변제하여 그 저당권을 말소한 경우에 ① 경매개시결정에 대한 이의(새로운 사건번호 부여)와 ② 말소된 등기부등본을 제출하면서 "경매절차의 취소"(별도의 사건번호를 부여하지 않음)를 구하는 방법이 있다.

※ 판례

> **강제경매에 있어서 청구에 관한 이의의 소를 제기하지 아니한 상태에서 한 강제집행정지신청의 적법 여부**
>
> 〈판결요지〉
> 확정판결 또는 이와 동일한 효력이 있는 집행권원에 기한 강제집행의 정지는 오직 강제집행에 관한 법규 중에 그에 관한 규정이 있는 경우에 한하여 가능하고, 이와 같은 규정에 의함이 없이 일반적인 가처분의 방법으로 강제집행을 정지시킨다는 것은 허용되지 아니하며, 민사집행법 제46조 제2항 소정의 강제집행에 관한 잠정처분은 청구에 관한 이의의 소가 계속 중임을 요하고, 이러한 집행정지요건이 결여되었음에도 불구하고 제기된 집행정지신청은 부적법하다(대법원 2004카기93).

2. 임의 경매에서의 정지, 제한

> **〈관련 법조문〉**
>
> 제266조(경매절차의 정지)
>
> 다음 각 호 가운데 어느 하나에 해당하는 문서가 경매법원에 제출되면 경매절차를 정지한다.
>
> 1호 담보권의 등기가 말소된 등기부의 등본
> 2호 담보권등기를 말소하도록 명한 확정판결의 정본
> 3호 담보권이 없거나 소멸되었다는 취지의 확정판결의 정본
> 4호 채권자가 담보권을 실행하지 아니하기로 하거나 경매신청을 취하 하겠다는 취지 또는 피담보채권을 변제받았거나 그 변제를 미루도록 승낙한다는 취지를 적은 서류
> 5호 담보권 실행을 일시 정지하도록 명한 재판의 정본

1) 임의경매의 경우 경매절차의 필수적 정지

상기 각 호의 서류제출이 있을 시 경매절차는 필수적으로 정지해야 한다.

2) 임의경매의 취소

위 서류 중 1호, 2호 3호의 서류와 4호의 서류가 화해 조서의 정본 또는 공정증서의 정본 경우에는 집행법원은 이미 실시한 경매절차를 취소해야 한다.

3) 서류의 제출시기-매각대금 완납 전까지 제출해야 한다.

4) 임의경매의 취소의 경우 매수신고인 등이 있는 경우에는 매수신고인의 동의가 있어야 효력이 있다. 만일 동의가 없으면 근저당권 등기를 말소시키고 말소된 등기부등본을 첨부하여 경매개시결정에 대한 이의신청을 하여 경매개

시결정을 취소시키면 된다. 다만, 경매질차가 정지되지 않음으로써 발생되는 손해(매수인의 부동산소유권취득은 담보권소멸로 영향을 받지 않음－동법 제267조-)를 막기 위해서는 경매개시결정에 대한 이의나 청구이의의 소등을 제기하는 경우강제집행정지 가처분신청을 하여 그 정지결정을 받아두는 것이 좋다.

경매신청의 취하

1) 최고가 매수인이 없는 경우
   경매신청채권자의 경매취하 동의서와 인감증명서를 제출하면 된다.
2) 최고가 매수신고인이 있는 경우
   경매신청채권자의 경매취하서와 인감증명서, 최고가매수신고인(차순위신고가 있는 경우에는 차순위 매수신고인)의 경매취하동의서 및 인감증명서를 제출하면 된다.
3) 최고가매수신고인이 취하에 동의하지 않는 경우
   경매신청채권자의 채무를 변제하고 저당권등기를 말소하고 말소된 등기부등본을 첨부하여 경매개시결정에 대한 이의 신청서를 제출하면, 법원은 이의신청에 대한 심리절차를 거쳐 경매취소결정을 하고 결정문을 매수인에게 송달하면 송달된 날로부터 2주일 이후 경매취소결정은 확정된다.
4) 경매신청채권자가 채무변제를 거부하거나 취하에 동의하지 않는 경우
   채무자는 담보된 채권청구금액과 지연이자 경매집행비용 등을 변제 공탁한 후 변제공탁서를 첨부하여 경매절차를 취소하면 된다.

경매에 있어서 채무자 또는 매수자가 사망한 경우의 처리

1. 채무자가 사망한 경우

가. 강제집행개시 후에 채무자가 사망한 경우에 개시결정을 상속인에게 송달하여 상속재산에 대하여 강제집행을 계속하여 진행하면 된다(동법 제52조 제1항). 이 경우 상속인에 대한 승계집행문이 필요 없다. 만일 상속인이 없거나

상속인이 있는 곳이 분명하지 아니한 경우에는 법원은 상속재산 또는 상속인을 위하여 특별대리인을 선임하여 그 자에게 송달한다.

나. 경매개시결정 전에 사망한 경우

　상속인에 대하여 강제집행을 하여야 하므로 상속인에 대한 승계집행문을 부여받아 경매신청을 하여야 한다. 이를 간과하고 경매신청을 하여 개시결정이 난 후 사망사실이 밝혀지면 경매개시결정을 취소하고 강제경매신청을 각하한다.

다. 임의경매의 경우에는 경매절차는 그대로 속행하면 된다. 즉, 강제경매와 달리 경매개시결정 전후에 채무자, 소유자가 사망한 경우에는 상속인들이 사망사실을 증명하고 자기를 이해관계인으로 취급하여 절차를 속행하여 줄 것을 신청함으로써 관여할 수 있다. 그렇게 하지 않는 이상 경매절차는 등기부상 소유자나 채무자에 대하여 그대로 속행하며, 그자에게 경락허가결정을 하여도 위법이 아니다. 다만, 임의경매 신청 시 소유자의 사망사실 및 상속인들의 적법한 상속포기신고사실이 확인될 경우에는 상속재산관리인을 상대로 하지 않는 이상 사망자나 상속인들을 상대로 한 경매신청은 부적법 각하된다.

2. 채권자의 승계

(1) 강제경매절차

가. 강제집행개시 후의 승계

　강제집행을 개시한 후(채권자가 사망한 경우나 특별승계) 신청채권자의 지위가 승계된 경우 새로운 채권자가 승계집행문을 부여받아야 강제집행을 속행할 수 있다.

나. 강제집행 개시 전의 승계

　경매절차개시 전에 승계가 이루어진 경우에는 승계인이 승계집행문을 부여받아 경매신청을 할 수 있다.

(2) 임의경매 절차

가. 집행개시 후의 승계

　경매절차개시 후 저당권자가 사망하거나 저당권이 피담보책권과 함께 양도되거나 대위변제에 의한 대위변제가 저당권을 취득한 경우 경매절차는 중단되지 않고 승계인에 대하여 경매절차를 그대로 진행한다.

나. 집행개시 전의 승계

　집행개시 전의 승계가 있는 경우 승계인만이 경매신청을 할 수 있다.

채무자 또는 저당 부동산의 소유자가 사망한 경우, 이미 사망한 등기부상

가. 채무자나 소유자에 대하여 절차를 속행하여 이루어진 경락허가결정의 효력

근저당권의 실행을 위한 부동산경매는 그 근저당권설정등기에 표시된 채무자 및 저당 부동산의 소유자와의 관계에서 그 절차가 진행되는 것이므로, 그 절차의 개시 전 또는 진행 중에 채무자나 소유자가 사망한 경우 그 재산상속인이 경매법원에 대하여 그 사망 사실을 밝히고 경매절차를 수계하지 아니한 이상 경매법원이 이미 사망한 등기부상의 채무자나 소유자와의 관계에서 그 절차를 속행하여 이루어진 경락허가결정을 무효라고 할 수는 없다(대법원 97다39131).

나. 일반적인 가처분절차에 의하여 임의경매절차를 정지시킬 수 있는지 여부

임의경매를 신청할 수 있는 권리의 존부를 다투어 민사집행법 제275조에 의한 같은 법 제44조의 준용에 의해 채무에 관한 이의의 소를 제기한 경우에도 같은 법 제46조 제2항에 의한 강제집행정지명령을 받아 정지시킬 수 있을 뿐이고, 일반적인 가처분절차에 의하여 임의경매절차를 정지시킬 수는 없다(대법원 2004카기93).

제7장
배당 실무

경매 입찰자에게 있어서 흔히 잘 익은 사과에 해당하는 우량의 물건을 선별해 내기 위해서는 배당의 실무를 익히는 것이 중요하다. 왜냐하면 배당관계 여하에 따라 명도관계의 난이가 결정되고 매각 시 인수금액 여하가 매수가 결정에 중요한 자료로 활용되기 때문이다. 이러한 관계로 배당실무를 독립의 장으로 다루어 보기로 한다.

제1절 배당의 원칙

1. 물권 상호 간

배당순위는 등기의 순위(접수번호)에 의한다.
확정일부 임차인의 배당순위는 물권과 같이 취급하여 전입일(다음 날 0시 이후부터 대항력발생)과 확정일자 중 늦은 날을 기준으로 판단한다.

2. 채권 상호 간

채권성립시기에 관계없이 동 순위 배당된다(채권액에 비례한 안분배당).

3. 물권과 채권

1) 물권이 채권보다 선순위인 경우 물권부터 우선배당 한다.
2) 채권이 물권보다 선순위인 경우 동순위로 안분배당 한다.

4. 채권자와 변제자 중에는 채권자가 우선함

5. 수 개의 부동산 중 일부가 경매된 경우 수 개의 부동산으로부터 동시에 배당하였다면 다른 부동산의 경매대가에서 변제받았을 금액의 한도에서 선순위자를 대위하여 우선배당 한다.

6. 저당권, 전세권 순으로 등기된 경우 누가 경매를 신청하든 두 권리는 모두 소멸하고 배당은 저당권이 우선한다.

7. 전세권, 저당권 순으로 등기된 경우

1) 전세권자가 경매를 신청한 경우, 저당권자가 경매를 신청한 경우라도 전세권자가 배당 요구하면 전세권자가 우선배당 된다.
2) 저당권자가 경매를 신청하였으나 전세권자가 배당요구를 하지 않은 경우 저당권자에게 배당하고 전세권은 인수된다.

TiP

채권자 등에의 배당할 금액

각 채권자에게 배당할 금액은 낙찰대금＋지연이자(납입기일 경과 후 납입 시)＋ 몰수된 입찰보증금(재입찰 시)을 포함한 총 배당할 금액에서 집행비용을 공제한 금액으로 배당순위에 따라 배당되는 것이다.

제2절 배당 순위

0순위: 집행 비용

1순위: 저당권설정등기 후에 목적부동산을 취득한 제3취득자가 지출한 필요비, 유익비(민법 §367)

2순위: 주택이나 상가건물의 임차보증금 중 일정액(소액최우선변제권)과 **최종 3개월분의 임금 및 3년분의 퇴직금**(보증금과 임금은 안분배당)

3순위: 당해세

4순위: 국세의 법정기일 또는 지방세의 과세기준일 전에 설정 등기된 담보물권, 전세권 및 확정일부 임차권

5순위: 임금채권

6순위: 조세채권

7순위: 공과금(의료보험금, 국민연금보험료, 산업재해보상보험금)

8순위: 일반채권자, 확정일 없는 임차보증금

제3절 필요비와 유익비

1. 필요비

1) 의의

부동산의 관리, 보존 등의 현상유지를 위하여 제3취득자, 임차인, 점유자 등이

지출한 비용을 말한다.

2) 비용 상환청구 요건

(1) 정당한 권원에 의한 점유자일 것
(2) 필요비 지출에 대하여 소유자의 사전 동의나 사후추인이 있을 것
(3) 점유권원이 되는 계약에서 원상회복 의무약정이나 비용 상환청구권의 발생을 배제하는 특약이 없을 것(통상 부동문자로 표기된 계약서에 서명하여 계약한 경우도 같다)
(4) 변제기도래(목적부동산을 소유자에게 인도 시)
(5) 경미한 수선 유지 관리 등을 위한 비용은 제외됨

2. 유익비

1) 의 의

부동산의 개량 이용을 위하여 제3취득자 등이 지출하여 목적부동산의 객관적 가치를 증가시킨 비용을 말한다.

2) 비용 상환청구 요건

필요비에서 요구되는 요건에 추가하여
(1) 객관적 가치 증가라는 요건과,
(2) 가치증가의 현존의 요건이 더 요구됨.
(3) 지출비용과 현존가치 증가분이 다른 경우 현존가치 증가분을 한도로 청구할 수 있음

제4절 임금채권의 우선변제 청구권

1. 범 위

근로자의 최종 3개월분 임금, 3년분 퇴직금

2. 적용 기준

1) 임금채권은 사용자의 총 재산에 대하여만 우선변제권이 있고, 사용자가 재산을 취득하기 전에 설정된 담보물권에 대하여는 임금채권의 우선변제가 인정되지 않는다.
2) 근로자가 아닌 임원의 경우에는 우선변제 대상이 아니다.
3) 임금 등에 대한 지연손해금에 대하여는 우선변제권이 없다.

3. 절차

1) 근로자가 임금채권을 우선변제 받기 위해서는 배당요구종기일까지 배당요구를 해야 한다. 따라서 배당요구조차 하지 아니한 임금채권자는 배당받은 후순위채권자에게 부당이득반환청구권을 행사할 수 없다(대판 96다10263).
2) 배당요구 시 노동부지방사무소에서 발급한 체불임금확인서와 우선변제권이 있는 임금채권이라는 법원의 확정 판결, 사용자 작성의 임금대장 사본, 근로소득에 대한 원천징수영수증, 국민연금보험료 원천공제 계산서 등을 첨부하여 임금채권임을 소명하여야 한다.

4. 임금채권 최우선변제대상이 되는 임금과 임차인의 소액 최우선변제금이 있는 경우 채권액에 비례해 안분배당

제5절 당해세 등 조세채권의 우선변제권

1. 당해세

1) 의 의

매각대상 부동산 그 자체에 부과된 조세와 가산금을 말한다.

2) 종 류

국 세: 상속세, 증여세, 자산재평가세

지방세: 재산세, 자동차세, 농지세, 종합토지세, 소방공동시설세 등

단, 지방세법 시행령(§14조의 4)에서 당해세로 규정하고 있는 취득세, 등록세는 당해세 우선의 원칙을 적용할 수 없다는 헌법재판소 결정이 있다(1994.8.31. 91 헌가1 결정).

3) 당해세의 순위

(1) 당해세 최우선변제는 1996년 1월 1일 이후부터 적용하므로 1995년 12월 31 일까지의 저당권 등으로 담보된 채권보다 당해세 우선의 원칙이 적용되는 것이 아니다. 또한 저당부동산의 설정자에게 부과된 당해세는 우선변제대상 이나 저당부동산의 상속인이나 양수인에 대하여는 당해세우선이 적용되지 않는다(대판 1999.3.12. 98다 59125).

(2) 당해세는 소액보증금 최우선변제, 임금채권을 제외한 어떠한 채권보다 우선 변제 대상이다.

2. 조세채권

조세채권과 저당권 전세권 확정일부 임차권의 피담보채권의 우선순위는 조세의

법정기일과 저당권의 설정등기일의 선후에 따라 우선순위가 결정된다. 다만, 조세의 법정기일과 저당권 등의 설정일이 같은 경우에는 여러 설이 있으나 다수설은 조세채권이 우선한다고 한다.

3. 조세 상호간의 우선순위

체납처분의 일환으로 압류가 된 조세는 교부 청구한 조세보다 우선한다(압류선착주의). 그 외의 조세채권은 법정기일 선후에도 불구하고 동순위 배당한다.

조세의 법정기일

① 과세표준과 세액의 신고에 의하여 납부의무가 확정되는 국세는 '신고일'
　　예: 법인세, 부가가치세, 주세 등
② 과세표준과 세액을 정부가 결정 징수하는 국세는 '납세고지발송일' 기준
③ 원천징수의무자 또는 납세조합으로부터 징수하는 국세와 인지세는 '납세의무 확정일' 기준
④ 압류 이후 발생한 체납된 국세 및 가산금은 '압류등기일'

※ 판례

당해세의 범위

〈판결요지〉

국세기본법 제35조 제1항 제3호는 공시를 수반하는 담보물권과 관련하여 거래의 안전을 보장하려는 사법적(私法的) 요청과 조세채권의 실현을 확보하려는 공익적 요청을 적절하게 조화시키려는 데 그 입법의 취지가 있으므로, **당해세가 담보물권에 의하여 담보되는 채권에 우선한다고 하더라도 이로써 담보물권의 본질적 내용까지 침해되어서는 아니 되고,** 따라서 같은 법 제35조 제1항 제3호 단서에서 말하는 '그 재산에 대하여 부과된 국세'라 함은 담보물권을 취득하는 사람이 장래 그 재산에 대하여 부과될 것을 상당한 정도로 예측할 수 있는 것으로서 오로지 당해 재산을 소유하고 있는 것 자체에 담세력을 인정하여 부과되는 국세만을 의미하는 것으로 보아야 한다(대법원 2001다44376).

제6절 배당 실무(사례 연습)

사례 1. 소액임차인의 최우선변제

〈권리관계〉 주택(서울) / 감정가 15,000만 원 / 2차 최저가 12,000만 원

순위	권리일	권리종류	권리자	권리금액
1	2008. 8. 20.	근저당	甲	7,000만 원
2	2008. 8. 21.	근저당	乙	3,000만 원
3	2009. 1. 3. 전입	임차권 - 배당요구	丙	5,000만 원
4	2009. 7. 3. 전입	임차권 - 배당요구	丁	4,000만 원
			매각	135,00만 원

※ 집행비용, 당해세 등 우선채권은 고려하지 않음.

〈권리분석 Point〉

√ 말소기준권리는 갑의 근저당권으로 이후 권리는 말소 대상임(인수금액 없음)
√ 매각금액이 근저당권액도 만족시키지 못하더라도 소액임차인은 최우선변제를 주장할 수 있음

〈배당실무〉

1. 배당해설

위 사례의 경우 임대차계약일을 기준으로 할 경우에는 丙, 丁 모두 소액임차인에 해당하지만 소액보증금 중 최우선변제는 담보물권설정일을 기준으로 하므로 1번 근저당권자인 甲에 대하여 丁만이 우선변제권을 주장할 수 있으나 丙은 甲에게 우선변제권을 주장할 수 없다(2008년 8월 20일까지는 4,000만 원 이하 1,600만 원 최우선변제권). 그러나 2번 근저당권자인 乙에 대하여는 丙, 丁 모두 소액최우선변제청구권이 있다(2008년 8월 21일부터 2010년 10월

25일까지는 6,000만 원 이하 2,000만 원 최우선변제권).

2. 배당결과[배당할 금액: 13,500만 원]

순위	배당채권자	배당금액	배당 후 잔액
1	소액임차인 丁	1,600만 원	11,900만 원
2	근저당권자 甲	7,000만 원	4,900만 원
3	소액임차인 丙	2,000만 원	2,500만 원
3	소액임차인 丁	400만 원	
4	근저당권자 乙	2,500만 원	0원

1. 소액임차인의 최우선변제권

1) 최우선변제권의 대상이 되는 소액임차인의 보증금 범위

(1) 주택임대차의 경우

※ 소액최우선변제 보증금 범위 및 최우선변제액(단위: 만 원) - 주택

담보물권 설정일	지 역	보증금 범위	최우선변제액
84. 06. 14.~87. 11. 30.	특별시, 광역시	300만 원 이하	300만 원까지
	기타 지역	200만 원 이하	200만 원까지
87. 12. 01.~90. 02. 18.	특별시, 광역시	500만 원 이하	500만 원까지
	기타 지역	400만 원 이하	400만 원까지
90. 02. 19.~95. 10. 18.	특별시, 광역시	2,000만 원 이하	700만 원까지
	기타 지역	1,500만 원 이하	500만 원까지
95. 10. 19.~01. 09. 14.	특별시, 광역시 (군 지역 제외)	3,000만 원 이하	1,200만 원까지
	기타 지역	2,000만 원 이하	800만 원까지
01. 09. 15.~08. 08. 20.	수도권 과밀억제권(서울, 인천, 의정부, 구리, 남양주, 하남, 고양(일산), 수원, 성남(분당), 안양, 부천, 과천)	4,000만 원 이하	1,600만 원까지
	광역시(부산, 대구, 대전, 광주, 울산-군 지역 및 인천광역시 제외)	3,500만 원 이하	1,400만 원까지
	기타 지역	3,000만 원 이하	1,200만 원까지

담보물권 설정일	지 역		보증금 범위	최우선변제액
08. 08. 21.~10. 07. 25.	수도권 과밀억제권역(서울, 인천, 의정부, 구리, 남양주, 하남, 고양(일산), 수원, 성남(분당), 안양, 부천, 과천)		6,000만 원 이하	2,000만 원까지
	광역시(부산, 대구, 대전, 광주, 울산-군지역 및 인천광역시 제외)		5,000만 원 이하	1,700만 원까지
	기타 지역		4,000만 원 이하	1,400만 원까지
10. 07. 26.~13. 12. 31.	서울특별시		7,500만 원	2,500만 원
	수도권 과밀억제권역		6,500만 원	2,200만 원
	광역시 등(인천, 안산, 용인, 김포, 광주)		5,500만 원	1,900만 원
14. 01. 01.~이후	서울특별시		9,500만 원	3,200만 원
	수도권 과밀억제권역		8,000만 원	2,700만 원
	광역시 등(인천, 안산, 용인, 김포, 광주)		6,000만 원	2,000만 원
	그 밖의 지역(군지역)		4,500만 원	1,500만 원

◆ 수도권 과밀억제권

서울특별시 전체 포함	
인천광역시 중 제외지역	- 강화군, 옹진군 - 서구대곡동·불로동·마전동·금곡동·오류동·왕길동·당하동·원당동 - 연수구 송도매립지(인천광역시장이 송도신시가지 조성을 위하여 1990년 11월 12일 송도 앞 공유수면 매립공사면허를 받은 지역) - 남동유치지역
기타 지역 중 포함지역	- 의정부시·구리시 - 남양주시(호평동·평내동·금곡동·일패동·이패동·삼패동·가운동·수석동·지금동·도농동에 한함) - 하남시·성남시·수원시·안양시·의왕시·군포시·부천시·광명시·과천시·고양시 - 시흥시(반월특수지역 제외)

(2) 상가건물 임대차의 경우

가. 상가건물 임대차보호법의 대상

담보물권 설정일	구 분		환산보증금=보증금+(월세×100)
2002. 11. 01.~2008. 08. 20.	수도권	서울특별시	2억 4천만 원 이하
		과밀억제권역	1억 9천만 원 이하
	광역시(군 지역 및 인천광역시 제외)		1억 5천만 원 이하
	기타(수도권 기타 지역 포함)		1억 4천만 원 이하
2008. 08. 21.~2010. 07. 25.	수도권	서울특별시	2억 6천만 원 이하
		과밀억제권역	2억 1천만 원 이하
	광역시(군 지역 및 인천광역시 제외)		1억 6천만 원 이하
	기타(수도권 기타 지역 포함)		1억 5천만 원 이하

담보물권 설정일	구 분	환산보증금=보증금+(월세×100)
2010. 07. 26.~2013. 12. 31.	서울특별시	3억 원 이하
	수도권정비계획법에 따른 과밀억제권역(서울특별시는 제외)	2억 5천만 원 이하
	광역시(수도권정비계획법에 따른 과밀억제권역에 포함된 지역과 군 지역은 제외), 김포시, 용인시, 안산시	1억 8천만 원 이하
	그 밖의 지역	1억 5천만 원 이하
2014. 01. 01.~	서울특별시	4억 원 이하
	수도권정비계획법에 따른 과밀억제권역(서울특별시는 제외)	3억 원 이하
	광역시(수도권정비계획법에 따른 과밀억제권역에 포함된 지역과 군 지역은 제외), 김포시, 용인시, 안산시	2억 4천만 원 이하
	그 밖의 지역	1억 8천만 원 이하

나. 소액 최우선변제권 대상과 최우선변제금액

담보물권설정일(기준일)	지 역	우선변제 받을 보증금의 범위(이하)	보증금 중 우선변제 받을 액수
2002. 11. 01~2010. 07. 25	서울특별시	4,500만 원	1,350만 원까지
	과밀억제권역(서울특별시제외)	3,900만 원	1,170만 원까지
	광역시(군 지역 및 인천광역시제외)	3,000만 원	900만 원까지
	기타	2,500만 원	750만 원까지
2010. 07. 26~2013. 12. 31	서울특별시	5,000만 원	1,500만 원
	수도권정비계획법에 따른 과밀억제권역(서울특별시제외)	4,500만 원	1,350만 원
	광역시(수도권정비계획법에 따른 과밀억제권역에 포함된 지역과 군 지역은 제외), 김포시, 광주시, 용인시, 안산시	3,000만 원	900만 원
	그 밖의 지역	2,500만 원	750만 원
2014. 01. 01~	서울특별시	6,500만 원	2,200만 원
	수도권정비계획법에 따른 과밀억제권역(서울특별시는 제외)	5,500만 원	1,900만 원
	광역시(수도권정비계획법에 따른 과밀억제권역에 포함된 지역과 군 지역은 제외), 김포시, 광주시, 용인시, 안산시	3,800만 원	1,300만 원
	그 밖의 지역	3,000만 원	1,000만 원

소액임차인 소액최우선배당 실무(근생시설)

1. 서울특별시 근린주택(말소기준 설정일 기준) 나가

임차인	보증금/월세	최우선배당금액	소액임차인 해당 여부	
			~2010.7.25	2010.7.26~
강연화	5,000	2,000(2,500)	○	○
박명옥	6,500	0(2,500)	×	○
배철호	7,500/300	0(2,500)	×	○
박인숙	8,500		×	×
대성부동산	3,000/100	1,350(1,500)	○	○
란부동산	5,000/50	0(1,500)	×	○
하나투어	1,500/200	0	×	×

* 2008.8.21~2010.7.25(설정기준일)
(   )는 2010.7.26. 이후 기준일일 경우
* 하나투어는 환산보증금이 3,500만 원이라서 상가건물임대차 보호법의 적용대상이 아님

2. 만약 위임차인이 인천광역시(일부지역제외)나 과밀억제권에서 임차하였다면

임차인	보증금/월세	최우선변제액	소액임차인 해당여부	
			~2010.7.25	2010.7.26~
강연화	5,000	1,700(2,200)	○	○
박명옥	6,500	0(2,200)	×	○
배철호	7,500/300	0(2,200)	×	×
박인숙	8,500	0(0)	×	×
대성부동산	3,000/100	1,170(1,350)	○	○
란부동산	5,000/50	0(0)	× (3900)	× (450)
하나투어	1,500/200	0(0)	×	×

* 보증금의 범위 6,500~(2,200)

2. 최우선변제 요건

1) 경매개시결정등기일 전 주민등록과 주택의 인도(대항요건)
2) 배당요구할 것

3. 배당금의 한계

1) 대지가격을 포함한 주택가격(집행비용을 공제한 배당할 금액)의 1/2 범위 내이다(상가의 경우에도 1/2범위 내).

2) 대지에 관하여 저당권을 설정한 후 신축된 지상건물의 소액임차인은 대지의 환가대금으로부터는 최우선변제권이 없다.

3) 전차인의 경우 임차인이 소액보증금에 해당하고 전차인도 소액의 경우에만 소액최우선변제권이 있다.

4) 임차권등기가 경료 된 주택을 그 후에 임차한 임차인은 소액최우선변제권이 없다.

5) 우선변제권과는 달리 확정일자는 필요 없다.

6) 소액임차인이 여러 명이고 소액최우선변제 금이 주택가액의 1/2 범위를 초과한 경우에는 소액보증금 기준이 아니라 소액최우선변제금의 범위 내에서 비율 배당한다.

7) 계약 당시는 소액보증금에 해당하지 아니하였으나 경매신청기입등기일 전에 소액보증금의 범위로 감액하여 정상적으로 계약을 맺은 경우에도 보장된다.

4. 기 준

1) 현재는 소액임차인에 해당하더라도 담보물권이 구법하에서 발생한 경우에는 구법을 기준으로 소액임차인 여부를 판단한다.

2) 주택임대차보호법 부칙 제3항과 동법 시행령 부칙 제2항의 "담보물권을 취득한 자"의 범위에는 저당권·가등기담보권·전세권은 물론 확정일부 임차인도 포함된다.

3) 2)의 권리가 없으면 최초 임대차보호법상의 기준금액을 기준으로 한다.

사례 2. 채권이 물권보다 선순위인 경우와 순환배당

〈권리관계〉 대지 / 감정가 6,000만 원 / 2차 최저가 4,800만 원

순위	권리일	권리종류	권리자	권리금액
1	2005. 10. 20.	가압류	甲	4,000만 원
2	2007. 12. 20.	근저당	乙	2,000만 원
3	2009. 05. 10.	세무서 압류	丙	3,000만 원
4	2009. 05. 12.	가압류	丁	1,000만 원
			매각	5,000만 원

※ 집행비용, 당해세 등 우선채권은 고려하지 않음.

〈권리분석 Point〉

√ 말소기준권리는 갑의 가압류임
√ 압류 등과 물권(근저당 등)의 우열

1) 가압류등기 후 물권자가 있는 경우

가압류에는 처분금지의 효력이 있기 때문에 그 집행보전의 목적달성을 위해 필요한 범위 내에서는 가압류권자에 대한 관계에서는 후순위권리자는 상대적 무효이다.

따라서 이론상으로는 물권이 채권보다 우선적 효력이 있지만 가압류의 처분금지적 효력 때문에 설사 물권자(근저당권자, 전세권 등)나 물권화된 권리(확정일부임차권)라 할지라도 선순위 가압류권자에게는 우선변제권을 주장할 수 없다. 결국 채권액에 비례한 안분배당 하게 된다.

2) 물권자가 없이 채권자만 있는 경우

3) 가압류는 전소유자의 가압류권자가 아닌 한 경락으로 무조건 말소된다.

4) 조세채권은 가압류권자보다는 등기선후를 떠나 무조건 선순위 배당된다.

〈배당실무〉

1. 배당해설

1) 우선순위

(1) 가압류등기권자 甲의 입장에서는 근저당권자 乙과 가압류권자 丁에 대하여는 평등하고, 조세채권자 병에 대해서는 후순위이다.

(2) 근저당권자 을의 입장에서는 조세권자 병과 가압류권자 정에 대해서는 선순위이나 선순위인 가압류권자 갑에 대하여는 동순위 배당이다.

(3) 조세권자 병의 입장에서는 가압류채권자 갑과 정에 대해서는 우선하나 근저당권자인 을에 대해서는 후순위이다.

(4) 가압류권자 정의 입장에서는 가압류권자 갑에는 평등하나, 근저당권자 채권자 평등의 원칙으로 채권액에 따른 안분배당을 한다.을과 조세권자 병에 대해서는 후순위다.

결국 꼬리를 물고 권리 간 순위가 뒤죽박죽인 경우 일차적으로 채권액에 따른 안분배당을 하고, 2차적으로 흡수배당으로 마무리 지으면 다툼이 없겠지요.

2) 1차 배당(채권액에 따른 평등배당)

甲: 2,000만{5000×(4000만/1억)}

乙: 1,000만{5000×(2000만/1억)}

丙: 1,500만{(5000×(3000만/1억)}

丁: 500만{5000×(1000만/1억)}

3) 2차 배당(흡수배당)

(1) 병(조세채권)은 정(가압류권)이 배당받은 500만 원은 병에게 흡수배당 한다(병: 2000 / 정: 0).

(2) 을(근저당권)은 병(조세채권)이 배당받은 1,500만 원 한도에서 자기의 채권을 만족할 때까지 흡수배당 한다(을: 2,000만 / 병: 1,000만).

(3) 병(조세채권)은 갑(가압류권)이 배당받은 2,000만 원 한도에서 자기의 채권을 만족할 때까지 흡수배당 한다(병: 3,000만 원 / 갑: 0원).

2. 배당결과

[배당할 금액: 5,000만 원]

순위	배당채권자	배당금액	배당 후 잔액
1	근저당권자 乙	2,000만 원	3,000만 원
2	조세채권자 丙	3,000만 원	−

사례 3. 흡수 배당

〈권리관계〉 아파트 / 감정가 50,000만원 / 2차 최저가 40,000만원

순위	권리일	권리종류	권리자	권리금액
1	2007.05.10	가압류	甲	10,000만 원
2	2008.06.06	근저당	乙	30,000만 원
3	2009.08.21	가압류	丙	60,000만 원
			매각	40,000만 원

※ 집행비용, 당해세 등 우선채권은 고려하지 않음. (임차인 없음)

〈권리분석 Point〉

√ 말소기준권리는 갑의 가압류임.

√ 갑의 가압류는 후 순위 근저당과 배당에서 동 순위이나, 근저당은 후 순위 가압류에 우선변제를 주장할 수 있다.

〈배당실무〉

I. 배당 해설

1. 저당권자 을은 가압류권자 갑에게 우선변제권을 주장할 수 없다. 그러나 **갑과 병은 채권자로서 동 순위**이다. 따라서 채권 액에 따른 안분배당을 한 후 을은 병에게는 우선변제 권이 있으므로 병이 배당 받은 금액을 한도로 자기의 채권의 만족을 얻을 때까지 흡수 배당한다.

2. 1차 배당 (안분 배당)

   甲 : 4억 X (1억 /10억) => 4,000만 원

   乙 : 4억 X (3억 /10억) => 12,000만 원

   丙 : 4억 X (6억 /10억) => 24,000만 원

3. 2차 배당 (흡수 배당)

   을은 병이 배당 받은 금액을 한도로 자기의 채권의 만족을 얻을 때까지 흡수 배당한다. 즉 을은 병으로 부터 18000만 원을 흡수하여 3억원 전부를 배당받는다. 그리하여 결국에는 병은 6000만 원만을 배당받게 된다(을 : 30,000만 원 / 병 : 6,000만 원).

II. 배당 결과

[배당할 금액: 40,000만 원]

순위	배당채권자	배당금액	배당 후 잔액
1	가압류권자 甲	4,000만 원	36,000만 원
1	근저당권자 乙	3억 = 1,2000만 원 + 18,000만 원(丙에서 흡수)	6000만 원
2	가압류권자 丙	6,000만 원	–

사례 4. 가압류 등기 후 근저당권자와 소액임차인이 있는 경우

〈권리관계〉 주택 (서울) / 감정가 13,000만 원 / 3차 최저가 8,320만 원.

순위	권리일	권리종류	권리자	권리금액
1	2007.02.12	가압류	甲	10,000만 원
2	2008.02.15. 전입2008.06.06	임차권 – 배당요구 (확정일자 2008.02.15)	乙	3,000만 원
3	2008.08.21	근저당권	丙	5,000만 원
			매각	10,000만 원

※ 집행비용, 당해세 등 우선채권은 고려하지 않음.

〈권리분석 Point〉

√ 말소기준권리는 갑의 가압류임.

√ 소액임차인의 최우선변제가 가장 우선 배당 된다. (2008년 8월 21일 현재 소액최우선변제 대상은 6,000만 원 이하 2000만 원이다)

〈배당 실무〉

I. 배당해설

1. 선순위 가압류등기 후 물권과 소액임차인이 있는 경우, 우선 소액보증금 중 일정액을 최우선변제(배당)한 후, 나머지 금액에 대하여 안분배당하고 그 다음에 흡수 배당한다.

2. 따라서 을에게 2,000만 원을 우선 배당한다. (배당할 금액 8,000만 원 남음)

3. 1차 배당 (안분 배당)

   甲 : 8,000만 원 X (10,000만 원 / 16,000만 원) => 5,000만 원

   乙 : 8,000만 원 X (1,000만 원 / 16,000만 원) => 500만 원

   丙 : 8,000만 원 X (5,000만 원 / 16,000만 원) => 2,500만 원

4. 2차 배당 (흡수 배당)

을은 병이 배당 받은 금액을 한도로 자기의 채권의 만족을 얻을 때까지 흡수 배당한다.

II. 배당결과

[배당할 금액: 10,000만 원]

순위	배당채권자	배당금액	배당 후 잔액
1	소액임차인 乙	2,000만원	8,000만 원
2	가압류권자 甲(채권)	5,000만원	3,000만 원
2	확정일부임차인乙(채권)	500만 원(안분 배당) + 500만 원(丙에서 흡수)	2,000만 원
2	근저당권자 丙	2,000만 원	–

사례 5. 확정일자 없는 선순위 임차인이 있는 경우

〈권리관계〉 연립 (서울) / 감정가 15,000만 원 / 3차 최저가 9,600만 원

순위	권리일	권리종류	권리자	권리금액
1	2008. 09. 12 전입	임차권(확정일자 없음)	甲	7,000만 원
2	2009. 05. 10	가압류	乙	10,000만 원
3	2009. 06. 11	근저당권	丙	30,000만 원
			매각	10,000만 원

※ 집행비용, 당해세 등 우선채권은 고려하지 않음(배당요구 없음).

〈권리분석 Point〉

√ 말소기준권리는 乙의 가압류임

√ 임차인 甲은 소액임차인(2009년 6월 11일 현재, 6,000만 원/2,000만)에 해당되지 않고 확정일자가 없으므로 우선변제권이 없다. 그러나 대항력이 있으므로 낙찰자가 인수여야 한다.

〈배당실무〉

1. 배당해설

1) 확정일부 임차인이 아닌 임차인은 비록 대항력(주민등록+점유)이 있더라도 소액임차인이 아닌 한 가압류권자 을, 근저당권자 병에게 우선변제권이 없다.

2) 임차인 갑은 일단 배당에서 제외되고 을, 병이 안분배당 한다.

乙: 1억 원 × (1억 원 / 4억 원) → 2,500만 원

丙: 1억 원 × (3억 원 / 4억 원) → 7,500만 원

3) 임차인 갑은 비록 배당에서는 제외되었으나 대항력이 있으므로 매수인이 인수·부담해야 한다. 따라서 매수인은 갑의 보증금 전액 7,000만 원을 인수해야 한다.

2. 배당 결과

[배당할 금액: 10,000만 원]

순위	배당채권자	배당금액	배당 후 잔액
1	가압류권자 乙	2,500만 원	7,500만 원
2	근저당권자 丙	7,500만 원	–

* 만약 갑이 배당요구를 하였다면 어떻게 될까?
甲은 소액보증금 최우선 변제의 대상도 되지 못하기 때문에 배당받을 수 없다.

사례 6. 확정일자 있는 임차인이 있는 경우 (1)

〈권리관계〉 아파트 (경기) / 감정가 12,000만 원 / 2차 최저가 9,600만 원

순위	권리일	권리종류	권리자	권리금액
1	2008. 01. 02 전입	임차권-배당요구 (확정일자 2008.1.3)	甲	6,000만 원
2	2008. 01. 03	근저당	乙	10,000만 원
			매각	10,000만 원

* 집행비용. 당해세 등 우선채권은 고려하지 않음

〈권리분석 Point〉

√ 말소기준권리는 乙의 근저당임
√ 근저당설정 전일 대항력을 취득하고 근저당과 같은 날 확정일자를 취득한
  임차권은 근저당권과 동 순위

〈배당실무〉

1. 배당해설

1) 임차인이 대항력을 근저당설정 전날 갖추고 근저당권을 설정한 날 확정일자
   를 받은 경우에는 동순위로 임차인과 근저당권자가 안분배당 한다.
2) 임차인이 근저당설정 전날 대항력과 확정일자를 받았다면 임차권자가 우선
   배당 받는다.
3) 임차인이 대항력을 근저당설정 전날 갖추고 근저당권 설정 후 확정일자를
   받은 경우에는 근저당권자가 우선배당 받는다.

 위 사례의 경우 해설 ①에 해당하기 때문에 안분배당하면 임차권자가 배당받
지 못한 보증금 2,250만 원은 매수인이 인수부담해야 한다.

2. 배당 결과

[배당할 금액: 10,000만 원]

순위	배당채권자	배당금액	배당 후 잔액
1	확정일부 임차인 甲	3,750만 원 {10,000×(6,000만/16,000만)}	6,250만 원
2	근저당권자 乙	6,250만 원 {10,000×(1억/16,000만)}	-

* 임차권자가 배당받지 못한 보증금 2,250만 원은 매수인이 인수부담

사례 7. 확정일자 있는 임차인이 있는 경우 (2) - 배당 순서

〈권리관계〉 아파트(서울) / 감정가 21,000만 원 / 2차 최저가 16,800만 원

순위	권리일	권리종류	권리자	권리금액
1	2008.8.15 전입	임차권-배당요구 (확정일자 2008.9.15.)	甲	5,000만 원
2	2008.08.20	근저당	乙	10,000만 원
3	2009.02.12	근저당	丙	5,000만 원
			매각	17,000만 원

* 집행비용, 당해세 등 우선채권은 고려하지 않음

〈권리분석 Point〉

√ 말소기준권리는 乙의 근저당임

√ 대항력을 갖춘 날과 확정일자를 취득한 날 중 늦은 날이 우선변제의 기준

〈배당 실무〉

1. 배당해설

확정일부 임차인의 배당순서는 대항력을 갖춘 날과 확정일자를 받은 날 중 늦은 것을 기준으로 다른 물권자와의 배당순서가 결정된다. 위 사례의 경우 임차권자 갑의 확정일자가 을의 저당권 설정일자보다 늦기 때문에 근저당권자 을이 우선배당 받게 된다.

위 사례의 경우, 을-갑-병 순으로 배당된다. 만약 선순위 근저당 설정최고액과 확정일부 임차보증금의 합계액 이하로 매각되었다면 배당받지 못한 임차보증금을 매수인이 인수하여야 한다(우선변제권은 없으나 대항력은 있으므로).

2. 배당 결과

[배당할 금액: 17,000만 원]

순위	배당채권자	배당금액	배당 후 잔액
1	근저당권자 乙	10,000만 원	7,000만 원
2	확정일부 임차인 甲	5,000만 원	2,000만 원
3	근저당권자 丙	2,000만 원	-

* 만약 배당할 금액이 1억이라면 매수인은 갑의 임차보증금 5,000만 원을 인수해야 한다.

사례 8. 확정일자 있는 임차인이 있는 경우 (3) - 가압류가 있는 경우

〈권리관계〉 주택 (서울) / 감정가 18,000만 원 / 4차 최저가 9,216만 원

순위	권리일	권리종류	권리자	권리금액
1	2008.02.01 전입	임차권 – 배당요구(확정일자 2008.6.20.)	甲	5,000만 원
2	2008.04.10	가압류	乙	10,000만 원
3	2008.05.18	근저당	丙	10,000만 원
			매각	10,000만 원

* 집행비용, 당해세 등 우선채권은 고려하지 않음

〈권리분석 Point〉

√ 말소기준권리는 乙의 가압류임
√ 대항력을 갖춘 날과 확정일자를 취득한 날 중 늦은 날이 우선변제의 기준

〈배당실무〉

1. 배당해설

1) 가압류권자 을, 근저당권자 병보다도 확정일자를 늦게 받았으므로 일단 안분

배당 한 후, 병은 갑에 대해서는 우선변제권이 있으므로 갑이 배당받은 금액을 한도로 자기 채권의 만족을 얻을 때까지 흡수배당 한다.

2) 1차 배당(안분배당)

甲: 1억 원 × (5,000만 원 / 25,000만 원) → 2,000만 원

乙: 1억 원 × (1억 원 / 25,000만 원) → 4,000만 원

丙: 1억 원 × (1억 원 / 25,000만 원) ↓ 4,000만 원

3) 2차 배당(흡수 배당)

병은 갑에 대하여 우선변제권이 있으므로 갑이 배당받은 2,000만 원 전부를 흡수배당 한다. 따라서 갑은 배당받지 못하며 갑이 배당받지 못한 임차보증금 5,000만 원 전액을 매수인이 인수해야 한다.

2. 배당결과

[배당할 금액: 10,000만 원]

순위	배당채권자	배당금액	배당 후 잔액
1	가압류권자 乙	4,000만 원	6,000만 원
2	근저당권자 丙	4,000만 원(1차 안분)+2,000만 원(2차 甲에서 흡수)	-

사례 9. 확정일자 있는 임차인이 있는 경우 (4)
- 소액·확정일자 없는 임차인

〈권리관계〉 주택(경기도 파주) / 감정가 11,000만 원 / 2차 최저가 8,800만 원

순위	권리일	권리종류	권리자	권리금액
1	2008.10.02 전입	임차권(확정일자 없음)	甲	1,500만 원
2	2008.11.10	근저당	乙	6,000만 원
3	2008.12.20 전입	임차권-배당요구 (확정일자 2008.12.20)	丙	2,500만 원
			매각	9,000만 원

* 집행비용, 당해세 등 우선채권은 고려하지 않음

〈권리분석 Point〉

√ 말소기준권리는 乙의 근저당임
√ 소액임차인 최우선변제를 하고, 이후 우선순위에 따라 배당

〈배당실무〉

1. 배당해설

1) 근저당설정일(2008.11.10)을 기준을 할 때 갑과 병의 임차보증금은 기타지역 소액임차보증금 최우선 변제 범위 내로서(파주는 기타지역으로 보증금 4,000만 원/우선변제금 1,400만 원)에 해당되어 각각 소액보증금 최우선변제권이 있다.
   따라서 최우선으로 갑과 병에게 각각 1,400만 원씩 배당된다.
2) 그 잉여액(6,200만 원)은 을-병 순으로 배당하고, 갑이 배당받지 못한 100만 원은 매수인이 인수해야 한다(병이 받지 못한 700만 원은 인수되지 않는다).

2. 배당결과

[배당할 금액: 9,000만 원]

순위	배당채권자	배당금액	배당 후 잔액
1	소액임차인 甲	1,400만 원	7,600만 원
1	소액임차인 丙	1,400만 원	6,200만 원
2	근저당권자 乙	6,000만 원	200만 원
3	확정일부 임차인 丙	200만 원	-

* 대항력 있는 임차인 갑이 배당받지 못한 100만 원은 매수인이 인수

사례 10. 선순위 가등기가 있는 경우

〈권리관계〉 주택 (서울) / 감정가 33,000만 원 / 2차 최저가 26,400만 원

순위	권리일	권리종류	권리자	권리금액
1	2007.09.01	가등기(소유권이전청구권 보존)	甲	-
2	2007.10.01	가압류	乙	10,000만 원
3	2008.12.01	근저당	丙	20,000만 원
4	2008.12.15 전입	임차권	丁	2,000만 원
5	2009.10.10 전입	임차권－배당요구(확정일자 2009.11.27)	戊	2,800만 원
			매각	28,000만 원

* 집행비용. 당해세 등 우선채권은 고려하지 않음

〈권리분석 Point〉

√ 말소기준권리는 가등기가 담보가등기일 경우는 甲의 가등기, 소유권이전 형
  가등기일 경우 乙의 가압류임
√ 가등기의 내용에 따라 권리관계가 달라짐

〈배당실무〉

1. 배당해설

1) 가등기가 소유권이전형 가등기라면 매수인이 경락잔금을 납부하고 소유권을
  취득하더라도 가등기권자가 가등기에 기한 본등기를 하면 소유권을 잃게 된
  다. 이 경우 선순위가등기는 말소되는 등기는 아니다.

2) 가등기가 담보가등기라면 "가등기" 자체가 말소기준등기가 될 뿐만 아니라 그 후 설정된 권리는 모두 말소되고 담보가등기권자도 저당권자와 같이 우선배당 받을 권리가 있다. 다만, 예외적으로 담보가등기라 할지라도 경매신청기입등기일 전에 청산기간(2월)을 지나 이미 청산금까지 지급했을 경우에는 소유권이전가등기처럼 취급된다.

3) 갑의 가등기가 담보가등기(5,600만 원)인 경우

갑의 가등기를 근저당권과 동일하게 취급되므로 말소기준권리가 된다. 배당은 소액임차인의 최우선변제로서 정, 무 1,600만 원씩 최우선배당 되고(2007년 9월 1일 현재 기준인 4,000만/1,600만 기준적용), 2순위로서 담보가등기권자인 갑이 5,600만 원 배당, 3순위로서 근저당설정 당시(2008.12.01)는 소액임차인이 2,000만 원까지 최우선변제 되므로 정, 무에게 각각 400만 원씩 추가 배당된다.

나머지 배당할 금액은 다음 우선배당권자인 가압류권자 및 근저당권자와 동순위자로서 배당받을 수 있는 권리자들이 안분비례 배당된다.

2. 배당 결과

[배당할 금액: 28,000만 원]

순위	배당채권자	배당금액	배당 후 잔액
1	소액임차인 丁	1,600만 원	26,400만 원
1	소액임차인 戊	1,600만 원	24,800만 원
2	가등기권자 甲	5,600만 원	19,200만 원
3	소액임차인 丁	400만 원	18,800만 원
3	소액임차인 戊	400만 원	18,400만 원
4	가압류권자 乙	5,974만 원 {18,400만×(1억/3억800만)}	12,426만 원
4	근저당권자 丙	11,948만 원 {18,400만×(2억/3억800만)}	478만 원
4	확정일부임차인 戊	478만 원 {18,400만×(800만/3억800만)}	-

* 확정일부 임차인 戊가 배당받은 2,478만 원 중 소액최우선 변제금 2,000만 원을 제외한 478만 원은 근저당권자인 병에게 흡수배당 된다. 결국 병은 최종적으로 12,426만 원을 배당받고 무는 배당총액은 2,000만 원이 된다.

3. 갑의 가등기가 소유권이전형 가등기인 경우

갑의 가등가가 소유권이전형가등기인 경우에는 가등기권리자인 갑에게는 배당될 수 없고 매수인이 인수해야 한다.

최우선으로 소액임차인인 정, 무에게 각각 2,000만 원씩 배당되고, 다음 배당순위자인 가압류권자 및 근저당권자와 동 순위자들이 안분비례 배당된다.

4. 배당결과

[배당할 금액: 28,000만 원]

순위	배당채권사	배당금액	배당 후 잔액
1	소액임차인 丁	2,000만 원	26,000만 원
1	소액임차인 戊	2,000만 원	24,000만 원
2	가압류권자 乙	7,792만 원 {24,000만×(1억/30,800만)}	16,208만 원
2	근저당권자 丙	15,584만 원 {24,000만×(2억/30,800만)}	624만 원
2	확정일부임차인 戊	624만 원 {24,000만×(800만/30,800만)}	-

* 확정일부 임차인 戊가 배당받은 2,624만 원 중 소액최우선 변제금 2,000만 원을 제외한 624만 원은 근저당권자 丙에게 흡수배당 된다.

사례 11. 소액임차인이 여러 명인 경우

〈권리관계〉 다세대 (서울) / 감정가 12,000만 원 / 3차 최저가 7,680만 원

순위	권리일	권리종류	권리자	권리금액
1	2008.08.16	근저당권	甲	5,000만 원
2	2008.12.01 전입	임차권	乙	3,000만 원
3	2009.05.10 전입	임차권	丙	3,500만 원
4	2009.12.10 전입	임차권	丁	4,000만 원
			매각	9,000만 원

* 집행비용, 당해세 등 우선채권은 고려하지 않음

〈권리분석 Point〉

√ 말소기준권리는 甲의 근저당임
√ 근저당권설정일 당시의 소액임차인 범위 확인(4,000만 원 / 1,600만 원)

〈배당실무〉

1. 배당해설

근저당권설정계약(2008.8.16) 시 서울지역 최우선변제 소액임차인은 보증금 4,000만 원 내이므로 사례의 임차인은 전부(을, 병, 정) 소액임차인에 해당되어 각각 1,600만 원씩 최우선배당 된다.

단, 최우선변제 소액임차인들은 배당할 금액의 2분의 1 범위 내에서 배당되며 이를 초과하는 경우(사례에선 4,800만 원으로 초과된다)는 보증금의 일정금액을 기준으로 안분배당 한다.

2. 배당결과

[배당할 금액: 9,000만 원]

순위	배당채권자	배당금액	배당 후 잔액
1	소액임차인 乙	1,286만 원 {4,500만×(3,000만/10,500만)}	7,714만 원
1	소액임차인 丙	1,500만 원 {4,500만×(3,500만/10,500만)}	6,214만 원
1	소액임차인 丁	1,714만 원 {4,500만×(4,000만/10,500만)}	4,500만 원
2	근저당권자 甲	4,500만 원	-

사례 12. 임차권등기와 임차권의 충돌

〈권리관계〉 다세대(서울) / 감정가 8,000만 원 / 3차 최저가 5,120만 원

순위	권리일	권리종류	권리자	권리금액
1	2002.12.31	당해세	세무서	2,800만 원
2	1996.03.12 전입	임차권-임차권등기 (확정일자 1996.03.12)	양 모 씨	800만 원
3	1999.03.06 전입	임차권-배당요구 (확정일자 1999.03.06)	유 모 씨	3,000만 원
4	2002.03.03 경매기입등기	임차권등기권자 양 모 씨가 경매신청	매각	5,400만 원

* 집행비용 등 우선채권은 고려하지 않음

〈권리분석 Point〉

√ 말소기준권리는 2002년 3월 3일 경매신청기입등기일이다.

√ 등기된 임차권은 점유 이전하더라도 대항력과 우선변제권이 유지된다.

〈배당실무〉

1. 배당해설

1) 임차권 등기권자가 이미 취득한 대항력과 우선변제권을 유지하기 위해서는 임차권등기설정 후(신청후가 아님) 이사를 가더라도 대항력이 유지된다.

2) 임차권설정등기 후 새로 전입한 임차인은 소액최우선변제권은 물론 대항력도 행사할 수 없다(임차권 간의 충돌).

2. 배당결과

[배당할 금액: 5,400만 원]

순위	배당채권자	배당금액	배당 후 잔액
1	소액임차인 양 모 씨	2,800만 원	4,600만 원
2	당해세	2,800만 원	1,800만 원
3	확정일부 임차인 유 모 씨	1,800만 원	-

* 상기 배당결과는 실제사례로 문제점이 있음

3. 문제점

1) 같은 번지 내 같은 동, 호수에서 전세권과 전세권, 임차권과 임차권은 상호 충돌하여 어느 한쪽은 당연 무효일 뿐만 아니라 당연히 배당에서 배제하여야 하나, 집행법원은 양 모 씨, 유 모 씨 모두에게 배당해서 문제이다.

2) 즉, 유 모 씨의 임차권을 진정한 임차권(양 모 씨가 임차권설정 등기 전 移徙를 나간 다음 임차권등기 된 경우-사례에선 알 수 없음)이라 판단했다면 양 모 씨는 당연히 배당에서 제외하였어야 하고, 양 모 씨의 경매신청은 무잉여로 당연히 경매를 취소하였어야 마땅하다. 그러나 법원은 이러한 절차를 무시하고 절차를 진행한 법위반이 있다고 사료된다.

3) 또한 양 모 씨의 임차권등기가 효력이 있다면 유 모 씨의 임차권은 아무런 효력도 없고 대항력, 우선변제권, 최우선변제권도 부정되는바, 법원이 유 모 씨에게 배당한 것은 부당하다고 생각된다.

4) 더구나 양 모 씨는 임대차보증금 반환청구소송에서 승소판결을 받아 경매신청을 한 경우로 일반인은 법원의 판결의 효력과 일반중개업소에서 맺은 계약서의 효력 중 어느 쪽을 더 신뢰해야 하는지 의문이다.

5) 유 모 씨는 배당 기일에 출석하여 양 모 씨가 배당받은 800만 원에 대하여 자기에게 배당하여 달라고 법원에 배당이의의 신청을 하고 7일 이내에 배당이의의 소를 제기하였다. 어떻게 결론이 나올지 궁금하다.

6) 배당이의의소에서 유씨가 승소하였다. 그렇다면 양 모 씨의 경매신청은 무잉여로 당연히 취소하였어야 마땅하다.

사례 13. 전소유자가 임차인으로 계속 점유하는 경우 대항력 발생 시기

〈권리관계〉 주택(서울) / 감정가 25,000만 원 / 2차 최저가 20,000만 원

순위	권리일	권리종류	권리자	권리금액
1	1997.01.03 전입	소유자	甲	
2	2008.02.01 임차	임차인－배당요구 (확정일자 2008.02.01)	甲	10,000만 원
2	2008.02.01	근저당권자(소유권이전 (갑→병)	乙	20,000만 원
			매각	23,000만 원

* 집행비용 등 우선채권은 고려하지 않음

2008.2.1. 소유권이전과 동시에 같은 날 근저당권 설정등기를 함은 물론 그 이전에 임차인으로서 계속 점유·사용하기로 계약한 경우

〈권리분석 Point〉

√ 말소기준권리는 乙의 근저당권등기임
√ 임차인으로서의 권리가 공시된 날 기준으로 대항력을 취득함

〈배당실무〉

1. 배당해설

임차인 김대진은 대항력 있는 것처럼 보이나 현재의 임차인이 전소유자인 경우 소유권이전등기일 다음 날 0시부터 대항력이 발생한다. 즉, 소유권이전등기가 경료된 이후에 임대차 관계를 공시하는 유효한 공시방법을 갖추게 된다. 따라서 소유권이 이전된 날 설정된 저당권과 전부터 주민등록이 된 전소유자인 현재의 임차권의 관계에서 저당권이 우선한다.

2. 근저당권자 乙이 전소유자인 임차권 甲보다 우선배당 된다.

3. 배당결과

[배당할 금액: 23,000만 원]

순위	배당채권자	배당금액	배당 후 잔액
1	근저당권자 乙	20,000만 원	3,000만 원
2	확정일부 임차인 甲	3,000만 원	-

사례 14. 상가건물 임차인의 소액우선변제

〈권리관계〉 상가주택(서울) / 감정가 22,000만 원 / 2차 최저가 17,600만 원

순위	권리일	권리종류	권리자	권리금액
1	2001.09.14	근저당권자	A	5,000만 원
2	2002.11.01	근저당권자	B	6,000만 원
3	2002.11.03 전입	상가임차인－배당요구 (사업자등록 2002.11.03)	甲	보증금 4,000만 원 월세 250만 원
4	2003.03.02 전입	주택임차인－배당요구 (확정일자 2003.03.02)	乙	보증금 4,000만 원 월세 250만 원
5	2004.03.02 전입	상가임차인－배당요구 (사업자등록 2004.03.02)	丙	보증금 2,000만 원 월세 30만 원
6	2005.03.02 전입	상가임차인－배당요구 (사업자등록 2005.03.02)	丁	보증금 3,000만 원 월세 10만 원
			매각	18,000만 원

* 집행비용 등 우선채권은 고려하지 않음

〈권리분석 Point〉

√ 말소기준권리는 A의 근저당권등기임

√ 상가건물 임차인의 대항력(다음 0시부터 발생)은 사업자등록일과 건물의 인도일 중 늦은 날, 우선변제권(당일 발생)은 대항요건과 확정일자 중 늦은 날이 기준

〈배당실무〉

1. 배당해설

1) 상가건물임대차보호법은 2002년 11월 1일부터 시행되기 때문에 2002년 11월 1일 시행 전에 물권을 취득한 제3자에 대하여는 그 효력이 없다(이 법 시행 당시 존속 중인 임대차에는 적용). 따라서 근저당권자 A에게는 비록 소액최우선변제 대상이라 하더라도 최우선변제권을 행사할 수 없다.

2) 2002년 11월 1일 설정된 근저당권자에게는 환산보증금이 일정액(서울 4,500만 원) 이하인 상가건물 임치인 丁(환산보증금 4,000만 원)과 주택임차인 乙 (1,600만 원)만이 소액최우선변제를 받을 수 있다. 상가건물임차인 甲과 丙은 환산보증금액이 45,000만 원을 초과하여 소액최우선변제권이 없다.

3) 더구나 임차인 갑은(환산보증금 2억 9,000만 원) 상가건물임대차보호법이 적용되지 않는다(2억 4,000만 원 초과). 따라서 갑은 최우선변제권은 물론 우선변제권도 없다.

4) 확정일부주택임차인 을은 1순위 근저당권자 A에게는 소액최우선변제권이 없지만(1순위 근저당권 설정 시에는 최우선변제 대상이 3,000만 원 이하 /1,200만 원이기 때문) 2순위 근저당권자 B에게는 소액최우선변제권이 있다. 주택의 경우에는 상가건물과는 달리 환산보증금으로 하는 것이 아니고 순수한 보증금액만을 가지고 최우선변제대상인지 여부를 판단하기 때문이다.

5) 상가건물확정일부 임차인 병은 환산보증금이 5,000만 원으로 법적용 대상으로 우선변제권을 행사할 수 있으나 소액최우선변제권 대상은 아니다. 환산보증금이 4,500만 원(서울의 경우)을 초과할 경우 소액최우선 변제대상이 아니기 때문이다.

2. 상가건물임대차보호법상 대항력과 우선변제권

1) 상가건물 임대차보호법 적용대상이 되려면 환산보증금(보증금액＋월세×100)이 서울시: 24,000만 이하, 과밀억제권역: 19,000만 이하, 광역시(인천 제외) 이하,

기타 14,000만 원 이하에 해당될 경우에만 적용되고 우선변제권을 행사할 수 있다.

* 2008년 8월 21일 이후에는 상가임대차보호법의 적용대상이 확대되었다.

상가건물임대차보호법 대상인 환산보증금액

담보물권 설정일	구 분		환산보증금
2002.11.01~2008.08.20	수도권	서울특별시	2억 4천만 원 이하
		과밀억제권역	1억 9천만 원 이하
	광역시(군지역 및 인천광역시 제외)		1억 5천만 원 이하
	기타(수도권 기타지역 포함)		1억 4천만 원 이하
2008.08.21~현재	수도권	서울특별시	2억 6천만 원 이하
		과밀억제권역	2억 1천만 원 이하
	광역시(군지역 및 인천광역시 제외)		1억 6천만 원 이하
	기타(수도권 기타지역 포함)		1억 5천만 원 이하

2) 상가건물 임차인의대항력, 사업자등록일과 건물의 인도일 중 늦은 날 다음 날 0시에 발생한다.

3) 상가건물임차인의 우선변제권은 대항요건과 임대차계약서상 확정일자 중 늦은 날을 기준으로 행사할 수 있다.

4) 상가건물임차인의 소액최우선변제권은 환산보증금(보증금액＋월세×100)이 일정액 이하이어야 하고, 경매개시결정등기일 전에 대항요건을 갖추어야 한다. 소액 최우선변제금액은 서울시: 4,500만 원 이하, 과밀억제권역: 3,900만 원 이하, 광역시(인천광역시 제외): 3,000만 원 이하, 기타지역: 2,500만 원이다.

소액최우선변권 대상과 최우선변제금액

서울특별시　　 : 보증금 4,500만 원 이하 1,350만 원
과밀억제권역 : 3,900만 원 이하 1,170만 원
광역시　　　　 : 3,000만 원 이하 900만 원
기타지역　　　 : 2,500만 원 이하 750만 원

3. 배당결과

[배당할 금액: 18,000만 원]

순위	배당채권자	배당금액	배당 후 잔액
1	근저당권자 A	5,000만 원	13,000만 원
2	주택확정일부 임차인 乙	1,600만 원	11,400만 원
2	상가확정일부 임차인 丁	1,350만 원	1,050만 원
3	근저당권자 B	6,000만 원	4,050만 원
4	주택임차인 乙	추가배당 2,400만 원	1,650만 원
5	상가임차인 丙	1,650만 원	-
6	상가임차인 丁	-	-

사례 15. 선순위 가압류와 확정일부 임차인

⟨권리관계⟩ 연립(서울) / 감정가 11,000만 원 / 3차 최저가 7,040만 원

순위	권리일	권리종류	권리자	권리금액
1	2009.10.31 전입	임차인-배당요구 (확정일자 2009.10.31)	甲	7,000만 원
2	2009.11.01	가압류권자	乙	4,000만 원
			매각	8,000만 원

* 집행비용 등 우선채권은 고려하지 않음

〈권리분석 Point〉

√ 말소기준권리는 乙의 가압류등기임
√ 가압류는 처분금지효력이 있음

〈배당실무〉

1. 배당해설

가압류등기(채권임)가 선순위이고 이후에 임차인이 대항력과 확정일자를 받은 경우에는 가압류의 처분금지적 효력으로 가압류권자와 확정일부 임차인 간에 채권액에 비례하여 안분배당 한다.

만약, 가압류등기와 확정일부 임차인의 우선변제권 발생일이 동일일자인 경우에는 확정일부 임차인(물권화된 권리)이 우선변제 된다. 왜냐하면 확정일부 임차인은 등기부상권리가 아니기 때문에 동일일자인 경우 근저당등기와는 달리 그 선후를 가릴 수 있는 방법이 없기 때문이다. 확정일부 임차인에게 7,000만 원을 우선배당 하고 가압류등기권자에게 1,000만 원을 배당하면 된다. 만약, 확정일을 2009년 11월 1일 이후에 받았다면 가압류채권자와 확정일부 임차인이 채권액에 비례한 안분배당 하면 된다. 즉, 가압류권자 $8,000 \times 4/11 = 2,909$만 원, 확정일부 임차인 $8,000 \times 7/11 = 5,091$만 원 배당된다.

2. 배당결과

1) 사례의 배당결과

[배당할 금액: 8,000만 원]

순위	배당채권자	배당금액	배당 후 잔액
1	확정일부 임차인 甲	7,000만 원	1,000만 원
2	가압류권자 乙	1,000만 원	-

2) 만약 확정일자를 2009년 11월 1일 이후에 받은 경우

[배당할 금액: 8,000만 원]

순위	배당채권자	배당금액	배당 후 잔액
1	가압류권자 乙	2,909만 원 {8,000만×(4,000만 원/11,000만)}	5,091만 원
1	확정일부 임차인 甲	5,091만 원 {8,000만×(7,000만 원/11,000만)}	-

* 확정일부 임차인은 보증금 중 배당받지 못한 1,909만 원에 대하여 매수인에게 대항력을 행사할 수 있다.

사례 16. 전세권과 근저당권

〈권리관계〉 아파트(서울) / 감정가 10,000만 원 / 2차 최저가 8,000만 원

순위	권리일	권리종류	권리자	권리금액
1	2009.06.02	전세권-배당요구 없음	甲	4,000만 원
2	2009.06.03	근저당권	乙	6,000만 원
			매각	6,000만 원

* 집행비용 등 우선채권은 고려하지 않음

〈권리분석 Point〉

√ 말소기준권리는 乙의 근저당등기임
√ 경매신청권자가 아닌 선순위 전세권은 배당 요구하여야 말소됨

〈배당실무〉

1. 배당해설

이 사건 말소기준권리는 근저당권이다. 따라서 전세권 등기는 말소기준등기보다 선순위 권리로서 매수인이 인수부담 해야 한다. 다만 전세권자가 경매신청 채권자인 경우이거나 배당 요구한 경우에는 말소기준등기보다 선순위 전세권이라

하더라도 말소된다. 전세권자가 배당요구를 한 경우이거나 경매신청채권자인 경우 전세권자에게 우선배당 된다. 따라서 전세권자 4,000만 원, 저당권자 2,000만 원 배당된다.

전세권자가 배당요구를 하지 않은 경우, 저당권은 말소기준권리로서 배당되고, 전세권자의 전세보증금은 매수인이 인수부담 해야 한다.

2. 배당 결과(전세권자가 배당요구를 않은 경우)

[배당할 금액: 6,000만 원]

순위	배당채권자	배당금액	배당 후 잔액
1	근저당권자 乙	6,000만 원	-

* 매수인은 전세권 4,000만 원을 인수한다.

사례 17. 특수주소 변경

〈권리관계〉 다가구(서울) / 감정가 10,000만 원 / 3차 최저가 6,400만 원

순위	권리일	권리종류	권리자	권리금액
1	2008.08.16 전입	임차인－배당요구 (확정일자 2008.08.16)	甲	4,000만 원
2	2008.09.30	근저당권	乙	7,000만 원
3	2009.10.30	특수주소변경	甲	-
			매각	7,600만 원

* 집행비용 등 우선채권은 고려하지 않음

〈권리분석 Point〉

√ 말소기준권리는 乙의 근저당권등기임

√ 특수주소변경의 경우 변경일을 주민등록일로 봄

〈배당실무〉

1. 배당해설

1) 특수주소변경

(1) 특수주소 변경은 주로 신축된 다세대, 연립주택 등 집합건물에 대하여 건축물대장, 등기부등본상 동, 호수와 전입신고 한 동, 호수가 일치하지 않는 경우 발생한다. 이러한 불일치의 경우 실제 전입한곳으로 주소를 변경을 하게 되는데 이 경우 이러한 특수주소변경 한 날을 주민등록을 한 것으로 보게 된다.

(2) 공무원의 착오로 잘못 기재된 경우: 임차인이 등기부상 동, 호수를 정확하게 전입신고를 하였으나 공무원의 착오로 인하여 다른 동, 호수로 잘못 기재된 경우에는 특수주소 변경 일이 아닌 최초의 전입일을 기준으로 대항력이 발생한다.

(3) 위 건물이 비록 동, 호수의 표기는 있으나 단독주택, 다가구주택 등 일반건축물(단독주택)인 경우에는 지번만 정확히 기재하면 호수가 달리 기재된다 하여도 최초 전입신고한 전입일을 기준으로 대항력이 생긴다.

(4) 만약 집합건물의 지하실이나 옥탑을 임차하여 사는 경우에는 전유부분의 동, 호수에 전입신고를 하여야 대항력과 확정일부 임차인의 경우 우선변제권을 행사할 수 있다.

(5) 따라서 유효한 임대차 공시방법이 되려면 건축물대장상(등기부등본상) 동, 호수와 전입 신고한 곳이 일치하여야 한다.

2. 배당 실무 例

1) 임차인 甲은 비록 2008년 8월 16일 전입신고는 하였으나, 등기부등본상 다른 동, 호수로 전입되었고, 2009년 10월 30일에 특수주소변경을 하였다.

임차인 甲은 2009년 10월 31일 0시에 대항력을 취득한다. 다만, 甲은 당시 소액임차인에 해당되어 1,600만 원 최우선변제를 받고(2001년 9월 15일부터 4,000만 원 이하 1,600만 원), 2순위는 국민은행으로서 6,000만 원 배당된다.

2) 만약 국민은행 저당권 설정일이 2001년 9월 14일 이전에 설정된 경우에는 甲은 소액최우선변제대상도 아니기 때문에 국민은행이 우선하여(1995년 10월 19일~2001년 9월 14일 3,000만 원 이하 1,200만 원 최우선변제) 7,000만 원 배당받고 난 후 잉여액 600만 원 배당된다.

3. 배당결과

[배당할 금액: 7,600만 원]

순위	배당채권자	배당금액	배당 후 잔액
1	임차권자 甲	1,600만 원	6,000만 원
2	근저당권자 乙	6,000만 원	-

사례 18. 세대합가 시 주소변경

〈권리관계〉 다세대(서울) / 감정가 10,000만 원 / 2차 최저가 8,000만 원

순위	권리일	권리종류	권리자	권리금액
1	2007.12.01	근저당권자	甲	6,000만 원
2	2008.01.30 전입	임차인-배당요구 (세대합가 2008.01.30)	乙1	5,000만 원
3		세대원 전입일 2007.09.07 (확정일자 2007.09.07)	乙2	
			매각	8,000만 원

〈권리분석 Point〉

√ 말소기준권리는 甲의 근저당권등기임

√ 세대합가 시 세대원 중 최초로 전입한 사람의 전입일이 대항력의 기준

〈배당실무〉

1. 배당해설

위 사례의 경우 말소기준권리는 2007년 12월 1일 설정된 근저당으로서 그 후 전입신고(세대합가일)된 임차인은 대항력이 없는 것같이 보인다. 그러나 임차인 乙1의 전입일은 비록 근저당설정일보다 늦지만 그 세대원(乙2)의 전입일은 2007년 9월 7일로 근저당설정일보다 앞선다.

따라서 임차인 乙1이 확정일부임차인으로서 배당요구를 한 경우에는 임차인 을에게 우선배당하고 잉여액이 있으면 근저당권사에게 배낭한다(賃借人 乙1이 확정일자를 받지 않았거나 배당요구를 하지 않은 경우에는 우선 근저당권자에게 배당한다. 따라서 賃借人 乙1의 보증금은 매수인이 인수한다).

2. 배당결과

[배당금액: 8,000만 원]

순위	배당채권자	배당금액	배당 후 잔액
1	확정일부임차인 乙	5,000만 원	3,000만 원
2	근저당권자 甲	3,000만 원	-

제8장

경매절차와 형사처벌

1. 강제집행 면탈죄(형법 제327조)

채무자가 현실적으로 민사집행법에 의한 강제집행 또는 가압류 가처분의 집행을 받을 우려가 있는 객관적인 상태에서 강제집행을 면탈할 목적으로 재산을 은닉, 손괴, 허위양도 또는 허위채무를 부담하여 채무자를 해할 위험이 있는 경우에 성립한다. 강제집행을 면탈할 목적으로 허위채무를 부담하고 근저당설정등기를 경료해 준 경우에도 성립한다.

2. 사기죄(형법 제347조)

허위의 임차인이 권리신고 및 배당요구를 한 경우 사기죄가 성립할 수 있다. 소유자 또는 채무자가 허위의 임차인과 통정하여 허위계약서를 작성하고 강제 집행절차에서 권리신고 및 배당요구를 한 경우 사문서 위조 및 변조(형법 제231조) 등 위조사문서 행사죄(형법 제234조), 강제집행 면탈죄(형법 제327조)가 성립될 수 있다. 임대인이 임대차계약을 체결하면서 임차인에게 임대부동산이 경매진행중인 사실을 고지하지 아니한 경우에도 사기죄가 성립될 수 있다.

3. 주거침입죄(형법 제319조)

경매물건의 인도명령집행, 명도집행 후 전 점유자가 점유할 권원 없이 매수인이 점유하는 건물에 무단히 들어간 경우 주거침입죄가 성립된다.

4. 입찰방해죄(형법 제315조)

민사집행법 제108조의 경매장소의 질서유지 의무위반과 위계, 위력 기타 방법으로 경매 또는 입찰의 공정을 제한하는 자는 경매입찰방해죄가 성립한다.

5. 변호사법 위반

(입찰대리권이 있는 자: 변호사, 법무사, 소정의 자격을 갖춘 공인중개사) 입찰대리권이 없는 자가 입찰대리행위를 하고 수수료 등 금품을 받은 경우 변호사법 위반으로 처벌될 수 있다.

부록 I

경매관련 서류 양식

〈서식 1〉 부동산강제경매신청서

부동산강제경매신청서

채 권 자 (이름)   (주민등록번호   –   )
      (주소)
      (연락처)
채 무 자 (이름)   (주민등록번호   –   )
      (주소)

청구금액: 금   원 및 이에 대한 20 년 월 일부터 20 년 월 일까지 연 %의 비율에 의한 지연손해금 집행권원의 표시 채권자의 채무자에 대한 지방법원 20 년 월 일 선고 20 가단(합) 대여금 청구사건의 집행력 있는 판결정본

신 청 취 지

"별지 목록 기재 부동산에 대하여 경매절차를 개시하고 채권자를 위하여 이를 압류한다"라는 재판을 구합니다.

신 청 이 유

채무자는 채권자에게 위 집행권원에 따라 위 청구금액을 변제하여야 하는데, 이를 이행하지 아니하므로 채무자 소유의 위 부동산에 대하여 강제경매를 신청합니다.

첨 부 서 류

1. 집행력 있는   정본 1통
2. 집행권원의 송달증명원 1통
3. 부동산등기부등본 1통
4. 부동산 목록 10통

20 년   월   일

채권자   (날인 또는 서명)

○○지방법원 귀중

〈서식 2〉 부동산임의경매신청서

부동산임의경매신청서

수입인지 5,000원

채 권 자 (이름)　　　　　　　　　　(주민등록번호　　　　－　　　　)
　　　　　(주소)
　　　　　(연락처)
채 무 자 (이름)　　　　　　　　　　(주민등록번호　　　　－　　　　)
　　　　　(주소)

청구금액: 금　　　원 및 이에 대한 20 년　월　일부터 20 년　월　일까지
연　%의 비율에 의한 지연손해금

신 청 취 지

"별지 목록 기재 부동산에 대하여 경매절차를 개시하고 채권자를 위하여 이를 압류한다"라는 재판을 구합니다.

신 청 이 유

채권자는 채무자에게 20 년　월　일 금　　　원을, 이자는 연　　%, 변제기는 20 년　월　일로 정하여 대여하였고, 위 채무의 담보로 채무자 소유의 별지 기재 부동산에 대하여　　지방법원 20 년　월　일 접수 제　　호로 근저당권설정등기를 마쳤는데, 채무자는 변제기가 경과하여도 변제하지 아니하므로, 위 청구금액의 변제에 충당하기 위하여 위 부동산에 대하여 담보권실행을 위한 경매절차를 개시하여 주시기 바랍니다.

첨 부 서 류

1. 부동산등기부등본 1통
2. 부동산 목록 10통

20 년　월　일

　　　　채권자　　　　(날인 또는 서명)

○ ○ 지방법원 귀중

〈서식 3〉 경매개시신청에 대한 이의신청서

경매개시결정에 대한 이의신청서

수입인지
1,000원

사건번호　　　타경　　　　　호 부동산강제경매

신 청 인(채무자) (이 름)　　　　　　　　(주민등록번호　　　－　　　　)
　　　　　　(주 소)
　　　　　　(연락처)

피신청인(채권자) (이 름)　　　　　　　　(주민등록번호　　　－　　　　)
　　　　　　(주 소)

신 청 취 지

"위 사건에 관하여　　년　월　　일 귀원이 한 강제경매개시결정은 이를 취소한다. 피신청인의 이 사건 강제경매신청은 이를 기각한다"는 재판을 구함.

신 청 이 유

1. 채권자인 피신청인은 채무자인 신청인과의 사이의 ○○지방법원 ○호 ○○청구사건의 집행력 있는 판결정본에 기하여 ○○○○년 ○월 ○일 귀원에 강제경매신청을 하여, ○○○○년 ○월 ○일 위 개시결정이 되어, 이 결정이 ○○○○년 ○월 ○일 채무자인 신청인에게 송달되었습니다.

2. 그런데 위 강제집행의 전제인 위 채무명의는 신청인에게는 송달되지 않은 것으로서 그 송달 전에 위 개시결정을 한 것은 집행개시 요건의 흠결이 있음에도 불구하고 행한 위법한 것이므로 본건 이의를 신청하는 바입니다.

20　년　월　일

위 신청인(채무자)　　　(날인 또는 서명)

○○법원 귀중

〈서식 4〉 권리신고 겸 배당요구신청서(임차인용)

권리신고 겸 배당요구신청서

사건번호   타경   부동산강제(임의)경매
채 권 자
채 무 자
소 유 자

본인은 이 사건 경매절차에서 임대보증금을 우선변제 받기 위하여 아래와 같이 권리신고 겸 배당요구를 하오니 매각대금에서 우선배당을 하여 주시기 바랍니다.

아   래

1. 계 약 일: 년   월   일
2. 계약당사자: 임대인(소유자) ○   ○   ○
              임차인   ○   ○   ○
3. 임대차기간: 년 월 일부터   년 월 일까지(년간)
4. 임대보증금: 전세   원
              보증금   원에 월세   원
5. 임차 부분: 전부(방   칸), 일부(층   방   칸)
   (※ 뒷면에 임차부분을 특정한 내부구조도를 그려 주시기 바랍니다.)
6. 주택인도일(입주한 날):   년   월   일
7. 주민등록전입신고일: 년   월   일
8. 확정일자 유무: □ 유(년   월   일), □ 무
9. 전세권(주택임차권)등기 유무: □ 유(년   월   일), □ 무

[첨부서류]

1. 임대차계약서 사본 1통
2. 주민등록등본 1통

년   월   일

권리신고 겸 배당요구자   (인)

연락처(☎)

○○지방법원 귀중

〈서식 5〉 배당요구신청서

배당요구신청서

사건번호
채 권 자
채 무 자

배당요구채권자 ○○○

○시　○구　○동　○번지

배당요구채권

1. 금　　　　정
○○법원　　가단(합) ○○호　○○ 청구사건의 집행력 있는 판결정본에 기한 채
권 금　　　원의 변제금

1. 위 원금에 대한　　년　월　일 이후 완제일까지 연　%의 지연손해금

신 청 원 인

위 채권자 채무자 간의 귀원　　타경 ○○호 부동산강제경매사건에 관하여 채권자
는 채무자에 대하여 전기 집행력 있는 정본에 기한 채권을 가지고 있으므로 위 매
각대금에 관하여 배당요구를 합니다.

년　　월　　일

위 배당요구채권자　　　(인)

연락처(☎)

○○지방법원 귀중

〈서식 6〉 채권계산서

채권계산서

사 건 번 호
채 권 자 (이름)   (주민등록번호   −   )
          (주소)
채 무 자
소 유 자
배 당 기 일   ○○○○년 ○○월 ○○일

위 당사자 간 부동산임의(강제)경매 사건에 관하여 채권자   는 채무자로부터
변제받아야 할 채권이 다음과 같으므로 채권계산서를 제출합니다.

다 음

원금 금   원(₩   )
이자 금   원(₩   )
합계 금   원(₩   )
* 계산내역:

[첨부서류] 1.
          2.
          3.

          년   월   일

          채권자   (날인 또는 서명)
                                        ○○법원 귀중

〈서식 7〉 기일입찰표

[전산양식] A3360] 기입입찰표(흰색)　　　　　용지규격 210mm×297mm(A4용지)

(　　)			
기 일 입 찰 표			
지방법원 집행관　귀하		입찰기일 :　　년　월　일	

사 건 번 호	타 경　　　호	물건 번호	*물건번호가 여러 개 있는 경우에는 꼭 기재

입 찰 자	본인	성　명		전화 번호	
		주민(　　) 등록번호		법인등록 번　호	
		주　소			
	대리인	성　명		본인과의 관　계	
		주민등록 번　호		전화번호	－
		주　소			

입찰 가격	천억	백억	십억	억	천만	백만	십만	만	천	백	십	일	원	보증 금액	천억	백억	십억	억	천만	백만	십만	만	천	백	십	일	원

보증의 제공방법	□ 현금 자기앞수표 □ 보증서	보증을 반환받았습니다. 　　　　　입찰자

주의사항

1. 입찰표는 물건마다 별도의 용지를 사용하십시오. 다만, 일괄입찰 시에는 1매의 용지를 사용하십시오.

2. 한 사건에서 입찰물건이 여러 개 있고 그 물건들이 개별적으로 입찰에 부쳐진 경우에는 사건번호 외에 물건번호를 기재하십시오.

3. 입찰자가 법인인 경우에는 본인의 성명란에 법인의 명칭과 대표자의 지위 및 성명을, 주민등록란에는 입찰자가 개인인 경우에는 주민등록번호를, 법인인 경우에는 사업자등록번호를 기재하고, 대표자의 자격을 증명하는 서면(법인의 등기부 등·초본)을 제출하여야 합니다.

4. 주소는 주민등록상의 주소를, 법인은 등기부상의 본점소재지를 기재하시고,

신분확인상 필요하오니 주민등록증을 꼭 지참하십시오.

5. 입찰가격은 수정할 수 없으므로, 수정을 요하는 때에는 새 용지를 사용하십시오.

6. 대리인이 입찰하는 때에는 입찰자란에 본인과 대리인의 인적사항 및 본인과의 관계 등을 모두 기재하는 외에 본인의 위임장(입찰표 뒷면을 사용)과 인감증명을 제출하십시오.

7. 위임장, 인감증명 및 자격증명서는 이 입찰표에 첨부하십시오.

8. 일단 제출된 입찰표는 취소, 변경이나 교환이 불가능합니다.

9. 공동으로 입찰하는 경우에는 공동입찰신고서를 입찰표와 함께 제출하되, 입찰표의 본인란에는 "별첨 공동입찰자목록 기재와 같음"이라고 기재한 다음, 입찰표와 공동입찰신고서 사이에는 공동입찰자 전원이 간인하십시오.

10. 입찰자 본인 또는 대리인 누구나 보증을 반환받을 수 있습니다.

11. 보증의 제공방법(현금·자기앞수표 또는 보증서) 중 하나를 선택하여 ☑ 표를 기재하십시오.

(   )

위 임 장

대리인	성 명		직 업	
	주민등록번호		전화번호	
	주 소			

위 사람을 대리인으로 정하고 다음 사항을 위임함.

다 음

지방법원   타경   호 부동산

경매 사건에 관한 입찰행위 일체

본인 1	성 명	(인감 인)	직 업	
	주민등록번호	-	전화번호	
	주 소			
본인 2	성 명	(인감 인)	직 업	
	주민등록번호	-	전화번호	
	주 소			
본인 3	성 명	(인감 인)	직 업	
	주민등록번호	-	전화번호	
	주 소			

                * 본인의 인감 증명서 첨부

* 본인이 법인인 경우에는 주민등록번호란에 사업자등록번호를 기재

지방법원 귀중

〈서식 8〉 위임장

위 임 장

성   명:
주민등록번호:
주   소:

상기인에게 귀원   타경   호 임의(강제) 경매사건의 경매행위 일체를 본인을
위하여 대리로 실행할 것을 위임합니다.

년   월   일

첨 부 서 류

1. 위임장   1부
1. 인감증명   1부

위   임   인:
성   명:
주민등록번호:
주   소:

〈서식 9〉 공동입찰신고서

공동입찰신고서

법원 집행관   귀하

사건번호   20   타경   호
물건번호
공동입찰자   별지 목록과 같음

위 사건에 관하여 공동입찰을 신고합니다.

년   월   일

신청인   외   인(별지목록 기재와 같음)

* 1. 공동입찰을 하는 때에는 **입찰표에 각자의 지분을 분명하게 표시하여야 합니다.**
  2. 별지 공동입찰자 목록과 사이에 **공동입찰자 전원이 간인**하십시오.

〈서식 10〉 공유자 우선매수신청서

공유자 우선매수신고서

사 건   타경   부동산강제(임의)경매
채권자
채무자(소유자)
공유자
■ **매각기일** 20○○. ○. ○. ○○:○○
부동산의 표시: 별지와 같음

공유자는 민사집행법 제140조 제1항의 규정에 의하여 매각기일까지(집행관이 민사집행법 제115조 제1항에 따라 최고가매수신고인의 성명과 가격을 부르고 매각기일을 종결한다고 고지하기 전까지) **민사집행법 제113조에 따른 매수신청보증을 제공하고** 최고매수신고가격과 같은 가격으로 채무자의 지분을 우선매수 하겠다는 신고를 합니다.

첨 부 서 류

1. 공유자의 주민등록표 등본 또는 초본 1통
2. 기타(   )

200 년   월   일

우선매수신고인(공유자)

(연락처:)

○○지방법원 경매○계 귀중

〈서식 11〉 경매취하동의서

경매취하동의서

사건번호
채 권 자
채 무 자
소 유 자

위 사건에 관하여 매수인은 채권자가 위 경매신청을 취하하는 데 대하여 동의합니다.

첨 부 서 류

1. 매수인 인감증명   1부

년   월   일

매 수 인   (인)

연락처(☎)

○○지방법원 경매○계 귀중

〈서식 12〉 매각불허가신청서

매각불허가신청

사건번호
채 권 자
채 무 자

위 당사자 간의 귀원 ○○○○ 타경 부동산강제(임의)경매 사건에 관하여 ○○○
○년 ○○월 ○○일의 매각기일에서 신청인은 최고가의 매수신고를 하고, 아직 매
각결정기일 전이나 폭풍우로 별지 목록 토지가 반 이상 토사에 매몰됨으로써 현저
히 훼손되었으므로 매각 불허가하여 주시기 바랍니다.

첨 부 서 류

1. 훼손증명서   1통

년   월   일

매 수 인   (인)

연락처(☎)

○○지방법원 귀중

〈서식 13〉 매각허가결정취소신청서

매각허가결정취소신청서

사건번호

매수인

부동산 표시

매수인이 매수한 위 부동산에는 아래와 같은 사유가 있으므로 위 사건에 관한 매각허가결정을 취소하여 주시기 바랍니다.

아　래

1.

년　　월　　일

매 수 인　　　　　(인)

연락처(☎)

○○지방법원 귀중

〈서식 14〉 매각허가에 대한 이의신청서

매각허가에 대한 이의신청서

사건번호
채무자(이의신청인)
     ○시　○구　○동　○번지
채권자(상대방)
     ○시　○구　○동　○번지

위 사건에 관하여 다음과 같이 이의 신청합니다.

신 청 취 지

"별지목록 기재 부동산에 대한 매각은 이를 불허한다"는 재판을 구함

신 청 이 유

년　　월　　일

채무자(이의신청인)　　　　　(인)

연락처(☎)

○○지방법원 귀중

〈서식 15〉 경매개시신청에 대한 즉시항고

항 고 장

사건　　　　타경　　　호 부동산임의(강제)경매
항고인(채무자) (이 름)　　　　　　　　(주민등록번호　　　 － 　　)
　　　　　　(주 소)
　　　　　　(연락처)

위 사건에 관하여 귀원이　년　월　일에 한 결정은　년　월　일에 그 송달
을 받았으나, 전부 불복이므로 항고를 제기합니다.

원결정의 표시

항 고 취 지

원결정을 취소하고 다시 상당한 재판을 구함

항 고 이 유
1.

첨 부 서 류

　　　　　　　　　　　　년　　월　　일

　　　　　　　　　　　위 항고인

연락처(☎)

　　　　　　　　　　　　　　　　　　○○지방법원 귀중

<서식 16> 농지취득자격증명신청서

농지취득자격증명신청서

* 농지취득자격증명신청서 첨부서류

농지취득자격증명신청서		처리기간	접수*	제 호
		5일	처리*	제 호

농지취득자 ( )	①성명 ( )		②주민등록번호 ( )		⑥ 취득자의 신분		
	③주소	시 구 동 도 시 리 번지			농업인	신영	법인 등
	④연락처		⑤화 ⑪농지 구분				

취득 농지의 표시	⑦소재지			⑧지번	⑨지목	⑩면적 (㎡)	진흥 지역	보호 지역	진흥 지역 밖
	시	구	리						

⑫취득원인	
⑬취득목적	

	확 인 사 항	위원①	위원②
농지관리 위원확인	1. 6 1 2 2 8: 의 규정에 의한 취득요건에 적합한지 여부 2. 8 2의 각호사항의 포함여부 3. 농업경영계획서의 내용이 실현가능하다고 인정되는지 여부(6 2 8: 의 규정에 의하여 농지를 취득하는 경우 를 제외) 4. 소유농지의 전부를 타인에게 임대하거나 영농 작업의 전부를 위탁하여 경영하고 있는지 여부		
	위원① ( )	위원②	( )

확인방법:

농지법 제8 2 10의 규정에 의하여 위와 같이 농지취득자증명의 발급을 신청합니다.

년 월 일
농지취득자( ) 서명( )

시장 장 귀하

구비시류:1. 　2. (법인의 경우에는 법인등기부 등본을 말한다) 　3. ( ) 　4. 1(6 2 2) 　5. 2(7 1 2): 규정에 해당하는 경우에 한다. 　6. 서식의 농업계획서	수수료 300 !

*이 신청서는 무료로 배부되며 아래와 같이 처리합니다.

※ 기재상 주의사항

● 란은 민원인이 기재하지 아니합니다.

① 란은 법인에 있어서는 그 명칭 및 대표자의 성명을 씁니다.
② 란은 개인의 주민등록번호, 법인은 법인등록번호를 씁니다.
⑥ 란은 다음 구분에 따라 농지취득자가 해당하는 란에 ○표를 합니다.
　　가. 신청 당시 농업경영에 종사하고 있는 개인은 농업인
　　나. 신청 당시 농업경영에 종사하지 아니하지만 앞으로 농업경영을 하고자 하
　　　　는 개인은 신규 영농
　　다. 농업회사법인, 영농조합법인 기타법인은 법인임
　　　　[취득농지의 표시]란은 취득대상 농지의 지번에 따라 매필지별로 씁니다.
⑨ 란은 공부상의 지목에 따라 전, 답, 과수원 등의 구분에 따라 씁니다.
⑪ 란은 매필지별로 진흥구역, 보호구역, 진흥지역　밖으로 구분하여 해당란에 ○표
　를 합니다.
⑫ 란은 매매, 교환, 낙찰, 수증 등 취득 원인의 구분에 따라 씁니다.
⑬ 란은 농업경영, 전용, 시험, 실습, 종묘포 등 취득 후 이용목적의 구분에 따라 씁
　니다.

신청인	농지관리위원회위원	처리기관(시, 구, 읍, 면)
신청서 작성	확인	접수 확인, 조사 검토 증명발급 또는 신청서의 반려

<서식 17> 영농계획서

농업경영계획서

취득대상 농지에 관한 사항	①소재지			②지번	③지목	④면적 (㎡)	⑤영농 거리	⑥주재배예 정작목
	시·군	구·읍·면	리·동					
	계							

⑦취득자 및 세대원의 농업경영능력

취득자와의 관계	성별	연령	직업	영농경력(년)	향후영농여부

⑧취득농지의 농업경영에 필요한 노동력 확보방안

자기 노동력	일부고용	일부위탁	전부위탁(임대)

⑨농업기계·장비의 보유현황

기계·장비명	규격	보유현황	기계·장비명	보유현황

⑩농업기계·장비의 보유현황

기계·장비명	규격	보유현황	기계·장비명	보유현황

⑪소유농지의 이용현황	<뒤쪽에 기재>

농지법 제8장제2항의 규정에 의하여 위와 같이 본인이 취득하고자 하는
농지에 대한 농업경영 계획서를 작성·제출합니다

년   월   일

제출자   서명(인)

*농지취득자격증명서에는 이 계획서를 반드시 첨부하여야 합니다.

⑪소유농지의 이용현황							
소 재 지				지번	지목	면적 (㎡)	주재배 작물
시·도	시·도	구·읍·면	리·동				

⑫ 농지전용허가, 협의 또는 신고를 한 농지를 취득하는 경우 전용면적사업의 착수 시기 등	
전용면적 사업의 착수 시기	년 월 일
착수 전의 농업경영계획	직접경작 임대 휴경
특기사항	

*기재사항 주의사항
⑤란은 거주자로부터 농지소재지까지 일상적인 통행에 이용하는 도로에 따라 측정한 거리를 씁니다.
⑥란은 그 농지에 주로 재배, 식재하고자 하는 작목을 씁니다.
⑦란은 같은 세대원 중 영농한 경험이 있는 세대원과 앞으로 영농하고자 하는 세대원에 대하여 영농경력과 앞으로의 영농 영농 여부를 개인별로 씁니다.
⑧란은 취득하고자 하는 농지의 농업경영에 필요한 노동력을 확보하는 방안을 다음 구분에 의하여 해당되는 란에 표시합니다.
 가. 같은 세대의 세대원의 노동력만으로 영농하고자 하는 경우에는 자가 노동력란에 ○표
 나. 자가노동력만으로 부족하여 농작업의 일부를 고용 인력에 의하고자 하는 경우에는 일부 공용란에 ○표
 다. 자가노동력만으로 부족하여 농작업의 일부를 고용 인력에 의하고자 하는 경우에는 일부 위탁란에 위탁하고자 하는 작업의 종류와 그 비율을 씁니다.
 라. 자가노동력에 의하지 아니하고 농작업의 전부를 남에게 맡기거나 임대하고자하는 경우에는 전부위탁(임대)란에 ○표
⑨란과 ⑩란은 농업경영에 필요한 농업기계와 장비의 보유현황과 앞으로의 보유계획을 씁니다.
⑪란은 현재 소유농지에서의 영농상황을 씁니다.
* 농지전용허가, 협의 또는 신고를 한 농지를 취득하는 경우에는 ⑤란 내지 ⑪란은 기재를 생략할 수 있습니다.

〈서식 18〉 매각대금 완납 증명원

매각대금완납증명원

수입인지
500원

사 건   타경   호

채 권 자
채 무 자
소 유 자
매 수 인

위 사건의 별지목록기재 부동산을 금   원에 낙찰받아   년   월   일에 그
대금전액을 납부하였음을 증명하여 주시기 바랍니다

년   월   일

매수인   (인)

연락처(☎)

○ ○ 지방법원 귀중

---

* 유의사항

1. 매각부동산 목록을 첨부합니다.

2. 2부를 작성합니다(원본에 500원 인지를 붙임).

〈서식 19〉 명도확인서

명 도 확 인 서

사건번호:
이   름:
주   소:

위 사건에서 위 임차인은 임차보증금에 따른 배당금을 받기 위해 매수인에게 목적
부동산을 명도하였음을 확인합니다.

첨부서류: 매수인 명도확인용 인감증명서 1통

년   월   일

매 수 인   (인)

연락처(☎)

○○지방법원 귀중

---

* 유의사항
1. 주소는 경매기록에 기재된 주소와 같아야 하며, 이는 주민등록상 주소여야
   합니다.
2. 임차인이 배당금을 찾기 전에 이사를 하기 어려운 실정이므로, 매수인과 임
   차인 간에 이사 날짜를 미리 정하고 이를 신뢰할 수 있다면 임차인이 이사
   하기 전에 매수인은 명도확인서를 해 줄 수도 있습니다.

<서식 20> 명도이행각서

명 도 이 행 각 서

경매사건번호:

건물 점유자 관계:
성 명: (인)   (주민번호: −   )
전화번호:
주 소:

본인은 당해 건물을 다음과 같이 낙찰자에게 인도(명도)하고 이사할 것을 확약합니다.

"다   음"

1) 이사 날짜는   년   월   일로 한다.
2) 이사일 전까지 발생한 모든 공과금(전기요금, 수도요금, 관리비 등)을 납부하며
   당해 건물을 깨끗한 상태로 낙찰자에게 인도(명도)한다.
3) 이사 당일 건물 시건장치(키)와 이사비용 (   )만 원을 동시 이행한다.

상기 사항을 이행하지 못해 낙찰자에게 손실을 끼쳤을 경우 책임지고 변제할 것을
확약하며 이에 각서를 제출합니다. 끝

년   월   일

경 매 사 건 번 호(   ) 낙 찰 자   귀하

〈서식 21〉 부동산인도명령신청서

부동산인도명령 신청

사건번호
신청인(매수인)
    ○시　○구　○동　○번지
피신청인(임차인)
    ○시　○구　○동　○번지

위 사건에 관하여 매수인은　　년　월　일에 낙찰대금을 완납한 후 채무자(소유자, 부동산점유자)에게 별지 매수부동산의 인도를 청구하였으나 채무자가 불응하고 있으므로, 귀원 소속 집행관으로 하여금 채무자의 위 부동산에 대한 점유를 풀고 이를 매수인에게 인도하도록 하는 명령을 발령하여 주시기 바랍니다.

년　　월　　일

매 수 인　　　　　(인)

연락처(☎)

○○지방법원 귀중

* 유의사항

1. 낙찰인은 대금완납 후 6개월 내에 채무자, 소유자 또는 부동산 점유자에 대하여 부동산을 매수인에게 인도할 것을 법원에 신청할 수 있습니다.

2. 신청서에는 1,000원의 인지를 붙이고 1통을 집행법원에 제출하며 인도명령정본 송달료(2회분)를 납부하셔야 합니다.

<서식 22> 채권상계신청서

채 권 상 계 신 청 서

사건번호   타경   호
채 권 자
채 무 자

위 사건에 관하여 매수인이 납부할 매각대금을 민사집행법 제143조제2항에 의하여
매수인이 채권자로서 배당받을 금액한도로 상계하여 주시기 바랍니다.

년   월   일

매수인 겸 채권자   (인)

연락처(☎)

○○지방법원 귀중

---

* 유의사항

1. 채권자가 매수인인 경우에 그 채권의 배당액이 매입대금을 지급함에 충분한
   때에는 매입대금의 상계로 채권이 소멸될 수 있습니다.

2. 이미 배당기일이 정해져 있는 경우에는 상계신청으로 인하여 배당기일은 새
   로 지정될 수 있습니다.

〈서식 23〉 최고가매수신고인 증명신청서

최고가(차순위)매수신고인 증명신청

사건번호 ○○타경 부동산강제(임의)경매

위 사건에 관하여 신청인이 최고가(차순위)매수신고인임을 증명하여 주시기 바랍니다.

년 월 일

신청인 (인)

○○지방법원 집행관 귀중

최고가(차순위)매수신고인 증명

위 사실을 증명합니다.

년 월 일

○○지방법원 집행관 (인)

〈서식 24〉 매각기일 변경, 연기 신청서

매각기일 변경(연기) 신청서

사건번호　　　　타경　　　　　호
채 권 자
채 무 자

위 사건에 관하여　　　년　　월　　일자로 매각기일이 지정되었음을 통지받았는
바, 사정으로 그 변경(연기)을 요청하오니 조치하여 주시기 바랍니다.

년　　월　　일

채권자　　　　　(인)

연락처(☎)

○○지방법원 귀중

<서식 25> 주택임차권등기명령 신청서

주택임차권등기명령신청서

수입인지
2,000원

신청인(임차인) (이름)   (주민등록번호   －   )
           (주소)
           (연락처)
피신청인(임대인) (이름)
           (주소)

신 청 취 지

"별지목록 기재 건물에 관하여 아래와 같은 주택임차권등기를 명한다"는 결정을 구합니다.

아 래

1. 임대차계약일자: 년   월   일
2. 임차보증금액: 금   원, 차임: 금   원
3. 주민등록일자: 년   월   일
4. 점유개시일자: 년   월   일
5. 확 정 일 자: 년   월   일

신 청 이 유

첨부서류
1. 건물등기부등본 1통
2. 주민등록등본 1통
3. 임대차계약증서 사본 1통
4. 부동산목록 5통

년   월   일

신청인   (인)

○ ○ 지방법원 귀중

별지 제74호 서식

체 류 지 변 경 신 고 서
REPORT ON ALTERATION OF RESIDENCE

성 명	Surname	漢字		성별	남 M
	Given Names			Sex	여 F

생년월일 Date of Bir	2003 . 08 . 20 .	국적 Nation	

전체류지 Former address	

신체류지 New address		전화번호 Tel	

외국인 등록번호 Registration No.		등록일자 Date of Registration	2003년 6월 20일

동반자 Dependents in korea	성 명 Name in Full	
	생년월일 Date in Bir	
	성별 Sex	
	관계 Relation	
	등록번호 Registration No.	
	비 고 Ramarks	

신고일 Date of Report	2003 . 06 . 20 .	
		신고자 성명 Signature of applicant

위와같이 체류지 변경신고

I bereby certify that the report on arcration has made as above.

2003 년 06 월 20 일
Date

(시 구 읍 면) 장   ⊙
영문

영문

〈서식 27〉 매수신청대리인등록증(개인인 공인중개사)

[별지 제2-1호 양식]

등록번호 :			사 진 (3cm×4cm)

매수신청대리인등록증

성 명 (법인명)		주민등록번호 (법인등록번호)	
대표자		주민등록번호	
중개업자 종별	□ 공인중개사		□ 법인
사무소 명칭		주사무소 소재지	
		분사무소 소재지	

「공인중개사의 업무 및 부동산 거래신고에 관한 법률」제14조제3항 및 「공인중개사의 매수신청대리인 등록 등에 관한 규칙」제4조의 규정에 따라 위와 같이 매수신청대리인 등록을 하였음을 증명합니다.

년   월   일

지방법원장 ㉑

〈서식 28〉 주민등록열람신청서

주민등록표 열람 및 등초본 교부 신청서

열람 교부대상자	성명		주민등록번호	
	주소			

신청내용	열람	세대별	
	등본	통	1. 과거의 주소변동 사항(포함, 미포함) 2. 현 세대원의 전입일/변동일·변동사유(포함, 미포함)
	초본	통	1. 개인 인적사항 변경내역(포함, 미포함) 2. 과거의 주소변동 사항(포함, 미포함) 3. 과거의 주소변동사항 중 세대주 성명·관계(포함, 미포함) 4. 병역사항(포함, 미포함)

용도 및 목적	경매		제출처	동사무소

입증자료				

신청자	성명		주민등록번호		대상자와 관계	
	주소					

주민등록법시행령 제43조 및 제44조제5항의 규정에 의하여 주민등록표의 열람 및 등초본 교부를 신청합니다.

2001 년 월 일

접수번호: 접수일자: 열람·교부일자:

주민등록 열람 또는 등초본 교부 접수증

접 수 번 호: 접수일자:

신청자 성명:

〈서식 29〉 유치권 권리신고서

유치권 권리신고서

사건 번호:
채권자:
채무자:
소유자:
권리신고인:

본　　　는 이 사건 경매절차에서 유치권(　,　층 증축공사 및,　층 시설공사)을
아래와 같이 신고하오니 변제받을 수 있도록 선처하여 주시기 바랍니다.

－ 아 래 －

1. 건물증축 공사기간:　　　　　　　부터　　　　　까지(　개월간)
2. 건물증축 및 시설공사 소요금액:　　　　　만 원정(　,　,　)
3. 유치권 신청금액:　　　　　　　　　만 원정(　,　,　)
4. 건물공사자:　　　　(주)
5. 건물공사 내역: 상기 사건　　　타경　　호 부동산에 대하여 위 권리 신고인
은 공사건물,　층 시설공사 및,　층 증축공사를 하였으나 계약금만 받고 건물공
사의 재료비 및 인건비 등 일체의 공사에 대한 자재비 등 총 금　　원정을 건물
소유자로부터 지급받지 못하여 현재 위 공사건물공사비로 유치하여 건물의 일부를
점유 사용하고 있어 그 권리를 신고합니다.

20 년 월 일

첨부서류
민간건설공사 표준 도급계약서 1부
동　　,　　층 증축, 1, 2층 시설공사비 내역서 1부
부동산의 표시 1부
사업자 등록증 사본 1부

유치권신고자　　㈜　　　대표　　　(인)

지방법원 민사집행과 경매계 귀중

〈서식 30〉 유치권 권리 배제 신청서

유치권 권리 배제 신청서

사건번호: 타경   호
채 권 자: 은행
채 무 자:

위 사건에 대하여 임차인   (들)은 귀원에 대하여 유치권자로 권리 신고를 하였습니다. 그러나 집행법원에 제출한 권리신고서 그 자체로도 유치권신고인의 유치권이 없음이 명백하며 본 사건에 대한 유치권 신고로 말미암아 매수인은 대금 납부 후 부동산인도명령의 기각 등으로 인한 불이익이 우려되므로 신고된 유치권 권리가 다음의 이유로 명백히 없으므로 유치권자로서의 이해관계인의 권리를 배제하여 주시기 바랍니다.

1. 신고인의 유치권이 없는 이유
(1)
(2)
(3)

2. 결 어
따라서 경매재판부에서는 유치권신고인(들)을 신문하시어 유치권 권리가 배제됨을 명확히 하여 주시어 매수인이 인도명령 결정 등 매각대금 납부 후의 법적 절차에서 불리한 점이 없도록 판단하여 주시옵기를 바라는 바입니다.

200   년   월   일

신청인(최고가매수인)   (인)

지방법원 경매계 귀중

〈서식 31〉 (토지인도 및 건물철거, 명도청구의 소)소장

소 장

원고:
피고 1:
피고 2:
피고 3:

토지인도 및 건물철거, 명도청구의 소

청구취지

1. 피고 1   , 피고 2   은   구   동   번지 원고소유의 지상에 별지도면 ㄱ, ㄴ, ㄷ 철근콘크리트조 슬래브 지붕 지하실부 3층 건물   ㎡를 철거하여, 토지를 원고에게 인도하고   년   월   일부터 토지를 인도할 때까지 월 금   원의 부당이득금을 원고에게 지급하라.
피고 3   은 위 별지도면   ㄱ 부분의 지하층을 명도하라.

2. 소송비용은 피고인들의 부담으로 한다.

3. 위 제1항은 가집행할 수 있다.

라는 판결을 구합니다.

청구이유

1.
2.
3.

입증방법

토지 등기등기부등본 1(갑 제1호 증)
건물등기부등본 2(갑 제2호 증)
감정평가서 사본 3(갑 제3호 증)

첨부서류

토지대장등본 1부
건축물대장등본 1부

20　　년　　월　　일

위 원고　　　김　○　○

지방 법원 민사부 귀중

〈서식 32〉 부동산 소유권이전등기 촉탁신청서

매각으로 인한 소유권이전등기 촉탁신청

송달용 우표
2,960원×2회분

사건번호: 타경   호

채권자:
경락인(매수인):
경락인(매수인):
경락인(매수인):

○○지방법원 경매계 귀중

매각으로 인한 소유권이전등기 촉탁신청

사건번호: 타경   호 부동산임의경매

채권자:
경락인(매수인):
경락인(매수인):
경락인(매수인):   (64 ----- 12 -----)
서울시 강남구 도곡동 902-   아파트   동 호

위 경매사건에 있어서 낙찰인은 낙찰대금 전액을 지급하고 별지 기재의 부동산에 관하여 소유권을 취득하였기에 낙찰인 앞으로 소유권이전등기와 낙찰인이 인수 부담하지 않은 기타의 등기를 말소 촉탁하여 주시기 바랍니다.

등기할 사항: 소유권이전등기 및 말소등기
부동산의 표시(말소할 권리목록): 별지 기재와 같음

낙찰대금: 금   원
등록세

1. 이전등기 등록세: 금   원
2. 말소등기 등록세: 금   원
   합 계: 금   원
   등기신청 수수료: 이 전
   말 소

시가표액: 금   원
채권매입 금액계산:
채권발행번호:

첨부 서류

1. 부동산의 표시   6통
1. 말소할 권리목록   2통
1. 낙찰대금 완납증명원(사본)   1통
1. 부동산등기부등본   1통
1. 주민등록 (초)본   1통
1. 토지대장   1통
1. 건축물관리대장   1통
1. 등록세 및 교육세 영수필   1통

20   년   월   일

신 청 인(매수인)   (인)

연락처:

○○지방법원 경매계 귀중

〈서식 33〉 입찰보증금 반환청구신청서

입찰보증금 반환청구신청서

사건번호:　　　　타경　　　　호 부동산임의경매
채권자:
채무자:

위 당사자 간의　　타경　　호 부동산임의경매 사건에 관하여　년　월　일
경매기일에 있어서 신청인은 다음 부동산에 대하여 최고가(차순위)매수인으로 매수
신청을 히고 입찰보증금을 최저가의 10분의 1에 해당히는 보증금　　　원을 납
부하였던바,　　년　월　일 매각이 취하되었으므로 입찰보증금을 반환하여 주
시기 바랍니다.

　　　　　　　　　　년　월　일

　　　위 신청인(최고가매수인)　　　　　(인)

　　　　　　　　　　　　　　　　　　　　　　○○지방법원 귀중

부록 II

경매관련 법령

민사집행법

[시행 2011.10.13] [법률 제10580호, 2011.4.12, 타법개정]

제1편 총칙

제1조 (목적) 이 법은 강제집행, 담보권 실행을 위한 경매, 민법·상법, 그 밖의 법률의 규정에 의한 경매(이하 "민사집행"이라 한다) 및 보전처분의 절차를 규정함을 목적으로 한다.

제2조 (집행실시자) 민사집행은 이 법에 특별한 규정이 없으면 집행관이 실시한다.

제3조 (집행법원) ① 이 법에서 규정한 집행행위에 관한 법원의 처분이나 그 행위에 관한 법원의 협력사항을 관할하는 집행법원은 법률에 특별히 지정되어 있지 아니하면 집행절차를 실시할 곳이나 실시한 곳을 관할하는 지방법원이 된다.
② 집행법원의 재판은 변론 없이 할 수 있다.

제4조 (집행신청의 방식) 민사집행의 신청은 서면으로 하여야 한다.

제5조 (집행관의 강제력 사용) ① 집행관은 집행을 하기 위하여 필요한 경우에는 채무자의 주거·창고 그 밖의 장소를 수색하고, 잠근 문과 기구를 여는 등 적절한 조치를 할 수 있다.

② 제1항의 경우에 저항을 받으면 집행관은 경찰 또는 국군의 원조를 요청할 수 있다.

③ 제2항의 국군의 원조는 법원에 신청하여야 하며, 법원이 국군의 원조를 요청하는 절차는 대법원규칙으로 정한다.

제6조 (참여자) 집행관은 집행하는 데 저항을 받거나 채무자의 주거에서 집행을 실시하려는 데 채무자나 사리를 분별할 지능이 있는 그 친족·고용인을 만나지 못한 때에는 성년 두 사람이나 특별시·광역시의 구 또는 동 직원, 시·읍·면 직원(도농복합형태의 시의 경우 동지역에서는 시 직원, 읍·면지역에서는 읍·면 직원) 또는 경찰공무원 중 한 사람을 증인으로 참여하게 하여야 한다.

제7조 (집행관에 대한 원조요구) ① 집행관 외의 사람으로서 법원의 명령에 의하여 민사집행에 관한 직무를 행하는 사람은 그 신분 또는 자격을 증명하는 문서를 지니고 있다가 관계인이 신청할 때에는 이를 내보여야 한다.

② 제1항의 사람이 그 직무를 집행하는 데 저항을 받으면 집행관에게 원조를 요구할 수 있다.

③ 제2항의 원조요구를 받은 집행관은 제5조 및 제6조에 규정된 권한을 행사할 수 있다.

제8조 (공휴일·야간의 집행) ① 공휴일과 야간에는 법원의 허가가 있어야 집행행위를 할 수 있다.

② 제1항의 허가명령은 민사집행을 실시할 때에 내보여야 한다.

제9조 (기록열람·등본부여) 집행관은 이해관계 있는 사람이 신청하면 집행기록을 볼 수 있도록 허가하고, 기록에 있는 서류의 등본을 교부하여야 한다.

제10조 (집행조서) ① 집행관은 집행조서(執行調書)를 작성하여야 한다.

② 제1항의 조서(調書)에는 다음 각 호의 사항을 밝혀야 한다.

1. 집행한 날짜와 장소
2. 집행의 목적물과 그 중요한 사정의 개요
3. 집행참여자의 표시
4. 집행참여자의 서명날인
5. 집행참여자에게 조서를 읽어주거나 보여주고, 그가 이를 승인하고 서명날인한 사실
6. 집행관의 기명날인 또는 서명

③ 제2항제4호 및 제5호의 규정에 따라 서명날인할 수 없는 경우에는 그 이유를 적어야 한다.

제11조 (집행행위에 속한 최고, 그 밖의 통지) ① 집행행위에 속한 최고(催告) 그 밖의 통지는 집행관이 말로 하고 이를 조서에 적어야 한다.

② 말로 최고나 통지를 할 수 없는 경우에는 민사소송법 제181조·제182조 및 제187조의 규정을 준용하여 그 조서의 등본을 송달한다. 이 경우 송달증서를 작성하지 아니한 때에는 조서에 송달한 사유를 적어야 한다.

③ 집행하는 곳과 법원의 관할구역 안에서 제2항의 송달을 할 수 없는 경우에는 최고나 통지를 받을 사람에게 대법원규칙이 정하는 방법으로 조서의 등본을 발송하고 그 사유를 조서에 적어야 한다.

제12조 (송달·통지의 생략) 채무자가 외국에 있거나 있는 곳이 분명하지 아니한 때에는 집행행위에 속한 송달이나 통지를 하지 아니하여도 된다.

제13조 (외국송달의 특례) ① 집행절차에서 외국으로 송달이나 통지를 하는 경우에는 송달이나 통지와 함께 대한민국 안에 송달이나 통지를 받을 장소와 영수인을 정하여 상당한 기간 이내에 신고하도록 명할 수 있다.

② 제1항의 기간 이내에 신고가 없는 경우에는 그 이후의 송달이나 통지를 하지 아니할 수 있다.

제14조 (주소 등이 바뀐 경우의 신고의무) ① 집행에 관하여 법원에 신청이나 신고를 한 사람 또는 법원으로부터 서류를 송달받은 사람이 송달받을 장소를 바꾼 때에는 그 취지를 법원에 바로 신고하여야 한다.

② 제1항의 신고를 하지 아니한 사람에 대한 송달은 달리 송달할 장소를 알 수 없는 경우에는 법원에 신고된 장소 또는 종전에 송달을 받던 장소에 대법원규칙이 정하는 방법으로 발송할 수 있다.

③ 제2항의 규정에 따라 서류를 발송한 경우에는 발송한 때에 송달된 것으로 본다.

제15조 (즉시항고) ① 집행절차에 관한 집행법원의 재판에 대하여는 특별한 규정이 있어야만 즉시항고(卽時抗告)를 할 수 있다.

② 항고인(抗告人)은 재판을 고지받은 날부터 1주의 불변기간 이내에 항고장(抗告狀)을 원심법원에 제출하여야 한다.

③ 항고장에 항고이유를 적지 아니한 때에는 항고인은 항고장을 제출한 날부터 10일 이내에 항고이유서를 원심법원에 제출하여야 한다.

④ 항고이유는 대법원규칙이 정하는 바에 따라 적어야 한다.

⑤ 항고인이 제3항의 규정에 따른 항고이유서를 제출하지 아니하거나 항고이유가 제4항의 규정에 위반한 때 또는 항고가 부적법하고 이를 보정(補正)할 수 없음이 분명한 때에는 원심법원은 결정으로 그 즉시항고를 각하하여야 한다.

⑥ 제1항의 즉시항고는 집행정지의 효력을 가지지 아니한다. 다만, 항고법원(재판기록이 원심법원에 남아 있는 때에는 원심법원)은 즉시항고에 대한 결정이 있을 때까지 담보를 제공하게 하거나 담보를 제공하게 하지 아니하고 원심재판의 집행을 정지하거나 집행절차의 전부 또는 일부를 정지하도록 명할 수 있고, 담보를 제공하게 하고 그 집행을 계속하도록 명할 수 있다.

⑦ 항고법원은 항고장 또는 항고이유서에 적힌 이유에 대하여서만 조사한다. 다만, 원심재판에 영향을 미칠 수 있는 법령위반 또는 사실오인이 있는지에 대하여 직권으로 조사할 수 있다.

⑧ 제5항의 결정에 대하여는 즉시항고를 할 수 있다.

⑨ 제6항 단서의 규정에 따른 결정에 대하여는 불복할 수 없다.

⑩ 제1항의 즉시항고에 대하여는 이 법에 특별한 규정이 있는 경우를 제외하고는 민사소송법 제3편제3장 중 즉시항고에 관한 규정을 준용한다.

제16조 (집행에 관한 이의신청) ① 집행법원의 집행절차에 관한 재판으로서 즉시항고를 할 수 없는 것과, 집행관의 집행처분, 그 밖에 집행관이 지킬 집행절차에 대하여서는 법원에 이의를 신청할 수 있다.

② 법원은 제1항의 이의신청에 대한 재판에 앞서, 채무자에게 담보를 제공하게 하거나 제공하게 하지 아니하고 집행을 일시정지하도록 명하거나, 채권자에게 담보를 제공하게 하고 그 집행을 계속하도록 명하는 등 잠정처분(暫定處分)을 할 수 있다.

③ 집행관이 집행을 위임받기를 거부하거나 집행행위를 지체하는 경우 또는 집행관이 계산한 수수료에 대하여 다툼이 있는 경우에는 법원에 이의를 신청할 수 있다.

제17조 (취소결정의 효력) ① 집행절차를 취소하는 결정, 집행절차를 취소한 집행관의 처분에 대한 이의신청을 기각·각하하는 결정 또는 집행관에게 집행절차의 취소를 명하는 결정에 대하여는 즉시항고를 할 수 있다.

② 제1항의 결정은 확정되어야 효력을 가진다.

제18조 (집행비용의 예납 등) ① 민사집행의 신청을 하는 때에는 채권자는 민사집행에 필요한 비용으로서 법원이 정하는 금액을 미리 내야 한다. 법원이 부족한 비용을 미리 내라고 명하는 때에도 또한 같다.

② 채권자가 제1항의 비용을 미리 내지 아니한 때에는 법원은 결정으로 신청을 각하하거나 집행절차를 취소할 수 있다.

③ 제2항의 규정에 따른 결정에 대하여는 즉시항고를 할 수 있다.

제19조 (담보제공·공탁 법원) ① 이 법의 규정에 의한 담보의 제공이나 공탁은 채권자나 채무자의 보통재판적(普通裁判籍)이 있는 곳의 지방법원 또는 집행법원에 할 수 있다.

② 당사자가 담보를 제공하거나 공탁을 한 때에는, 법원은 그의 신청에 따라 증명서를 주어야 한다.

③ 이 법에 규정된 담보에는 특별한 규정이 있는 경우를 제외하고는 민사소송법 제122조・제123조・제125조 및 제126조의 규정을 준용한다.

제20조 (공공기관의 원조) 법원은 집행을 하기 위하여 필요하면 공공기관에 원조를 요청할 수 있다.

제21조 (재판적) 이 법에 정한 재판적(裁判籍)은 전속관할(專屬管轄)로 한다.

제22조 (시・군법원의 관할에 대한 특례) 다음 사건은 시・군법원이 있는 곳을 관할하는 지방법원 또는 지방법원지원이 관할한다.

1. 시・군법원에서 성립된 화해・조정(민사조정법 제34조제4항의 규정에 따라 재판상의 화해와 동일한 효력이 있는 결정을 포함한다. 이하 같다) 또는 확정된 지급명령에 관한 집행문부여의 소, 청구에 관한 이의의 소 또는 집행문부여에 대한 이의의 소로서 그 집행권원에서 인정된 권리가 소액사건심판법의 적용대상이 아닌 사건

2. 시・군법원에서 한 보전처분의 집행에 대한 제3자이의의 소

3. 시・군법원에서 성립된 화해・조정에 기초한 대체집행 또는 간접강제

4. 소액사건심판법의 적용대상이 아닌 사건을 본안으로 하는 보전처분

제23조 (민사소송법의 준용 등) ① 이 법에 특별한 규정이 있는 경우를 제외하고는 민사집행 및 보전처분의 절차에 관하여는 민사소송법의 규정을 준용한다.

② 이 법에 정한 것 외에 민사집행 및 보전처분의 절차에 관하여 필요한 사항은 대법원규칙으로 정한다.

제2편 강제집행

제1장 총칙

제24조 (강제집행과 종국판결) 강제집행은 확정된 종국판결(終局判決)이나 가집행의 선고가 있는 종국판결에 기초하여 한다.

제25조 (집행력의 주관적 범위) ① 판결이 그 판결에 표시된 당사자 외의 사람에게 효력이 미치는 때에는 그 사람에 대하여 집행하거나 그 사람을 위하여 집행할 수 있다. 다만, 민사소송법 제71조의 규정에 따른 참가인에 대하여는 그러하지 아니하다.

② 제1항의 집행을 위한 집행문(執行文)을 내어주는 데 대하여는 제31조 내지 제33조의 규정을 준용한다.

제26조 (외국판결의 강제집행) ① 외국법원의 판결에 기초한 강제집행은 대한민국 법원에서 집행판결로 그 적법함을 선고하여야 할 수 있다.

② 집행판결을 청구하는 소(訴)는 채무자의 보통재판적이 있는 곳의 지방법원이 관할하며, 보통재판적이 없는 때에는 민사소송법 제11조의 규정에 따라 채무자에 대한 소를 관할하는 법원이 관할한다.

제27조 (집행판결) ① 집행판결은 재판의 옳고 그름을 조사하지 아니하고 하여야 한다.

② 집행판결을 청구하는 소는 다음 각 호 가운데 어느 하나에 해당하면 각하하여야 한다.

1. 외국법원의 판결이 확정된 것을 증명하지 아니한 때
2. 외국판결이 민사소송법 제217조의 조건을 갖추지 아니한 때

제28조 (집행력 있는 정본) ① 강제집행은 집행문이 있는 판결정본(이하 "집행

력 있는 정본"이라 한다)이 있어야 할 수 있다.

② 집행문은 신청에 따라 제1심 법원의 법원서기관·법원사무관·법원주사 또는 법원주사보(이하 "법원사무관등"이라 한다)가 내어 주며, 소송기록이 상급심에 있는 때에는 그 법원의 법원사무관등이 내어 준다.

③ 집행문을 내어 달라는 신청은 말로 할 수 있다.

제29조 (집행문) ① 집행문은 판결정본의 끝에 덧붙여 적는다.

② 집행문에는 "이 정본은 피고 아무개 또는 원고 아무개에 대한 강제집행을 실시하기 위하여 원고 아무개 또는 피고 아무개에게 준다"라고 적고 법원사무관등이 기명날인하여야 한다.

제30조 (집행문부여) ① 집행문은 판결이 확정되거나 가집행의 선고가 있는 때에만 내어 준다.

② 판결을 집행하는 데에 조건이 붙어 있어 그 조건이 성취되었음을 채권자가 명하여야 하는 때에는 이를 증명하는 서류를 제출하여야만 집행문을 내어 준다. 다만, 판결의 집행이 담보의 제공을 조건으로 하는 때에는 그러하지 아니하다.

제31조 (승계집행문) ① 집행문은 판결에 표시된 채권자의 승계인을 위하여 내어 주거나 판결에 표시된 채무자의 승계인에 대한 집행을 위하여 내어 줄 수 있다. 다만, 그 승계가 법원에 명백한 사실이거나, 증명서로 승계를 증명한 때에 한한다.

② 제1항의 승계가 법원에 명백한 사실인 때에는 이를 집행문에 적어야 한다.

제32조 (재판장의 명령) ① 재판을 집행하는 데에 조건을 붙인 경우와 제31조의 경우에는 집행문은 재판장(합의부의 재판장 또는 단독판사를 말한다. 이하 같다)의 명령이 있어야 내어 준다.

② 재판장은 그 명령에 앞서 서면이나 말로 채무자를 심문(審問)할 수 있다.

③ 제1항의 명령은 집행문에 적어야 한다.

제33조 (집행문부여의 소) 제30조제2항 및 제31조의 규정에 따라 필요한 증명을 할 수 없는 때에는 채권자는 집행문을 내어 달라는 소를 제1심 법원에 제기할 수 있다.

제34조 (집행문부여 등에 관한 이의신청) ① 집행문을 내어 달라는 신청에 관한 법원사무관등의 처분에 대하여 이의신청이 있는 경우에는 그 법원사무관등이 속한 법원이 결정으로 재판한다.

② 집행문부여에 대한 이의신청이 있는 경우에는 법원은 제16조제2항의 처분에 준하는 결정을 할 수 있다.

제35조 (여러 통의 집행문의 부여) ① 채권자가 여러 통의 집행문을 신청하거나 전에 내어 준 집행문을 돌려주지 아니하고 다시 집행문을 신청한 때에는 재판장의 명령이 있어야만 이를 내어 준다.

② 재판장은 그 명령에 앞서 서면이나 말로 채무자를 심문할 수 있으며, 채무자를 심문하지 아니하고 여러 통의 집행문을 내어 주거나 다시 집행문을 내어 준 때에는 채무자에게 그 사유를 통지하여야 한다.

③ 여러 통의 집행문을 내어 주거나 다시 집행문을 내어 주는 때에는 그 사유를 원본과 집행문에 적어야 한다.

제36조 (판결원본에의 기재) 집행문을 내어 주는 경우에는 판결원본 또는 상소심 판결정본에 원고 또는 피고에게 이를 내어 준다는 취지와 그 날짜를 적어야 한다.

제37조 (집행력 있는 정본의 효력) 집행력 있는 정본의 효력은 전국 법원의 관할구역에 미친다.

제38조 (여러 통의 집행력 있는 정본에 의한 동시집행) 채권자가 한 지역에서 또는 한 가지 방법으로 강제집행을 하여도 모두 변제를 받을 수 없는 때에는 여러 통의 집행력 있는 정본에 의하여 여러 지역에서 또는 여러 가지 방법으

로 동시에 강제집행을 할 수 있다.

제39조 (집행개시의 요건) ① 강제집행은 이를 신청한 사람과 집행을 받을 사람의 성명이 판결이나 이에 덧붙여 적은 집행문에 표시되어 있고 판결을 이미 송달하였거나 동시에 송달한 때에만 개시할 수 있다.

② 판결의 집행이 그 취지에 따라 채권자가 증명할 사실에 매인 때 또는 판결에 표시된 채권자의 승계인을 위하여 하는 것이거나 판결에 표시된 채무자의 승계인에 대하여 하는 것일 때에는 집행할 판결 외에, 이에 덧붙여 적은 집행문을 강제집행을 개시하기 전에 채무자의 승계인에게 송달하여야 한다.

③ 증명서에 의하여 집행문을 내어 준 때에는 그 증명서의 등본을 강제집행을 개시하기 전에 채무자에게 송달하거나 강제집행과 동시에 송달하여야 한다.

제40조 (집행개시의 요건) ① 집행을 받을 사람이 일정한 시일에 이르러야 그 채무를 이행하게 되어 있는 때에는 그 시일이 지난 뒤에 강제집행을 개시할 수 있다.

② 집행이 채권자의 담보제공에 매인 때에는 채권자는 담보를 제공한 증명서류를 제출하여야 한다. 이 경우의 집행은 그 증명서류의 등본을 채무자에게 이미 송달하였거나 동시에 송달하는 때에만 개시할 수 있다.

제41조 (집행개시의 요건) ① 반대의무의 이행과 동시에 집행할 수 있다는 것을 내용으로 하는 집행권원의 집행은 채권자가 반대의무의 이행 또는 이행의 제공을 하였다는 것을 증명하여야만 개시할 수 있다.

② 다른 의무의 집행이 불가능한 때에 그에 갈음하여 집행할 수 있다는 것을 내용으로 하는 집행권원의 집행은 채권자가 그 집행이 불가능하다는 것을 증명하여야만 개시할 수 있다.

제42조 (집행관에 의한 영수증의 작성·교부) ① 채권자가 집행관에게 집행력 있는 정본을 교부하고 강제집행을 위임한 때에는 집행관은 특별한 권한을 받지 못하였더라도 지급이나 그 밖의 이행을 받고 그에 대한 영수증서를 작성

하고 교부할 수 있다. 집행관은 채무자가 그 의무를 완전히 이행한 때에는 집행력 있는 정본을 채무자에게 교부하여야 한다.

② 채무자가 그 의무의 일부를 이행한 때에는 집행관은 집행력 있는 정본에 그 사유를 덧붙여 적고 영수증서를 채무자에게 교부하여야 한다.

③ 채무자의 채권자에 대한 영수증 청구는 제2항의 규정에 의하여 영향을 받지 아니한다.

제43조 (집행관의 권한) ① 집행관은 집행력 있는 정본을 가지고 있으면 채무자와 제3자에 대하여 강제집행을 하고 제42조에 규정된 행위를 할 수 있는 권한을 가지며, 채권자는 그에 대하여 위임의 흠이나 제한을 주장하지 못한다.

② 집행관은 집행력 있는 정본을 가지고 있다가 관계인이 요청할 때에는 그 자격을 증명하기 위하여 이를 내보여야 한다.

제44조 (청구에 관한 이의의 소) ① 채무자가 판결에 따라 확정된 청구에 관하여 이의하려면 제1심 판결법원에 청구에 관한 이의의 소를 제기하여야 한다.

② 제1항의 이의는 그 이유가 변론이 종결된 뒤(변론 없이 한 판결의 경우에는 판결이 선고된 뒤)에 생긴 것이어야 한다.

③ 이의이유가 여러 가지인 때에는 동시에 주장하여야 한다.

제45조 (집행문부여에 대한 이의의 소) 제30조제2항과 제31조의 경우에 채무자가 집행문부여에 관하여 증명된 사실에 의한 판결의 집행력을 다투거나, 인정된 승계에 의한 판결의 집행력을 다투는 때에는 제44조의 규정을 준용한다. 다만, 이 경우에도 제34조의 규정에 따라 집행문부여에 대하여 이의를 신청할 수 있는 채무자의 권한은 영향을 받지 아니한다.

제46조 (이의의 소와 잠정처분) ① 제44조 및 제45조의 이의의 소는 강제집행을 계속하여 진행하는 데에는 영향을 미치지 아니한다.

② 제1항의 이의를 주장한 사유가 법률상 정당한 이유가 있다고 인정되고, 사실에 대한 소명(疎明)이 있을 때에는 수소법원(受訴法院)은 당사자의 신청

에 따라 판결이 있을 때까지 담보를 제공하게 하거나 담보를 제공하게 하지 아니하고 강제집행을 정지하도록 명할 수 있으며, 담보를 제공하게 하고 그 집행을 계속하도록 명하거나 실시한 집행처분을 취소하도록 명할 수 있다.

③ 제2항의 재판은 변론 없이 하며 급박한 경우에는 재판장이 할 수 있다.

④ 급박한 경우에는 집행법원이 제2항의 권한을 행사할 수 있다. 이 경우 집행법원은 상당한 기간 이내에 제2항에 따른 수소법원의 재판서를 제출하도록 명하여야 한다.

⑤ 제4항 후단의 기간을 넘긴 때에는 채권자의 신청에 따라 강제집행을 계속하여 진행한다.

제47조 (이의의 재판과 잠정처분) ① 수소법원은 이의의 소의 판결에서 제46조의 명령을 내리고 이미 내린 명령을 취소·변경 또는 인가할 수 있다.

② 판결 중 제1항에 규정된 사항에 대하여는 직권으로 가집행의 선고를 하여야 한다.

③ 제2항의 재판에 대하여는 불복할 수 없다.

제48조 (제3자이의 소) ① 제3자가 강제집행의 목적물에 대하여 소유권이 있다고 주장하거나 목적물의 양도나 인도를 막을 수 있는 권리가 있다고 주장하는 때에는 채권자를 상대로 그 강제집행에 대한 이의의 소를 제기할 수 있다. 다만, 채무자가 그 이의를 다투는 때에는 채무자를 공동피고로 할 수 있다.

② 제1항의 소는 집행법원이 관할한다. 다만, 소송물이 단독판사의 관할에 속하지 아니할 때에는 집행법원이 있는 곳을 관할하는 지방법원의 합의부가 이를 관할한다.

③ 강제집행의 정지와 이미 실시한 집행처분의 취소에 대하여는 제46조 및 제47조의 규정을 준용한다. 다만, 집행처분을 취소할 때에는 담보를 제공하게 하지 아니할 수 있다.

제49조 (집행의 필수적 정지·제한) 강제집행은 다음 각 호 가운데 어느 하나에 해당하는 서류를 제출한 경우에 정지하거나 제한하여야 한다.

1. 집행할 판결 또는 그 가집행을 취소하는 취지나, 강제집행을 허가하지 아니하거나 그 정지를 명하는 취지 또는 집행처분의 취소를 명한 취지를 적은 집행력 있는 재판의 정본

2. 강제집행의 일시정지를 명한 취지를 적은 재판의 정본

3. 집행을 면하기 위하여 담보를 제공한 증명서류

4. 집행할 판결이 있은 뒤에 채권자가 변제를 받았거나, 의무이행을 미루도록 승낙한 취지를 적은 증서

5. 집행할 판결, 그 밖의 재판이 소의 취하 등의 사유로 효력을 잃었다는 것을 증명하는 조서등본 또는 법원사무관등이 작성한 증서

6. 강제집행을 하지 아니한다거나 강제집행의 신청이나 위임을 취하한다는 취지를 적은 화해조서(和解調書)의 정본 또는 공정증서(公正證書)의 정본

제50조 (집행처분의 취소·일시유지) ① 제49조제1호·제3호·제5호 및 제6호의 경우에는 이미 실시한 집행처분을 취소하여야 하며, 같은 조 제2호 및 제4호의 경우에는 이미 실시한 집행처분을 일시적으로 유지하게 하여야 한다.
② 제1항에 따라 집행처분을 취소하는 경우에는 제17조의 규정을 적용하지 아니한다.

제51조 (변제증서 등의 제출에 의한 집행정지의 제한) ① 제49조제4호의 증서 가운데 변제를 받았다는 취지를 적은 증서를 제출하여 강제집행이 정지되는 경우 그 정지기간은 2월로 한다.
② 제49조제4호의 증서 가운데 의무이행을 미루도록 승낙하였다는 취지를 적은 증서를 제출하여 강제집행이 정지되는 경우 그 정지는 2회에 한하며 통산하여 6월을 넘길 수 없다.

제52조 (집행을 개시한 뒤 채무자가 죽은 경우) ① 강제집행을 개시한 뒤에 채무자가 죽은 때에는 상속재산에 대하여 강제집행을 계속하여 진행한다.
② 채무자에게 알려야 할 집행행위를 실시할 경우에 상속인이 없거나 상속인이 있는 곳이 분명하지 아니하면 집행법원은 채권자의 신청에 따라 상속재산

또는 상속인을 위하여 특별대리인을 선임하여야 한다.

③ 제2항의 특별대리인에 관하여는 민사소송법 제62조제3항 내지 제6항의 규정을 준용한다.

제53조 (집행비용의 부담) ① 강제집행에 필요한 비용은 채무자가 부담하고 그 집행에 의하여 우선적으로 변상을 받는다.

② 강제집행의 기초가 된 판결이 파기된 때에는 채권자는 제1항의 비용을 채무자에게 변상하여야 한다.

제54조 (군인·군무원에 대한 강제집행) ① 군인·군무원에 대하여 병영·군사용 청사 또는 군용 선박에서 강제집행을 할 경우 법원은 채권자의 신청에 따라 군판사 또는 부대장(部隊長)이나 선장에게 촉탁하여 이를 행한다.

② 촉탁에 따라 압류한 물건은 채권자가 위임한 집행관에게 교부하여야 한다.

제55조 (외국에서 할 집행) ① 외국에서 강제집행을 할 경우에 그 외국 공공기관의 법률상 공조를 받을 수 있는 때에는 제1심 법원이 채권자의 신청에 따라 외국 공공기관에 이를 촉탁하여야 한다.

② 외국에 머물고 있는 대한민국 영사(領事)에 의하여 강제집행을 할 수 있는 때에는 제1심 법원은 그 영사에게 이를 촉탁하여야 한다.

제56조 (그 밖의 집행권원) 강제집행은 다음 가운데 어느 하나에 기초하여서도 실시할 수 있다.

1. 항고로만 불복할 수 있는 재판
2. 가집행의 선고가 내려진 재판
3. 확정된 지급명령
4. 공증인이 일정한 금액의 지급이나 대체물 또는 유가증권의 일정한 수량의 급여를 목적으로 하는 청구에 관하여 작성한 공정증서로서 채무자가 강제집행을 승낙한 취지가 적혀 있는 것
5. 소송상 화해, 청구의 인낙(認諾) 등 그 밖에 확정판결과 같은 효력을 가지는 것

제57조 (준용규정) 제56조의 집행권원에 기초한 강제집행에 대하여는 제58조 및 제59조에서 규정하는 바를 제외하고는 제28조 내지 제55조의 규정을 준용한다.

제58조 (지급명령과 집행) ① 확정된 지급명령에 기한 강제집행은 집행문을 부여받을 필요 없이 지급명령 정본에 의하여 행한다. 다만, 다음 각 호 가운데 어느 하나에 해당하는 경우에는 그러하지 아니하다.
1. 지급명령의 집행에 조건을 붙인 경우
2. 당사자의 승계인을 위하여 강제집행을 하는 경우
3. 당사자의 승계인에 대하여 강제집행을 하는 경우
② 채권자가 여러 통의 지급명령 정본을 신청하거나, 전에 내어준 지급명령 정본을 돌려주지 아니하고 다시 지급명령 정본을 신청한 때에는 법원사무관 등이 이를 부여한다. 이 경우 그 사유를 원본과 정본에 적어야 한다.
③ 청구에 관한 이의의 주장에 대하여는 제44조제2항의 규정을 적용하지 아니한다.
④ 집행문부여의 소, 청구에 관한 이의의 소 또는 집행문부여에 대한 이의의 소는 지급명령을 내린 지방법원이 관할한다.
⑤ 제4항의 경우에 그 청구가 합의사건인 때에는 그 법원이 있는 곳을 관할하는 지방법원의 합의부에서 재판한다.

제59조 (공정증서와 집행) ① 공증인이 작성한 증서의 집행문은 그 증서를 보존하는 공증인이 내어 준다.
② 집행문을 내어 달라는 신청에 관한 공증인의 처분에 대하여 이의신청이 있는 때에는 그 공증인의 사무소가 있는 곳을 관할하는 지방법원 단독판사가 결정으로 재판한다.
③ 청구에 관한 이의의 주장에 대하여는 제44조제2항의 규정을 적용하지 아니한다.
④ 집행문부여의 소, 청구에 관한 이의의 소 또는 집행문부여에 대한 이의의 소는 채무자의 보통재판적이 있는 곳의 법원이 관할한다. 다만, 그러한 법원

이 없는 때에는 민사소송법 제11조의 규정에 따라 채무자에 대하여 소를 제기할 수 있는 법원이 관할한다.

제60조 (과태료의 집행) ① 과태료의 재판은 검사의 명령으로 집행한다.

② 제1항의 명령은 집행력 있는 집행권원과 같은 효력을 가진다.

제2장 금전채권에 기초한 강제집행

제1절 재산명시절차 등

제61조 (재산명시신청) ① 금전의 지급을 목적으로 하는 집행권원에 기초하여 강제집행을 개시할 수 있는 채권자는 채무자의 보통재판적이 있는 곳의 법원에 채무자의 재산명시를 요구하는 신청을 할 수 있다. 다만, 민사소송법 제213조에 따른 가집행의 선고가 붙은 판결 또는 같은 조의 준용에 따른 가집행의 선고가 붙어 집행력을 가지는 집행권원의 경우에는 그러하지 아니하다.

② 제1항의 신청에는 집행력 있는 정본과 강제집행을 개시하는 데 필요한 문서를 붙여야 한다.

제62조 (재산명시신청에 대한 재판) ① 재산명시신청에 정당한 이유가 있는 때에는 법원은 채무자에게 재산상태를 명시한 재산목록을 제출하도록 명할 수 있다.

② 재산명시신청에 정당한 이유가 없거나, 채무자의 재산을 쉽게 찾을 수 있다고 인정한 때에는 법원은 결정으로 이를 기각하여야 한다.

③ 제1항 및 제2항의 재판은 채무자를 심문하지 아니하고 한다.

④ 제1항의 결정은 신청한 채권자 및 채무자에게 송달하여야 하고, 채무자에 대한 송달에서는 결정에 따르지 아니할 경우 제68조에 규정된 제재를 받을 수 있음을 함께 고지하여야 한다.

⑤ 제4항의 규정에 따라 채무자에게 하는 송달은 민사소송법 제187조 및 제

194조에 의한 방법으로는 할 수 없다.

⑥ 제1항의 결정이 채무자에게 송달되지 아니한 때에는 법원은 채권자에게 상당한 기간을 정하여 그 기간 이내에 채무자의 주소를 보정하도록 명하여야 한다.

⑦ 채권자가 제6항의 명령을 받고도 이를 이행하지 아니한 때에는 법원은 제1항의 결정을 취소하고 재산명시신청을 각하하여야 한다.

⑧ 제2항 및 제7항의 결정에 대하여는 즉시항고를 할 수 있다.

⑨ 채무자는 제1항의 결정을 송달받은 뒤 송달장소를 바꾼 때에는 그 취지를 법원에 바로 신고하여야 하며, 그러한 신고를 하지 아니한 경우에는 민사소송법 제185조제2항 및 제189조의 규정을 준용한다.

제63조 (재산명시명령에 대한 이의신청) ① 채무자는 재산명시명령을 송달받은 날부터 1주 이내에 이의신청을 할 수 있다.

② 채무자가 제1항에 따라 이의신청을 한 때에는 법원은 이의신청사유를 조사할 기일을 정하고 채권자와 채무자에게 이를 통지하여야 한다.

③ 이의신청에 정당한 이유가 있는 때에는 법원은 결정으로 재산명시명령을 취소하여야 한다.

④ 이의신청에 정당한 이유가 없거나 채무자가 정당한 사유 없이 기일에 출석하지 아니한 때에는 법원은 결정으로 이의신청을 기각하여야 한다.

⑤ 제3항 및 제4항의 결정에 대하여는 즉시항고를 할 수 있다.

제64조 (재산명시기일의 실시) ① 재산명시명령에 대하여 채무자의 이의신청이 없거나 이를 기각한 때에는 법원은 재산명시를 위한 기일을 정하여 채무자에게 출석하도록 요구하여야 한다. 이 기일은 채권자에게도 통지하여야 한다.

② 채무자는 제1항의 기일에 강제집행의 대상이 되는 재산과 다음 각 호의 사항을 명시한 재산목록을 제출하여야 한다.

1. 재산명시명령이 송달되기 전 1년 이내에 채무자가 한 부동산의 유상양도(有償讓渡)

2. 재산명시명령이 송달되기 전 1년 이내에 채무자가 배우자, 직계혈족 및 4

촌 이내의 방계혈족과 그 배우자, 배우자의 직계혈족과 형제자매에게 한 부동산 외의 재산의 유상양도

3. 재산명시명령이 송달되기 전 2년 이내에 채무자가 한 재산상 무상처분(無償處分). 다만, 의례적인 선물은 제외한다.

③ 재산목록에 적을 사항과 범위는 대법원규칙으로 정한다.

④ 제1항의 기일에 출석한 채무자가 3월 이내에 변제할 수 있음을 소명한 때에는 법원은 그 기일을 3월의 범위 내에서 연기할 수 있으며, 채무자가 새 기일에 채무액의 3분의 2 이상을 변제하였음을 증명하는 서류를 제출한 때에는 다시 1월의 범위 내에서 연기할 수 있다.

제65조 (선서) ① 채무자는 재산명시기일에 재산목록이 진실하다는 것을 선서하여야 한다.

② 제1항의 선서에 관하여는 민사소송법 제320조 및 제321조의 규정을 준용한다. 이 경우 선서서(宣誓書)에는 다음과 같이 적어야 한다.

"양심에 따라 사실대로 재산목록을 작성하여 제출하였으며, 만일 숨긴 것이나 거짓 작성한 것이 있으면 처벌을 받기로 맹세합니다."

제66조 (재산목록의 정정) ① 채무자는 명시기일에 제출한 재산목록에 형식적인 흠이 있거나 불명확한 점이 있는 때에는 제65조의 규정에 의한 선서를 한 뒤라도 법원의 허가를 얻어 이미 제출한 재산목록을 정정할 수 있다.

② 제1항의 허가에 관한 결정에 대하여는 즉시항고를 할 수 있다.

제67조 (재산목록의 열람·복사) 채무자에 대하여 강제집행을 개시할 수 있는 채권자는 재산목록을 보거나 복사할 것을 신청할 수 있다.

제68조 (채무자의 감치 및 벌칙) ① 채무자가 정당한 사유 없이 다음 각 호 가운데 어느 하나에 해당하는 행위를 한 경우에는 법원은 결정으로 20일 이내의 감치(監置)에 처한다.

1. 명시기일 불출석

2. 재산목록 제출 거부

3. 선서 거부

② 채무자가 법인 또는 민사소송법 제52조의 사단이나 재단인 때에는 그 대표자 또는 관리인을 감치에 처한다.

③ 법원은 감치재판기일에 채무자를 소환하여 제1항 각호의 위반행위에 대하여 정당한 사유가 있는지 여부를 심리하여야 한다.

④ 제1항의 결정에 대하여는 즉시항고를 할 수 있다.

⑤ 채무자가 감치의 집행 중에 재산명시명령을 이행하겠다고 신청한 때에는 법원은 바로 명시기일을 열어야 한다.

⑥ 채무자가 제5항의 명시기일에 출석하여 재산목록을 내고 선서하거나 신청 채권자에 대한 채무를 변제하고 이를 증명하는 서면을 낸 때에는 법원은 바로 감치결정을 취소하고 그 채무자를 석방하도록 명하여야 한다.

⑦ 제5항의 명시기일은 신청채권자에게 통지하지 아니하고도 실시할 수 있다. 이 경우 제6항의 사실을 채권자에게 통지하여야 한다.

⑧ 제1항 내지 제7항의 규정에 따른 재판절차 및 그 집행 그 밖에 필요한 사항은 대법원규칙으로 정한다.

⑨ 채무자가 거짓의 재산목록을 낸 때에는 3년 이하의 징역 또는 500만 원 이하의 벌금에 처한다.

⑩ 채무자가 법인 또는 민사소송법 제52조의 사단이나 재단인 때에는 그 대표자 또는 관리인을 제9항의 규정에 따라 처벌하고, 채무자는 제9항의 벌금에 처한다.

제69조 (명시신청의 재신청) 재산명시신청이 기각·각하된 경우에는 그 명시신청을 한 채권자는 기각·각하사유를 보완하지 아니하고서는 같은 집행권원으로 다시 재산명시신청을 할 수 없다.

제70조 (채무불이행자명부 등재신청) ① 채무자가 다음 각 호 가운데 어느 하나에 해당하면 채권자는 그 채무자를 채무불이행자명부(債務不履行者名簿)에 올리도록 신청할 수 있다.

1. 금전의 지급을 명한 집행권원이 확정된 후 또는 집행권원을 작성한 후 6월 이내에 채무를 이행하지 아니하는 때. 다만, 제61조제1항 단서에 규정된 집행권원의 경우를 제외한다.

2. 제68조제1항 각 호의 사유 또는 같은 조 제9항의 사유 가운데 어느 하나에 해당하는 때

② 제1항의 신청을 할 때에는 그 사유를 소명하여야 한다.

③ 제1항의 신청에 대한 재판은 제1항제1호의 경우에는 채무자의 보통재판적이 있는 곳의 법원이 관할하고, 제1항제2호의 경우에는 재산명시절차를 실시한 법원이 관할한다.

제71조 (등재신청에 대한 재판) ① 제70조의 신청에 정당한 이유가 있는 때에는 법원은 채무자를 채무불이행자명부에 올리는 결정을 하여야 한다.

② 등재신청에 정당한 이유가 없거나 쉽게 강제집행할 수 있다고 인정할 만한 명백한 사유가 있는 때에는 법원은 결정으로 이를 기각하여야 한다.

③ 제1항 및 제2항의 재판에 대하여는 즉시항고를 할 수 있다. 이 경우 민사소송법 제447조의 규정은 준용하지 아니한다.

제72조 (명부의 비치) ① 채무불이행자명부는 등재결정을 한 법원에 비치한다.

② 법원은 채무불이행자명부의 부본을 채무자의 주소지(채무자가 법인인 경우에는 주된 사무소가 있는 곳) 시(구가 설치되지 아니한 시를 말한다. 이하 같다)·구·읍·면의 장(도농복합형태의 시의 경우 동지역은 시·구의 장, 읍·면지역은 읍·면의 장으로 한다. 이하 같다)에게 보내야 한다.

③ 법원은 채무불이행자명부의 부본을 대법원규칙이 정하는 바에 따라 일정한 금융기관의 장이나 금융기관 관련단체의 장에게 보내어 채무자에 대한 신용정보로 활용하게 할 수 있다.

④ 채무불이행자명부나 그 부본은 누구든지 보거나 복사할 것을 신청할 수 있다.

⑤ 채무불이행자명부는 인쇄물 등으로 공표되어서는 아니 된다.

제73조 (명부등재의 말소) ① 변제, 그 밖의 사유로 채무가 소멸되었다는 것이 증명된 때에는 법원은 채무자의 신청에 따라 채무불이행자명부에서 그 이름을 말소하는 결정을 하여야 한다.

② 채권자는 제1항의 결정에 대하여 즉시항고를 할 수 있다. 이 경우 민사소송법 제447조의 규정은 준용하지 아니한다.

③ 채무불이행자명부에 오른 다음 해부터 10년이 지난 때에는 법원은 직권으로 그 명부에 오른 이름을 말소하는 결정을 하여야 한다.

④ 제1항과 제3항의 결정을 한 때에는 그 취지를 채무자의 주소지(채무자가 법인인 경우에는 주된 사무소가 있는 곳) 시·구·읍·면의 장 및 제72조제3항의 규정에 따라 채무불이행자명부의 부본을 보낸 금융기관 등의 장에게 통지하여야 한다.

⑤ 제4항의 통지를 받은 시·구·읍·면의 장 및 금융기관 등의 장은 그 명부의 부본에 오른 이름을 말소하여야 한다.

제74조 (재산조회) ① 재산명시절차의 관할 법원은 다음 각 호의 어느 하나에 해당하는 경우에는 그 재산명시를 신청한 채권자의 신청에 따라 개인의 재산 및 신용에 관한 전산망을 관리하는 공공기관·금융기관·단체 등에 채무자명의의 재산에 관하여 조회할 수 있다. [개정 2005.1.27] [[시행일 2005.7.28]]

1. 재산명시절차에서 채권자가 제62조제6항의 규정에 의한 주소보정명령을 받고도 민사소송법 제194조제1항의 규정에 의한 사유로 인하여 채권자가 이를 이행할 수 없었던 것으로 인정되는 경우

2. 재산명시절차에서 채무자가 제출한 재산목록의 재산만으로는 집행채권의 만족을 얻기에 부족한 경우

3. 재산명시절차에서 제68조제1항 각 호의 사유 또는 동조 제9항의 사유가 있는 경우

② 채권자가 제1항의 신청을 할 경우에는 조회할 기관·단체를 특정하여야 하며 조회에 드는 비용을 미리 내야 한다.

③ 법원이 제1항의 규정에 따라 조회할 경우에는 채무자의 인적 사항을 적은 문서에 의하여 해당 기관·단체의 장에게 채무자의 재산 및 신용에 관하여

그 기관·단체가 보유하고 있는 자료를 한꺼번에 모아 제출하도록 요구할 수 있다.

④ 공공기관·금융기관·단체 등은 정당한 사유 없이 제1항 및 제3항의 조회를 거부하지 못한다.

제75조 (재산조회의 결과 등) ① 법원은 제74조제1항 및 제3항의 규정에 따라 조회한 결과를 채무자의 재산목록에 준하여 관리하여야 한다.

② 제74조제1항 및 제3항의 조회를 받은 기관·단체의 장이 정당한 사유 없이 거짓 자료를 제출하거나 자료를 제출할 것을 거부한 때에는 결정으로 500만 원 이하의 과태료에 처한다.

③ 제2항의 결정에 대하여는 즉시항고를 할 수 있다.

제76조 (벌칙) ① 누구든지 재산조회의 결과를 강제집행 외의 목적으로 사용하여서는 아니 된다.

② 제1항의 규정에 위반한 사람은 2년 이하의 징역 또는 500만 원 이하의 벌금에 처한다.

제77조 (대법원규칙) 제74조제1항 및 제3항의 규정에 따라 조회를 할 공공기관·금융기관·단체 등의 범위 및 조회절차, 제74조제2항의 규정에 따라 채권자가 내야 할 비용, 제75조제1항의 규정에 따른 조회결과의 관리에 관한 사항, 제75조제2항의 규정에 의한 과태료의 부과절차 등은 대법원규칙으로 정한다.

제2절 부동산에 대한 강제집행

제1관 통칙

제78조 (집행방법) ① 부동산에 대한 강제집행은 채권자의 신청에 따라 법원이 한다.

② 강제집행은 다음 각 호의 방법으로 한다.

1. 강제경매

2. 강제관리

③ 채권자는 자기의 선택에 의하여 제2항 각 호 가운데 어느 한 가지 방법으로 집행하게 하거나 두 가지 방법을 함께 사용하여 집행하게 할 수 있다.

④ 강제관리는 가압류를 집행할 때에도 할 수 있다.

제79조 (집행법원) ① 부동산에 대한 강제집행은 그 부동산이 있는 곳의 지방법원이 관할한다.

② 부동산이 여러 지방법원의 관할구역에 있는 때에는 각 지방법원에 관할권이 있다. 이 경우 법원이 필요하다고 인정한 때에는 사건을 다른 관할 지방법원으로 이송할 수 있다.

제2관 강제경매

제80조 (강제경매신청서) 강제경매신청서에는 다음 각 호의 사항을 적어야 한다.

1. 채권자·채무자와 법원의 표시

2. 부동산의 표시

3. 경매의 이유가 된 일정한 채권과 집행할 수 있는 일정한 집행권원

제81조 (첨부서류) ① 강제경매신청서에는 집행력 있는 정본 외에 다음 각 호 가운데 어느 하나에 해당하는 서류를 붙여야 한다. [개정 2011.4.12 제10580호(부동산등기법)][[시행일 2011.10.13]]

1. 채무자의 소유로 등기된 부동산에 대하여는 등기사항증명서

2. 채무자의 소유로 등기되지 아니한 부동산에 대하여는 즉시 채무자명의로 등기할 수 있다는 것을 증명할 서류. 다만, 그 부동산이 등기되지 아니한 건물인 경우에는 그 건물이 채무자의 소유임을 증명할 서류, 그 건물의 지번·구조·면적을 증명할 서류 및 그 건물에 관한 건축허가 또는 건축신고를 증명할 서류

② 채권자는 공적 장부를 주관하는 공공기관에 제1항제2호 단서의 사항들을 증명하여 줄 것을 청구할 수 있다.

③ 제1항제2호 단서의 경우에 건물의 지번·구조·면적을 증명하지 못한 때에는, 채권자는 경매신청과 동시에 그 조사를 집행법원에 신청할 수 있다.

④ 제3항의 경우에 법원은 집행관에게 그 조사를 하게 하여야 한다.

⑤ 강제관리를 하기 위하여 이미 부동산을 압류한 경우에 그 집행기록에 제1항 각 호 가운데 어느 하나에 해당하는 서류가 붙어 있으면 다시 그 서류를 붙이지 아니할 수 있다.

제82조 (집행관의 권한) ① 집행관은 제81조제4항의 조사를 위하여 건물에 출입할 수 있고, 채무자 또는 건물을 점유하는 제3자에게 질문하거나 문서를 제시하도록 요구할 수 있다.

② 집행관은 제1항의 규정에 따라 건물에 출입하기 위하여 필요한 때에는 잠긴 문을 여는 등 적절한 처분을 할 수 있다.

제83조 (경매개시결정 등) ① 경매절차를 개시하는 결정에는 동시에 그 부동산의 압류를 명하여야 한다.

② 압류는 부동산에 대한 채무자의 관리·이용에 영향을 미치지 아니한다.

③ 경매절차를 개시하는 결정을 한 뒤에는 법원은 직권으로 또는 이해관계인의 신청에 따라 부동산에 대한 침해행위를 방지하기 위하여 필요한 조치를 할 수 있다.

④ 압류는 채무자에게 그 결정이 송달된 때 또는 제94조의 규정에 따른 등기가 된 때에 효력이 생긴다.

⑤ 강제경매신청을 기각하거나 각하하는 재판에 대하여는 즉시항고를 할 수 있다.

제84조 (배당요구의 종기결정 및 공고) ① 경매개시결정에 따른 압류의 효력이 생긴 때(그 경매개시결정 전에 다른 경매개시결정이 있는 경우를 제외한다)에는 집행법원은 절차에 필요한 기간을 감안하여 배당요구를 할 수 있는 종기

(終期)를 첫 매각기일 이전으로 정한다.

② 배당요구의 종기가 정하여진 때에는 법원은 경매개시결정을 한 취지 및 배당요구의 종기를 공고하고, 제91조제4항 단서의 전세권자 및 법원에 알려진 제88조제1항의 채권자에게 이를 고지하여야 한다.

③ 제1항의 배당요구의 종기결정 및 제2항의 공고는 경매개시결정에 따른 압류의 효력이 생긴 때부터 1주 이내에 하여야 한다.

④ 법원사무관 등은 제148조제3호 및 제4호의 채권자 및 조세, 그 밖의 공과금을 주관하는 공공기관에 대하여 채권의 유무, 그 원인 및 액수(원금·이자·비용, 그 밖의 부대채권(부대채권)을 포함한다)를 배당요구의 종기까지 법원에 신고하도록 최고하여야 한다.

⑤ 제148조제3호 및 제4호의 채권자가 제4항의 최고에 대한 신고를 하지 아니한 때에는 그 채권자의 채권액은 등기사항증명서 등 집행기록에 있는 서류와 증빙(證憑)에 따라 계산한다. 이 경우 다시 채권액을 추가하지 못한다. [개정 2011.4.12 제10580호(부동산등기법)][[시행일 2011.10.13]]

⑥ 법원은 특별히 필요하다고 인정하는 경우에는 배당요구의 종기를 연기할 수 있다.

⑦ 제6항의 경우에는 제2항 및 제4항의 규정을 준용한다. 다만, 이미 배당요구 또는 채권신고를 한 사람에 대하여는 같은 항의 고지 또는 최고를 하지 아니한다.

제85조 (현황조사) ① 법원은 경매개시결정을 한 뒤에 바로 집행관에게 부동산의 현상, 점유관계, 차임(借賃) 또는 보증금의 액수, 그 밖의 현황에 관하여 조사하도록 명하여야 한다.

② 집행관이 제1항의 규정에 따라 부동산을 조사할 때에는 그 부동산에 대하여 제82조에 규정된 조치를 할 수 있다.

제86조 (경매개시결정에 대한 이의신청) ① 이해관계인은 매각대금이 모두 지급될 때까지 법원에 경매개시결정에 대한 이의신청을 할 수 있다.

② 제1항의 신청을 받은 법원은 제16조제2항에 준하는 결정을 할 수 있다.

③ 제1항의 신청에 관한 재판에 대하여 이해관계인은 즉시항고를 할 수 있다.

제87조 (압류의 경합) ① 강제경매절차 또는 담보권 실행을 위한 경매절차를 개시하는 결정을 한 부동산에 대하여 다른 강제경매의 신청이 있는 때에는 법원은 다시 경매개시결정을 하고, 먼저 경매개시결정을 한 집행절차에 따라 경매한다.

② 먼저 경매개시결정을 한 경매신청이 취하되거나 그 절차가 취소된 때에는 법원은 제91조제1항의 규정에 어긋나지 아니하는 한도 안에서 뒤의 경매개시결정에 따라 절차를 계속 진행하여야 한다.

③ 제2항의 경우에 뒤의 경매개시결정이 배당요구의 종기 이후의 신청에 의한 것인 때에는 집행법원은 새로이 배당요구를 할 수 있는 종기를 정하여야 한다. 이 경우 이미 제84조제2항 또는 제4항의 규정에 따라 배당요구 또는 채권신고를 한 사람에 대하여는 같은 항의 고지 또는 최고를 하지 아니한다.

④ 먼저 경매개시결정을 한 경매절차가 정지된 때에는 법원은 신청에 따라 결정으로 뒤의 경매개시결정(배당요구의 종기까지 행하여진 신청에 의한 것에 한한다)에 기초하여 절차를 계속하여 진행할 수 있다. 다만, 먼저 경매개시결정을 한 경매절차가 취소되는 경우 제105조제1항제3호의 기재사항이 바뀔 때에는 그러하지 아니하다.

⑤ 제4항의 신청에 대한 재판에 대하여는 즉시항고를 할 수 있다.

제88조 (배당요구) ① 집행력 있는 정본을 가진 채권자, 경매개시결정이 등기된 뒤에 가압류를 한 채권자, 민법·상법, 그 밖의 법률에 의하여 우선변제청구권이 있는 채권자는 배당요구를 할 수 있다.

② 배당요구에 따라 매수인이 인수하여야 할 부담이 바뀌는 경우 배당요구를 한 채권자는 배당요구의 종기가 지난 뒤에 이를 철회하지 못한다.

제89조 (이중경매신청 등의 통지) 법원은 제87조제1항 및 제88조제1항의 신청이 있는 때에는 그 사유를 이해관계인에게 통지하여야 한다.

제90조 (경매절차의 이해관계인) 경매절차의 이해관계인은 다음 각 호의 사람으로 한다.

1. 압류채권자와 집행력 있는 정본에 의하여 배당을 요구한 채권자
2. 채무자 및 소유자
3. 등기부에 기입된 부동산 위의 권리자
4. 부동산 위의 권리자로서 그 권리를 증명한 사람

제91조 (인수주의와 잉여주의의 선택 등) ① 압류채권자의 채권에 우선하는 채권에 관한 부동산의 부담을 매수인에게 인수하게 하거나, 매각대금으로 그 부담을 변제하는 데 부족하지 아니하다는 것이 인정된 경우가 아니면 그 부동산을 매각하지 못한다.

② 매각부동산 위의 모든 저당권은 매각으로 소멸된다.

③ 지상권·지역권·전세권 및 등기된 임차권은 저당권·압류채권·가압류채권에 대항할 수 없는 경우에는 매각으로 소멸된다.

④ 제3항의 경우 외의 지상권·지역권·전세권 및 등기된 임차권은 매수인이 인수한다. 다만, 그중 전세권의 경우에는 전세권자가 제88조에 따라 배당요구를 하면 매각으로 소멸된다.

⑤ 매수인은 유치권자(留置權者)에게 그 유치권(留置權)으로 담보하는 채권을 변제할 책임이 있다.

제92조 (제3자와 압류의 효력) ① 제3자는 권리를 취득할 때에 경매신청 또는 압류가 있다는 것을 알았을 경우에는 압류에 대항하지 못한다.

② 부동산이 압류채권을 위하여 의무를 진 경우에는 압류한 뒤 소유권을 취득한 제3자가 소유권을 취득할 때에 경매신청 또는 압류가 있다는 것을 알지 못하였더라도 경매절차를 계속하여 진행하여야 한다.

제93조 (경매신청의 취하) ① 경매신청이 취하되면 압류의 효력은 소멸된다.

② 매수신고가 있은 뒤 경매신청을 취하하는 경우에는 최고가매수신고인 또는 매수인과 제114조의 차순위매수신고인의 동의를 받아야 그 효력이 생긴다.

③ 제49조제3호 또는 제6호의 서류를 제출하는 경우에는 제1항 및 제2항의 규정을, 제49조제4호의 서류를 제출하는 경우에는 제2항의 규정을 준용한다.

제94조 (경매개시결정의 등기) ① 법원이 경매개시결정을 하면 법원사무관등은 즉시 그 사유를 등기부에 기입하도록 등기관(登記官)에게 촉탁하여야 한다.
② 등기관은 제1항의 촉탁에 따라 경매개시결정사유를 기입하여야 한다.

제95조 (등기사항증명서의 송부) 등기관은 제94조에 따라 경매개시결정사유를 등기부에 기입한 뒤 그 등기사항증명서을 법원에 보내야 한다. [개정 2011.4.12 제10580호(부동산등기법)][[시행일 2011.10.13]]
[본조제목개정 2011.4.12 제10580호(부동산등기법)][[시행일 2011.10.13]]

제96조 (부동산의 멸실 등으로 말미암은 경매취소) ① 부동산이 없어지거나 매각 등으로 말미암아 권리를 이전할 수 없는 사정이 명백하게 된 때에는 법원은 강제경매의 절차를 취소하여야 한다.
② 제1항의 취소결정에 대하여는 즉시항고를 할 수 있다.

제97조 (부동산의 평가와 최저매각가격의 결정) ① 법원은 감정인(鑑定人)에게 부동산을 평가하게 하고 그 평가액을 참작하여 최저매각가격을 정하여야 한다.
② 감정인은 제1항의 평가를 위하여 필요하면 제82조제1항에 규정된 조치를 할 수 있다.
③ 감정인은 제7조의 규정에 따라 집행관의 원조를 요구하는 때에는 법원의 허가를 얻어야 한다.

제98조 (일괄매각결정) ① 법원은 여러 개의 부동산의 위치·형태·이용관계 등을 고려하여 이를 일괄매수하게 하는 것이 알맞다고 인정하는 경우에는 직권으로 또는 이해관계인의 신청에 따라 일괄매각하도록 결정할 수 있다.
② 법원은 부동산을 매각할 경우에 그 위치·형태·이용관계 등을 고려하여 다른 종류의 재산(금전채권을 제외한다)을 그 부동산과 함께 일괄매수하게 하

는 것이 알맞다고 인정하는 때에는 직권으로 또는 이해관계인의 신청에 따라 일괄매각하도록 결정할 수 있다.

③ 제1항 및 제2항의 결정은 그 목적물에 대한 매각기일 이전까지 할 수 있다.

제99조 (일괄매각사건의 병합) ① 법원은 각각 경매신청된 여러 개의 재산 또는 다른 법원이나 집행관에 계속된 경매사건의 목적물에 대하여 제98조제1항 또는 제2항의 결정을 할 수 있다.

② 다른 법원이나 집행관에 계속된 경매사건의 목적물의 경우에 그 다른 법원 또는 집행관은 그 목적물에 대한 경매사건을 제1항의 결정을 한 법원에 이송한다.

③ 제1항 및 제2항의 경우에 법원은 그 경매사건들을 병합한다.

제100조 (일괄매각사건의 관할) 제98조 및 제99조의 경우에는 민사소송법 제31 조에 불구하고 같은 법 제25조의 규정을 준용한다. 다만, 등기할 수 있는 선박에 관한 경매사건에 대하여서는 그러하지 아니하다.

제101조 (일괄매각절차) ① 제98조 및 제99조의 일괄매각결정에 따른 매각절차는 이 관의 규정에 따라 행한다. 다만, 부동산 외의 재산의 압류는 그 재산의 종류에 따라 해당되는 규정에서 정하는 방법으로 행하고, 그중에서 집행관의 압류에 따르는 재산의 압류는 집행법원이 집행관에게 이를 압류하도록 명하는 방법으로 행한다.

② 제1항의 매각절차에서 각 재산의 대금액을 특정할 필요가 있는 경우에는 각 재산에 대한 최저매각가격의 비율을 정하여야 하며, 각 재산의 대금액은 총대금액을 각 재산의 최저매각가격비율에 따라 나눈 금액으로 한다. 각 재산이 부담할 집행비용액을 특정할 필요가 있는 경우에도 또한 같다.

③ 여러 개의 재산을 일괄매각하는 경우에 그 가운데 일부의 매각대금으로 모든 채권자의 채권액과 강제집행비용을 변제하기에 충분하면 다른 재산의 매각을 허가하지 아니한다. 다만, 토지와 그 위의 건물을 일괄매각하는 경우나 재산을 분리하여 매각하면 그 경제적 효용이 현저하게 떨어지는 경우 또

는 채무자의 동의가 있는 경우에는 그러하지 아니하다.

④ 제3항 본문의 경우에 채무자는 그 재산 가운데 매각할 것을 지정할 수 있다.

⑤ 일괄매각절차에 관하여 이 법에서 정한 사항을 제외하고는 대법원규칙으로 정한다.

제102조 (남을 가망이 없을 경우의 경매취소) ① 법원은 최저매각가격으로 압류채권자의 채권에 우선하는 부동산의 모든 부담과 절차비용을 변제하면 남을 것이 없겠다고 인정한 때에는 압류채권자에게 이를 통지하여야 한다.

② 압류채권자가 제1항의 통지를 받은 날부터 1주 이내에 제1항의 부담과 비용을 변제하고 남을 만한 가격을 정하여 그 가격에 맞는 매수신고가 없을 때에는 자기가 그 가격으로 매수하겠다고 신청하면서 충분한 보증을 제공하지 아니하면, 법원은 경매절차를 취소하여야 한다.

③ 제2항의 취소 결정에 대하여는 즉시항고를 할 수 있다.

제103조 (강제경매의 매각방법) ① 부동산의 매각은 집행법원이 정한 매각방법에 따른다.

② 부동산의 매각은 매각기일에 하는 호가경매(呼價競賣), 매각기일에 입찰 및 개찰하게 하는 기일입찰 또는 입찰기간 이내에 입찰하게 하여 매각기일에 개찰하는 기간입찰의 세 가지 방법으로 한다.

③ 부동산의 매각절차에 관하여 필요한 사항은 대법원규칙으로 정한다.

제104조 (매각기일과 매각결정기일 등의 지정) ① 법원은 최저매각가격으로 제102조제1항의 부담과 비용을 변제하고도 남을 것이 있다고 인정하거나 압류채권자가 제102조제2항의 신청을 하고 충분한 보증을 제공한 때에는 직권으로 매각기일과 매각결정기일을 정하여 대법원규칙이 정하는 방법으로 공고한다.

② 법원은 매각기일과 매각결정기일을 이해관계인에게 통지하여야 한다.

③ 제2항의 통지는 집행기록에 표시된 이해관계인의 주소에 대법원규칙이 정하는 방법으로 발송할 수 있다.

④ 기간입찰의 방법으로 매각할 경우에는 입찰기간에 관하여도 제1항 내지

제3항의 규정을 적용한다.

제105조 (매각물건명세서 등) ① 법원은 다음 각 호의 사항을 적은 매각물건명세서를 작성하여야 한다.

1. 부동산의 표시
2. 부동산의 점유자와 점유의 권원, 점유할 수 있는 기간, 차임 또는 보증금에 관한 관계인의 진술
3. 등기된 부동산에 대한 권리 또는 가처분으로서 매각으로 효력을 잃지 아니하는 것
4. 매각에 따라 설정된 것으로 보게 되는 지상권의 개요

② 법원은 매각물건명세서・현황조사보고서 및 평가서의 사본을 법원에 비치하여 누구든지 볼 수 있도록 하여야 한다.

제106조 (매각기일의 공고내용) 매각기일의 공고내용에는 다음 각 호의 사항을 적어야 한다.

1. 부동산의 표시
2. 강제집행으로 매각한다는 취지와 그 매각방법
3. 부동산의 점유자, 점유의 권원, 점유하여 사용할 수 있는 기간, 차임 또는 보증금약정 및 그 액수
4. 매각기일의 일시・장소, 매각기일을 진행할 집행관의 성명 및 기간입찰의 방법으로 매각할 경우에는 입찰기간・장소
5. 최저매각가격
6. 매각결정기일의 일시・장소
7. 매각물건명세서・현황조사보고서 및 평가서의 사본을 매각기일 전에 법원에 비치하여 누구든지 볼 수 있도록 제공한다는 취지
8. 등기부에 기입할 필요가 없는 부동산에 대한 권리를 가진 사람은 채권을 신고하여야 한다는 취지
9. 이해관계인은 매각기일에 출석할 수 있다는 취지

제107조 (매각장소) 매각기일은 법원 안에서 진행하여야 한다. 다만, 집행관은 법원의 허가를 얻어 다른 장소에서 매각기일을 진행할 수 있다.

제108조 (매각장소의 질서유지) 집행관은 다음 각 호 가운데 어느 하나에 해당한다고 인정되는 사람에 대하여 매각장소에 들어오지 못하도록 하거나 매각장소에서 내보내거나 매수의 신청을 하지 못하도록 할 수 있다.
1. 다른 사람의 매수신청을 방해한 사람
2. 부당하게 다른 사람과 담합하거나 그 밖에 매각의 적정한 실시를 방해한 사람
3. 제1호 또는 제2호의 행위를 교사(教唆)한 사람
4. 민사집행절차에서의 매각에 관하여 형법 제136조·제137조·제140조·제140조의2·제142조·제315조 및 제323조 내지 제327조에 규정된 죄로 유죄판결을 받고 그 판결확정일부터 2년이 지나지 아니한 사람

제109조 (매각결정기일) ① 매각결정기일은 매각기일부터 1주 이내로 정하여야 한다.
② 매각결정절차는 법원 안에서 진행하여야 한다.

제110조 (합의에 의한 매각조건의 변경) ① 최저매각가격 외의 매각조건은 법원이 이해관계인의 합의에 따라 바꿀 수 있다.
② 이해관계인은 배당요구의 종기까지 제1항의 합의를 할 수 있다.

제111조 (직권에 의한 매각조건의 변경) ① 거래의 실상을 반영하거나 경매절차를 효율적으로 진행하기 위하여 필요한 경우에 법원은 배당요구의 종기까지 매각조건을 바꾸거나 새로운 매각조건을 설정할 수 있다.
② 이해관계인은 제1항의 재판에 대하여 즉시항고를 할 수 있다.
③ 제1항의 경우에 법원은 집행관에게 부동산에 대하여 필요한 조사를 하게 할 수 있다.

제112조 (매각기일의 진행) 집행관은 기일입찰 또는 호가경매의 방법에 의한 매

각기일에는 매각물건명세서·현황조사보고서 및 평가서의 사본을 볼 수 있게 하고, 특별한 매각조건이 있는 때에는 이를 고지하며, 법원이 정한 매각방법에 따라 매수가격을 신고하도록 최고하여야 한다.

제113조 (매수신청의 보증) 매수신청인은 대법원규칙이 정하는 바에 따라 집행법원이 정하는 금액과 방법에 맞는 보증을 집행관에게 제공하여야 한다.

제114조 (차순위매수신고) ① 최고가매수신고인 외의 매수신고인은 매각기일을 마칠 때까지 집행관에게 최고가매수신고인이 대금지급기한까지 그 의무를 이행하지 아니하면 자기의 매수신고에 대하여 매각을 허가하여 달라는 취지의 신고(이하 "차순위매수신고"라 한다)를 할 수 있다.

② 차순위매수신고는 그 신고액이 최고가매수신고액에서 그 보증액을 뺀 금액을 넘는 때에만 할 수 있다.

제115조 (매각기일의 종결) ① 집행관은 최고가매수신고인의 성명과 그 가격을 부르고 차순위매수신고를 최고한 뒤, 적법한 차순위매수신고가 있으면 차순위매수신고인을 정하여 그 성명과 가격을 부른 다음 매각기일을 종결한다고 고지하여야 한다.

② 차순위매수신고를 한 사람이 둘 이상인 때에는 신고한 매수가격이 높은 사람을 차순위매수신고인으로 정한다. 신고한 매수가격이 같은 때에는 추첨으로 차순위매수신고인을 정한다.

③ 최고가매수신고인과 차순위매수신고인을 제외한 다른 매수신고인은 제1항의 고지에 따라 매수의 책임을 벗게 되고, 즉시 매수신청의 보증을 돌려줄 것을 신청할 수 있다.

④ 기일입찰 또는 호가경매의 방법에 의한 매각기일에서 매각기일을 마감할 때까지 허가할 매수가격의 신고가 없는 때에는 집행관은 즉시 매각기일의 마감을 취소하고 같은 방법으로 매수가격을 신고하도록 최고할 수 있다.

⑤ 제4항의 최고에 대하여 매수가격의 신고가 없어 매각기일을 마감하는 때에는 매각기일의 마감을 다시 취소하지 못한다.

제116조 (매각기일조서) ① 매각기일조서에는 다음 각 호의 사항을 적어야 한다.

1. 부동산의 표시

2. 압류채권자의 표시

3. 매각물건명세서 · 현황조사보고서 및 평가서의 사본을 볼 수 있게 한 일

4. 특별한 매각조건이 있는 때에는 이를 고지한 일

5. 매수가격의 신고를 최고한 일

6. 모든 매수신고가격과 그 신고인의 성명 · 주소 또는 허가할 매수가격의 신고가 없는 일

7. 매각기일을 마감할 때까지 허가할 매수가격의 신고가 없어 매각기일의 마감을 취소하고 다시 매수가격의 신고를 최고한 일

8. 최종적으로 매각기일의 종결을 고지한 일시

9. 매수하기 위하여 보증을 제공한 일 또는 보증을 제공하지 아니하므로 그 매수를 허가하지 아니한 일

10. 최고가매수신고인과 차순위매수신고인의 성명과 그 가격을 부른 일

② 최고가매수신고인 및 차순위매수신고인과 출석한 이해관계인은 조서에 서명날인하여야 한다. 그들이 서명날인할 수 없을 때에는 집행관이 그 사유를 적어야 한다.

③ 집행관이 매수신청의 보증을 돌려 준 때에는 영수증을 받아 조서에 붙여야 한다.

제117조 (조서와 금전의 인도) 집행관은 매각기일조서와 매수신청의 보증으로 받아 돌려주지 아니한 것을 매각기일부터 3일 이내에 법원사무관등에게 인도하여야 한다.

제118조 (최고가매수신고인 등의 송달영수인신고) ① 최고가매수신고인과 차순위매수신고인은 대한민국 안에 주소 · 거소와 사무소가 없는 때에는 대한민국 안에 송달이나 통지를 받을 장소와 영수인을 정하여 법원에 신고하여야 한다.

② 최고가매수신고인이나 차순위매수신고인이 제1항의 신고를 하지 아니한 때에는 법원은 그에 대한 송달이나 통지를 하지 아니할 수 있다.

③ 제1항의 신고는 집행관에게 말로 할 수 있다. 이 경우 집행관은 조서에 이를 적어야 한다.

제119조 (새 매각기일) 허가할 매수가격의 신고가 없이 매각기일이 최종적으로 마감된 때에는 제91조제1항의 규정에 어긋나지 아니하는 한도에서 법원은 최저매각가격을 상당히 낮추고 새 매각기일을 정하여야 한다. 그 기일에 허가할 매수가격의 신고가 없는 때에도 또한 같다.

제120조 (매각결정기일에서의 진술) ① 법원은 매각결정기일에 출석한 이해관계인에게 매각허가에 관한 의견을 진술하게 하여야 한다.
② 매각허가에 관한 이의는 매각허가가 있을 때까지 신청하여야 한다. 이미 신청한 이의에 대한 진술도 또한 같다.

제121조 (매각허가에 대한 이의신청사유) 매각허가에 관한 이의는 다음 각 호 가운데 어느 하나에 해당하는 이유가 있어야 신청할 수 있다.
1. 강제집행을 허가할 수 없거나 집행을 계속 진행할 수 없을 때
2. 최고가매수신고인이 부동산을 매수할 능력이나 자격이 없는 때
3. 부동산을 매수할 자격이 없는 사람이 최고가매수신고인을 내세워 매수신고를 한 때
4. 최고가매수신고인, 그 대리인 또는 최고가매수신고인을 내세워 매수신고를 한 사람이 제108조 각 호 가운데 어느 하나에 해당되는 때
5. 최저매각가격의 결정, 일괄매각의 결정 또는 매각물건명세서의 작성에 중대한 흠이 있는 때
6. 천재지변, 그 밖에 자기가 책임을 질 수 없는 사유로 부동산이 현저하게 훼손된 사실 또는 부동산에 관한 중대한 권리관계가 변동된 사실이 경매절차의 진행 중에 밝혀진 때
7. 경매절차에 그 밖의 중대한 잘못이 있는 때

제122조 (이의신청의 제한) 이의는 다른 이해관계인의 권리에 관한 이유로 신청

하지 못한다.

제123조 (매각의 불허) ① 법원은 이의신청이 정당하다고 인정한 때에는 매각을 허가하지 아니한다.

② 제121조에 규정한 사유가 있는 때에는 직권으로 매각을 허가하지 아니한다. 다만, 같은 조 제2호 또는 제3호의 경우에는 능력 또는 자격의 흠이 제거되지 아니한 때에 한한다.

제124조 (과잉매각되는 경우의 매각불허가) ① 여러 개의 부동산을 매각하는 경우에 한 개의 부동산의 매각대금으로 모든 채권자의 채권액과 강제집행비용을 변제하기에 충분하면 다른 부동산의 매각을 허가하지 아니한다. 다만, 제101조제3항 단서에 따른 일괄매각의 경우에는 그러하지 아니하다.

② 제1항 본문의 경우에 채무자는 그 부동산 가운데 매각할 것을 지정할 수 있다.

제125조 (매각을 허가하지 아니할 경우의 새 매각기일) ① 제121조와 제123조의 규정에 따라 매각을 허가하지 아니하고 다시 매각을 명하는 때에는 직권으로 새 매각기일을 정하여야 한다.

② 제121조제6호의 사유로 제1항의 새 매각기일을 열게 된 때에는 제97조 내지 제105조의 규정을 준용한다.

제126조 (매각허가여부의 결정선고) ① 매각을 허가하거나 허가하지 아니하는 결정은 선고하여야 한다.

② 매각결정기일조서에는 민사소송법 제152조 내지 제154조와 제156조 내지 제158조 및 제164조의 규정을 준용한다.

③ 제1항의 결정은 확정되어야 효력을 가진다.

제127조 (매각허가결정의 취소신청) ① 제121조제6호에서 규정한 사실이 매각허가결정의 확정 뒤에 밝혀진 경우에는 매수인은 대금을 낼 때까지 매각허가

결정의 취소신청을 할 수 있다.

② 제1항의 신청에 관한 결정에 대하여는 즉시항고를 할 수 있다.

제128조 (매각허가결정) ① 매각허가결정에는 매각한 부동산, 매수인과 매각가격을 적고 특별한 매각조건으로 매각한 때에는 그 조건을 적어야 한다.

② 제1항의 결정은 선고하는 외에 대법원규칙이 정하는 바에 따라 공고하여야 한다.

제129조 (이해관계인 등의 즉시항고) ① 이해관계인은 매각허가여부의 결정에 따라 손해를 볼 경우에만 그 결정에 대하여 즉시항고를 할 수 있다.

② 매각허가에 정당한 이유가 없거나 결정에 적은 것 외의 조건으로 허가하여야 한다고 주장하는 매수인 또는 매각허가를 주장하는 매수신고인도 즉시항고를 할 수 있다.

③ 제1항 및 제2항의 경우에 매각허가를 주장하는 매수신고인은 그 신청한 가격에 대하여 구속을 받는다.

제130조 (매각허가여부에 대한 항고) ① 매각허가결정에 대한 항고는 이 법에 규정한 매각허가에 대한 이의신청사유가 있다거나, 그 결정절차에 중대한 잘못이 있다는 것을 이유로 드는 때에만 할 수 있다.

② 민사소송법 제451조제1항 각호의 사유는 제1항의 규정에 불구하고 매각허가 또는 불허가결정에 대한 항고의 이유로 삼을 수 있다.

③ 매각허가결정에 대하여 항고를 하고자 하는 사람은 보증으로 매각대금의 10분의 1에 해당하는 금전 또는 법원이 인정한 유가증권을 공탁하여야 한다.

④ 항고를 제기하면서 항고장에 제3항의 보증을 제공하였음을 증명하는 서류를 붙이지 아니한 때에는 원심법원은 항고장을 받은 날부터 1주 이내에 결정으로 이를 각하하여야 한다.

⑤ 제4항의 결정에 대하여는 즉시항고를 할 수 있다.

⑥ 채무자 및 소유자가 한 제3항의 항고가 기각된 때에는 항고인은 보증으로 제공한 금전이나 유가증권을 돌려 줄 것을 요구하지 못한다.

⑦ 채무자 및 소유자 외의 사람이 한 제3항의 항고가 기각된 때에는 항고인은 보증으로 제공한 금전이나, 유가증권을 현금화한 금액 가운데 항고를 한 날부터 항고기각결정이 확정된 날까지의 매각대금에 대한 대법원규칙이 정하는 이율에 의한 금액(보증으로 제공한 금전이나, 유가증권을 현금화한 금액을 한도로 한다)에 대하여는 돌려 줄 것을 요구할 수 없다. 다만, 보증으로 제공한 유가증권을 현금화하기 전에 위의 금액을 항고인이 지급한 때에는 그 유가증권을 돌려 줄 것을 요구할 수 있다.

⑧ 항고인이 항고를 취하한 경우에는 제6항 또는 제7항의 규정을 준용한다.

제131조 (항고심의 절차) ① 항고법원은 필요한 경우에 반대진술을 하게 하기 위하여 항고인의 상대방을 정할 수 있다.

② 한 개의 결정에 대한 여러 개의 항고는 병합한다.

③ 항고심에는 제122조의 규정을 준용한다.

제132조 (항고법원의 재판과 매각허가여부결정) 항고법원이 집행법원의 결정을 취소하는 경우에 그 매각허가여부의 결정은 집행법원이 한다.

제133조 (매각을 허가하지 아니하는 결정의 효력) 매각을 허가하지 아니한 결정이 확정된 때에는 매수인과 매각허가를 주장한 매수신고인은 매수에 관한 책임이 면제된다.

제134조 (최저매각가격의 결정부터 새로할 경우) 제127조의 규정에 따라 매각허가결정을 취소한 경우에는 제97조 내지 제105조의 규정을 준용한다.

제135조 (소유권의 취득시기) 매수인은 매각대금을 다 낸 때에 매각의 목적인 권리를 취득한다.

제136조 (부동산의 인도명령 등) ① 법원은 매수인이 대금을 낸 뒤 6월 이내에 신청하면 채무자·소유자 또는 부동산 점유자에 대하여 부동산을 매수인에게

인도하도록 명할 수 있다. 다만, 점유자가 매수인에게 대항할 수 있는 권원에 의하여 점유하고 있는 것으로 인정되는 경우에는 그러하지 아니하다.

② 법원은 매수인 또는 채권자가 신청하면 매각허가가 결정된 뒤 인도할 때까지 관리인에게 부동산을 관리하게 할 것을 명할 수 있다.

③ 제2항의 경우 부동산의 관리를 위하여 필요하면 법원은 매수인 또는 채권자의 신청에 따라 담보를 제공하게 하거나 제공하게 하지 아니하고 제1항의 규정에 준하는 명령을 할 수 있다.

④ 법원이 채무자 및 소유자 외의 점유자에 대하여 제1항 또는 제3항의 규정에 따른 인도명령을 하려면 그 점유자를 심문하여야 한다. 다만, 그 점유자가 매수인에게 대항할 수 있는 권원에 의하여 점유하고 있지 아니함이 명백한 때 또는 이미 그 점유자를 심문한 때에는 그러하지 아니하다.

⑤ 제1항 내지 제3항의 신청에 관한 결정에 대하여는 즉시항고를 할 수 있다.

⑥ 채무자·소유자 또는 점유자가 제1항과 제3항의 인도명령에 따르지 아니할 때에는 매수인 또는 채권자는 집행관에게 그 집행을 위임할 수 있다.

제137조 (차순위매수신고인에 대한 매각허가여부결정) ① 차순위매수신고인이 있는 경우에 매수인이 대금지급기한까지 그 의무를 이행하지 아니한 때에는 차순위매수신고인에게 매각을 허가할 것인지를 결정하여야 한다. 다만, 제142조제4항의 경우에는 그러하지 아니하다.

② 차순위매수신고인에 대한 매각허가결정이 있는 때에는 매수인은 매수신청의 보증을 돌려 줄 것을 요구하지 못한다.

제138조 (재매각) ① 매수인이 대금지급기한 또는 제142조제4항의 다시 정한 기한까지 그 의무를 완전히 이행하지 아니하였고, 차순위매수신고인이 없는 때에는 법원은 직권으로 부동산의 재매각을 명하여야 한다.

② 재매각절차에도 종전에 정한 최저매각가격, 그 밖의 매각조건을 적용한다.

③ 매수인이 재매각기일의 3일 이전까지 대금, 그 지급기한이 지난 뒤부터 지급일까지의 대금에 대한 대법원규칙이 정하는 이율에 따른 지연이자와 절차비용을 지급한 때에는 재매각절차를 취소하여야 한다. 이 경우 차순위매수

신고인이 매각허가결정을 받았던 때에는 위 금액을 먼저 지급한 매수인이 매매목적물의 권리를 취득한다.

④ 재매각절차에서는 전의 매수인은 매수신청을 할 수 없으며 매수신청의 보증을 돌려 줄 것을 요구하지 못한다.

제139조 (공유물지분에 대한 경매) ① 공유물지분을 경매하는 경우에는 채권자의 채권을 위하여 채무자의 지분에 대한 경매개시결정이 있음을 등기부에 기입하고 다른 공유자에게 그 경매개시결정이 있다는 것을 통지하여야 한다. 다만, 상당한 이유가 있는 때에는 통지하지 아니할 수 있다.

② 최저매각가격은 공유물 전부의 평가액을 기본으로 채무자의 지분에 관하여 정하여야 한다. 다만, 그와 같은 방법으로 정확한 가치를 평가하기 어렵거나 그 평가에 부당하게 많은 비용이 드는 등 특별한 사정이 있는 경우에는 그러하지 아니하다.

제140조 (공유자의 우선매수권) ① 공유자는 매각기일까지 제113조에 따른 보증을 제공하고 최고매수신고가격과 같은 가격으로 채무자의 지분을 우선매수하겠다는 신고를 할 수 있다.

② 제1항의 경우에 법원은 최고가매수신고가 있더라도 그 공유자에게 매각을 허가하여야 한다.

③ 여러 사람의 공유자가 우선매수하겠다는 신고를 하고 제2항의 절차를 마친 때에는 특별한 협의가 없으면 공유지분의 비율에 따라 채무자의 지분을 매수하게 한다.

④ 제1항의 규정에 따라 공유자가 우선매수신고를 한 경우에는 최고가매수신고인을 제114조의 차순위매수신고인으로 본다.

제141조 (경매개시결정등기의 말소) 경매신청이 매각허가 없이 마쳐진 때에는 법원사무관등은 제94조와 제139조제1항의 규정에 따른 기입을 말소하도록 등기관에게 촉탁하여야 한다.

제142조 (대금의 지급) ① 매각허가결정이 확정되면 법원은 대금의 지급기한을 정하고, 이를 매수인과 차순위매수신고인에게 통지하여야 한다.

② 매수인은 제1항의 대금지급기한까지 매각대금을 지급하여야 한다.

③ 매수신청의 보증으로 금전이 제공된 경우에 그 금전은 매각대금에 넣는다.

④ 매수신청의 보증으로 금전 외의 것이 제공된 경우로서 매수인이 매각대금 중 보증액을 뺀 나머지 금액만을 낸 때에는, 법원은 보증을 현금화하여 그 비용을 뺀 금액을 보증액에 해당하는 매각대금 및 이에 대한 지연이자에 충당하고, 모자라는 금액이 있으면 다시 대금지급기한을 정하여 매수인으로 하여금 내게 한다.

⑤ 제4항의 지연이자에 대하여는 제138조제3항의 규정을 준용한다.

⑥ 차순위매수신고인은 매수인이 대금을 모두 지급한 때 매수의 책임을 벗게 되고 즉시 매수신청의 보증을 돌려 줄 것을 요구할 수 있다.

제143조 (특별한 지급방법) ① 매수인은 매각조건에 따라 부동산의 부담을 인수하는 외에 배당표(配當表)의 실시에 관하여 매각대금의 한도에서 관계채권자의 승낙이 있으면 대금의 지급에 갈음하여 채무를 인수할 수 있다.

② 채권자가 매수인인 경우에는 매각결정기일이 끝날 때까지 법원에 신고하고 배당받아야 할 금액을 제외한 대금을 배당기일에 낼 수 있다.

③ 제1항 및 제2항의 경우에 매수인이 인수한 채무나 배당받아야 할 금액에 대하여 이의가 제기된 때에는 매수인은 배당기일이 끝날 때까지 이에 해당하는 대금을 내야 한다.

제144조 (매각대금 지급 뒤의 조치) ① 매각대금이 지급되면 법원사무관 등은 매각허가결정의 등본을 붙여 다음 각 호의 등기를 촉탁하여야 한다.

1. 매수인 앞으로 소유권을 이전하는 등기

2. 매수인이 인수하지 아니한 부동산의 부담에 관한 기입을 말소하는 등기

3. 제94조 및 제139조제1항의 규정에 따른 경매개시결정등기를 말소하는 등기

② 매각대금을 지급할 때까지 매수인과 부동산을 담보로 제공받으려고 하는 사람이 대법원규칙으로 정하는 바에 따라 공동으로 신청한 경우, 제1항의 촉

탁은 등기신청의 대리를 업으로 할 수 있는 사람으로서 신청인이 지정하는 사람에게 촉탁서를 교부하여 등기소에 제출하도록 하는 방법으로 하여야 한다. 이 경우 신청인이 지정하는 사람은 지체 없이 그 촉탁서를 등기소에 제출하여야 한다. [신설 2010.7.23][[시행일 2010.10.24]]

③ 제1항의 등기에 드는 비용은 매수인이 부담한다. [개정 2010.7.23][[시행일 2010.10.24]]

제145조 (매각대금의 배당) ① 매각대금이 지급되면 법원은 배당절차를 밟아야 한다.

② 매각대금으로 배당에 참가한 모든 채권자를 만족하게 할 수 없는 때에는 법원은 민법·상법, 그 밖의 법률에 의한 우선순위에 따라 배당하여야 한다.

제146조 (배당기일) 매수인이 매각대금을 지급하면 법원은 배당에 관한 진술 및 배당을 실시할 기일을 정하고 이해관계인과 배당을 요구한 채권자에게 이를 통지하여야 한다. 다만, 채무자가 외국에 있거나 있는 곳이 분명하지 아니한 때에는 통지하지 아니한다.

제147조 (배당할 금액 등) ① 배당할 금액은 다음 각 호에 규정한 금액으로 한다.
  1. 대금
  2. 제138조제3항 및 제142조제4항의 경우에는 대금지급기한이 지난 뒤부터 대금의 지급·충당까지의 지연이자
  3. 제130조제6항의 보증(제130조제8항에 따라 준용되는 경우를 포함한다)
  4. 제130조제7항 본문의 보증 가운데 항고인이 돌려 줄 것을 요구하지 못하는 금액 또는 제130조제7항 단서의 규정에 따라 항고인이 낸 금액(각각 제130조제8항에 따라 준용되는 경우를 포함한다)
  5. 제138조제4항의 규정에 의하여 매수인이 돌려줄 것을 요구할 수 없는 보증(보증이 금전 외의 방법으로 제공되어 있는 때에는 보증을 현금화하여 그 대금에서 비용을 뺀 금액)

② 제1항의 금액 가운데 채권자에게 배당하고 남은 금액이 있으면, 제1항제4

호의 금액의 범위 안에서 제1항제4호의 보증 등을 제공한 사람에게 돌려준다.
③ 제1항의 금액 가운데 채권자에게 배당하고 남은 금액으로 제1항제4호의
보증 등을 돌려주기 부족한 경우로서 그 보증 등을 제공한 사람이 여럿인 때
에는 제1항제4호의 보증 등의 비율에 따라 나누어 준다.

제148조 (배당받을 채권자의 범위) 제147조제1항에 규정한 금액을 배당받을 채
권자는 다음 각 호에 규정된 사람으로 한다.
1. 배당요구의 종기까지 경매신청을 한 압류채권자
2. 배당요구의 종기까지 배당요구를 한 채권자
3. 첫 경매개시결정등기 전에 등기된 가압류채권자
4. 저당권·전세권, 그 밖의 우선변제청구권으로서 첫 경매개시결정등기 전에
   등기되었고 매각으로 소멸하는 것을 가진 채권자

제149조 (배당표의 확정) ① 법원은 채권자와 채무자에게 보여 주기 위하여 배
당기일의 3일 전에 배당표원안(配當表原案)을 작성하여 법원에 비치하여야
한다.
② 법원은 출석한 이해관계인과 배당을 요구한 채권자를 심문하여 배당표를
확정하여야 한다.

제150조 (배당표의 기재 등) ① 배당표에는 매각대금, 채권자의 채권의 원금, 이
자, 비용, 배당의 순위와 배당의 비율을 적어야 한다.
② 출석한 이해관계인과 배당을 요구한 채권자가 합의한 때에는 이에 따라
배당표를 작성하여야 한다.

제151조 (배당표에 대한 이의) ① 기일에 출석한 채무자는 채권자의 채권 또는
그 채권의 순위에 대하여 이의할 수 있다.
② 제1항의 규정에 불구하고 채무자는 제149조제1항에 따라 법원에 배당표원
안이 비치된 이후 배당기일이 끝날 때까지 채권자의 채권 또는 그 채권의 순
위에 대하여 서면으로 이의할 수 있다.

③ 기일에 출석한 채권자는 자기의 이해에 관계되는 범위 안에서는 다른 채권자를 상대로 그의 채권 또는 그 채권의 순위에 대하여 이의할 수 있다.

제152조 (이의의 완결) ① 제151조의 이의에 관계된 채권자는 이에 대하여 진술하여야 한다.

② 관계인이 제151조의 이의를 정당하다고 인정하거나 다른 방법으로 합의한 때에는 이에 따라 배당표를 경정(更正)하여 배당을 실시하여야 한다.

③ 제151조의 이의가 완결되지 아니한 때에는 이의가 없는 부분에 한하여 배당을 실시하여야 한다.

제153조 (불출석한 채권자) ① 기일에 출석하지 아니한 채권자는 배당표와 같이 배당을 실시하는 데에 동의한 것으로 본다.

② 기일에 출석하지 아니한 채권자가 다른 채권자가 제기한 이의에 관계된 때에는 그 채권자는 이의를 정당하다고 인정하지 아니한 것으로 본다.

제154조 (배당이의의 소 등) ① 집행력 있는 집행권원의 정본을 가지지 아니한 채권자(가압류채권자를 제외한다)에 대하여 이의한 채무자와 다른 채권자에 대하여 이의한 채권자는 배당이의의 소를 제기하여야 한다.

② 집행력 있는 집행권원의 정본을 가진 채권자에 대하여 이의한 채무자는 청구이의의 소를 제기하여야 한다.

③ 이의한 채권자나 채무자가 배당기일부터 1주 이내에 집행법원에 대하여 제1항의 소를 제기한 사실을 증명하는 서류를 제출하지 아니한 때 또는 제2항의 소를 제기한 사실을 증명하는 서류와 그 소에 관한 집행정지재판의 정본을 제출하지 아니한 때에는 이의가 취하된 것으로 본다.

제155조 (이의한 사람 등의 우선권 주장) 이의한 채권자가 제154조제3항의 기간을 지키지 아니한 경우에도 배당표에 따른 배당을 받은 채권자에 대하여 소로 우선권 및 그 밖의 권리를 행사하는 데 영향을 미치지 아니한다.

제156조 (배당이의의 소의 관할) ① 제154조제1항의 배당이의의 소는 배당을 실시한 집행법원이 속한 지방법원의 관할로 한다. 다만, 소송물이 단독판사의 관할에 속하지 아니할 경우에는 지방법원의 합의부가 이를 관할한다.

② 여러 개의 배당이의의 소가 제기된 경우에 한 개의 소를 합의부가 관할하는 때에는 그 밖의 소도 함께 관할한다.

③ 이의한 사람과 상대방이 이의에 관하여 단독판사의 재판을 받을 것을 합의한 경우에는 제1항 단서와 제2항의 규정을 적용하지 아니한다.

제157조 (배당이의의 소의 판결) 배당이의의 소에 대한 판결에서는 배당액에 대한 다툼이 있는 부분에 관하여 배당을 받을 채권자와 그 액수를 정하여야 한다. 이를 정하는 것이 적당하지 아니하다고 인정한 때에는 판결에서 배당표를 다시 만들고 다른 배당절차를 밟도록 명하여야 한다.

제158조 (배당이의의 소의 취하간주) 이의한 사람이 배당이의의 소의 첫 변론기일에 출석하지 아니한 때에는 소를 취하한 것으로 본다.

제159조 (배당실시절차·배당조서) ① 법원은 배당표에 따라 제2항 및 제3항에 규정된 절차에 의하여 배당을 실시하여야 한다.

② 채권 전부의 배당을 받을 채권자에게는 배당액지급증을 교부하는 동시에 그가 가진 집행력 있는 정본 또는 채권증서를 받아 채무자에게 교부하여야 한다.

③ 채권 일부의 배당을 받을 채권자에게는 집행력 있는 정본 또는 채권증서를 제출하게 한 뒤 배당액을 적어서 돌려주고 배당액지급증을 교부하는 동시에 영수증을 받아 채무자에게 교부하여야 한다.

④ 제1항 내지 제3항의 배당실시절차는 조서에 명확히 적어야 한다.

제160조 (배당금액의 공탁) ① 배당을 받아야 할 채권자의 채권에 대하여 다음 각 호 가운데 어느 하나의 사유가 있으면 그에 대한 배당액을 공탁하여야 한다.

1. 채권에 정지조건 또는 불확정기한이 붙어 있는 때

2. 가압류채권자의 채권인 때

3. 제49조제2호 및 제266조제1항제5호에 규정된 문서가 제출되어 있는 때

4. 저당권설정의 가등기가 마쳐져 있는 때

5. 제154조제1항에 의한 배당이의의 소가 제기된 때

6. 민법 제340조제2항 및 같은 법 제370조에 따른 배당금액의 공탁청구가 있는 때
② 채권자가 배당기일에 출석하지 아니한 때에는 그에 대한 배당액을 공탁하여야 한다.

제161조 (공탁금에 대한 배당의 실시) ① 법원이 제160조제1항의 규정에 따라 채권자에 대한 배당액을 공탁한 뒤 공탁의 사유가 소멸한 때에는 법원은 공탁금을 지급하거나 공탁금에 대한 배당을 실시하여야 한다.

② 제1항에 따라 배당을 실시함에 있어서 다음 각 호 가운데 어느 하나에 해당하는 때에는 법원은 배당에 대하여 이의하지 아니한 채권자를 위하여서도 배당표를 바꾸어야 한다.

1. 제160조제1항제1호 내지 제4호의 사유에 따른 공탁에 관련된 채권자에 대하여 배당을 실시할 수 없게 된 때

2. 제160조제1항제5호의 공탁에 관련된 채권자가 채무자로부터 제기당한 배당이의의 소에서 진 때

3. 제160조제1항제6호의 공탁에 관련된 채권자가 저당물의 매각대가로부터 배당을 받은 때

③ 제160조제2항의 채권자가 법원에 대하여 공탁금의 수령을 포기하는 의사를 표시한 때에는 그 채권자의 채권이 존재하지 아니하는 것으로 보고 배당표를 바꾸어야 한다.

④ 제2항 및 제3항의 배당표변경에 따른 추가 배당기일에 제151조의 규정에 따라 이의할 때에는 종전의 배당기일에서 주장할 수 없었던 사유만을 주장할 수 있다.

제162조 (공동경매) 여러 압류채권자를 위하여 동시에 실시하는 부동산의 경매절차에는 제80조 내지 제161조의 규정을 준용한다.

제3관 강제관리

제163조 (강제경매규정의 준용) 강제관리에는 제80조 내지 제82조, 제83조제1항·제3항 내지 제5항, 제85조 내지 제89조 및 제94조 내지 제96조의 규정을 준용한다.

제164조 (강제관리개시결정) ① 강제관리를 개시하는 결정에는 채무자에게는 관리사무에 간섭하여서는 아니 되고 부동산의 수익을 처분하여서도 아니 된다고 명하여야 하며, 수익을 채무자에게 지급할 제3자에게는 관리인에게 이를 지급하도록 명하여야 한다.

② 수확하였거나 수확할 과실(果實)과 이행기에 이르렀거나 이르게 될 과실은 제1항의 수익에 속한다.

③ 강제관리개시결정은 제3자에게는 결정서를 송달하여야 효력이 생긴다.

④ 강제관리신청을 기각하거나 각하하는 재판에 대하여는 즉시항고를 할 수 있다.

제165조 (강제관리개시결정 등의 통지) 법원은 강제관리를 개시하는 결정을 한 부동산에 대하여 다시 강제관리의 개시결정을 하거나 배당요구의 신청이 있는 때에는 관리인에게 이를 통지하여야 한다.

제166조 (관리인의 임명 등) ① 관리인은 법원이 임명한다. 다만, 채권자는 적당한 사람을 관리인으로 추천할 수 있다.

② 관리인은 관리와 수익을 하기 위하여 부동산을 점유할 수 있다. 이 경우 저항을 받으면 집행관에게 원조를 요구할 수 있다.

③ 관리인은 제3자가 채무자에게 지급할 수익을 추심(推尋)할 권한이 있다.

제167조 (법원의 지휘·감독) ① 법원은 관리에 필요한 사항과 관리인의 보수를 정하고, 관리인을 지휘·감독한다.

② 법원은 관리인에게 보증을 제공하도록 명할 수 있다.

③ 관리인에게 관리를 계속할 수 없는 사유가 생긴 경우에는 법원은 직권으로 또는 이해관계인의 신청에 따라 관리인을 해임할 수 있다. 이 경우 관리인을 심문하여야 한다.

제168조 (준용규정) 제3자가 부동산에 대한 강제관리를 막을 권리가 있다고 주장하는 경우에는 제48조의 규정을 준용한다.

제169조 (수익의 처리) ① 관리인은 부동산수익에서 그 부동산이 부담하는 조세, 그 밖의 공과금을 뺀 뒤에 관리비용을 변제하고, 그 나머지 금액을 채권자에게 지급한다.

② 제1항의 경우 모든 채권자를 만족하게 할 수 없는 때에는 관리인은 채권자 사이의 배당협의에 따라 배당을 실시하여야 한다.

③ 채권자 사이에 배당협의가 이루어지지 못한 경우에 관리인은 그 사유를 법원에 신고하여야 한다.

④ 제3항의 신고가 있는 경우에는 제145조·제146조 및 제148조 내지 제161조의 규정을 준용하여 배당표를 작성하고 이에 따라 관리인으로 하여금 채권자에게 지급하게 하여야 한다.

제170조 (관리인의 계산보고) ① 관리인은 매년 채권자·채무자와 법원에 계산서를 제출하여야 한다. 그 업무를 마친 뒤에도 또한 같다.

② 채권자와 채무자는 계산서를 송달받은 날부터 1주 이내에 집행법원에 이에 대한 이의신청을 할 수 있다.

③ 제2항의 기간 이내에 이의신청이 없는 때에는 관리인의 책임이 면제된 것으로 본다.

④ 제2항의 기간 이내에 이의신청이 있는 때에는 관리인을 심문한 뒤 결정으로 재판하여야 한다. 신청한 이의를 매듭지은 때에는 법원은 관리인의 책임을 면제한다.

제171조 (강제관리의 취소) ① 강제관리의 취소는 법원이 결정으로 한다.

② 채권자들이 부동산수익으로 전부 변제를 받았을 때에는 법원은 직권으로 제1항의 취소결정을 한다.

③ 제1항 및 제2항의 결정에 대하여는 즉시항고를 할 수 있다.

④ 강제관리의 취소결정이 확정된 때에는 법원사무관등은 강제관리에 관한 기입등기를 말소하도록 촉탁하여야 한다.

제3절 선박 등에 대한 강제집행

제172조 (선박에 대한 강제집행) 등기할 수 있는 선박에 대한 강제집행은 부동산의 강제경매에 관한 규정에 따른다. 다만, 사물의 성질에 따른 차이가 있거나 특별한 규정이 있는 경우에는 그러하지 아니하다.

제173조 (관할법원) 선박에 대한 강제집행의 집행법원은 압류 당시에 그 선박이 있는 곳을 관할하는 지방법원으로 한다.

제174조 (선박국적증서 등의 제출) ① 법원은 경매개시결정을 한 때에는 집행관에게 선박국적증서 그 밖에 선박운행에 필요한 문서(이하 "선박국적증서등"이라 한다)를 선장으로부터 받아 법원에 제출하도록 명하여야 한다.

② 경매개시결정이 송달 또는 등기되기 전에 집행관이 선박국적증서등을 받은 경우에는 그 때에 압류의 효력이 생긴다.

제175조 (선박집행신청전의 선박국적증서 등의 인도명령) ① 선박에 대한 집행의 신청 전에 선박국적증서등을 받지 아니하면 집행이 매우 곤란할 염려가 있을 경우에는 선적(船籍)이 있는 곳을 관할하는 지방법원(선적이 없는 때에는 대법원규칙이 정하는 법원)은 신청에 따라 채무자에게 선박국적증서등을 집행관에게 인도하도록 명할 수 있다. 급박한 경우에는 선박이 있는 곳을 관할하는 지방법원도 이 명령을 할 수 있다.

② 집행관은 선박국적증서등을 인도받은 날부터 5일 이내에 채권자로부터 선

박집행을 신청하였음을 증명하는 문서를 제출받지 못한 때에는 그 선박국적증서등을 돌려주어야 한다.

③ 제1항의 규정에 따른 재판에 대하여는 즉시항고를 할 수 있다.

④ 제1항의 규정에 따른 재판에는 제292조제2항 및 제3항의 규정을 준용한다.

제176조 (압류선박의 정박) ① 법원은 집행절차를 행하는 동안 선박이 압류 당시의 장소에 계속 머무르도록 명하여야 한다.

② 법원은 영업상의 필요, 그 밖에 상당한 이유가 있다고 인정할 경우에는 채무자의 신청에 따라 선박의 운행을 허가할 수 있다. 이 경우 채권자·최고가매수신고인·차순위매수신고인 및 매수인의 동의가 있어야 한다.

③ 제2항의 선박운행허가결정에 대하여는 즉시항고를 할 수 있다.

④ 제2항의 선박운행허가결정은 확정되어야 효력이 생긴다.

제177조 (경매신청의 첨부서류) ① 강제경매신청을 할 때에는 다음 각 호의 서류를 내야 한다.

1. 채무자가 소유자인 경우에는 소유자로서 선박을 점유하고 있다는 것을, 선장인 경우에는 선장으로서 선박을 지휘하고 있다는 것을 소명할 수 있는 증서

2. 선박에 관한 등기사항을 포함한 등기부의 초본 또는 등본

② 채권자는 공적 장부를 주관하는 공공기관이 멀리 떨어진 곳에 있는 때에는 제1항제2호의 초본 또는 등본을 보내주도록 법원에 신청할 수 있다.

제178조 (감수·보존처분) ① 법원은 채권자의 신청에 따라 선박을 감수(監守)하고 보존하기 위하여 필요한 처분을 할 수 있다.

② 제1항의 처분을 한 때에는 경매개시결정이 송달되기 전에도 압류의 효력이 생긴다.

제179조 (선장에 대한 판결의 집행) ① 선장에 대한 판결로 선박채권자를 위하여 선박을 압류하면 그 압류는 소유자에 대하여도 효력이 미친다. 이 경우 소유자도 이해관계인으로 본다.

② 압류한 뒤에 소유자나 선장이 바뀌더라도 집행절차에는 영향을 미치지 아니한다.

③ 압류한 뒤에 선장이 바뀐 때에는 바뀐 선장만이 이해관계인이 된다.

제180조 (관할위반으로 말미암은 절차의 취소) 압류 당시 선박이 그 법원의 관할 안에 없었음이 판명된 때에는 그 절차를 취소하여야 한다.

제181조 (보증의 제공에 의한 강제경매절차의 취소) ① 채무자가 제49조제2호 또는 제4호의 서류를 제출하고 압류채권자 및 배당을 요구한 채권자의 채권과 집행비용에 해당하는 보증을 매수신고 전에 제공한 때에는 법원은 신청에 따라 배당절차 외의 절차를 취소하여야 한다.

② 제1항에 규정한 서류를 제출함에 따른 집행정지가 효력을 잃은 때에는 법원은 제1항의 보증금을 배당하여야 한다.

③ 제1항의 신청을 기각한 재판에 대하여는 즉시항고를 할 수 있다.

④ 제1항의 규정에 따른 집행취소결정에는 제17조제2항의 규정을 적용하지 아니한다.

⑤ 제1항의 보증의 제공에 관하여 필요한 사항은 대법원규칙으로 정한다.

제182조 (사건의 이송) ① 압류된 선박이 관할구역 밖으로 떠난 때에는 집행법원은 선박이 있는 곳을 관할하는 법원으로 사건을 이송할 수 있다.

② 제1항의 규정에 따른 결정에 대하여는 불복할 수 없다.

제183조 (선박국적증서 등을 넘겨받지 못한 경우의 경매절차취소) 경매개시결정이 있은 날부터 2월이 지나기까지 집행관이 선박국적증서등을 넘겨받지 못하고, 선박이 있는 곳이 분명하지 아니한 때에는 법원은 강제경매절차를 취소할 수 있다.

제184조 (매각기일의 공고) 매각기일의 공고에는 선박의 표시와 그 정박한 장소를 적어야 한다.

제185조 (선박지분의 압류명령) ① 선박의 지분에 대한 강제집행은 제251조에서 규정한 강제집행의 예에 따른다.

② 채권자가 선박의 지분에 대하여 강제집행신청을 하기 위하여서는 채무자가 선박의 지분을 소유하고 있다는 사실을 증명할 수 있는 선박등기부의 등본이나 그 밖의 증명서를 내야 한다.

③ 압류명령은 채무자 외에 「상법」 제764조에 의하여 선임된 선박관리인(이하 이 조에서 "선박관리인"이라 한다)에게도 송달하여야 한다. [개정 2007.8.3 제8581호(상법)] [[시행일 2008.8.4]]

④ 압류명령은 선박관리인에게 송달되면 채무자에게 송달된 것과 같은 효력을 가진다.

제186조 (외국선박의 압류) 외국선박에 대한 강제집행에는 등기부에 기입할 절차에 관한 규정을 적용하지 아니한다.

제187조 (자동차 등에 대한 강제집행) 자동차·건설기계·소형선박(「자동차 등 특정동산 저당법」 제3조제2호에 따른 소형선박을 말한다) 및 항공기에 대한 강제집행절차는 제2절 내지 제4절의 규정에 준하여 대법원규칙으로 정한다. [개정 2007.8.3 제8622호(소형선박저당법), 2009.3.25 제9525호(자동차 등 특정동산 저당법)] [[시행일 2009.9.26]]

제4절 동산에 대한 강제집행

제1관 통칙

제188조 (집행방법, 압류의 범위) ① 동산에 대한 강제집행은 압류에 의하여 개시한다.

② 압류는 집행력 있는 정본에 적은 청구금액의 변제와 집행비용의 변상에 필요한 한도 안에서 하여야 한다.

③ 압류물을 현금화하여도 집행비용 외에 남을 것이 없는 경우에는 집행하지 못한다.

제2관 유체동산에 대한 강제집행

제189조 (채무자가 점유하고 있는 물건의 압류) ① 채무자가 점유하고 있는 유체동산의 압류는 집행관이 그 물건을 점유함으로써 한다. 다만, 채권자의 승낙이 있거나 운반이 곤란한 때에는 봉인(封印), 그 밖의 방법으로 압류물임을 명확히 하여 채무자에게 보관시킬 수 있다.

② 다음 각 호 가운데 어느 하나에 해당하는 물건은 이 법에서 유체동산으로 본다.

1. 등기할 수 없는 토지의 정착물로서 독립하여 거래의 객체가 될 수 있는 것
2. 토지에서 분리하기 전의 과실로서 1월 이내에 수확할 수 있는 것
3. 유가증권으로서 배서가 금지되지 아니한 것

③ 집행관은 채무자에게 압류의 사유를 통지하여야 한다.

제190조 (부부공유 유체동산의 압류) 채무자와 그 배우자의 공유로서 채무자가 점유하거나 그 배우자와 공동으로 점유하고 있는 유체동산은 제189조의 규정에 따라 압류할 수 있다.

제191조 (채무자 외의 사람이 점유하고 있는 물건의 압류) 채권자 또는 물건의 제출을 거부하지 아니하는 제3자가 점유하고 있는 물건은 제189조의 규정을 준용하여 압류할 수 있다.

제192조 (국고금의 압류) 국가에 대한 강제집행은 국고금을 압류함으로써 한다.

제193조 (압류물의 인도) ① 압류물을 제3자가 점유하게 된 경우에는 법원은 채권자의 신청에 따라 그 제3자에 대하여 그 물건을 집행관에게 인도하도록 명할 수 있다.

② 제1항의 신청은 압류물을 제3자가 점유하고 있는 것을 안 날부터 1주 이내에 하여야 한다.

③ 제1항의 재판은 상대방에게 송달되기 전에도 집행할 수 있다.

④ 제1항의 재판은 신청인에게 고지된 날부터 2주가 지난 때에는 집행할 수 없다.

⑤ 제1항의 재판에 대하여는 즉시항고를 할 수 있다.

제194조 (압류의 효력) 압류의 효력은 압류물에서 생기는 천연물에도 미친다.

제195조 (압류가 금지되는 물건) 다음 각 호의 물건은 압류하지 못한다. [개정 2005.1.27] [[시행일 2005.7.28]]

1. 채무자 및 그와 같이 사는 친족(사실상 관계에 따른 친족을 포함한다. 이하 이 조에서 "채무자 등"이라 한다)의 생활에 필요한 의복·침구·가구·부엌기구, 그 밖의 생활필수품

2. 채무자 등의 생활에 필요한 2월간의 식료품·연료 및 조명재료

3. 채무자 등의 생활에 필요한 1월간의 생계비로서 대통령령이 정하는 액수의 금전

4. 주로 자기 노동력으로 농업을 하는 사람에게 없어서는 아니 될 농기구·비료·가축·사료·종자, 그 밖에 이에 준하는 물건

5. 주로 자기의 노동력으로 어업을 하는 사람에게 없어서는 아니 될 고기잡이 도구·어망·미끼·새끼고기, 그 밖에 이에 준하는 물건

6. 전문직 종사자·기술자·노무자, 그 밖에 주로 자기의 정신적 또는 육체적 노동으로 직업 또는 영업에 종사하는 사람에게 없어서는 아니 될 제복·도구, 그 밖에 이에 준하는 물건

7. 채무자 또는 그 친족이 받은 훈장·포장·기장, 그 밖에 이에 준하는 명예증표

8. 위패·영정·묘비, 그 밖에 상례·제사 또는 예배에 필요한 물건

9. 족보·집안의 역사적인 기록·사진첩, 그 밖에 선조숭배에 필요한 물건

10. 채무자의 생활 또는 직무에 없어서는 아니 될 도장·문패·간판, 그 밖에 이에 준하는 물건

11. 채무자의 생활 또는 직업에 없어서는 아니 될 일기장·상업장부, 그 밖에 이에 준하는 물건

12. 공표되지 아니한 저작 또는 발명에 관한 물건

13. 채무자 등이 학교·교회·사찰, 그 밖의 교육기관 또는 종교단체에서 사용하는 교과서·교리서·학습용구, 그 밖에 이에 준하는 물건

14. 채무자 등의 일상생활에 필요한 안경·보청기·의치·의수족·지팡이·장애보조용 바퀴의자, 그 밖에 이에 준하는 신체보조기구

15. 채무자 등의 일상생활에 필요한 자동차로서 자동차관리법이 정하는 바에 따른 장애인용 경형자동차

16. 재해의 방지 또는 보안을 위하여 법령의 규정에 따라 설비하여야 하는 소방설비·경보기구·피난시설, 그 밖에 이에 준하는 물건

제196조 (압류금지 물건을 정하는 재판) ① 법원은 당사자가 신청하면 채권자와 채무자의 생활형편, 그 밖의 사정을 고려하여 유체동산의 전부 또는 일부에 대한 압류를 취소하도록 명하거나 제195조의 유체동산을 압류하도록 명할 수 있다.

② 제1항의 결정이 있은 뒤에 그 이유가 소멸되거나 사정이 바뀐 때에는 법원은 직권으로 또는 당사자의 신청에 따라 그 결정을 취소하거나 바꿀 수 있다.

③ 제1항 및 제2항의 경우에 법원은 제16조제2항에 준하는 결정을 할 수 있다.

④ 제1항 및 제2항의 결정에 대하여는 즉시항고를 할 수 있다.

⑤ 제3항의 결정에 대하여는 불복할 수 없다.

제197조 (일괄매각) ① 집행관은 여러 개의 유체동산의 형태, 이용관계 등을 고려하여 일괄매수하게 하는 것이 알맞다고 인정하는 때에는 직권으로 또는 이해관계인의 신청에 따라 일괄하여 매각할 수 있다.

② 제1항의 경우에는 제98조제3항, 제99조, 제100조, 제101조제2항 내지 제5항의 규정을 준용한다.

제198조 (압류물의 보존) ① 압류물을 보존하기 위하여 필요한 때에는 집행관은 적당한 처분을 하여야 한다.

② 제1항의 경우에 비용이 필요한 때에는 채권자로 하여금 이를 미리 내게

하여야 한다. 채권자가 여럿인 때에는 요구하는 액수에 비례하여 미리 내게 한다.

③ 제49조제2호 또는 제4호의 문서가 제출된 경우에 압류물을 즉시 매각하지 아니하면 값이 크게 내릴 염려가 있거나, 보관에 지나치게 많은 비용이 드는 때에는 집행관은 그 물건을 매각할 수 있다.

④ 집행관은 제3항의 규정에 따라 압류물을 매각하였을 때에는 그 대금을 공탁하여야 한다.

제199조 (압류물의 매각) 집행관은 압류를 실시한 뒤 입찰 또는 호가경매의 방법으로 압류물을 매각하여야 한다.

제200조 (값비싼 물건의 평가) 매각할 물건 가운데 값이 비싼 물건이 있는 때에는 집행관은 적당한 감정인에게 이를 평가하게 하여야 한다.

제201조 (압류금전) ① 압류한 금전은 채권자에게 인도하여야 한다.

② 집행관이 금전을 추심한 때에는 채무자가 지급한 것으로 본다. 다만, 담보를 제공하거나 공탁을 하여 집행에서 벗어날 수 있도록 채무자에게 허가한 때에는 그러하지 아니하다.

제202조 (매각일) 압류일과 매각일 사이에는 1주 이상 기간을 두어야 한다. 다만, 압류물을 보관하는 데 지나치게 많은 비용이 들거나, 시일이 지나면 그 물건의 값이 크게 내릴 염려가 있는 때에는 그러하지 아니하다.

제203조 (매각장소) ① 매각은 압류한 유체동산이 있는 시·구·읍·면(도농복합형태의 시의 경우 동지역은 시·구, 읍·면지역은 읍·면)에서 진행한다. 다만, 압류채권자와 채무자가 합의하면 합의된 장소에서 진행한다.

② 매각일자와 장소는 대법원규칙이 정하는 방법으로 공고한다. 공고에는 매각할 물건을 표시하여야 한다.

제204조 (준용규정) 매각장소의 질서유지에 관하여는 제108조의 규정을 준용한다.

제205조 (매각·재매각) ① 집행관은 최고가매수신고인의 성명과 가격을 말한 뒤 매각을 허가한다.

② 매각물은 대금과 서로 맞바꾸어 인도하여야 한다.

③ 매수인이 매각조건에 정한 지급기일에 대금의 지급과 물건의 인도청구를 게을리한 때에는 재매각을 하여야 한다. 지급기일을 정하지 아니한 경우로서 매각기일의 마감에 앞서 대금의 지급과 물건의 인도청구를 게을리한 때에도 또한 같다.

④ 제3항의 경우에는 전의 매수인은 재매각절차에 참가하지 못하며, 뒤의 매각대금이 처음의 매각대금보다 적은 때에는 그 부족한 액수를 부담하여야 한다.

제206조 (배우자의 우선매수권) ① 제190조의 규정에 따라 압류한 유체동산을 매각하는 경우에 배우자는 매각기일에 출석하여 우선매수할 것을 신고할 수 있다.

② 제1항의 우선매수신고에는 제140조제1항 및 제2항의 규정을 준용한다.

제207조 (매각의 한도) 매각은 매각대금으로 채권자에게 변제하고 강제집행비용을 지급하기에 충분하게 되면 즉시 중지하여야 한다. 다만, 제197조제2항 및 제101조제3항 단서에 따른 일괄매각의 경우에는 그러하지 아니하다.

제208조 (집행관이 매각대금을 영수한 효과) 집행관이 매각대금을 영수한 때에는 채무자가 지급한 것으로 본다. 다만, 담보를 제공하거나 공탁을 하여 집행에서 벗어날 수 있도록 채무자에게 허가한 때에는 그러하지 아니하다.

제209조 (금·은붙이의 현금화) 금·은붙이는 그 금·은의 시장가격 이상의 금액으로 일반 현금화의 규정에 따라 매각하여야 한다. 시장가격 이상의 금액으로 매수하는 사람이 없는 때에는 집행관은 그 시장가격에 따라 적당한 방법으로 매각할 수 있다.

제210조 (유가증권의 현금화) 집행관이 유가증권을 압류한 때에는 시장가격이 있는 것은 매각하는 날의 시장가격에 따라 적당한 방법으로 매각하고 그 시장가격이 형성되지 아니한 것은 일반 현금화의 규정에 따라 매각하여야 한다.

제211조 (기명유가증권의 명의개서) 유가증권이 기명식인 때에는 집행관은 매수인을 위하여 채무자에 갈음하여 배서 또는 명의개서에 필요한 행위를 할 수 있다.

제212조 (어음 등의 제시의무) ① 집행관은 어음·수표 그 밖의 금전의 지급을 목적으로 하는 유가증권(이하 "어음등"이라 한다)으로서 일정한 기간 안에 인수 또는 지급을 위한 제시 또는 지급의 청구를 필요로 하는 것을 압류하였을 경우에 그 기간이 개시되면 채무자에 갈음하여 필요한 행위를 하여야 한다.
② 집행관은 미완성 어음등을 압류한 경우에 채무자에게 기한을 정하여 어음등에 적을 사항을 보충하도록 최고하여야 한다.

제213조 (미분리과실의 매각) ① 토지에서 분리되기 전에 압류한 과실은 충분히 익은 다음에 매각하여야 한다.
② 집행관은 매각하기 위하여 수확을 하게 할 수 있다.

제214조 (특별한 현금화 방법) ① 법원은 필요하다고 인정하면 직권으로 또는 압류채권자, 배당을 요구한 채권자 또는 채무자의 신청에 따라 일반 현금화의 규정에 의하지 아니하고 다른 방법이나 다른 장소에서 압류물을 매각하게 할 수 있다. 또한 집행관에게 위임하지 아니하고 다른 사람으로 하여금 매각하게 하도록 명할 수 있다.
② 제1항의 재판에 대하여는 불복할 수 없다.

제215조 (압류의 경합) ① 유체동산을 압류하거나 가압류한 뒤 매각기일에 이르기 전에 다른 강제집행이 신청된 때에는 집행관은 집행신청서를 먼저 압류한 집행관에게 교부하여야 한다. 이 경우 더 압류할 물건이 있으면 이를 압류한

뒤에 추가압류조서를 교부하여야 한다.

② 제1항의 경우에 집행에 관한 채권자의 위임은 먼저 압류한 집행관에게 이전된다.

③ 제1항의 경우에 각 압류한 물건은 강제집행을 신청한 모든 채권자를 위하여 압류한 것으로 본다.

④ 제1항의 경우에 먼저 압류한 집행관은 뒤에 강제집행을 신청한 채권자를 위하여 다시 압류한다는 취지를 덧붙여 그 압류조서에 적어야 한다.

제216조 (채권자의 매각최고) ① 상당한 기간이 지나도 집행관이 매각하지 아니하는 때에는 압류채권자는 집행관에게 일정한 기간 이내에 매각하도록 최고할 수 있다.

② 집행관이 제1항의 최고에 따르지 아니하는 때에는 압류채권자는 법원에 필요한 명령을 신청할 수 있다.

제217조 (우선권자의 배당요구) 민법·상법, 그 밖의 법률에 따라 우선변제청구권이 있는 채권자는 매각대금의 배당을 요구할 수 있다.

제218조 (배당요구의 절차) 제217조의 배당요구는 이유를 밝혀 집행관에게 하여야 한다.

제219조 (배당요구 등의 통지) 제215조제1항 및 제218조의 경우에는 집행관은 그 사유를 배당에 참가한 채권자와 채무자에게 통지하여야 한다.

제220조 (배당요구의 시기) ① 배당요구는 다음 각 호의 시기까지 할 수 있다.

1. 집행관이 금전을 압류한 때 또는 매각대금을 영수한 때
2. 집행관이 어음·수표 그 밖의 금전의 지급을 목적으로 한 유가증권에 대하여 그 금전을 지급받은 때

② 제198조제4항에 따라 공탁된 매각대금에 대하여는 동산집행을 계속하여 진행할 수 있게 된 때까지, 제296조제5항 단서에 따라 공탁된 매각대금에 대

하여는 압류의 신청을 한 때까지 배당요구를 할 수 있다.

제221조 (배우자의 지급요구) ① 제190조의 규정에 따라 압류한 유체동산에 대하여 공유지분을 주장하는 배우자는 매각대금을 지급하여 줄 것을 요구할 수 있다.

② 제1항의 지급요구에는 제218조 내지 제220조의 규정을 준용한다.

③ 제219조의 통지를 받은 채권자가 배우자의 공유주장에 대하여 이의가 있는 때에는 배우자를 상대로 소를 제기하여 공유가 아니라는 것을 확정하여야 한다.

④ 제3항의 소에는 제154조제3항, 제155조 내지 제158조, 제160조제1항제5호 및 제161조제1항·제2항·세4항의 규정을 준용한다.

제222조 (매각대금의 공탁) ① 매각대금으로 배당에 참가한 모든 채권자를 만족하게 할 수 없고 매각허가된 날부터 2주 이내에 채권자 사이에 배당협의가 이루어지지 아니한 때에는 매각대금을 공탁하여야 한다.

② 여러 채권자를 위하여 동시에 금전을 압류한 경우에도 제1항과 같다.

③ 제1항 및 제2항의 경우에 집행관은 집행절차에 관한 서류를 붙여 그 사유를 법원에 신고하여야 한다.

제3관 채권과 그 밖의 재산권에 대한 강제집행

제223조 (채권의 압류명령) 제3자에 대한 채무자의 금전채권 또는 유가증권, 그 밖의 유체물의 권리이전이나 인도를 목적으로 한 채권에 대한 강제집행은 집행법원의 압류명령에 의하여 개시한다.

제224조 (집행법원) ① 제223조의 집행법원은 채무자의 보통재판적이 있는 곳의 지방법원으로 한다.

② 제1항의 지방법원이 없는 경우 집행법원은 압류한 채권의 채무자(이하 "제3채무자"라 한다)의 보통재판적이 있는 곳의 지방법원으로 한다. 다만, 이

경우에 물건의 인도를 목적으로 하는 채권과 물적 담보권 있는 채권에 대한 집행법원은 그 물건이 있는 곳의 지방법원으로 한다.

③ 가압류에서 이전되는 채권압류의 경우에 제223조의 집행법원은 가압류를 명한 법원이 있는 곳을 관할하는 지방법원으로 한다.

제225조 (압류명령의 신청) 채권자는 압류명령신청에 압류할 채권의 종류와 액수를 밝혀야 한다.

제226조 (심문의 생략) 압류명령은 제3채무자와 채무자를 심문하지 아니하고 한다.

제227조 (금전채권의 압류) ① 금전채권을 압류할 때에는 법원은 제3채무자에게 채무자에 대한 지급을 금지하고 채무자에게 채권의 처분과 영수를 금지하여야 한다.

② 압류명령은 제3채무자와 채무자에게 송달하여야 한다.

③ 압류명령이 제3채무자에게 송달되면 압류의 효력이 생긴다.

④ 압류명령의 신청에 관한 재판에 대하여는 즉시항고를 할 수 있다.

제228조 (저당권이 있는 채권의 압류) ① 저당권이 있는 채권을 압류할 경우 채권자는 채권압류사실을 등기부에 기입하여 줄 것을 법원사무관등에게 신청할 수 있다. 이 신청은 채무자의 승낙 없이 법원에 대한 압류명령의 신청과 함께 할 수 있다.

② 법원사무관 등은 의무를 지는 부동산 소유자에게 압류명령이 송달된 뒤에 제1항의 신청에 따른 등기를 촉탁하여야 한다.

제229조 (금전채권의 현금화방법) ① 압류한 금전채권에 대하여 압류채권자는 추심명령(推尋命令)이나 전부명령(轉付命令)을 신청할 수 있다.

② 추심명령이 있는 때에는 압류채권자는 대위절차(代位節次) 없이 압류채권을 추심할 수 있다.

③ 전부명령이 있는 때에는 압류된 채권은 지급에 갈음하여 압류채권자에게

이전된다.

④ 추심명령에 대하여는 제227조제2항 및 제3항의 규정을, 전부명령에 대하여는 제227조제2항의 규정을 각각 준용한다.

⑤ 전부명령이 제3채무자에게 송달될 때까지 그 금전채권에 관하여 다른 채권자가 압류·가압류 또는 배당요구를 한 경우에는 전부명령은 효력을 가지지 아니한다.

⑥ 제1항의 신청에 관한 재판에 대하여는 즉시항고를 할 수 있다.

⑦ 전부명령은 확정되어야 효력을 가진다.

⑧ 전부명령이 있은 뒤에 제49조제2호 또는 제4호의 서류를 제출한 것을 이유로 전부명령에 대한 즉시항고가 제기된 경우에는 항고법원은 다른 이유로 전부명령을 취소하는 경우를 제외하고는 항고에 관한 재판을 정지하여야 한다.

제230조 (저당권이 있는 채권의 이전) 저당권이 있는 채권에 관하여 전부명령이 있는 경우에는 제228조의 규정을 준용한다.

제231조 (전부명령의 효과) 전부명령이 확정된 경우에는 전부명령이 제3채무자에게 송달된 때에 채무자가 채무를 변제한 것으로 본다. 다만, 이전된 채권이 존재하지 아니한 때에는 그러하지 아니하다.

제232조 (추심명령의 효과) ① 추심명령은 그 채권전액에 미친다. 다만, 법원은 채무자의 신청에 따라 압류채권자를 심문하여 압류액수를 그 채권자의 요구액수로 제한하고 채무자에게 그 초과된 액수의 처분과 영수를 허가할 수 있다.

② 제1항 단서의 제한부분에 대하여 다른 채권자는 배당요구를 할 수 없다.

③ 제1항의 허가는 제3채무자와 채권자에게 통지하여야 한다.

제233조 (지시채권의 압류) 어음·수표 그 밖에 배서로 이전할 수 있는 증권으로서 배서가 금지된 증권채권의 압류는 법원의 압류명령으로 집행관이 그 증권을 점유하여 한다.

제234조 (채권증서) ① 채무자는 채권에 관한 증서가 있으면 압류채권자에게 인도하여야 한다.

② 채권자는 압류명령에 의하여 강제집행의 방법으로 그 증서를 인도받을 수 있다.

제235조 (압류의 경합) ① 채권 일부가 압류된 뒤에 그 나머지 부분을 초과하여 다시 압류명령이 내려진 때에는 각 압류의 효력은 그 채권 전부에 미친다.

② 채권 전부가 압류된 뒤에 그 채권 일부에 대하여 다시 압류명령이 내려진 때 그 압류의 효력도 제1항과 같다.

제236조 (추심의 신고) ① 채권자는 추심한 채권액을 법원에 신고하여야 한다.

② 제1항의 신고 전에 다른 압류·가압류 또는 배당요구가 있었을 때에는 채권자는 추심한 금액을 바로 공탁하고 그 사유를 신고하여야 한다.

제237조 (제3채무자의 진술의무) ① 압류채권자는 제3채무자로 하여금 압류명령을 송달받은 날부터 1주 이내에 서면으로 다음 각 호의 사항을 진술하게 하도록 법원에 신청할 수 있다.

1. 채권을 인정하는지의 여부 및 인정한다면 그 한도
2. 채권에 대하여 지급할 의사가 있는지의 여부 및 의사가 있다면 그 한도
3. 채권에 대하여 다른 사람으로부터 청구가 있는지의 여부 및 청구가 있다면 그 종류
4. 다른 채권자에게 채권을 압류당한 사실이 있는지의 여부 및 그 사실이 있다면 그 청구의 종류

② 법원은 제1항의 진술을 명하는 서면을 제3채무자에게 송달하여야 한다.

③ 제3채무자가 진술을 게을리 한 때에는 법원은 제3채무자에게 제1항의 사항을 심문할 수 있다.

제238조 (추심의 소제기) 채권자가 명령의 취지에 따라 제3채무자를 상대로 소를 제기할 때에는 일반규정에 의한 관할법원에 제기하고 채무자에게 그 소를

고지하여야 한다. 다만, 채무자가 외국에 있거나 있는 곳이 분명하지 아니한 때에는 고지할 필요가 없다.

제239조 (추심의 소홀) 채권자가 추심할 채권의 행사를 게을리 한 때에는 이로써 생긴 채무자의 손해를 부담한다.

제240조 (추심권의 포기) ① 채권자는 추심명령에 따라 얻은 권리를 포기할 수 있다. 다만, 기본채권에는 영향이 없다.

② 제1항의 포기는 법원에 서면으로 신고하여야 한다. 법원사무관등은 그 등본을 제3채무자와 채무자에게 송달하여야 한다.

제241조 (특별한 현금화방법) ① 압류된 채권이 조건 또는 기한이 있거나, 반대의무의 이행과 관련되어 있거나 그 밖의 이유로 추심하기 곤란할 때에는 법원은 채권자의 신청에 따라 다음 각 호의 명령을 할 수 있다.

1. 채권을 법원이 정한 값으로 지급함에 갈음하여 압류채권자에게 양도하는 양도명령
2. 추심에 갈음하여 법원이 정한 방법으로 그 채권을 매각하도록 집행관에게 명하는 매각명령
3. 관리인을 선임하여 그 채권의 관리를 명하는 관리명령
4. 그 밖에 적당한 방법으로 현금화하도록 하는 명령

② 법원은 제1항의 경우 그 신청을 허가하는 결정을 하기 전에 채무자를 심문하여야 한다. 다만, 채무자가 외국에 있거나 있는 곳이 분명하지 아니한 때에는 심문할 필요가 없다.

③ 제1항의 결정에 대하여는 즉시항고를 할 수 있다.

④ 제1항의 결정은 확정되어야 효력을 가진다.

⑤ 압류된 채권을 매각한 경우에는 집행관은 채무자를 대신하여 제3채무자에게 서면으로 양도의 통지를 하여야 한다.

⑥ 양도명령에는 제227조제2항·제229조제5항·제230조 및 제231조의 규정을, 매각명령에 의한 집행관의 매각에는 제108조의 규정을, 관리명령에는 제

227조제2항의 규정을, 관리명령에 의한 관리에는 제167조, 제169조 내지 제171조, 제222조제2항·제3항의 규정을 각각 준용한다.

제242조 (유체물인도청구권 등에 대한 집행) 부동산·유체동산·선박·자동차·건설기계·항공기 등 유체물의 인도나 권리이전의 청구권에 대한 강제집행에 대하여는 제243조 내지 제245조의 규정을 우선적용하는 것을 제외하고는 제227조 내지 제240조의 규정을 준용한다.

제243조 (유체동산에 관한 청구권의 압류) ① 유체동산에 관한 청구권을 압류하는 경우에는 법원이 제3채무자에 대하여 그 동산을 채권자의 위임을 받은 집행관에게 인도하도록 명한다.
② 채권자는 제3채무자에 대하여 제1항의 명령의 이행을 구하기 위하여 법원에 추심명령을 신청할 수 있다.
③ 제1항의 동산의 현금화에 대하여는 압류한 유체동산의 현금화에 관한 규정을 적용한다.

제244조 (부동산청구권에 대한 압류) ① 부동산에 관한 인도청구권의 압류에 대하여는 그 부동산소재지의 지방법원은 채권자 또는 제3채무자의 신청에 의하여 보관인을 정하고 제3채무자에 대하여 그 부동산을 보관인에게 인도할 것을 명하여야 한다.
② 부동산에 관한 권리이전청구권의 압류에 대하여는 그 부동산소재지의 지방법원은 채권자 또는 제3채무자의 신청에 의하여 보관인을 정하고 제3채무자에 대하여 그 부동산에 관한 채무자명의의 권리이전등기절차를 보관인에게 이행할 것을 명하여야 한다.
③ 제2항의 경우에 보관인은 채무자명의의 권리이전등기신청에 관하여 채무자의 대리인이 된다.
④ 채권자는 제3채무자에 대하여 제1항 또는 제2항의 명령의 이행을 구하기 위하여 법원에 추심명령을 신청할 수 있다.

제245조 (전부명령 제외) 유체물의 인도나 권리이전의 청구권에 대하여는 전부명령을 하지 못한다.

제246조 (압류금지채권) ① 다음 각 호의 채권은 압류하지 못한다. [개정 2005.1.27, 2010.7.23, 2011.4.5][[시행일 2011.7.6]]

1. 법령에 규정된 부양료 및 유족부조료(遺族扶助料)

2. 채무자가 구호사업이나 제3자의 도움으로 계속 받는 수입

3. 병사의 급료

4. 급료·연금·봉급·상여금·퇴직연금, 그 밖에 이와 비슷한 성질을 가진 급여채권의 2분의 1에 해당하는 금액. 다만, 그 금액이 국민기초생활보장법에 의한 최저생계비를 감안하여 대통령령이 정하는 금액에 미치지 못하는 경우 또는 표준적인 가구의 생계비를 감안하여 대통령령이 정하는 금액을 초과하는 경우에는 각각 당해 대통령령이 정하는 금액으로 한다.

5. 퇴직금 그 밖에 이와 비슷한 성질을 가진 급여채권의 2분의 1에 해당하는 금액

6. 「주택임대차보호법」 제8조, 같은 법 시행령의 규정에 따라 우선변제를 받을 수 있는 금액

7. 생명, 상해, 질병, 사고 등을 원인으로 채무자가 지급받는 보장성보험의 보험금(해약환급 및 만기환급금을 포함한다). 다만, 압류금지의 범위는 생계유지, 치료 및 장애 회복에 소요될 것으로 예상되는 비용 등을 고려하여 대통령령으로 정한다.

8. 채무자의 1월간 생계유지에 필요한 예금(적금·부금·예탁금과 우편대체를 포함한다). 다만, 그 금액은 「국민기초생활 보장법」에 따른 최저생계비, 제195조제3호에서 정한 금액 등을 고려하여 대통령령으로 정한다.

② 법원은 제1항제1호부터 제7호까지에 규정된 종류의 금원이 금융기관에 개설된 채무자의 계좌에 이체되는 경우 채무자의 신청에 따라 그에 해당하는 부분의 압류명령을 취소하여야 한다. [신설 2011.4.5][[시행일 2011.7.6]]

③ 법원은 당사자가 신청하면 채권자와 채무자의 생활형편, 그 밖의 사정을 고려하여 압류명령의 전부 또는 일부를 취소하거나 제1항의 압류금지채권에

대하여 압류명령을 할 수 있다. [개정 2011.4.5][[시행일 2011.7.6]]

④ 제3항의 경우에는 제196조제2항 내지 제5항의 규정을 준용한다. [개정 2011.4.5][[시행일 2011.7.6]]

제247조 (배당요구) ① 민법·상법, 그 밖의 법률에 의하여 우선변제청구권이 있는 채권자와 집행력 있는 정본을 가진 채권자는 다음 각 호의 시기까지 법원에 배당요구를 할 수 있다.

1. 제3채무자가 제248조제4항에 따른 공탁의 신고를 한 때

2. 채권자가 제236조에 따른 추심의 신고를 한 때

3. 집행관이 현금화한 금전을 법원에 제출한 때

② 전부명령이 제3채무자에게 송달된 뒤에는 배당요구를 하지 못한다.

③ 제1항의 배당요구에는 제218조 및 제219조의 규정을 준용한다.

④ 제1항의 배당요구는 제3채무자에게 통지하여야 한다.

제248조 (제3채무자의 채무액의 공탁) ① 제3채무자는 압류에 관련된 금전채권의 전액을 공탁할 수 있다.

② 금전채권에 관하여 배당요구서를 송달받은 제3채무자는 배당에 참가한 채권자의 청구가 있으면 압류된 부분에 해당하는 금액을 공탁하여야 한다.

③ 금전채권 중 압류되지 아니한 부분을 초과하여 거듭 압류명령 또는 가압류명령이 내려진 경우에 그 명령을 송달받은 제3채무자는 압류 또는 가압류 채권자의 청구가 있으면 그 채권의 전액에 해당하는 금액을 공탁하여야 한다.

④ 제3채무자가 채무액을 공탁한 때에는 그 사유를 법원에 신고하여야 한다. 다만, 상당한 기간 이내에 신고가 없는 때에는 압류채권자, 가압류채권자, 배당에 참가한 채권자, 채무자, 그 밖의 이해관계인이 그 사유를 법원에 신고할 수 있다.

제249조 (추심의 소) ① 제3채무자가 추심절차에 대하여 의무를 이행하지 아니하는 때에는 압류채권자는 소로써 그 이행을 청구할 수 있다.

② 집행력 있는 정본을 가진 모든 채권자는 공동소송인으로 원고 쪽에 참가

할 권리가 있다.

③ 소를 제기당한 제3채무자는 제2항의 채권자를 공동소송인으로 원고 쪽에 참가하도록 명할 것을 첫 변론기일까지 신청할 수 있다.

④ 소에 대한 재판은 제3항의 명령을 받은 채권자에 대하여 효력이 미친다.

제250조 (채권자의 추심최고) 압류채권자가 추심절차를 게을리 한 때에는 집행력 있는 정본으로 배당을 요구한 채권자는 일정한 기간 내에 추심하도록 최고하고, 최고에 따르지 아니한 때에는 법원의 허가를 얻어 직접 추심할 수 있다.

제251조 (그 밖의 재산권에 대한 집행) ① 앞의 여러 조문에 규정된 재산권 외에 부동산을 목적으로 하지 아니한 재산권에 대한 강제집행은 이 관의 규정 및 제98조 내지 제101조의 규정을 준용한다.

② 제3채무자가 없는 경우에 압류는 채무자에게 권리처분을 금지하는 명령을 송달한 때에 효력이 생긴다.

제4관 배당절차

제252조 (배당절차의 개시) 법원은 다음 각 호 가운데 어느 하나에 해당하는 경우에는 배당절차를 개시한다.

1. 제222조의 규정에 따라 집행관이 공탁한 때
2. 제236조의 규정에 따라 추심채권자가 공탁하거나 제248조의 규정에 따라 제3채무자가 공탁한 때
3. 제241조의 규정에 따라 현금화된 금전을 법원에 제출한 때

제253조 (계산서 제출의 최고) 법원은 채권자들에게 1주 이내에 원금·이자·비용, 그 밖의 부대채권의 계산서를 제출하도록 최고하여야 한다.

제254조 (배당표의 작성) ① 제253조의 기간이 끝난 뒤에 법원은 배당표를 작성하여야 한다.

② 제1항의 기간을 지키지 아니한 채권자의 채권은 배당요구서와 사유신고서의 취지 및 그 증빙서류에 따라 계산한다. 이 경우 다시 채권액을 추가하지 못한다.

제255조 (배당기일의 준비) 법원은 배당을 실시할 기일을 지정하고 채권자와 채무자에게 이를 통지하여야 한다. 다만, 채무자가 외국에 있거나 있는 곳이 분명하지 아니한 때에는 통지하지 아니한다.

제256조 (배당표의 작성과 실시) 배당표의 작성, 배당표에 대한 이의 및 그 완결과 배당표의 실시에 대하여는 제149조 내지 제161조의 규정을 준용한다.

제3장 금전채권 외의 채권에 기초한 강제집행

제257조 (동산인도청구의 집행) 채무자가 특정한 동산이나 대체물의 일정한 수량을 인도하여야 할 때에는 집행관은 이를 채무자로부터 빼앗아 채권자에게 인도하여야 한다.

제258조 (부동산 등의 인도청구의 집행) ① 채무자가 부동산이나 선박을 인도하여야 할 때에는 집행관은 채무자로부터 점유를 빼앗아 채권자에게 인도하여야 한다.

② 제1항의 강제집행은 채권자나 그 대리인이 인도받기 위하여 출석한 때에만 한다.

③ 강제집행의 목적물이 아닌 동산은 집행관이 제거하여 채무자에게 인도하여야 한다.

④ 제3항의 경우 채무자가 없는 때에는 집행관은 채무자와 같이 사는 사리를 분별할 지능이 있는 친족 또는 채무자의 대리인이나 고용인에게 그 동산을 인도하여야 한다.

⑤ 채무자와 제4항에 적은 사람이 없는 때에는 집행관은 그 동산을 채무자의

비용으로 보관하여야 한다.

⑥ 채무자가 그 동산의 수취를 게을리 한 때에는 집행관은 집행법원의 허가를 받아 동산에 대한 강제집행의 매각절차에 관한 규정에 따라 그 동산을 매각하고 비용을 뺀 뒤에 나머지 대금을 공탁하여야 한다.

제259조 (목적물을 제3자가 점유하는 경우) 인도할 물건을 제3자가 점유하고 있는 때에는 채권자의 신청에 따라 금전채권의 압류에 관한 규정에 따라 채무자의 제3자에 대한 인도청구권을 채권자에게 넘겨야 한다.

제260조 (대체집행) ① 민법 제389조제2항 후단과 제3항의 경우에는 제1심 법원은 채권자의 신청에 따라 민법의 규정에 의한 결정을 하여야 한다.

② 채권자는 제1항의 행위에 필요한 비용을 미리 지급할 것을 채무자에게 명하는 결정을 신청할 수 있다. 다만, 뒷날 그 초과비용을 청구할 권리는 영향을 받지 아니한다.

③ 제1항과 제2항의 신청에 관한 재판에 대하여는 즉시항고를 할 수 있다.

제261조 (간접강제) ① 채무의 성질이 간접강제를 할 수 있는 경우에 제1심 법원은 채권자의 신청에 따라 간접강제를 명하는 결정을 한다. 그 결정에는 채무의 이행의무 및 상당한 이행기간을 밝히고, 채무자가 그 기간 이내에 이행을 하지 아니하는 때에는 늦어진 기간에 따라 일정한 배상을 하도록 명하거나 즉시 손해배상을 하도록 명할 수 있다.

② 제1항의 신청에 관한 재판에 대하여는 즉시항고를 할 수 있다.

제262조 (채무자의 심문) 제260조 및 제261조의 결정은 변론 없이 할 수 있다. 다만, 결정하기 전에 채무자를 심문하여야 한다.

제263조 (의사표시의무의 집행) ① 채무자가 권리관계의 성립을 인낙한 때에는 그 조서로, 의사의 진술을 명한 판결이 확정된 때에는 그 판결로 권리관계의 성립을 인낙하거나 의사를 진술한 것으로 본다.

② 반대의무가 이행된 뒤에 권리관계의 성립을 인낙하거나 의사를 진술할 것인 경우에는 제30조와 제32조의 규정에 따라 집행문을 내어 준 때에 그 효력이 생긴다.

제3편 담보권 실행 등을 위한 경매

제264조 (부동산에 대한 경매신청) ① 부동산을 목적으로 하는 담보권을 실행하기 위한 경매신청을 함에는 담보권이 있다는 것을 증명하는 서류를 내야 한다.
② 담보권을 승계한 경우에는 승계를 증명하는 서류를 내야 한다.
③ 부동산 소유자에게 경매개시결정을 송달할 때에는 제2항의 규정에 따라 제출된 서류의 등본을 붙여야 한다.

제265조 (경매개시결정에 대한 이의신청사유) 경매절차의 개시결정에 대한 이의신청사유로 담보권이 없다는 것 또는 소멸되었다는 것을 주장할 수 있다.

제266조 (경매절차의 정지) ① 다음 각 호 가운데 어느 하나에 해당하는 문서가 경매법원에 제출되면 경매절차를 정지하여야 한다. [개정 2011.4.12 제10580호(부동산등기법)][[시행일 2011.10.13]]
1. 담보권의 등기가 말소된 등기사항증명서
2. 담보권 등기를 말소하도록 명한 확정판결의 정본
3. 담보권이 없거나 소멸되었다는 취지의 확정판결의 정본
4. 채권자가 담보권을 실행하지 아니하기로 하거나 경매신청을 취하하겠다는 취지 또는 피담보채권을 변제받았거나 그 변제를 미루도록 승낙한다는 취지를 적은 서류
5. 담보권 실행을 일시정지하도록 명한 재판의 정본
② 제1항제1호 내지 제3호의 경우와 제4호의 서류가 화해조서의 정본 또는 공정증서의 정본인 경우에는 경매법원은 이미 실시한 경매절차를 취소하여야

하며, 제5호의 경우에는 그 재판에 따라 경매절차를 취소하지 아니한 때에만 이미 실시한 경매절차를 일시적으로 유지하게 하여야 한다.

③ 제2항의 규정에 따라 경매절차를 취소하는 경우에는 제17조의 규정을 적용하지 아니한다.

제267조 (대금완납에 따른 부동산취득의 효과) 매수인의 부동산 취득은 담보권 소멸로 영향을 받지 아니한다.

제268조 (준용규정) 부동산을 목적으로 하는 담보권 실행을 위한 경매절차에는 제79조 내지 제162조의 규정을 준용한다.

제269조 (선박에 대한 경매) 선박을 목적으로 하는 담보권 실행을 위한 경매절차에는 제172조 내지 제186조, 제264조 내지 제268조의 규정을 준용한다.

제270조 (자동차 등에 대한 경매) 자동차·건설기계·소형선박(「자동차 등 특정동산 저당법」 제3조제2호에 따른 소형선박을 말한다) 및 항공기를 목적으로 하는 담보권 실행을 위한 경매절차는 제264조 내지 제269조, 제271조 및 제272조의 규정에 준하여 대법원규칙으로 정한다. [개정 2007.8.3 제8622호(소형선박저당법), 2009.3.25 제9525호(자동차 등 특정동산 저당법)] [[시행일 2009.9.26]]

제271조 (유체동산에 대한 경매) 유체동산을 목적으로 하는 담보권 실행을 위한 경매는 채권자가 그 목적물을 제출하거나, 그 목적물의 점유자가 압류를 승낙한 때에 개시한다.

제272조 (준용규정) 제271조의 경매절차에는 제2편 제2장 제4절 제2관의 규정과 제265조 및 제266조의 규정을 준용한다.

제273조 (채권과 그 밖의 재산권에 대한 담보권의 실행) ① 채권, 그 밖의 재산

권을 목적으로 하는 담보권의 실행은 담보권의 존재를 증명하는 서류(권리의 이전에 관하여 등기나 등록을 필요로 하는 경우에는 그 등기사항증명서 또는 등록원부의 등본)가 제출된 때에 개시한다. [개정 2011.4.12 제10580호(부동산등기법)][[시행일 2011.10.13]]

② 민법 제342조에 따라 담보권설정자가 받을 금전, 그 밖의 물건에 대하여 권리를 행사하는 경우에도 제1항과 같다.

③ 제1항과 제2항의 권리실행절차에는 제2편 제2장 제4절 제3관의 규정을 준용한다.

제274조 (유치권 등에 의한 경매) ① 유치권에 의한 경매와 민법·상법, 그 밖의 법률이 규정하는 바에 따른 경매(이하 "유치권등에 의한 경매"라 한다)는 담보권 실행을 위한 경매의 예에 따라 실시한다.

② 유치권 등에 의한 경매절차는 목적물에 대하여 강제경매 또는 담보권 실행을 위한 경매절차가 개시된 경우에는 이를 정지하고, 채권자 또는 담보권자를 위하여 그 절차를 계속하여 진행한다.

③ 제2항의 경우에 강제경매 또는 담보권 실행을 위한 경매가 취소되면 유치권 등에 의한 경매절차를 계속하여 진행하여야 한다.

제275조 (준용규정) 이 편에 규정한 경매 등 절차에는 제42조 내지 제44조 및 제46조 내지 제53조의 규정을 준용한다.

제4편 보전처분

제276조 (가압류의 목적) ① 가압류는 금전채권이나 금전으로 환산할 수 있는 채권에 대하여 동산 또는 부동산에 대한 강제집행을 보전하기 위하여 할 수 있다.

② 제1항의 채권이 조건이 붙어 있는 것이거나 기한이 차지 아니한 것인 경

우에도 가압류를 할 수 있다.

제277조 (보전의 필요) 가압류는 이를 하지 아니하면 판결을 집행할 수 없거나 판결을 집행하는 것이 매우 곤란할 염려가 있을 경우에 할 수 있다.

제278조 (가압류법원) 가압류는 가압류할 물건이 있는 곳을 관할하는 지방법원이나 본안의 관할법원이 관할한다.

제279조 (가압류신청) ① 가압류신청에는 다음 각 호의 사항을 적어야 한다.
1. 청구채권의 표시, 그 청구채권이 일정한 금액이 아닌 때에는 금전으로 환산한 금액
2. 제277조의 규정에 따라 가압류의 이유가 될 사실의 표시
② 청구채권과 가압류의 이유는 소명하여야 한다.

제280조 (가압류명령) ① 가압류신청에 대한 재판은 변론 없이 할 수 있다.
② 청구채권이나 가압류의 이유를 소명하지 아니한 때에도 가압류로 생길 수 있는 채무자의 손해에 대하여 법원이 정한 담보를 제공한 때에는 법원은 가압류를 명할 수 있다.
③ 청구채권과 가압류의 이유를 소명한 때에도 법원은 담보를 제공하게 하고 가압류를 명할 수 있다.
④ 담보를 제공한 때에는 그 담보의 제공과 담보제공의 방법을 가압류명령에 적어야 한다.

제281조 (재판의 형식) ① 가압류신청에 대한 재판은 결정으로 한다. [개정 2005.1.27] [[시행일 2005.7.28]]
② 채권자는 가압류신청을 기각하거나 각하하는 결정에 대하여 즉시항고를 할 수 있다.
③ 담보를 제공하게 하는 재판, 가압류신청을 기각하거나 각하하는 재판과 제2항의 즉시항고를 기각하거나 각하하는 재판은 채무자에게 고지할 필요가 없다.

제282조 (가압류해방금액) 가압류명령에는 가압류의 집행을 정지시키거나 집행한 가압류를 취소시키기 위하여 채무자가 공탁할 금액을 적어야 한다.

제283조 (가압류결정에 대한 채무자의 이의신청) ① 채무자는 가압류결정에 대하여 이의를 신청할 수 있다.

② 제1항의 이의신청에는 가압류의 취소나 변경을 신청하는 이유를 밝혀야 한다.

③ 이의신청은 가압류의 집행을 정지하지 아니한다.

제284조 (가압류이의신청사건의 이송) 법원은 가압류이의신청사건에 관하여 현저한 손해 또는 지연을 피하기 위한 필요가 있는 때에는 직권으로 또는 당사자의 신청에 따라 결정으로 그 가압류사건의 관할권이 있는 다른 법원에 사건을 이송할 수 있다. 다만, 그 법원이 심급을 달리하는 경우에는 그러하지 아니하다.

제285조 (가압류이의신청의 취하) ① 채무자는 가압류이의신청에 대한 재판이 있기 전까지 가압류이의신청을 취하할 수 있다. [개정 2005.1.27] [[시행일 2005.7.28]]

② 제1항의 취하에는 채권자의 동의를 필요로 하지 아니한다.

③ 가압류이의신청의 취하는 서면으로 하여야 한다. 다만, 변론기일 또는 심문기일에서는 말로 할 수 있다. [개정 2005.1.27] [[시행일 2005.7.28]]

④ 가압류이의신청서를 송달한 뒤에는 취하의 서면을 채권자에게 송달하여야 한다.

⑤ 제3항 단서의 경우에 채권자가 변론기일 또는 심문기일에 출석하지 아니한 때에는 그 기일의 조서등본을 송달하여야 한다. [개정 2005.1.27] [[시행일 2005.7.28]]

제286조 (이의신청에 대한 심리와 재판) ① 이의신청이 있는 때에는 법원은 변론기일 또는 당사자 쌍방이 참여할 수 있는 심문기일을 정하고 당사자에게

이를 통지하여야 한다.

② 법원은 심리를 종결하고자 하는 경우에는 상당한 유예기간을 두고 심리를 종결할 기일을 정하여 이를 당사자에게 고지하여야 한다. 다만, 변론기일 또는 당사자 쌍방이 참여할 수 있는 심문기일에는 즉시 심리를 종결할 수 있다.

③ 이의신청에 대한 재판은 결정으로 한다.

④ 제3항의 규정에 의한 결정에는 이유를 적어야 한다. 다만, 변론을 거치지 아니한 경우에는 이유의 요지만을 적을 수 있다.

⑤ 법원은 제3항의 규정에 의한 결정으로 가압류의 전부나 일부를 인가·변경 또는 취소할 수 있다. 이 경우 법원은 적당한 담보를 제공하도록 명할 수 있다.

⑥ 법원은 제3항의 규정에 의하여 가압류를 취소하는 결정을 하는 경우에는 채권자가 그 고지를 받은 날부터 2주를 넘지 아니하는 범위 안에서 상당하다고 인정하는 기간이 경과하여야 그 결정의 효력이 생긴다는 뜻을 선언할 수 있다.

⑦ 제3항의 규정에 의한 결정에 대하여는 즉시항고를 할 수 있다. 이 경우 민사소송법 제447조의 규정을 준용하지 아니한다. [전문개정 2005.1.27][[시행일 2005.7.28]]

제287조 (본안의 제소명령) ① 가압류법원은 채무자의 신청에 따라 변론 없이 채권자에게 상당한 기간 이내에 본안의 소를 제기하여 이를 증명하는 서류를 제출하거나 이미 소를 제기하였으면 소송계속사실을 증명하는 서류를 제출하도록 명하여야 한다.

② 제1항의 기간은 2주 이상으로 정하여야 한다.

③ 채권자가 제1항의 기간 이내에 제1항의 서류를 제출하지 아니한 때에는 법원은 채무자의 신청에 따라 결정으로 가압류를 취소하여야 한다.

④ 제1항의 서류를 제출한 뒤에 본안의 소가 취하되거나 각하된 경우에는 그 서류를 제출하지 아니한 것으로 본다.

⑤ 제3항의 신청에 관한 결정에 대하여는 즉시항고를 할 수 있다. 이 경우 민사소송법 제447조의 규정은 준용하지 아니한다.

제288조 (사정변경 등에 따른 가압류취소) ① 채무자는 다음 각 호의 어느 하나에 해당하는 사유가 있는 경우에는 가압류가 인가된 뒤에도 그 취소를 신청할 수 있다. 제3호에 해당하는 경우에는 이해관계인도 신청할 수 있다.

1. 가압류이유가 소멸되거나 그 밖에 사정이 바뀐 때

2. 법원이 정한 담보를 제공한 때

3. 가압류가 집행된 뒤에 3년간 본안의 소를 제기하지 아니한 때

② 제1항의 규정에 의한 신청에 대한 재판은 가압류를 명한 법원이 한다. 다만, 본안이 이미 계속된 때에는 본안법원이 한다.

③ 제1항의 규정에 의한 신청에 대한 재판에는 제286조제1항 내지 제4항·제6항 및 제7항을 준용한다. [전문개정 2005.1.27][[시행일 2005.7.28]]

제289조 (가압류취소결정의 효력정지) ① 가압류를 취소하는 결정에 대하여 즉시항고가 있는 경우에, 불복의 이유로 주장한 사유가 법률상 정당한 사유가 있다고 인정되고 사실에 대한 소명이 있으며, 그 가압류를 취소함으로 인하여 회복할 수 없는 손해가 생길 위험이 있다는 사정에 대한 소명이 있는 때에는, 법원은 당사자의 신청에 따라 담보를 제공하게 하거나 담보를 제공하지 아니하게 하고 가압류취소결정의 효력을 정지시킬 수 있다.

② 제1항의 규정에 의한 소명은 보증금을 공탁하거나 주장이 진실함을 선서하는 방법으로 대신할 수 없다.

③ 재판기록이 원심법원에 있는 때에는 원심법원이 제1항의 규정에 의한 재판을 한다.

④ 항고법원은 항고에 대한 재판에서 제1항의 규정에 의한 재판을 인가·변경 또는 취소하여야 한다.

⑤ 제1항 및 제4항의 규정에 의한 재판에 대하여는 불복할 수 없다. [전문개정 2005.1.27][[시행일 2005.7.28]]

제290조 (가압류 이의신청규정의 준용) ① 제287조제3항, 제288조제1항에 따른 재판의 경우에는 제284조의 규정을 준용한다. [개정 2005.1.27][[시행일 2005.7.28]]

② 제287조제1항·제3항 및 제288조제1항에 따른 신청의 취하에는 제285조의 규정을 준용한다. [개정 2005.1.27][[시행일 2005.7.28]]

제291조 (가압류집행에 대한 본집행의 준용) 가압류의 집행에 대하여는 강제집행에 관한 규정을 준용한다. 다만, 아래의 여러 조문과 같이 차이가 나는 경우에는 그러하지 아니하다.

제292조 (집행개시의 요건) ① 가압류에 대한 재판이 있은 뒤에 채권자나 채무자의 승계가 이루어진 경우에 가압류의 재판을 집행하려면 집행문을 덧붙여야 한다.

② 가압류에 대한 재판의 집행은 채권자에게 재판을 고지한 날부터 2주를 넘긴 때에는 하지 못한다. [개정 2005.1.27][[시행일 2005.7.28]]

③ 제2항의 집행은 채무자에게 재판을 송달하기 전에도 할 수 있다.

제293조 (부동산가압류집행) ① 부동산에 대한 가압류의 집행은 가압류재판에 관한 사항을 등기부에 기입하여야 한다.

② 제1항의 집행법원은 가압류재판을 한 법원으로 한다.

③ 가압류등기는 법원사무관등이 촉탁한다.

제294조 (가압류를 위한 강제관리) 가압류의 집행으로 강제관리를 하는 경우에는 관리인이 청구채권액에 해당하는 금액을 지급받아 공탁하여야 한다.

제295조 (선박가압류집행) ① 등기할 수 있는 선박에 대한 가압류를 집행하는 경우에는 가압류등기를 하는 방법이나 집행관에게 선박국적증서등을 선장으로부터 받아 집행법원에 제출하도록 명하는 방법으로 한다. 이들 방법은 함께 사용할 수 있다.

② 가압류등기를 하는 방법에 의한 가압류집행은 가압류명령을 한 법원이, 선박국적증서등을 받아 제출하도록 명하는 방법에 의한 가압류집행은 선박이 정박하여 있는 곳을 관할하는 지방법원이 집행법원으로서 관할한다.

③ 가압류등기를 하는 방법에 의한 가압류의 집행에는 제293조제3항의 규정을 준용한다.

제296조 (동산가압류집행) ① 동산에 대한 가압류의 집행은 압류와 같은 원칙에 따라야 한다.

② 채권가압류의 집행법원은 가압류명령을 한 법원으로 한다.

③ 채권의 가압류에는 제3채무자에 대하여 채무자에게 지급하여서는 아니 된다는 명령만을 하여야 한다.

④ 가압류한 금전은 공탁하여야 한다.

⑤ 가압류물은 현금화를 하지 못한다. 다만, 가압류물을 즉시 매각하지 아니하면 값이 크게 떨어질 염려가 있거나 그 보관에 지나치게 많은 비용이 드는 경우에는 집행관은 그 물건을 매각하여 매각대금을 공탁하여야 한다.

제297조 (제3채무자의 공탁) 제3채무자가 가압류 집행된 금전채권액을 공탁한 경우에는 그 가압류의 효력은 그 청구채권액에 해당하는 공탁금액에 대한 채무자의 출급청구권에 대하여 존속한다.

제298조 (가압류취소결정의 취소와 집행) ① 가압류의 취소결정을 상소법원이 취소한 경우로서 법원이 그 가압류의 집행기관이 되는 때에는 그 취소의 재판을 한 상소법원이 직권으로 가압류를 집행한다. [개정 2005.1.27][[시행일 2005.7.28]]

② 제1항의 경우에 그 취소의 재판을 한 상소법원이 대법원인 때에는 채권자의 신청에 따라 제1심 법원이 가압류를 집행한다. [본조제목개정 2005.1.27] [[시행일 2005.7.28]]

제299조 (가압류집행의 취소) ① 가압류명령에 정한 금액을 공탁한 때에는 법원은 결정으로 집행한 가압류를 취소하여야 한다. [개정 2005.1.27] [[시행일 2005.7.28]]

② 삭제 [2005.1.27] [[시행일 2005.7.28]]

③ 제1항의 취소결정에 대하여는 즉시항고를 할 수 있다.

④ 제1항의 취소결정에 대하여는 제17조제2항의 규징을 준용하지 아니한다.

제300조 (가처분의 목적) ① 다툼의 대상에 관한 가처분은 현상이 바뀌면 당사자가 권리를 실행하지 못하거나 이를 실행하는 것이 매우 곤란할 염려가 있을 경우에 한다.

② 가처분은 다툼이 있는 권리관계에 대하여 임시의 지위를 정하기 위하여도 할 수 있다. 이 경우 가처분은 특히 계속하는 권리관계에 끼칠 현저한 손해를 피하거나 급박한 위험을 막기 위하여, 또는 그 밖의 필요한 이유가 있을 경우에 하여야 한다.

제301조 (가압류절차의 준용) 가처분절차에는 가압류절차에 관한 규정을 준용한다. 다만, 아래의 여러 조문과 같이 차이가 나는 경우에는 그러하지 아니하다.

제302조 삭제 [2005.1.27][[시행일 2005.7.28]]

제303조 (관할법원) 가처분의 재판은 본안의 관할법원 또는 다툼의 대상이 있는 곳을 관할하는 지방법원이 관할한다.

제304조 (임시의 지위를 정하기 위한 가처분) 제300조제2항의 규정에 의한 가처분의 재판에는 변론기일 또는 채무자가 참석할 수 있는 심문기일을 열어야 한다. 다만, 그 기일을 열어 심리하면 가처분의 목적을 달성할 수 없는 사정이 있는 때에는 그러하지 아니하다.

제305조 (가처분의 방법) ① 법원은 신청목적을 이루는 데 필요한 처분을 직권으로 정한다.

② 가처분으로 보관인을 정하거나, 상대방에게 어떠한 행위를 하거나 하지 말도록, 또는 급여를 지급하도록 명할 수 있다.

③ 가처분으로 부동산의 양도나 저당을 금지한 때에는 법원은 제293조의 규

정을 준용하여 등기부에 그 금지한 사실을 기입하게 하여야 한다.

제306조 (**법인임원의 직무집행정지 등 가처분의 등기촉탁**) 법원사무관등은 법원이 법인의 대표자 그 밖의 임원으로 등기된 사람에 대하여 직무의 집행을 정지하거나 그 직무를 대행할 사람을 선임하는 가처분을 하거나 그 가처분을 변경·취소한 때에는, 법인의 주사무소 및 분사무소 또는 본점 및 지점이 있는 곳의 등기소에 그 등기를 촉탁하여야 한다. 다만, 이 사항이 등기하여야 할 사항이 아닌 경우에는 그러하지 아니하다.

제307조 (**가처분의 취소**) ① 특별한 사정이 있는 때에는 담보를 제공하게 하고 가처분을 취소할 수 있다.
② 제1항의 경우에는 제284조, 제285조 및 제286조제1항 내지 제4항·제6항·제7항의 규정을 준용한다. [개정 2005.1.27][[시행일 2005.7.28]]

제308조 (**원상회복재판**) 가처분을 명한 재판에 기초하여 채권자가 물건을 인도받거나, 금전을 지급받거나 또는 물건을 사용·보관하고 있는 경우에는, 법원은 가처분을 취소하는 재판에서 채무자의 신청에 따라 채권자에 대하여 그 물건이나 금전을 반환하도록 명할 수 있다.

제309조 (**가처분의 집행정지**) ① 소송물인 권리 또는 법률관계가 이행되는 것과 같은 내용의 가처분을 명한 재판에 대하여 이의신청이 있는 경우에, 이의신청으로 주장한 사유가 법률상 정당한 사유가 있다고 인정되고 주장사실에 대한 소명이 있으며, 그 집행에 의하여 회복할 수 없는 손해가 생길 위험이 있다는 사정에 대한 소명이 있는 때에는, 법원은 당사자의 신청에 따라 담보를 제공하게 하거나 담보를 제공하게 하지 아니하고 가처분의 집행을 정지하도록 명할 수 있고, 담보를 제공하게 하고 집행한 처분을 취소하도록 명할 수 있다.
② 제1항에서 규정한 소명은 보증금을 공탁하거나 주장이 진실함을 선서하는 방법으로 대신할 수 없다.
③ 재판기록이 원심법원에 있는 때에는 원심법원이 제1항의 규정에 의한 재

판을 한다.

④ 법원은 이의신청에 대한 결정에서 제1항의 규정에 의한 명령을 인가·변경 또는 취소하여야 한다.

⑤ 제1항·제3항 또는 제4항의 규정에 의한 재판에 대하여는 불복할 수 없다. [전문개정 2005.1.27][[시행일 2005.7.28]]

제310조 (준용규정) 제301조에 따라 준용되는 제287조제3항, 제288조제1항 또는 제307조의 규정에 따른 가처분취소신청이 있는 경우에는 제309조의 규정을 준용한다. [전문개정 2005.1.27][[시행일 2005.7.28]]

제311조 (본안의 관할법원) 이 편에 규정한 본안법원은 제1심 법원으로 한다. 다만, 본안이 제2심에 계속된 때에는 그 계속된 법원으로 한다.

제312조 (재판장의 권한) 급박한 경우에 재판장은 이 편의 신청에 대한 재판을 할 수 있다. [개정 2005.1.27][[시행일 2005.7.28]]

부칙 [2002.1.26 제6627호]

제1조(시행일) 이 법은 2002년 7월 1일부터 시행한다.

제2조(계속사건에 관한 경과조치) ① 이 법 시행 전에 신청된 집행사건에 관하여는 종전의 규정에 따른다.

② 이 법 시행 당시 종전의 민사소송법의 규정에 따라 이 법 시행 전에 행한 집행처분 그 밖의 행위는 이 법의 적용에 관하여는 이 법의 해당 규정에 따라 한 것으로 본다.

③ 제1항 및 제2항에 규정한 것 외에 이 법의 시행 당시 이미 법원에 계속되거나 집행관이 취급하고 있는 사건의 처리에 관하여 필요한 사항은 대법원규칙으로 정한다.

제3조(관할에 관한 경과조치) 이 법 시행 당시 법원에 계속 중인 사건은 이 법에 따라 관할권이 없는 경우에도 종전의 규정에 따라 관할권이 있으면 그에 따른다.

제4조(법정기간에 대한 경과조치) 이 법 시행 전부터 진행된 법정기간과 그 계산은 종전의 규정에 따른다.

제5조(법 적용의 시간적 범위) 이 법은 이 법 시행 전에 생긴 사항에도 적용한다. 다만, 종전의 규정에 따라 생긴 효력에는 영향을 미치지 아니한다.

제6조(다른 법률의 개정) ① 가등기담보등에관한법률 중 다음과 같이 개정한다.

제16조제2항 단서 중 "민사소송법 제661조제1항제2호"를 "민사집행법 제144조제1항제2호"로 한다.

② 가사소송법중 다음과 같이 개정한다.

제63조제1항 후단 중 "민사소송법 제696조 내지 제723조"를 "민사집행법 제276조 내지 제312조"로 하고, 동조 제3항 중 "민사소송법 제705조"를 "민사집행법 제287조"로 한다.

③ 가정폭력범죄의처벌등에관한특례법 중 다음과 같이 개정한다.

제61조제1항 중 "민사소송법"을 "민사집행법"으로 한다.

④ 건설산업기본법 중 다음과 같이 개정한다.

제59조제4항 중 "민사소송절차"를 "민사집행절차"로, "민사소송법 제566조"를 "민사집행법 제233조"로 한다.

⑤ 공공차관의도입및관리에관한법률 중 다음과 같이 개정한다.

제11조제2항 중 "민사소송법"을 "민사집행법"으로 한다.

⑥ 공무원범죄에관한몰수특례법 중 다음과 같이 개정한다.

제27조제7항을 다음과 같이한다.

⑦ 민사집행법 제83조제2항·제94조제2항 및 제95조의 규정은 부동산의 몰수보전에 관하여 이를 준용한다. 이 경우 동법 제83조제2항 중 "채무자"는 "몰수보전재산을 가진 자"로, 제94조제2항 중 "제1항" 및 제95조 중 "제94조"는 "공무원범죄에관한몰수특례법 제27조제4항"으로, 제95조 중 "법원"은 "검사"로 본다.

제30조제4항을 다음과 같이 한다.

④ 민사집행법 제228조, 제248조제1항 및 제4항 본문의 규정은 채권의 몰수보전에 관하여 이를 준용한다. 이 경우 동법 제228조제1항 중 "압류"는 "몰수보전"으로, "채권자"는 "검사"로, 제228조제1항 및 제2항 중 "압류명

령" 및 제248조제1항 중 "압류"는 "몰수보전명령"으로, 제248조제1항 및 제4항 본문 중 "제3채무자"는 "채무자"로, 농조 제4항 중 "법원"은 "몰수보전명령을 발한 법원"으로 본다.

제31조제3항을 다음과 같이한다.

③ 제27조제3항 내지 제6항과 민사집행법 제94조제2항 및 제95조의 규정은 기타 재산권중 권리의 이전에 등기 등을 요하는 경우에 이를 준용한다. 이 경우 동법 제94조제2항 중 "제1항" 및 제95조 중 "제94조"는 "공무원범죄에관한몰수특례법 제31조제3항에서 준용한 제27조제4항"으로, 제95조 중 "법원"은 "검사"로 본다.

제35조제4항 중 "민사소송법 제584조제1항"을 "민사집행법 제251조제1항"으로 한다.

제36조제5항 중 "민사소송법 제580조"를 "민사집행법 제247조"로, "제581조제3항"을 "제248조제4항"으로 한다.

제38조제2항 후단 중 "민사소송법"을 "민사집행법"으로, "동법 제510조제2호"를 "동법 제49조제2호"로 한다.

제39조제2항 후단 중 "민사소송법"을 "민사집행법"으로, "동법 제726조제1항제5호(동법 제729조 및 제732조에서 준용하는 경우를 포함한다)"를 "동법 제266조제1항제5호(동법 제269조 및 제272조에서 준용하는 경우를 포함한다)"로 한다.

제44조제1항 후단 및 동조 제3항 전단 중 "민사소송법"을 각각 "민사집행법"으로 한다.

⑦ 공장저당법 중 다음과 같이 개정한다.

제62조 중 "민사소송법 제661조"를 "민사집행법 제144조"로 한다.

⑧ 공증인법 중 다음과 같이 개정한다.

제56조의2제4항 중 "민사소송법 제519조"를 "민사집행법 제56조"로, "채무명의"를 "집행권원"으로 하고, 동조 제5항 중 "채무명의"를 "집행권원"으로 한다.

제56조의4제1항 본문 중 "민사소송법 제519조제3호"를 "민사집행법 제56조제2호"로, "동법 제490조제2항 및 동조제3항"을 "동법 제39조제2항 및 동조제3항"으로 한다.

⑨ 관광진흥법 중 다음과 같이 개정한다.

제8조제2항 중 "민사소송법"을 "민사집행법"으로 한다.

⑩ 광업재단저당법 중 다음과 같이 개정한다.

제12조제2항 중 "민사소송법 648조"를 "민사집행법 제138조"로 한다.

⑪ 국가유공자등예우및지원에관한법률 중 다음과 같이 개정한다.

제61조제1항 전단 중 "민사소송법"을 "민사집행법"으로 하고, 동항 후단 중 "민사소송법 제625조"를 "민사집행법 제113조"로 한다.

⑫ 국가채권관리법 중 다음과 같이 개정한다.

제15조제2호중 "채무명의"를 각각 "집행권원"으로 하고, 동조 제3호 중 "채무명의취득절차"를 "집행권원집행절차"로 한다.

제29조제2항 중 "채무명의"를 각각 "집행권원"으로 한다.

⑬ 국토리용관리법 중 다음과 같이 개정한다.

제21조의9제2항 중 "민사소송법"을 "민사집행법"으로 한다.

⑭ 군사법원법 중 다음과 같이 개정한다.

제520조제4항 중 "민사소송법"을 "민사집행법"으로 한다.

⑮ 금융기관부실자산등의효율적처리및한국자산관리공사의설립에관한법률 중 다음과 같이 개정한다.

제26조제1항제1호 중 "민사소송법"을 "민사소송법 및 민사집행법"으로 한다.

제45조 중 "민사소송법"을 "민사집행법"으로, "민사소송법 제625조"를 "민사집행법 제113조"로 한다.

제45조의2제1항 중 "민사소송법"을 "민사집행법"으로 한다.

기업활동규제완화에관한특별조치법 중 다음과 같이 개정한다.

제60조의13제1항 중 "민사소송법"을 "민사집행법"으로 한다.

농업협동조합의구조개선에관한법률 중 다음과 같이 개정한다.

제30조제2호 및 제32조 중 "민사소송법"을 각각 "민사집행법"으로 한다.

담보부사채신탁법 중 다음과 같이 개정한다.

제72조제1항 중 "민사소송법"을 "민사집행법"으로 한다.

마약류불법거래방지에관한특례법 중 다음과 같이 개정한다.

제37조제7항을 다음과 같이한다.

⑦ 민사집행법 제83조제2항·제94조제2항 및 제95조의 규정은 부동산의 몰수보전에 관하여 이를 준용한다. 이 경우 같은 법 제83조제2항 중 "채무자"는 "몰수보전재산을 가진 자"로, 같은 법 제94조제2항 중 "제1항" 및 같은 법 제95조 중 "제94조"는 "마약류불법거래방지에관한특례법 제37조제4항"으로, 같은 법 제95조 중 "법원"은 "검사"로 본다.

제40조제5항을 다음과 같이 한다.

⑤ 민사집행법 제228조의 규정은 채권의 몰수보전에 관하여 이를 준용한다. 이 경우 같은 법 제228조제1항 중 "압류"는 "몰수보전"으로, "채권자"는 "검사"로, 같은 조제1항 및 제2항 중 "압류명령"은 "몰수보전명령"으로 본다.

제41조제3항 전단 중 "민사소송법 제611조제2항·제612조"를 "민사집행법 제94조제2항 및 제95조"로 하고, 동항 후단을 다음과 같이한다. 이 경우 민사집행법 제94조제2항 중 "제1항" 및 같은 법 제95조 중 "제94조"는 "마약류불법거래방지에관한특례법 제41조제3항의 규정에 의하여 준용되는 제37조제4항"으로, 같은 법 제95조 중 "법원"은 "검사"로 본다.

제45조제4항 중 "민사소송법 제584조제1항"을 "민사집행법 제251조제1항"으로 한다.

46조제5항 중 "민사소송법 제580조"를 "민사집행법 제247조"로, "제581조제3항"을 "제248조제4항"으로 한다.

제48조제2항 후단 중 "민사소송법"을 "민사집행법"으로, "제510조제2호"를 "제49조제2호"로 한다.

제49조제2항 후단 중 "민사소송법"을 "민사집행법"으로, "제726조제1항제5호(같은 법 제729조 및 제732조에서 준용하는 경우를 포함한다)"를 "제266조제1항제5호(같은 법 제269조 및 제272조에서 준용하는 경우를 포함한다)"로 한다.

제54조제1항 및 제3항 전단 중 "민사소송법"을 각각 "민사집행법"으로 한다.

먹는물관리법 중 다음과 같이 개정한다.

제22조제2항 전단 중 "민사소송법"을 "민사집행법"으로 한다.

민사소송등인지법 중 다음과 같이 개정한다.

제9조제3항제2호 중 "민사소송법"을 "민사집행법"으로 하고, 동조제4항제3

호 중 "재산관계의 명시신청"을 "재산명시신청"으로 한다.

보안관찰법 중 다음과 같이 개정한다.

제24조 중 "민사소송법"을 "민사집행법"으로 한다.

비송사건절차법 중 다음과 같이 개정한다.

제29조제2항전단 중 "민사소송법 제6편"을 "민사집행법"으로 한다.

제107조제5호를 삭제한다.

제249조제2항전단 중 "민사소송법 제7편"을 "민사집행법"으로 한다.

사료관리법 중 다음과 같이 개정한다.

제8조제4항 중 "민사소송법"을 "민사집행법"으로 한다.

사행행위등규제및처벌특례법 중 다음과 같이 개정한다.

제9조제2항 전단 중 "민사소송법"을 "민사집행법"으로 한다.

석유사업법 중 다음과 같이 개정한다.

제7조제2항 중 "민사소송법"을 "민사집행법"으로 한다.

석탄산업법 중 다음과 같이 개정한다.

제20조제2항 중 "민사소송법"을 "민사집행법"으로 한다.

선박소유자등의책임제한절차에관한법률 중 다음과 같이 개정한다.

제4조 중 "민사소송법"을 "민사소송법 및 민사집행법"으로 한다.

제29조제2항 중 "민사소송법 제505조"를 "민사집행법 제44조"로 한다.

제30조제3항 중 "민사소송법 제507조와 제508조"를 "민사집행법 제46조 및 제47조"로 한다.

소방법 중 다음과 같이 개정한다.

제19조제2항 전단 중 "민사소송법"을 "민사집행법"으로 한다.

소송촉진등에관한특례법 중 다음과 같이 개정한다.

제34조제1항 중 "민사소송법"을 "민사집행법"으로 하고, 동조제4항 중 "민사소송법 제505조제2항 전단"을 "민사집행법 제44조제2항"으로 한다.

소액사건심판법 중 다음과 같이 개정한다.

제5조의8제3항 중 "민사소송법 제505조제2항 전단"을 "민사집행법 제44조제2항"으로 한다.

소프트웨어산업진흥법 중 다음과 같이 개정한다.

제32조제5항 중 "민사소송절차"를 "민사집행절차"로, "민사소송법"을 "민사집행법"으로 한다.

수질환경보전법 중 다음과 같이 개정한다.

제11조의2제2항 및 제43조의4제2항 중 "민사소송법"을 각각 "민사집행법"으로 한다.

식품위생법 중 다음과 같이 개정한다.

제25조제2항 전단 중 "민사소송법"을 "민사집행법"으로 한다.

신탁법 중 다음과 같이 개정한다.

제21조제2항 후단 중 "민사소송법 제509조"를 "민사집행법 제48조"로 한다.

액화석유가스의안전및사업관리법 중 다음과 같이 개정한다.

제7조제2항 전단 중 "민사소송법"을 "민사집행법"으로 한다.

염관리법 중 다음과 같이 개정한다.

제5조제2항 중 "민사소송법"을 "민사집행법"으로 한다.

유류오염손해배상보장법 중 다음과 같이 개정한다.

제13조제2항 중 "민사소송법 제477조제2항"을 "민사집행법 제27조제2항"으로, "외국판결이 제203조의 조건을 구비하지 아니한 때"를 "외국판결이 민사소송법 제217조의 조건을 갖추지 아니한 때"로 한다.

음반·비디오물및게임물에관한법률 중 다음과 같이 개정한다.

제33조제2항 중 "민사소송법"을 "민사집행법"으로 한다.

응급의료에관한법률 중 다음과 같이 개정한다.

제54조제2항 중 "민사소송법"을 "민사집행법"으로 한다.

자동차관리법 중 다음과 같이 개정한다.

제14조 중 "민사소송법"을 "민사집행법"으로 한다.

정기간행물의등록등에관한법률 중 다음과 같이 개정한다.

제19조제1항 중 "민사소송법 제693조"를 "민사집행법 제261조"로 하고, 동조제4항 본문 중 "민사소송법"을 "민사집행법"으로 하며, 동항 단서 중 "민사소송법 제697조 및 제705조"를 "민사집행법 제277조 및 제287조"로 한다.

정보통신공사업법 중 다음과 같이 개정한다.

제48조제4항 중 "민사소송절차"를 "민사집행절차"로, "민사소송법"을 "민사

집행법"으로 한다.

주택임대차보호법 중 다음과 같이 개정한다.

제3조의2제1항 중 "채무명의"를 "집행권원"으로, "민사소송법 제491조의2"를 "민사집행법 제41조"로 하고, 동조제2항 중 "민사소송법"을 "민사집행법"으로 하며, 동조제5항 중 "민사소송법 제590조 내지 제597조"를 "민사집행법 제152조 내지 제161조"로 한다.

제3조의3제3항 중 "민사소송법 제700조제1항, 제701조, 제703조, 제704조, 제706조제1항·제3항·제4항 전단, 제707조, 제710조"를 "민사집행법 제280조제1항, 제281조, 제283조, 제285조, 제286조, 제288조제1항·제2항·제3항 전단, 제289조제1항 내지 제4항, 제290조제2항중 제288조제1항에 대한 부분, 제291조, 제293조"로 한다.

제3조의5 본문 중 "민사소송법"을 "민사집행법"으로 한다.

집단에너지사업법 중 다음과 같이 개정한다.

제12조제2항 중 "민사소송법"을 "민사집행법"으로 한다.

집행관법 중 다음과 같이 개정한다.

제15조제2항 중 "민사소송법 제536조"를 "민사집행법 제200조"로 한다.

제17조제2항 중 "민사소송법 제496조제2항"을 "민사집행법 제5조제2항"으로 한다.

청소년기본법 중 다음과 같이 개정한다.

제34조제2항 중 "민사소송법"을 "민사집행법"으로 한다.

축산물가공처리법 중 다음과 같이 개정한다.

제26조제2항 중 "민사소송법"을 "민사집행법"으로 한다.

토양환경보전법 중 다음과 같이 개정한다.

제23조제3항제4호 중 "민사소송법"을 "민사집행법"으로 한다. 파산법 중 다음과 같이 개정한다.

제6조제3항 단서 중 "민사소송법 제532조제4호 내지 제6호 및 제579조"를 "민사집행법 제195조제4호 내지 제6호 및 제245조"로 한다.

제99조의 제목 및 본문 중 "민사소송법"을 각각 "민사소송법 및 민사집행법"으로 한다.

제192조 및 제193조제1항 전단 중 "민사소송법"을 각각 "민사집행법"으로 한다.

제259조제2항 후단 및 제300조세2항 중 "민사소송법 제478조 내지 제517조"를 각각 "민사집행법 제2조 내지 제18조, 제20조, 제28조 내지 제55조"로 한다.

폐기물관리법 중 다음과 같이 개정한다.

제24조제5항 후단 중 "민사소송법"을 "민사집행법"으로 한다.

항만운송사업법 중 다음과 같이 개정한다.

제23조제3항 중 "민사소송법"을 "민사집행법"으로 한다.

해운법 중 다음과 같이 개정한다.

제18조제2항 중 "민사소송법"을 "민사집행법"으로 한다.

행정소송법 중 다음과 같이 개정한다.

제8조제2항 중 "민사소송법"을 "민사소송법 및 민사집행법"으로 한다.

제34조제2항 중 "민사소송법 제694조"를 "민사집행법 제262조"로 한다.

형사소송법 중 다음과 같이 개정한다.

제477조제3항 단서 및 제493조 중 "민사소송법"을 각각 "민사집행법"으로 한다.

화의법 중 다음과 같이 개정한다.

제11조제2항 중 "민사소송법"을 "민사소송법 및 민사집행법"으로 한다.

회사정리법 중 다음과 같이 개정한다.

제8조 중 "민사소송법"을 "민사소송법 및 민사집행법"으로 한다.

제81조 중 "채무명의"를 "집행권원"으로 한다.

제245조제3항 전단 중 "민사소송법 제478조 내지 제517조"를 "민사집행법 제2조 내지 제18조, 제20조, 제28조 내지 제55조"로 하고, 동항 후단 중 "동법 제483조, 제505조와 제506조"를 "민사집행법 제33조·제44조 및 제45조"로 한다.

제7조(다른 법률과의 관계) ① 이 법 시행 당시 다른 법률에서 종전의 민사소송법의 규정을 인용한 경우에 이 법 중 그에 해당하는 규정이 있는 때에는 이 법의 해당 규정을 인용한 것으로 본다.

② 이 법 시행 당시 다른 법률에서 규정한 "재산관계명시절차"와 "채무명의"는 각각 "재산명시절차"와 집행권원"으로 본다.

부칙 [2005.1.27 **법률 제7358호**]

제1조 (시행일) 이 법은 공포 후 6월이 경과한 날부터 시행한다.

제2조 (계속사건에 관한 경과조치) 이 법 시행 전에 신청된 재산조회 사건·동산에 대한 강제집행 사건·보전명령 사건·보전명령에 대한 이의 및 취소신청 사건에 관하여는 종전의 규정에 의한다. 다만, 보전명령이 종국판결로 선고된 경우에는 이에 대한 상소 또는 취소 신청이 이 법 시행 후에 된 경우에도 종전의 규정에 의한다.

제3조 (다른 법률의 개정) ① 상가건물임대차보호법 중 다음과 같이 개정한다.

제6조제3항 전단 중 "민사집행법 제280조제1항, 제281조, 제283조, 제285조, 제286조, 제288조제1항·제2항·제3항 본문, 제289조제1항 내지 제4항"을 "민사집행법 제280조제1항, 제281조, 제283조, 제285조, 제286조, 제288조제1항·제2항 본문, 제289조"로 한다.

② 주택임대차보호법 중 다음과 같이 개정한다.

제3조의3제3항 전단 중 "민사집행법 제280조제1항, 제281조, 제283조, 제285조, 제286조, 제288조제1항·제2항·제3항 전단, 제289조제1항 내지 제4항"을 "민사집행법 제280조제1항, 제281조, 제283조, 제285조, 제286조, 제288조제1항·제2항 본문, 제289조"로 한다.

③ 개인채무자회생법 중 다음과 같이 개정한다.

제25조제1항 단서 중 "민사집행법 제246조(압류금지채권)제1항제4호"를 "민사집행법 제246조(압류금지채권)제1항제4호·제5호"로 한다.

제4조 (다른 법령과의 관계) 이 법 시행 당시 다른 법령에서 종전의 민사집행법의 규정을 인용한 경우에 이 법 중 그에 해당하는 규정이 있는 때에는 그 규정에 갈음하여 이 법의 해당 규정을 인용한 것으로 본다.

부칙 [2007.8.3 **제8581호(상법)**]

제1조(시행일) 이 법은 공포 후 1년이 경과한 날부터 시행한다. [단서생략]

제2조 내지 제8조 생략

제9조(다른 법률의 개정) ① 민사집행법 일부를 다음과 같이 개정한다.

제185조제3항 중 "상법 제760조"를 "「상법」 제764조"로 한다.

② 내지 ⑤ 생략

부칙 [2007.8.3 제8622호(소형선박저당법)]

① (시행일) 이 법은 2008년 7월 1일부터 시행한다.

② 생략

③ (다른 법률의 개정) 민사집행법 일부를 다음과 같이 개정한다.

제187조 및 제270조 중 "건설기계"를 각각 "건설기계・소형선박(「소형선박저당법」 제2조에 따른 소형선박을 말한다)"으로 한다.

부 칙[2009.3.25 제9525호(자동차 등 특정동산 저당법)]

제1조(시행일) 이 법은 공포 후 6개월이 경과한 날부터 시행한다.

제2조 및 제3조 생략

제4조(다른 법률의 개정) ① 생략

② 민사집행법 일부를 다음과 같이 개정한다.

제187조 및 제270조 중 "「소형선박저당법」 제2조"를 각각 "「자동차 등 특정동산 저당법」 제3조제2호"로 한다.

③ 생략

제5조 생략

부 칙[2010.7.23 제10376호]

이 법은 공포 후 3개월이 경과한 날부터 시행한다. 다만, 제246조제1항제6호의 개정규정은 공포한 날부터 시행한다.

부 칙[2011.4.5 제10539호]

① (시행일) 이 법은 공포 후 3개월이 경과한 날부터 시행한다.

② (적용례) 제246조제1항제7호・제8호 및 같은 조 제2항의 개정규정은 이 법 시행 후 최초로 접수된 압류명령 신청 및 취소사건부터 적용한다.

부 칙[2011.4.12 제10580호(부동산등기법)]

제1조(시행일) 이 법은 공포 후 6개월이 경과한 날부터 시행한다. <단서 생략>

제2조 및 제3조 생략

제4조(다른 법률의 개정) ① 부터 <18>까지 생략

　<19> 민사집행법 일부를 다음과 같이 개정한다.

　제81조제1항제1호 중 "등기부등본"을 "등기사항증명서"로 한다.

　제84조제5항 전단 중 "등기부등본"을 "등기사항증명서"로 한다.

　제95조의 제목 "(등기부등본의 송부)"를 "(등기사항증명서의 송부)"로 하고, 같은 조 중 "등기부의 등본"을 "등기사항증명서"로 한다.

　제266조제1항제1호 중 "등기부의 등본"을 "등기사항증명서"로 한다.

　제273조제1항 중 "등기부"를 "등기사항증명서"로 한다.

　<20>부터 <42>까지 생략

제5조 생략

민사집행법 시행령

대통령령 제23004호 일부개정 2011. 07. 01.

제1조 (목적) 이 영은 「민사집행법」에서 위임된 사항과 그 시행에 필요한 사항을 규정함을 목적으로 한다. [개정 2011.7.1][[시행일 2011.7.6]]

제2조 (압류금지 생계비) 「민사집행법」(이하 "법"이라 한다) 제195조제3호에서 "대통령령이 정하는 액수의 금전"이란 150만 원을 말한다. 다만, 법 제246조제1항제8호에 따라 압류하지 못한 예금(적금·부금·예탁금과 우편대체를 포함하며, 이하 "예금등"이라 한다)이 있으면 150만 원에서 그 예금등의 금액을 뺀 금액으로 한다. [개정 2011.7.1][[시행일 2011.7.6]]

제3조 (압류금지 최저금액) 법 제246조제1항제4호 단서에서 "「국민기초생활 보장법」에 의한 최저생계비를 감안하여 대통령령이 정하는 금액"이란 월 150만 원을 말한다. [개정 2011.7.1][[시행일 2011.7.6]]

제4조 (압류금지 최고금액) 법 제246조제1항제4호단서에서 "표준적인 가구의 생계비를 감안하여 대통령령이 정하는 금액"이란 제1호에 규정된 금액 이상으로서 제1호와 제2호의 금액을 합산한 금액을 말한다. [개정 2011.7.1][[시행일 2011.7.6]]
1. 월 300만 원
2. 법 제246조제1항제4호 본문에 따른 압류금지금액(월액으로 계산한 금액을 말한다)에서 제1호의 금액을 뺀 금액의 2분의 1

제5조 (급여채권이 중복되거나 여러 종류인 경우의 계산방법) 제3조 및 제4조의 금액을 계산할 때 채무자가 다수의 직장으로부터 급여를 받거나 여러 종류의 급여를 받는 경우에는 이를 합산한 금액을 급여채권으로 한다. [개정 2011.7.1][[시행일 2011.7.6]]

제6조 (압류금지 보장성 보험금 등의 범위) ① 법 제246조제1항제7호에 따라 다음 각 호에 해당하는 보장성보험의 보험금, 해약환급금 및 만기환급금에 관한 채권은 압류하지 못한다.

1. 사망보험금 중 1천만 원 이하의 보험금

2. 상해·질병·사고 등을 원인으로 채무자가 지급받는 보장성보험의 보험금 중 다음 각 목에 해당하는 보험금

　가. 진료비, 치료비, 수술비, 입원비, 약제비 등 치료 및 장애 회복을 위하여 실제 지출되는 비용을 보장하기 위한 보험금

　나. 치료 및 장애 회복을 위한 보험금 중 가목에 해당하는 보험금을 제외한 보험금의 2분의 1에 해당하는 금액

3. 보장성보험의 해약환급금 중 다음 각 목에 해당하는 환급금

　가.「민법」제404조에 따라 채권자가 채무자의 보험계약 해지권을 대위행사하거나 추심명령(推尋命令) 또는 전부명령(轉付命令)을 받은 채권자가 해지권을 행사하여 발생하는 해약환급금

　나. 가목에서 규정한 해약사유 외의 사유로 발생하는 해약환급금 중 150만 원 이하의 금액

4. 보장성보험의 만기환급금 중 150만 원 이하의 금액

② 채무자가 보장성보험의 보험금, 해약환급금 또는 만기환급금 채권을 취득하는 보험계약이 둘 이상인 경우에는 다음 각 호의 구분에 따라 제1항 각 호의 금액을 계산한다.

1. 제1항제1호, 제3호나목 및 제4호: 해당하는 보험계약별 사망보험금, 해약환급금, 만기환급금을 각각 합산한 금액에 대하여 해당 압류금지채권의 상한을 계산한다.

2. 제1항제2호나목 및 제3호가목: 보험계약별로 계산한다. [본조신설 2011.7.1][[시행일 2011.7.6]]

제7조 (압류금지 예금 등의 범위) 법 제246조제1항제8호에 따라 압류하지 못하는 예금 등의 금액은 개인별 잔액이 150만 원 이하인 예금 등으로 한다. 다만, 법 제195조제3호에 따라 압류하지 못한 금전이 있으면 150만 원에서 그

금액을 뺀 금액으로 한다. [본조신설 2011.7.1][[시행일 2011.7.6.]] 부칙 [2005.7.26 제18964호]

이 영은 2005년 7월 28일부터 시행한다.

부칙 [2011.7.1 **제23004호**]

　제1조(시행일) 이 영은 2011년 7월 6일부터 시행한다.

　제2조(압류금지 생계비 및 급여채권에 관한 적용례) 제2조 및 제3조의 개정규
　　정은 이 영 시행 후 최초로 접수된 압류명령 신청사건부터 적용한다.

주택임대차보호법

법률 제12043호 일부개정 2013.08.13

제1조 (목적) 이 법은 주거용 건물의 임대차(賃貸借)에 관하여 「민법」에 대한 특례를 규정함으로써 국민 주거생활의 안정을 보장함을 목적으로 한다. [전문개정 2008.3.21]

제2조 (적용 범위) 이 법은 주거용 건물(이하 "주택"이라 한다)의 전부 또는 일부의 임대차에 관하여 적용한다. 그 임차주택(賃借住宅)의 일부가 주거 외의 목적으로 사용되는 경우에도 또한 같다. [전문개정 2008.3.21]

제3조 (대항력 등) ① 임대차는 그 등기(登記)가 없는 경우에도 임차인(賃借人)이 주택의 인도(引渡)와 주민등록을 마친 때에는 그 다음 날부터 제삼자에 대하여 효력이 생긴다. 이 경우 전입신고를 한 때에 주민등록이 된 것으로 본다.
② 국민주택기금을 재원으로 하여 저소득층 무주택자에게 주거생활 안정을 목적으로 전세임대주택을 지원하는 법인이 주택을 임차한 후 지방자치단체의 장 또는 그 법인이 선정한 입주자가 그 주택을 인도받고 주민등록을 마쳤을 때에는 제1항을 준용한다. 이 경우 대항력이 인정되는 법인은 대통령령으로 정한다.
③ 「중소기업기본법」 제2조에 따른 중소기업에 해당하는 법인이 소속 직원의 주거용으로 주택을 임차한 후 그 법인이 선정한 직원이 해당 주택을 인도받고 주민등록을 마쳤을 때에는 제1항을 준용한다. 임대차가 끝나기 전에 그 직원이 변경된 경우에는 그 법인이 선정한 새로운 직원이 주택을 인도받고 주민등록을 마친 다음 날부터 제삼자에 대하여 효력이 생긴다. [신설 2013.8.13] [[시행일 2014.1.1]]
④ 임차주택의 양수인(讓受人)(그 밖에 임대할 권리를 승계한 자를 포함한다)은 임대인(賃貸人)의 지위를 승계한 것으로 본다. [개정 2013.8.13] [[시행일 2014.1.1]]

⑤ 이 법에 따라 임대차의 목적이 된 주택이 매매나 경매의 목적물이 된 경우에는 「민법」 제575조제1항・제3항 및 같은 법 제578조를 준용한다. [개정 2013.8.13] [[시행일 2014.1.1]]

⑥ 제5항의 경우에는 동시이행의 항변권(抗辯權)에 관한 「민법」 제536조를 준용한다. [개정 2013.8.13] [[시행일 2014.1.1]]

[전문개정 2008.3.21]

제3조의2 (보증금의 회수) ① 임차인(제3조제2항 및 제3항의 법인을 포함한다. 이하 같다)이 임차주택에 대하여 보증금반환청구소송의 확정판결이나 그 밖에 이에 준하는 집행권원(執行權原)에 따라서 경매를 신청하는 경우에는 집행개시(執行開始)요건에 관한 「민사집행법」 제41조에도 불구하고 반대의무(反對義務)의 이행이나 이행의 제공을 집행개시의 요건으로 하지 아니한다. [개정 2013.8.13] [[시행일 2014.1.1]]

② 제3조제1항・제2항 또는 제3항의 대항요건(對抗要件)과 임대차계약증서(제3조제2항 및 제3항의 경우에는 법인과 임대인 사이의 임대차계약증서를 말한다)상의 확정일자(確定日字)를 갖춘 임차인은 「민사집행법」에 따른 경매 또는 「국세징수법」에 따른 공매(公賣)를 할 때에 임차주택(대지를 포함한다)의 환가대금(換價代金)에서 후순위권리자(後順位權利者)나 그 밖의 채권자보다 우선하여 보증금을 변제(辨濟)받을 권리가 있다. [개정 2013.8.13] [[시행일 2014.1.1]]

③ 임차인은 임차주택을 양수인에게 인도하지 아니하면 제2항에 따른 보증금을 받을 수 없다.

④ 제2항 또는 제7항에 따른 우선변제의 순위와 보증금에 대하여 이의가 있는 이해관계인은 경매법원이나 체납처분청에 이의를 신청할 수 있다. [개정 2013.8.13]

⑤ 제4항에 따라 경매법원에 이의를 신청하는 경우에는 「민사집행법」 제152조부터 제161조까지의 규정을 준용한다.

⑥ 제4항에 따라 이의신청을 받은 체납처분청은 이해관계인이 이의신청일부터 7일 이내에 임차인 또는 제7항에 따라 우선변제권을 승계한 금융기관 등

을 상대로 소(訴)를 제기한 것을 증명하면 해당 소송이 끝날 때까지 이의가 신청된 범위에서 임차인 또는 제7항에 따라 우선변제권을 승계한 금융기관 등에 대한 보증금의 변제를 유보(留保)하고 남은 금액을 배분하여야 한다. 이 경우 유보된 보증금은 소송의 결과에 따라 배분한다. [개정 2013.8.13]

⑦ 다음 각 호의 금융기관 등이 제2항, 제3조의3제5항, 제3조의4제1항에 따른 우선변제권을 취득한 임차인의 보증금반환채권을 계약으로 양수한 경우에는 양수한 금액의 범위에서 우선변제권을 승계한다. [신설 2013.8.13]

1. 「은행법」에 따른 은행
2. 「중소기업은행법」에 따른 중소기업은행
3. 「한국산업은행법」에 따른 한국산업은행
4. 「농업협동조합법」에 따른 농협은행
5. 「수산업협동조합법」에 따른 수산업협동조합중앙회
6. 「우체국예금·보험에 관한 법률」에 따른 체신관서
7. 「한국주택금융공사법」에 따른 한국주택금융공사
8. 「보험업법」 제4조제1항제2호라목의 보증보험을 보험종목으로 허가받은 보험회사
9. 「주택법」에 따른 대한주택보증주식회사
10. 그 밖에 제1호부터 제9호까지에 준하는 것으로서 대통령령으로 정하는 기관

⑧ 제7항에 따라 우선변제권을 승계한 금융기관 등(이하 "금융기관등"이라 한다)은 다음 각 호의 어느 하나에 해당하는 경우에는 우선변제권을 행사할 수 없다. [신설 2013.8.13]

1. 임차인이 제3조제1항·제2항 또는 제3항의 대항요건을 상실한 경우
2. 제3조의3제5항에 따른 임차권등기가 말소된 경우
3. 「민법」 제621조에 따른 임대차등기가 말소된 경우

⑨ 금융기관 등은 우선변제권을 행사하기 위하여 임차인을 대리하거나 대위하여 임대차를 해지할 수 없다. [신설 2013.8.13]

[전문개정 2008.3.21]

제3조의3 (임차권등기명령) ① 임대차가 끝난 후 보증금이 반환되지 아니한 경우

임차인은 임차주택의 소재지를 관할하는 지방법원·지방법원지원 또는 시·군 법원에 임차권등기명령을 신청할 수 있다. [개정 2013.8.13]

② 임차권등기명령의 신청서에는 다음 각 호의 사항을 적어야 하며, 신청의 이유와 임차권등기의 원인이 된 사실을 소명(疎明)하여야 한다. [개정 2013.8.13] [[시행일 2014.1.1]]

1. 신청의 취지 및 이유

2. 임대차의 목적인 주택(임대차의 목적이 주택의 일부분인 경우에는 해당 부분의 도면을 첨부한다)

3. 임차권등기의 원인이 된 사실(임차인이 제3조제1항·제2항 또는 제3항에 따른 대항력을 취득하였거나 제3조의2제2항에 따른 우선변제권을 취득한 경우에는 그 사실)

4. 그 밖에 대법원규칙으로 정하는 사항

③ 다음 각 호의 사항 등에 관하여는 「민사집행법」 제280조제1항, 제281조, 제283조, 제285조, 제286조, 제288조제1항·제2항 본문, 제289조, 제290조제2항 중 제288조제1항에 대한 부분, 제291조 및 제293조를 준용한다. 이 경우 "가압류"는 "임차권등기"로, "채권자"는 "임차인"으로, "채무자"는 "임대인"으로 본다.

1. 임차권등기명령의 신청에 대한 재판

2. 임차권등기명령의 결정에 대한 임대인의 이의신청 및 그에 대한 재판

3. 임차권등기명령의 취소신청 및 그에 대한 재판

4. 임차권등기명령의 집행

④ 임차권등기명령의 신청을 기각(棄却)하는 결정에 대하여 임차인은 항고(抗告)할 수 있다.

⑤ 임차인은 임차권등기명령의 집행에 따른 임차권등기를 마치면 제3조제1항·제2항 또는 제3항에 따른 대항력과 제3조의2제2항에 따른 우선변제권을 취득한다. 다만, 임차인이 임차권등기 이전에 이미 대항력이나 우선변제권을 취득한 경우에는 그 대항력이나 우선변제권은 그대로 유지되며, 임차권등기 이후에는 제3조제1항·제2항 또는 제3항의 대항요건을 상실하더라도 이미 취득한 대항력이나 우선변제권을 상실하지 아니한다. [개정 2013.8.13] [[시행일 2014.1.1]]

⑥ 임차권등기명령의 집행에 따른 임차권등기가 끝난 주택(임대차의 목적이 주택의 일부분인 경우에는 해당 부분으로 한정한다)을 그 이후에 임차한 임차인은 제8조에 따른 우선변제를 받을 권리가 없다.

⑦ 임차권등기의 촉탁(囑託), 등기관의 임차권등기 기입(記入) 등 임차권등기명령을 시행하는 데에 필요한 사항은 대법원규칙으로 정한다. [개정 2011.4.12 제10580호(부동산등기법)][[시행일 2011.10.13]]

⑧ 임차인은 제1항에 따른 임차권등기명령의 신청과 그에 따른 임차권등기와 관련하여 든 비용을 임대인에게 청구할 수 있다.

⑨ 금융기관등은 임차인을 대위하여 제1항의 임차권등기명령을 신청할 수 있다. 이 경우 제3항·제4항 및 제8항의 "임차인"은 "금융기관등"으로 본다. [신설 2013.8.13] [전문개정 2008.3.21]

제3조의4 (「민법」에 따른 주택임대차등기의 효력 등) ① 「민법」 제621조에 따른 주택임대차등기의 효력에 관하여는 제3조의3제5항 및 제6항을 준용한다.

② 임차인이 대항력이나 우선변제권을 갖추고 「민법」 제621조제1항에 따라 임대인의 협력을 얻어 임대차등기를 신청하는 경우에는 신청서에 「부동산등기법」 제74조제1호부터 제5호까지의 사항 외에 다음 각 호의 사항을 적어야 하며, 이를 증명할 수 있는 서면(임대차의 목적이 주택의 일부분인 경우에는 해당 부분의 도면을 포함한다)을 첨부하여야 한다.[개정 2011.4.12 제10580호(부동산등기법)][[시행일 2011.10.13]]

1. 주민등록을 마친 날
2. 임차주택을 점유(占有)한 날
3. 임대차계약증서상의 확정일자를 받은 날

[전문개정 2008.3.21]

제3조의5 (경매에 의한 임차권의 소멸) 임차권은 임차주택에 대하여 「민사집행법」에 따른 경매가 행하여진 경우에는 그 임차주택의 경락(競落)에 따라 소멸한다. 다만, 보증금이 모두 변제되지 아니한, 대항력이 있는 임차권은 그러하지 아니하다. [전문개정 2008.3.21]

제3조의6 (확정일자 부여 및 임대차 정보제공 등) ① 제3조의2제2항의 확정일자는 주택 소재지의 읍·면사무소, 동 주민센터 또는 시(특별시·광역시·특별자치시는 제외하고, 특별자치도는 포함한다)·군·구(자치구를 말한다)의 출장소, 지방법원 및 그 지원과 등기소 또는 「공증인법」에 따른 공증인(이하 이 조에서 "확정일자부여기관"이라 한다)이 부여한다.

② 확정일자부여기관은 해당 주택의 소재지, 확정일자 부여일, 차임 및 보증금 등을 기재한 확정일자부를 작성하여야 한다. 이 경우 전산처리정보조직을 이용할 수 있다.

③ 주택의 임대차에 이해관계가 있는 자는 확정일자부여기관에 해당 주택의 확정일자 부여일, 차임 및 보증금 등 정보의 제공을 요청할 수 있다. 이 경우 요청을 받은 확정일자부여기관은 정당한 사유 없이 이를 거부할 수 없다.

④ 임대차계약을 체결하려는 자는 임대인의 동의를 받아 확정일자부여기관에 제3항에 따른 정보제공을 요청할 수 있다.

⑤ 제1항·제3항 또는 제4항에 따라 확정일자를 부여받거나 정보를 제공받으려는 자는 수수료를 내야 한다.

⑥ 확정일자부에 기재하여야 할 사항, 주택의 임대차에 이해관계가 있는 자의 범위, 확정일자부여기관에 요청할 수 있는 정보의 범위 및 수수료, 그 밖에 확정일자부여사무와 정보제공 등에 필요한 사항은 대통령령 또는 대법원규칙으로 정한다. [본조신설 2013.8.13] [[시행일 2014.1.1]]

제4조 (임대차기간 등) ① 기간을 정하지 아니하거나 2년 미만으로 정한 임대차는 그 기간을 2년으로 본다. 다만, 임차인은 2년 미만으로 정한 기간이 유효함을 주장할 수 있다.

② 임대차기간이 끝난 경우에도 임차인이 보증금을 반환받을 때까지는 임대차관계가 존속되는 것으로 본다. [전문개정 2008.3.21]

제5조 삭제 [89.12.30]

제6조 (계약의 갱신) ① 임대인이 임대차기간이 끝나기 6개월 전부터 1개월 전

까지의 기간에 임차인에게 갱신거절(更新拒絶)의 통지를 하지 아니하거나 계약조건을 변경하지 아니하면 갱신하지 아니한다는 뜻의 통지를 하지 아니한 경우에는 그 기간이 끝난 때에 전 임대차와 동일한 조건으로 다시 임대차한 것으로 본다. 임차인이 임대차기간이 끝나기 1개월 전까지 통지하지 아니한 경우에도 또한 같다.

② 제1항의 경우 임대차의 존속기간은 2년으로 본다. [개정 2009.5.8] [[시행일 2009.8.9]]

③ 2기(期)의 차임액(借賃額)에 달하도록 연체하거나 그 밖에 임차인으로서의 의무를 현저히 위반한 임차인에 대하여는 제1항을 적용하지 아니한다. [전문개정 2008.3.21]

제6조의2 (묵시적 갱신의 경우 계약의 해지) ① 제6조제1항에 따라 계약이 갱신된 경우 같은 조 제2항에도 불구하고 임차인은 언제든지 임대인에게 계약해지(契約解止)를 통지할 수 있다. [개정 2009.5.8] [[시행일 2009.8.9]]

② 제1항에 따른 해지는 임대인이 그 통지를 받은 날부터 3개월이 지나면 그 효력이 발생한다. [전문개정 2008.3.21]

제7조 (차임 등의 증감청구권) 당사자는 약정한 차임이나 보증금이 임차주택에 관한 조세, 공과금, 그 밖의 부담의 증감이나 경제사정의 변동으로 인하여 적절하지 아니하게 된 때에는 장래에 대하여 그 증감을 청구할 수 있다. 다만, 증액의 경우에는 대통령령으로 정하는 기준에 따른 비율을 초과하지 못한다. [전문개정 2008.3.21]

제7조의2 (월차임 전환 시 산정률의 제한) 보증금의 전부 또는 일부를 월 단위의 차임으로 전환하는 경우에는 그 전환되는 금액에 다음 각 호 중 낮은 비율을 곱한 월차임(月借賃)의 범위를 초과할 수 없다. [개정 2010.5.17 제10303호(은행법), 2013.8.13] [[시행일 2014.1.1]]

1. 「은행법」에 따른 은행에서 적용하는 대출금리와 해당 지역의 경제 여건 등을 고려하여 대통령령으로 정하는 비율

2. 한국은행에서 공시한 기준금리에 대통령령으로 정하는 배수를 곱한 비율
[선문개정 2008.3.21]

제8조 (보증금 중 일정액의 보호) ① 임차인은 보증금 중 일정액을 다른 담보물권자(擔保物權者)보다 우선하여 변제받을 권리가 있다. 이 경우 임차인은 주택에 대한 경매신청의 등기 전에 제3조제1항의 요건을 갖추어야 한다.
② 제1항의 경우에는 제3조의2제4항부터 제6항까지의 규정을 준용한다.
③ 제1항에 따라 우선변제를 받을 임차인 및 보증금 중 일정액의 범위와 기준은 제8조의2에 따른 주택임대차위원회의 심의를 거쳐 대통령령으로 정한다. 다만, 보증금 중 일정액의 범위와 기준은 주택가액(대지의 가액을 포함한다)의 2분의 1을 넘지 못한다. [개정 2009.5.8] [[시행일 2009.8.9]]
[전문개정 2008.3.21]

제8조의2 (주택임대차위원회) ① 제8조에 따라 우선변제를 받을 임차인 및 보증금 중 일정액의 범위와 기준을 심의하기 위하여 법무부에 주택임대차위원회(이하 "위원회"라 한다)를 둔다.
② 위원회는 위원장 1명을 포함한 9명 이상 15명 이하의 위원으로 구성한다.
③ 위원회의 위원장은 법무부차관이 된다.
④ 위원회의 위원은 다음 각 호의 어느 하나에 해당하는 사람 중에서 위원장이 위촉하되, 다음 제1호부터 제5호까지에 해당하는 위원을 각각 1명 이상 위촉하여야 하고, 위원 중 2분의 1 이상은 제1호·제2호 또는 제6호에 해당하는 사람을 위촉하여야 한다. [개정 2013.3.23 제11690호(정부조직법)]
1. 법학·경제학 또는 부동산학 등을 전공하고 주택임대차 관련 전문지식을 갖춘 사람으로서 공인된 연구기관에서 조교수 이상 또는 이에 상당하는 직에 5년 이상 재직한 사람
2. 변호사·감정평가사·공인회계사·세무사 또는 공인중개사로서 5년 이상 해당 분야에서 종사하고 주택임대차 관련 업무경험이 풍부한 사람
3. 기획재정부에서 물가 관련 업무를 담당하는 고위공무원단에 속하는 공무원
4. 법무부에서 주택임대차 관련 업무를 담당하는 고위공무원단에 속하는 공

무원(이에 상당하는 특정직 공무원을 포함한다)

5. 국토교통부에서 주택사업 또는 주거복지 관련 업무를 담당하는 고위공무
   원단에 속하는 공무원

6. 그 밖에 주택임대차 관련 학식과 경험이 풍부한 사람으로서 대통령령으로
   정하는 사람

⑤ 그 밖에 위원회의 구성 및 운영 등에 필요한 사항은 대통령령으로 정한다.
본조신설 2009.5.8] [[시행일 2009.8.9]]

제9조 (주택 임차권의 승계) ① 임차인이 상속인 없이 사망한 경우에는 그 주택
에서 가정공동생활을 하던 사실상의 혼인 관계에 있는 자가 임차인의 권리와
의무를 승계한다.

② 임차인이 사망한 때에 사망 당시 상속인이 그 주택에서 가정공동생활을
하고 있지 아니한 경우에는 그 주택에서 가정공동생활을 하던 사실상의 혼인
관계에 있는 자와 2촌 이내의 친족이 공동으로 임차인의 권리와 의무를 승계
한다.

③ 제1항과 제2항의 경우에 임차인이 사망한 후 1개월 이내에 임대인에게 제
1항과 제2항에 따른 승계 대상자가 반대의사를 표시한 경우에는 그러하지 아
니하다.

④ 제1항과 제2항의 경우에 임대차 관계에서 생긴 채권·채무는 임차인의 권
리의무를 승계한 자에게 귀속된다. [전문개정 2008.3.21]

제10조 (강행규정) 이 법에 위반된 약정(約定)으로서 임차인에게 불리한 것은
그 효력이 없다.
[전문개정 2008.3.21]

제10조의2 (초과 차임 등의 반환청구) 임차인이 제7조에 따른 증액비율을 초과
하여 차임 또는 보증금을 지급하거나 제7조의2에 따른 월차임 산정률을 초과
하여 차임을 지급한 경우에는 초과 지급된 차임 또는 보증금 상당금액의 반
환을 청구할 수 있다. [본조신설 2013.8.13]

제11조 (일시사용을 위한 임대차) 이 법은 일시사용하기 위한 임대차임이 명백한 경우에는 적용하지 아니한다. [전문개정 2008.3.21]

제12조 (미등기 전세에의 준용) 주택의 등기를 하지 아니한 전세계약에 관하여는 이 법을 준용한다. 이 경우 "전세금"은 "임대차의 보증금"으로 본다. [전문개정 2008.3.21]

제13조 (「소액사건심판법」의 준용) 임차인이 임대인에 대하여 제기하는 보증금 반환청구소송에 관하여는 「소액사건심판법」 제6조, 제7조, 제10조 및 제11조의2를 준용한다. [전문개정 2008.3.21]

부칙
① (시행일) 이 법은 공포한 날로부터 시행한다.
② (경과조치) 이 법은 이 법 시행 후 체결되거나 갱신된 임대차에 이를 적용한다. 다만, 제3조의 규정은 이 법 시행당시 존속중인 임대차에 대하여도 이를 적용하되 이 법 시행 전에 물권을 취득한 제3자에 대하여는 그 효력이 없다.

부칙 [83.12.30]
① (시행일) 이 법은 1984년 1월 1일부터 시행한다.
② (경과조치의 원칙) 이 법은 특별한 규정이 있는 경우를 제외하고는 이 법 시행 전에 생긴 사항에 대하여도 이를 적용한다. 그러나 종전의 규정에 의하여 생긴 효력에는 영향을 미치지 아니한다.
③ (차임 등의 증액청구에 관한 경과조치) 제7조 단서의 개정규정은 이 법 시행 전에 차임 등의 증액청구가 있은 경우에는 이를 적용하지 아니한다.
④ (소액보증금의 보호에 관한 경과조치) 제8조의 개정규정은 이 법 시행 전에 임차주택에 대하여 담보물권을 취득한 자에 대하여는 이를 적용하지 아니한다.

부칙 [89.12.30]
① (시행일) 이 법은 공포한 날부터 시행한다.
② (존속 중인 임대차에 관한 경과조치) 이 법은 특별한 규정이 있는 경우를
제외하고는 이 법 시행당시에 존속중인 임대차에 대하여도 이를 적용한다.
③ (담보물권자에 대한 경과조치) 이 법 시행 전에 임차주택에 대하여 담보물
권을 취득한 자에 대하여는 종전의 규정에 의한다.
④ (임대차기간에 대한 경과조치) 이 법 시행당시 존속중인 임대차의 기간에
대하여는 종전의 규정에 의한다.
⑤ (소액보증금에 관한 경과조치) 이 법 시행당시 종전의 제8조의 규정에 의
한 소액보증금에 해당하는 경우에는 종전의 규정에 의한다.

부칙 [97.12.13]
이 법은 1998년 1월 1일부터 시행한다. [단서 생략]

부칙 [99.1.21]
① (시행일) 이 법은 1999년 3월 1일부터 시행한다.
② (존속 중인 임대차에 관한 경과조치) 이 법은 특별한 규정이 있는 경우를
제외하고는 이 법 시행당시 존속중인 임대차에 대하여도 이를 적용한다.
③ (임대차등기에 관한 경과조치) 제3조의4의 개정규정은 이 법 시행 전에 이
미 경료된 임대차등기에 대하여는 이를 적용하지 아니한다.

부칙 [2001.12.29]
이 법은 공포 후 6월이 경과한 날부터 시행한다.

부칙 [2002.1.26 법률 제6627호]
제1조 (시행일) 이 법은 2002년 7월 1일부터 시행한다.
제2조 내지 제5조 생략
제6조 (다른 법률의 개정) ① 내지 <41> 생략
    <42> 주택임대차보호법 중 다음과 같이 개정한다.
    제3조의2제1항 중 "채무명의"를 "집행권원"으로, "민사소송법 제491조의2"

를 "민사집행법 제41조"로 하고, 같은 조 제2항 중 "민사소송법"을 "민사집행법"으로 하며, 같은 조 제5항 중 "민사소송법 제590조 내지 제597조"를 "민사집행법 제152조 내지 제161조"로 한다.

제3조의3제3항 중 "민사소송법 제700조제1항, 제701조, 제703조, 제704조, 제706조제1항·제3항·제4항 전단, 제707조, 제710조"를 "민사집행법 제280조제1항, 제281조, 제283조, 제285조, 제286조, 제288조제1항·제2항·제3항 전단, 제289조제1항 내지 제4항, 제290조제2항중 제288조제1항에 대한 부분, 제291조, 제293조"로 한다.

제3조의5 본문 중 "민사소송법"을 "민사집행법"으로 한다.

<43> 내지 <55> 생략

제7조 생략

부칙 [2005.1.27 **법률 제7358호(민사집행법)**]

제1조 (시행일) 이 법은 공포 후 6월이 경과한 날부터 시행한다.

제2조 생략

제3조 (다른 법률의 개정) ① 생략

② 주택임대차보호법 중 다음과 같이 개정한다.

제3조의3제3항 전단 중 "민사집행법 제280조제1항, 제281조, 제283조, 제285조, 제286조, 제288조제1항·제2항·제3항 전단, 제289조제1항 내지 제4항"을 "민사집행법 제280조제1항, 제281조, 제283조, 제285조, 제286조, 제288조제1항·제2항 본문, 제289조"로 한다.

③ 생략

제4조 생략

부칙 [2007.8.3 **제8583호**]

이 법은 공포 후 3개월이 경과한 날부터 시행한다.

부칙 [2008.3.21 **제8923호**]

이 법은 공포한 날부터 시행한다.

부칙 [2009.5.8 제9653호]

이 법은 공포 후 3개월이 경과한 날부터 시행한다.

부칙 [2010.5.17 제10303호(은행법)]

제1조(시행일) 이 법은 공포 후 6개월이 경과한 날부터 시행한다. <단서 생략>

제2조부터 제8조까지 생략

제9조(다른 법률의 개정) ①부터 <65>까지 생략

<66> 주택임대차보호법 일부를 다음과 같이 개정한다.

제7조의2 중 "금융기관"을 "은행"으로 한다.

<67>부터 <86>까지 생략

제10조 생략

부칙 [2011.4.12 제10580호(부동산등기법)]

제1조(시행일) 이 법은 공포 후 6개월이 경과한 날부터 시행한다. <단서 생략>

제2조 및 제3조 생략

제4조(다른 법률의 개정) ①부터 <30>까지 생략

<31> 주택임대차보호법 일부를 다음과 같이 개정한다.

제3조의3제7항 중 "등기공무원"을 "등기관"으로 한다.

제3조의4제2항 각 호 외의 부분 중 "「부동산등기법」 제156조의 사항 외에"

를 "「부동산등기법」 제74조제1호부터 제5호까지의 사항 외에"로 한다.

<32>부터 <42>까지 생략

제5조 생략

부칙 [2013.3.23 제11690호(정부조직법)]

제1조(시행일) ① 이 법은 공포한 날부터 시행한다.

② 생략

제2조부터 제5조까지 생략

제6조(다른 법률의 개정) ①부터 <130>까지 생략

<131> 주택임대차보호법 일부를 다음과 같이 개정한다.

제8조의2제4항제5호 중 "국토해양부"를 "국토교통부"로 한다.

<132>부터 <710>까지 생략

제7조 생략

부칙 [2013.8.13 제12043호]

제1조(시행일) 이 법은 2014년 1월 1일부터 시행한다. 다만, 제3조의2제4항, 제6항부터 제9항까지, 제3조의3제1항 및 제9항, 제10조의2의 개정규정은 공포한 날부터 시행한다.

제2조(일반적 적용례) 이 법은 이 법 시행 후 최초로 체결되거나 갱신되는 임대차부터 적용한다.

제3조(중소기업 법인의 대항력에 관한 적용례 및 경과조치) ① 제3조제3항의 개정규정은 법인(「중소기업기본법」 제2조에 따른 중소기업인 법인에 한정한다)이 임차인인 이 법 시행 당시 존속 중인 임대차에 대하여도 적용하되, 이 법 시행 전에 물권을 취득한 제3자에 대하여는 그 효력이 없다.

② 제1항에도 불구하고 이 법 시행 당시 존속 중인 임대차의 기간에 대하여는 종전의 규정에 따른다.

제4조(금융기관등의 우선변제권에 관한 적용례) 제3조의2제4항, 제6항부터 제9항까지, 제3조의3제1항 및 제9항의 개정규정은 같은 개정규정 시행 당시 존속 중인 임대차에 대하여도 적용하되, 같은 개정규정 시행 후 최초로 보증금반환채권을 양수한 경우부터 적용한다.

제5조(월차임 전환 시 산정률의 제한에 관한 적용례) 제7조의2의 개정규정은 이 법 시행 당시 존속 중인 임대차에 대하여도 적용하되, 이 법 시행 후 최초로 보증금의 전부 또는 일부를 월 단위 차임으로 전환하는 경우부터 적용한다.

상가건물 임대차보호법

법률 제12042호 일부개정 2013.08.13

제1조 (목적) 이 법은 상가건물 임대차에 관하여 「민법」에 대한 특례를 규정하여 국민 경제생활의 안정을 보장함을 목적으로 한다. [전문개정 2009.1.30]

제2조 (적용범위) ① 이 법은 상가건물(제3조제1항에 따른 사업자등록의 대상이 되는 건물을 말한다)의 임대차(임대차 목적물의 주된 부분을 영업용으로 사용하는 경우를 포함한다)에 대하여 적용한다. 다만, 대통령령으로 정하는 보증금액을 초과하는 임대차에 대하여는 그러하지 아니하다.

② 제1항 단서에 따른 보증금액을 정할 때에는 해당 지역의 경제 여건 및 임대차 목적물의 규모 등을 고려하여 지역별로 구분하여 규정하되, 보증금 외에 차임이 있는 경우에는 그 차임액에 「은행법」에 따른 은행의 대출금리 등을 고려하여 대통령령으로 정하는 비율을 곱하여 환산한 금액을 포함하여야 한다. [개정 2010.5.17 제10303호(은행법)] [[시행일 2010.11.18]]

③ 제1항 단서에도 불구하고 제10조제1항, 제2항, 제3항 본문 및 제10조의2는 제1항 단서에 따른 보증금액을 초과하는 임대차에 대하여도 적용한다. [신설 2013.8.13] [전문개정 2009.1.30]

제3조 (대항력 등) ① 임대차는 그 등기가 없는 경우에도 임차인이 건물의 인도와 「부가가치세법」 제8조, 「소득세법」 제168조 또는 「법인세법」 제111조에 따른 사업자등록을 신청하면 그 다음 날부터 제3자에 대하여 효력이 생긴다. [개정 2013.6.7 제11873호(부가가치세법)] [[시행일 2013.7.1]]

② 임차건물의 양수인(그 밖에 임대할 권리를 승계한 자를 포함한다)은 임대인의 지위를 승계한 것으로 본다.

③ 이 법에 따라 임대차의 목적이 된 건물이 매매 또는 경매의 목적물이 된 경우에는 「민법」 제575조제1항·제3항 및 제578조를 준용한다.

④ 제3항의 경우에는 「민법」 제536조를 준용한다. [전문개정 2009.1.30]

제4조 (등록사항 등의 열람·제공) ① 건물의 임대차에 이해관계가 있는 자는 건물의 소재지 관할 세무서장에게 다음 각 호의 사항의 열람 또는 제공을 요청할 수 있다. 이때 관할 세무서장은 정당한 사유 없이 이를 거부할 수 없다.

1. 임대인·임차인의 성명, 주소, 주민등록번호(임대인·임차인이 법인이거나 법인 아닌 단체인 경우에는 법인명 또는 단체명, 대표자, 법인등록번호, 본점·사업장 소재지)
2. 건물의 소재지, 임대차 목적물 및 면적
3. 사업자등록 신청일
4. 사업자등록 신청일 당시의 보증금 및 차임, 임대차기간
5. 임대차계약서상의 확정일자를 받은 날
6. 임대차계약이 변경되거나 갱신된 경우에는 변경·갱신된 날짜, 보증금 및 차임, 임대차기간, 새로운 확정일자를 받은 날
7. 그 밖에 대통령령으로 정하는 사항

② 제1항에 따른 자료의 열람 및 제공과 관련하여 필요한 사항은 대통령령으로 정한다. [전문개정 2009.1.30]

제5조 (보증금의 회수) ① 임차인이 임차건물에 대하여 보증금반환청구소송의 확정판결, 그 밖에 이에 준하는 집행권원에 의하여 경매를 신청하는 경우에는 「민사집행법」 제41조에도 불구하고 반대의무의 이행이나 이행의 제공을 집행개시의 요건으로 하지 아니한다.

② 제3조제1항의 대항요건을 갖추고 관할 세무서장으로부터 임대차계약서상의 확정일자를 받은 임차인은 「민사집행법」에 따른 경매 또는 「국세징수법」에 따른 공매 시 임차건물(임대인 소유의 대지를 포함한다)의 환가대금에서 후순위권리자나 그 밖의 채권자보다 우선하여 보증금을 변제받을 권리가 있다.

③ 임차인은 임차건물을 양수인에게 인도하지 아니하면 제2항에 따른 보증금을 받을 수 없다.

④ 제2항 또는 제7항에 따른 우선변제의 순위와 보증금에 대하여 이의가 있는 이해관계인은 경매법원 또는 체납처분청에 이의를 신청할 수 있다. [개정 2013.8.13]

⑤ 제4항에 따라 경매법원에 이의를 신청하는 경우에는 「민사집행법」 제152조 부터 제161조까지의 규정을 준용한다.

⑥ 제4항에 따라 이의신청을 받은 체납처분청은 이해관계인이 이의신청일부터 7일 이내에 임차인 또는 제7항에 따라 우선변제권을 승계한 금융기관 등을 상대로 소(訴)를 제기한 것을 증명한 때에는 그 소송이 종결될 때까지 이의가 신청된 범위에서 임차인 또는 제7항에 따라 우선변제권을 승계한 금융기관 등에 대한 보증금의 변제를 유보(留保)하고 남은 금액을 배분하여야 한다. 이 경우 유보된 보증금은 소송 결과에 따라 배분한다. [개정 2013.8.13]

⑦ 다음 각 호의 금융기관 등이 제2항, 제6조제5항 또는 제7조제1항에 따른 우선변제권을 취득한 임차인의 보증금반환채권을 계약으로 양수한 경우에는 양수한 금액의 범위에서 우선변제권을 승계한다. [신설 2013.8.13]

1. 「은행법」에 따른 은행

2. 「중소기업은행법」에 따른 중소기업은행

3. 「한국산업은행법」에 따른 한국산업은행

4. 「농업협동조합법」에 따른 농협은행

5. 「수산업협동조합법」에 따른 수산업협동조합중앙회

6. 「우체국예금·보험에 관한 법률」에 따른 체신관서

7. 「보험업법」 제4조제1항제2호라목의 보증보험을 보험종목으로 허가받은 보험회사

8. 그 밖에 제1호부터 제7호까지에 준하는 것으로서 대통령령으로 정하는 기관

⑧ 제7항에 따라 우선변제권을 승계한 금융기관 등(이하 "금융기관등"이라 한다)은 다음 각 호의 어느 하나에 해당하는 경우에는 우선변제권을 행사할 수 없다. [신설 2013.8.13]

1. 임차인이 제3조제1항의 대항요건을 상실한 경우

2. 제6조제5항에 따른 임차권등기가 말소된 경우

3. 「민법」 제621조에 따른 임대차등기가 말소된 경우

⑨ 금융기관등은 우선변제권을 행사하기 위하여 임차인을 대리하거나 대위하여 임대차를 해지할 수 없다. [신설 2013.8.13] [전문개정 2009.1.30]

제6조 (임차권등기명령) ① 임대차가 종료된 후 보증금이 반환되지 아니한 경우 임차인은 임차건물의 소재지를 관할하는 지방법원, 지방법원지원 또는 시·군법원에 임차권등기명령을 신청할 수 있다. [개정 2013.8.13]

② 임차권등기명령을 신청할 때에는 다음 각 호의 사항을 기재하여야 하며, 신청 이유 및 임차권등기의 원인이 된 사실을 소명하여야 한다.

1. 신청 취지 및 이유

2. 임대차의 목적인 건물(임대차의 목적이 건물의 일부분인 경우에는 그 부분의 도면을 첨부한다)

3. 임차권등기의 원인이 된 사실(임차인이 제3조제1항에 따른 대항력을 취득하였거나 제5조제2항에 따른 우선변제권을 취득한 경우에는 그 사실)

4. 그 밖에 대법원규칙으로 정하는 사항

③ 임차권등기명령의 신청에 대한 재판, 임차권등기명령의 결정에 대한 임대인의 이의신청 및 그에 대한 재판, 임차권등기명령의 취소신청 및 그에 대한 재판 또는 임차권등기명령의 집행 등에 관하여는 「민사집행법」 제280조제1항, 제281조, 제283조, 제285조, 제286조, 제288조제1항·제2항 본문, 제289조, 제290조제2항 중 제288조제1항에 대한 부분, 제291조, 제293조를 준용한다. 이 경우 "가압류"는 "임차권등기"로, "채권자"는 "임차인"으로, "채무자"는 "임대인"으로 본다.

④ 임차권등기명령신청을 기각하는 결정에 대하여 임차인은 항고할 수 있다.

⑤ 임차권등기명령의 집행에 따른 임차권등기를 마치면 임차인은 제3조제1항에 따른 대항력과 제5조제2항에 따른 우선변제권을 취득한다. 다만, 임차인이 임차권등기 이전에 이미 대항력 또는 우선변제권을 취득한 경우에는 그 대항력 또는 우선변제권이 그대로 유지되며, 임차권등기 이후에는 제3조제1항의 대항요건을 상실하더라도 이미 취득한 대항력 또는 우선변제권을 상실하지 아니한다.

⑥ 임차권등기명령의 집행에 따른 임차권등기를 마친 건물(임대차의 목적이 건물의 일부분인 경우에는 그 부분으로 한정한다)을 그 이후에 임차한 임차인은 제14조에 따른 우선변제를 받을 권리가 없다.

⑦ 임차권등기의 촉탁, 등기관의 임차권등기 기입 등 임차권등기명령의 시행

에 관하여 필요한 사항은 대법원규칙으로 정한다.

⑧ 임차인은 제1항에 따른 임차권등기명령의 신청 및 그에 따른 임차권등기와 관련하여 든 비용을 임대인에게 청구할 수 있다.

⑨ 금융기관등은 임차인을 대위하여 제1항의 임차권등기명령을 신청할 수 있다. 이 경우 제3항·제4항 및 제8항의 "임차인"은 "금융기관등"으로 본다. [신설 2013.8.13] [전문개정 2009.1.30]

제7조 (「민법」에 따른 임대차등기의 효력 등) ① 「민법」 제621조에 따른 건물 임대차등기의 효력에 관하여는 제6조제5항 및 제6항을 준용한다.

② 임차인이 대항력 또는 우선변제권을 갖추고 「민법」 제621조제1항에 따라 임대인의 협력을 얻어 임대차등기를 신청하는 경우에는 신청서에 「부동산등기법」 제74조제1호부터 제5호까지의 사항 외에 다음 각 호의 사항을 기재하여야 하며, 이를 증명할 수 있는 서면(임대차의 목적이 건물의 일부분인 경우에는 그 부분의 도면을 포함한다)을 첨부하여야 한다. [개정 2011.4.12 제10580호(부동산등기법)][[시행일 2011.10.13]]

1. 사업자등록을 신청한 날

2. 임차건물을 점유한 날

3. 임대차계약서상의 확정일자를 받은 날 [전문개정 2009.1.30]

제8조 (경매에 의한 임차권의 소멸) 임차권은 임차건물에 대하여 「민사집행법」에 따른 경매가 실시된 경우에는 그 임차건물이 매각되면 소멸한다. 다만, 보증금이 전액 변제되지 아니한 대항력이 있는 임차권은 그러하지 아니하다. [전문개정 2009.1.30]

제9조 (임대차기간 등) ① 기간을 정하지 아니하거나 기간을 1년 미만으로 정한 임대차는 그 기간을 1년으로 본다. 다만, 임차인은 1년 미만으로 정한 기간이 유효함을 주장할 수 있다.

② 임대차가 종료한 경우에도 임차인이 보증금을 돌려받을 때까지는 임대차 관계는 존속하는 것으로 본다. [전문개정 2009.1.30]

제10조 (계약갱신 요구 등) ① 임대인은 임차인이 임대차기간이 만료되기 6개월 전부터 1개월 전까지 사이에 계약갱신을 요구할 경우 정당한 사유 없이 거절하지 못한다. 다만, 다음 각 호의 어느 하나의 경우에는 그러하지 아니하다. [개정 2013.8.13]

1. 임차인이 3기의 차임액에 해당하는 금액에 이르도록 차임을 연체한 사실이 있는 경우

2. 임차인이 거짓이나 그 밖의 부정한 방법으로 임차한 경우

3. 서로 합의하여 임대인이 임차인에게 상당한 보상을 제공한 경우

4. 임차인이 임대인의 동의 없이 목적 건물의 전부 또는 일부를 전대(轉貸)한 경우

5. 임차인이 임차한 건물의 전부 또는 일부를 고의나 중대한 과실로 파손한 경우

6. 임차한 건물의 전부 또는 일부가 멸실되어 임대차의 목적을 달성하지 못할 경우

7. 임대인이 다음 각 목의 어느 하나에 해당하는 사유로 목적 건물의 전부 또는 대부분을 철거하거나 재건축하기 위하여 목적 건물의 점유를 회복할 필요가 있는 경우

   가. 임대차계약 체결 당시 공사시기 및 소요기간 등을 포함한 철거 또는 재건축 계획을 임차인에게 구체적으로 고지하고 그 계획에 따르는 경우

나. 건물이 노후·훼손 또는 일부 멸실되는 등 안전사고의 우려가 있는 경우

다. 다른 법령에 따라 철거 또는 재건축이 이루어지는 경우

8. 그 밖에 임차인이 임차인으로서의 의무를 현저히 위반하거나 임대차를 계속하기 어려운 중대한 사유가 있는 경우

② 임차인의 계약갱신요구권은 최초의 임대차기간을 포함한 전체 임대차기간이 5년을 초과하지 아니하는 범위에서만 행사할 수 있다.

③ 갱신되는 임대차는 전 임대차와 동일한 조건으로 다시 계약된 것으로 본다. 다만, 차임과 보증금은 제11조에 따른 범위에서 증감할 수 있다.

④ 임대인이 제1항의 기간 이내에 임차인에게 갱신 거절의 통지 또는 조건변경의 통지를 하지 아니한 경우에는 그 기간이 만료된 때에 전 임대차와 동일한 조건으로 다시 임대차한 것으로 본다. 이 경우에 임대차의 존속기간은 1년으로 본다. [개정 2009.5.8]

⑤ 제4항의 경우 임차인은 언제든지 임대인에게 계약해지의 통고를 할 수 있

고, 임대인이 통고를 받은 날부터 3개월이 지나면 효력이 발생한다. [전문개정 2009.1.30]

제10조의2 (계약갱신의 특례) 제2조제1항 단서에 따른 보증금액을 초과하는 임대차의 계약갱신의 경우에는 당사자는 상가건물에 관한 조세, 공과금, 주변 상가건물의 차임 및 보증금, 그 밖의 부담이나 경제사정의 변동 등을 고려하여 차임과 보증금의 증감을 청구할 수 있다. [본조신설 2013.8.13]

제11조 (차임 등의 증감청구권) ① 차임 또는 보증금이 임차건물에 관한 조세, 공과금, 그 밖의 부담의 증감이나 경제 사정의 변동으로 인하여 상당하지 아니하게 된 경우에는 당사자는 장래의 차임 또는 보증금에 대하여 증감을 청구할 수 있다. 그러나 증액의 경우에는 대통령령으로 정하는 기준에 따른 비율을 초과하지 못한다.
② 제1항에 따른 증액 청구는 임대차계약 또는 약정한 차임 등의 증액이 있은 후 1년 이내에는 하지 못한다. [전문개정 2009.1.30]

제12조 (월 차임 전환 시 산정률의 제한) 보증금의 전부 또는 일부를 월 단위의 차임으로 전환하는 경우에는 그 전환되는 금액에 다음 각 호 중 낮은 비율을 곱한 월 차임의 범위를 초과할 수 없다. [개정 2010.5.17 제10303호(은행법), 2013.8.13] [[시행일 2014.1.1]]
1. 「은행법」에 따른 은행의 대출금리 및 해당 지역의 경제 여건 등을 고려하여 대통령령으로 정하는 비율
2. 한국은행에서 공시한 기준금리에 대통령령으로 정하는 배수를 곱한 비율 [전문개정 2009.1.30]

제13조 (전대차관계에 대한 적용 등) ① 제10조부터 제12조까지의 규정은 전대인(轉貸人)과 전차인(轉借人)의 전대차관계에 적용한다.
② 임대인의 동의를 받고 전대차계약을 체결한 전차인은 임차인의 계약갱신 요구권 행사기간 이내에 임차인을 대위(代位)하여 임대인에게 계약갱신요구권

을 행사할 수 있다. [전문개정 2009.1.30]

제14조 (보증금 중 일정액의 보호) ① 임차인은 보증금 중 일정액을 다른 담보물권자보다 우선하여 변제받을 권리가 있다. 이 경우 임차인은 건물에 대한 경매신청의 등기 전에 제3조제1항의 요건을 갖추어야 한다.

② 제1항의 경우에 제5조제4항부터 제6항까지의 규정을 준용한다.

③ 제1항에 따라 우선변제를 받을 임차인 및 보증금 중 일정액의 범위와 기준은 임대건물가액(임대인 소유의 대지가액을 포함한다)의 2분의 1 범위에서 해당 지역의 경제 여건, 보증금 및 차임 등을 고려하여 대통령령으로 정한다. [개정 2013.8.13] [[시행일 2014.1.1]]

[전문개정 2009.1.30]

제15조 (강행규정) 이 법의 규정에 위반된 약정으로서 임차인에게 불리한 것은 효력이 없다.

[전문개정 2009.1.30]

제16조 (일시사용을 위한 임대차) 이 법은 일시사용을 위한 임대차임이 명백한 경우에는 적용하지 아니한다. [전문개정 2009.1.30]

제17조 (미등기전세에의 준용) 목적건물을 등기하지 아니한 전세계약에 관하여 이 법을 준용한다. 이 경우 "전세금"은 "임대차의 보증금"으로 본다. [전문개정 2009.1.30]

제18조 (「소액사건심판법」의 준용) 임차인이 임대인에게 제기하는 보증금반환청구소송에 관하여는 「소액사건심판법」 제6조·제7조·제10조 및 제11조의2를 준용한다. [전문개정 2009.1.30]

부칙 [2001.12.29 **법률 제6542호**]

① (시행일) 이 법은 2002년 11월 1일부터 시행한다. [개정 2002.8.26]

② (적용례) 이 법은 이 법 시행 후 체결되거나 갱신된 임대차부터 적용한다. 다만, 제3조·제5조 및 제14조의 규정은 이 법 시행당시 존속중인 임대차에 대하여도 이를 적용하되, 이 법 시행 전에 물권을 취득한 제3자에 대하여는 그 효력이 없다.

③ (기존 임차인의 확정일자 신청에 대한 경과조치) 이 법 시행당시의 임차인으로서 제5조의 규정에 의한 보증금 우선변제의 보호를 받고자 하는 자는 이 법 시행 전에 대통령령이 정하는 바에 따라 건물의 소재지 관할 세무서장에게 임대차계약서상의 확정일자를 신청할 수 있다.

부칙 [2002.8.26 법률 제6718호]

이 법은 공포한 날부터 시행한다.

부칙 [2005.1.27 법률 제7358호(민사집행법)]

제1조 (시행일) 이 법은 공포 후 6월이 경과한 날부터 시행한다.

제2조 생략

제3조 (다른 법률의 개정) ① 상가건물임대차보호법 중 다음과 같이 개정한다.

제6조제3항 전단 중 "민사집행법 제280조제1항, 제281조, 제283조, 제285조, 제286조, 제288조제1항·제2항·제3항 본문, 제289조제1항 내지 제4항"을 "민사집행법 제280조제1항, 제281조, 제283조, 제285조, 제286조, 제288조제1항·제2항 본문, 제289조"로 한다.

② 및 ③ 생략

제4조 생략

부칙[2009.1.30 제9361호]

이 법은 공포한 날부터 시행한다.

부칙[2009.5.8 제9649호]

이 법은 공포한 날부터 시행한다.

부칙[2010.5.17 제10303호(은행법)]

제1조(시행일) 이 법은 공포 후 6개월이 경과한 날부터 시행한다. <단서 생략>

제2조부터 제8조까지 생략

제9조(다른 법률의 개정) ①부터 <40>까지 생략

　<41> 상가건물 임대차보호법 일부를 다음과 같이 개정한다.

　제2조제2항 및 제12조 중 "금융기관"을 각각 "은행"으로 한다.

　<42>부터 <86>까지 생략

제10조 생략

부칙[2011.4.12 제10580호(부동산등기법)]

제1조(시행일) 이 법은 공포 후 6개월이 경과한 날부터 시행한다. <단서 생략>

제2조 및 제3조 생략

제4조(다른 법률의 개정) ①부터 <22>까지 생략

　<23> 상가건물 임대차보호법 일부를 다음과 같이 개정한다.

　제7조제2항 각 호 외의 부분 중 "「부동산등기법」 제156조에 규정된 사항 외에"를 "「부동산등기법」 제74조제1호부터 제5호까지의 사항 외에"로 한다.

　<24>부터 <42>까지 생략

제5조 생략

부칙[2013.6.7 제11873호(부가가치세법)]

제1조(시행일) 이 법은 2013년 7월 1일부터 시행한다.

제2조부터 제17조까지 생략

제18조(다른 법률의 개정) ①부터 ⑨까지 생략

　⑩ 상가건물 임대차보호법 일부를 다음과 같이 개정한다.

　제3조제1항 중 "「부가가치세법」 제5조"를 "「부가가치세법」 제8조"로 한다.

　⑪부터 ⑭까지 생략

제19조 생략

부칙[2013.8.13 제12042호]

제1조(시행일) 이 법은 공포한 날부터 시행한다. 다만, 제12조, 제14조제3항의 개정규정은 2014년 1월 1일부터 시행한다.

제2조(일반적 적용례) 이 법은 이 법 시행 후 최초로 체결되거나 갱신되는 임대차부터 적용한다.

제3조(금융기관등의 우선변제권에 관한 적용례) 제5조제4항, 같은 조 제6항부터 제9항까지, 제6조제1항 및 제9항의 개정규정은 이 법 시행 당시 존속 중인 임대차에 대하여도 적용하되, 이 법 시행 후 최초로 보증금반환채권을 양수한 경우부터 적용한다.

제4조(월차임 전환 시 산정률의 제한에 관한 적용례) 제12조의 개정규정은 같은 개정규정 시행 당시 존속 중인 임대차에 대하여도 적용하되, 같은 개정규정 시행 후 최초로 보증금의 전부 또는 일부를 월 단위 차임으로 전환하는 경우부터 적용한다.

제5조(소액보증금 보호에 관한 적용례) 제14조제3항의 개정규정은 같은 개정규정 시행 당시 존속 중인 임대차에 대하여도 이를 적용하되, 같은 개정규정 시행 전에 물권을 취득한 제3자에 대하여는 그 효력이 없다.

김&정의 정석
부동산 경매

초판인쇄 2015년 1월 20일
초판발행 2015년 1월 20일

지은이 정규범·김규열
펴낸이 채종준
펴낸곳 한국학술정보㈜
주소 경기도 파주시 회동길 230(문발동)
전화 031) 908-3181(대표)
팩스 031) 908-3189
홈페이지 http://ebook.kstudy.com
전자우편 출판사업부 publish@kstudy.com
등록 제일산-115호(2000. 6. 19)

ISBN 978-89-268-6751-8 93360